순결의 길 초월의 길

엄두섭 엮음

은성

순결의 길 · 초월의 길

초판 발행:1993년 11월 10일
엮은이:엄두섭
발행처:도서출판 은성
등록:1974년 12월 9일 제9-66호
ⓒ1993년 도서출판 은성
주소:서울시 동작구 상도5동 126-60
전화:(02) 813-1353 · 821-9071/2
팩스:(02) 821-9071

출판 및 판매에 관한 모든 권한은 본 출판사가 소유하고 있습니다.
출판사의 사전 서면 허락없이 상업적인 목적으로 번역, 재제작, 인용,
촬영, 녹음 등을 할 수 없음을 알려 드립니다.

ISBN 89-7236-065-1 33230
Printed in Korea

목차

책 머리에/5
이현필 선생의 소전/9
제1부 한 죄인이 회개하면 천군 천사가 웃지요/29
제2부 주여, 이 죄인을/175
제3부 인생길이 이처럼 험난하니/239
제4부 의인은 믿음으로 살리라/261
    연대 불확실/263
      1952년도/267
      1953년도/275
      1960년도/298
      1961년도/303

책 머리에

　1977년 12월에 이현필 선생 전기 『맨발의 성자』를 출판한 지도 벌써 많은 세월이 지났다. 그 때 이 선생의 일기와 설교 등을 다시 엮어내기로 약속했는데 이제야 겨우 이 책을 엮어 내보낸다.
　문화재 수집가가 조상들의 얼, 슬기, 숨결을 다시 느끼듯이 나는 낡은 노트에 연필로 쓴 이선생의 일기에서 그분의 체취 향기를 느낀다. 틈틈히 수집해 두었던 선생의 일기, 편지, 선교, 고백록 등을 다루니 유감스러운 것은 필기하는 이들이 서툰 탓으로 문장은 좀 세련되지는 못하나, 낡은 기록 한장 한장에서 그윽한 향기가 진동한다. 나의 신앙생활 반 세기 넘는 동안 유명한 신학자 문필가의 글을 많이 읽어 보았지만 일찍이 이런 향기는 못느껴 보았다. 이현필 선생은 생활면에서만 아니라 사상적인 면에 있어서도 위대한 분이었구나 하는 생각이 새삼스럽게 느껴진다.
　성인이 걸어간 자취에선 향기가 진동한다. 그 어른이 남겨놓은 글 한자 한자 속에서 풍겨오는 거룩한 향기에 어느덧 옷깃을 여미며 나 자신의 부족을 반성하게 된다. 이 글을 읽는 사람마다 나와 동감을 느끼게 되리라 짐작한다.
　김춘일 수녀가 이현필 선생에 대한 소감을 편지로 써 보내왔다.
　"사부(師父)님은 우리들 제자들 앞의 공석상에서도 가끔 자기를 자복하셨습니다. '구렁이같은 이것이 꿈틀거리고 있습니다. 인간의 피속과 세포 속에는 죄인의 피가 흐르고 있습니다'고 하시기도 하고 '예수님께서도 많은 사람보는 앞에서 부끄러움을 당하셨으니 우리도 당해야 합니다'라고노

하셨습니다. 한번은 사부께서 말씀하시기를 '2천년 전에 갈보리에서 흘린 피로는 구원을 못 얻습니다. 지금 어쩔 수 없는 내 죄 위에 뚝뚝 떨어져오는 피가 보여야 구원됩니다' 하신 일이 있었습니다. 그 때 제자 한분이 묻기를 '어떻게 해야 그 피를 볼 수 있을까요?' 했더니 사부께서는 자리를 고쳐 앉으시면서 심각한 표정으로 ' 내 피, 내 살을 내놔야 보여집니다' 고 말씀하셨습니다."

이현필 선생의 일생의 갈망과 목표는 "순결"과 "자기 완성"이었다고 본다. 그리고 고생하는 이웃에 대한 끊임없는 측은한 동정이었다. 일생동안 가장 많이 가르치신 것이 동정(童貞)과 인격완성과 자립정신과 사랑이었다. 예수님의 인격은 거룩과 자비라고 했다. "보살의 병은 대비(大悲)에서 생긴다"는 말처럼 이선생의 육신의 병도 그런 데서 생긴 것이요, 마음의 끊임없는 걱정도 그런 데서 온 것이다. 걱정하는 이웃이 있으면 자기도 밤새 잠못 이루고 함께 걱정했고, 형제들이 기뻐할 때는 자기도 춤출 듯이 기뻐했다. "장공(張公)이 술 마시고 이공(李公)이 취한다"는 말처럼 이웃 형제의 고락을 함께 나누는 자비심이었다.

이선생은 기록성(記錄性)이 많은 분이어서 병상에서도 틈틈이 일기나 짧은 글들을 기록해 두었다. 그런 전부를 찾아내어 여기에 다 싣지 못한 것이 유감이다.

그의 일기는 내용도 문체도 기도문 형식으로 되어 있다. 매일의 크고 작은 모든 사정을 하나님 앞에 일일이 아뢰는 기도다. 마지막 무렵에 병상에서 쓴 일기는 자기 세상 떠날 시기가 가까운 줄 느끼고 유언서 비슷하게 간절하다. 일기를 정리하면서 발견한 것은, 이선생은 하나님을 "한울힘"이라고 기록했고, 성령을 "거룩한 얼"이라고 불렀다는 것이다. 그리고 자기를 따르는 제자들에게 대한 칭호는 남자일 경우는 이름 밑에 "언"이라고 썼고, 여자일 경우는 이름 밑에 "눈"이라고 썼다. "두 눈"하면 "두 수녀"를 가리키는 말이다.

바닷가 넓은 모래밭이지만 진주는 많지 않다. 오늘 한국에 기독교인 천만 명이라도 거룩한 자취를 찾기는 어렵다. 이현필선생이 심어 놓고간 그

"얼" 그 "씨" 그 "자취"를 누가 따르고 길러갈까? 제2의 이현필은 어디서 나올까? 기다려지는 초조한 마음이다.

「聖胎長養하여 正念相續하라」

우리 모두 그 얼을 내 얼로 삼고 그 어른이 심고간 씨를 소중히 길러 꽃을 피우고 향기를 날리자.

세속적으로 기울어져가는 종교계 속에서 이것이 우리 사명이다.

운악산 수도원에서
엄 두 섭

이현필 선생 소전(小傳)

　이현필 선생은 1913년 1월 28일 전남 화순군 도암면 권동(용하리)에서 탄생했다. 아버지 이승노와 어머니는 김오산 사이에서 태어난 둘째 아들이었다. 소년 시대 기독교에 입신했는데 아마 13세 쯤인 듯하다. 나주군 다도면 방산 교회(장로교)에 다니고 있었는데, 가까운 도암면 동광리에 이세종이라는 예수 믿는 도인(道人)이 있어 그가 방산 교회에 드나드는 것을 만나 청년 남녀와 멀리는 광주에서 목사들까지 성경 공부를 하러 그에게 찾아왔는데, 이현필도 함께 따라 다녔다. 이세종은 예수 믿고나서는 마을 사람들이 자기에게 빚진 것을 모조리 탕감해주고, 좁은 문 토담집을 짓고 살며, 쑥을 뜯어 먹고, 살생을 하지 않아서 독사나 쥐도 죽이지 않았고 개마를 밟고는 그 죽어가는 것을 보고 눈물을 흘렸고, 절대 순결 생활을 강조하며, 부부 생활을 않고, 아내를 누님이라 부르던 기인(奇人)이었다. 그를 따르던 제자들 중에서도 이현필은 가장 뛰어났고 필기도 제일 잘했다.
　이현필은 23세 때 결혼했는데 스승 이세종의 순결 사상을 따라 약 2년간이나 부부생활을 하다가 동방(同房)하지 않고, 아내를 누님이라 부르며 해혼(解婚)했다. 아내가 앞 문으로 들어오면 이현필은 뒷문으로 빠져 도망을 쳤다.
　청년 시절 한국의 프란치스코로 알려진 강순명 목사의 독신 전도단에 가담하여 함께 활동하다가, 25세부터 28세 사이에 도암 화학산에 들어가 기도 생활을 하면서, 이세종 선생의 지도와 영향력을 받으면서 수도자의 모습이 되어갔다.

29세로 32세에 이르는 동안 남원지방에서 교회 다니는 교인들에게 많은 영향을 끼쳤고, 지리산의 오감산이나 서리내(仙人來)에서 깊은 기도를 했다. 이 기간이 이현필의 아라비아 사막 속의 바울의 체험과 같은 시기였다. 서리내는 남원 수지면에서 지리산을 등산하는 도중에 있는 선경(仙境)으로 화전민 몇 사람만이 있을 뿐인 곳인데, 이현필은 우거진 솔밭, 갈대밭 속에 한번 엎드리면 꿈쩍도 않고 영 일어날 줄 몰랐다. 산에 사는 까마귀는 송장인 줄 알고 곁에 와서 까악까악 울다가, 그래도 움직이지 않으니 부리로 쿡쿡 찍었다고 한다.

그 모양으로 밤을 지내고 새벽에 잔등에는 서리가 하얗게 덮히고, 수염에는 고드름이 달린 채 가슴에는 그리스도의 십자가 보혈의 사랑이 밀려와 감격하여 통곡하며 『갈보리 산』 노래를 불렀다.

>갈보리 산에서 십자가를 지시고
>예수는 귀중하신 보배피를 흘리사
>구원받을 참 길을 열어 놓으셨느니라
>갈보리 십자가는 저를 위함이요
>아 십자자 아 십자가
>갈보리 십자가는 저를 위함이요

눈물을 흘리며 이 노래를 부르며, 무명바지 저고리에 맨발로 산을 내려오는 이현필을 보고, 젊은 남녀는 감격하여 자기들도 함께 부르며 울었다. 이현필의 모습은 한국의 청빈 탁발 수도자였고, 자비와 겸손의 성인의 모습이었다.

이 기간에 남원 지방의 독신 기독 신자들이 이현필 주위에 모여 들어, 교회를 버리고, 가정을 버리고, 지리산 밑 "갈보리"(갈벌, 갈대 밭)에 있는 그들의 집에 모여 들었는데, 이것이 뒷날 동광원(東光園)의 모체가 되었다.

이현필은 소년 소녀들을 모집하여 서리내에서 훈련시켰다. 성경 공부와 믿음, 사랑의 실천, 양심 훈련이었다. 먹을 식량이 없어서 쑥만 뜯어 먹었다. 어디서 쌀이 생겨 오래간만에 쌀밥을 먹으면 훈련생들은 취해 쓰러졌다. 그럴 때면 이현필은 "그것봐, 쌀독(毒)이 얼마나 무서운가"라고 말했다.

이렇게 훈련한 소년 소녀를 인솔하고 이현필은 1945년 겨울에 광주로 진출했다. 33세 때였다. 마치 비밀기지에서 철저히 훈련시킨 정예부대를 거느리고 전쟁 마당으로 나가는 장군과 같았다. 때 광주에서는 해방 후 재건된 YMCA 구내에 방을 얻어서 거기에 기거했다.

도시의 세속 속에서 교회에 다니는 기독교인들의 눈에는 지리산 속에서 훈련받고 나온 이들 선동선녀같은 이현필의 정예부대와 같은 모습은 감동과 놀라움의 대상이었다. 나이 어린 그들의 겸손한 예의, 남녀의 엄격한 순결생활, 언제나 무릎 꿇고 앉은 질서 정연한 규율, 신앙과 사랑, 그리고 그들이 부르는 애처로운 영혼의 노래들….

이같은 신기한 감격을 목도한 YMCA 총무 정인세는 유도 2단에 덴마크 체조 교사이기도 했던 인물인데, YMCA를 사임하고 양복을 벗어버리고, 넥타이를 풀어 버리고, 이현필 운동에 투신하기로 결심했다.

이현필은 고등학교도 대학도 다니지 못한 사람이다. 그는 교회의 집사직도 맡아보지 못한 사람이다. 그러나 도인(道人) 이세종 선생을 만나 그의 제자가 된 이현필은 거기서부터 분발해 화학산 기도 3년, 지리산 기도 4년, 도합 7년의 산기도 생활 속에서 그리스도 십자가 사랑에 통곡하는 사람이 되었고, 청빈한 수도자 프란치스코같은 모습을 닮아 자비롭고 겸손한 성자의 풍모를 이루어갔다.

그를 한국의 프란치스코라 부른다. 나는 일생동안 성 프란치스코와 이현필을 연구하면서 이현필의 유적과 그의 제자들을 만나 이현필의 추억을 들어보았고, 또한 이탈리아에 여행하며 프란치스코의 고향 아씨시 및 그와 관계된 유적지를 빼지 않고 답사해 보았고, 그가 성흔(聖痕)을 받은 베르나 산에 올라가 답사해보면서 한국의 이현필과 이탈리아의 프란치스코를 비교해 보았다. 두 성인은 많은 점에서 서로 닮았다. 누가 더 우월하다고 말할 수 없이 막상막하였다.

33세 때 제자들을 거느리고 광주에 진출하면서부터 이현필 운동은 많은 사람들의 주목과 화제거리가 되고 천주교회 측에서는 그를 흡수해 넣으려 애썼고, 개신교 기성 교회 지도자는 그를 "산중파"라고 경계했다. 이현필은 어느 교파에도 속하지 않고 개종하려고도 하지 않았고 개종할 필요도 없었고 개신교도로서 처음 예수 믿던 그 자리에 그대로 서서 다만 예수님을 본 받아 살려고만 애썼다.

그의 주위에는 여러 유능한 인물들과 명사들이 몰려들었다. 처녀들은 결혼을 단념하고 절대 순결을 주님께 바치며 그리스도의 정배(淨配)로 일생을 보냈다. 18세 때 이현필을 따라 나선 처녀들이 깨끗한 처녀성 그대로 환갑 넘은 노인들이 됐다.

호남의 명사요, 도지사의 고문도 한 일이 있는 최흥종 목사는 이현필을 아들처럼 사랑했다. 서울 중앙 YMCA 총무요, 평화주의자로 유명한 현동완 선생도 이현필을 방문하고, 그의 집회에 참석했다. 한국의 공자요, 작대 철학자로 소문난 삼각산 철인 유영모 선생은 이현필을 사랑하여 일생 계속 이현필과 동광원 수양회 강사로 자진 봉사했다.

1949년에는 현동완 총무가 이현필과 그의 제자 일부를 서울로 초청하여 삼각산과 능곡 등지에 머물게 했다. 능곡에는 '오원(吳園)'을 창설하고 남녀 청년들이 수도생활을 시작했다. 이현필은 탁발 수도단을 만들고자 하여 능곡에서 그 해 정초 총회를 계기로 전원이 탁발 수행에 나섰다.

추운 겨울날 이현필은 남녀 제자들을 두 사람씩 짝을 지어 마을에 탁발(托鉢)을 내보냈다. 추운 겨울인데도 신도 신지 않고 맨발로 나섰다. 처녀들이 탁발하고 떠난 집에 뒤이어 남자들이 또 닥쳐 탁발을 청하니 마을 사람들은 놀라서 "요즘은 무슨 거지들이 이렇게 많아졌지?" 했다.

이현필도 병든 바보 고아의 손을 잡고 신도 신지 않고 맨발로 천천히 다니며 탁발을 했다. 그 무렵 이현필의 풍모는 완전히 거지였다. 긴 머리는 목에까지 닿았고, 옷은 다 찢어진 옷이었다. 바보 소년과 이현필은 둘이 함께 바보스러웠다. 잘 걷지 못하는 소년을 따라 이현필도 천천히 걸었다. 아침에 떠나서 오후 세시 경에야 숙소에 돌아왔는데, 겨우 밥 한 술을 얻어 가지고 왔다. 탁발 수행은 얼마나 자기를 죽이는가를 공부하는 수행이 될 수 있다. 경기도 고양 지방에도 복음 전도를 시작하였는데, 이것이 후에 고양 산중 계명산 수도원이 모체가 됐다.

1949년 가을부터 50년 봄까지 여순 반란 사건이 일기 전까지 경기도에서는 능곡을 중심해서 이현필의 젊은 전도대는 농사도 지으며 때때로 탁발로 나가고 모여서는 항상 기도하고 성경 읽는 데 주력했다. 한편 여름에는 전도대를 조직하여 남원, 순천, 여수, 강진, 해남, 광주 등지로 순회하며 전도했다. 거지 같은 헌 옷에 신도 신지 않고 맨발에 걸식 탁발을 하며 전도했다. 해남의 명사 이준묵 목사도 적극 나서서 협조했고, 자기 교회에 이현필을 청해 집회를 가졌다.

해남 교회에 김준호라는 청년이 고시 준비를 하면서 교회 안에서 자면서 교회 청소를 도맡아했다. 어느날 "예수 잘 믿는 선생이 와서 특별 집회를 한다" 해서 기뻐 기다렸다. 어느날 교회 대문 앞에 트럭 한 대가 와서 섰는데 그 위에서 두 사람이 뛰어 내리고 있었다. 두 사람 다 바지 저고리에 삭발 머리였고, 한 사람은 걸망대를 메고 있었다. 그것이 이현필과 제자 오북환이었다. 첫날 저녁 집회에 이현필은 두루마기도 입지 않은 바지 저고리에 맨발 차림으로 나서서 높이 강대 위에는 올라가지 않고 강대 밑에 나서서 책상 위 꽃병에 꽂아 놓은 국화 한송이를 꺼내 손에 들고 "꽃을 함부로 꺾지 말라"는 말부터 시작했다. 학생 김준호는 처음 구경하는 이상한 이현필의 풍모와 국화꽃을 들고 하는 첫 마디에 그만 감격하고 굴복하고 말았다. 그리하여 "나는 이선생을 따라 나서야 한다" 하고, 이현필을 따라 나서서 일생 그의 가장 사랑하는 제자가 됐다.

경기도 능곡에서 떠난 순회전도단은 다도해 지방으로 다녔는데, 수녀들(처녀들)은 집회 시간에 특별 합창을 하였다.

갈보리 산에서 십자가를 지시고
예수는 귀중한 보배 피를 흘리사
구원 받을 참 길을 열어 놓으셨느니라

수도하는 처녀들의 목소리는 참으로 고요하고 맑았다. 결혼한 여성들의 목소리나 교회 성가대 합창하고도 달랐다. 수녀들의 노래는 맑고 애처로왔다. 완도에 갔을 때도 수녀들의 합창에 모두가 감동받았다. 집회를 끝내고 쉬는 시간에 교회 청년들이 수녀들에게 찾아와 그 노래를 한번 더 들려달라고 간청했다. 순진한 수녀들은 청하는 대로 다시 그 노래를 불러주었다.

이 소문이 이현필 귀에 들어갔다. 이현필은 펄쩍 뛰면서 몹시 노했다.
"뭐야, 수녀들이 술파는 작부냐? 남자들 앞에서 노래를 불러줬다고? 그럴 수가…다시는 그 노래를 부르지 말라!"
수녀들은 그 노래가 이현필이 그렇게 좋아하는 노래였지만, 그의 생전에 다시는 그 앞에서 그 노래를 못불렀다.
이현필은 전도와 제자훈련과 실천교육을 겸해 전도대 순례를 계속했다. 이현필은 한 마리 잃은 양을 찾기 위해서는 30리 50리 산길을 신도 신지 않은 맨발로 걸어다녔다. 지리산 줄기 섬진강 여울을 건너 다니며, 어느 산 깊은 구석 외딴 집을 찾아다녔다. 한종식이란 농부도 그렇게 해서 이현필의 전도를 받은 사람이다. 이현필이 화학산 너머 깊은 산 골짜기에 사는 그를 찾아 30리 길을 찾아가서 그날밤 그집에서 자면서, "예수 믿는 사람이 밭에 담배 재배를 하는 일은 좋지 않습니다"라고 타일러주니, 한종식은 즉시 나가서 담배밭을 갈아 버렸다. 또한 "사람은 착한 일을 해야 합니다"라고 가르치니, 그는 달밤에 밖에 나가서 마을의 가난한 과부댁 밭을 갈아주기도 했다.
이현필은 이 한종식씨 집에서 14일간 금식기도를 한 적도 있었다. 이현필의 전도를 한번 받은 사람은 모두 믿음이 변하지 않았고, 이현필을 닮아 희생 정신이 철저했다.
1950년 6. 25 사변이 일어나 인민군이 삼팔선을 넘어 서울에 침입했는데 국군 방송은 국군이 삼팔 이북으로 진격하고 있다고 거짓방송을 했다. 그러나 서울에서 천리 거리인 전남 광주의 목사들은 누구보다도 그 정보를 먼저 알았다. 그 까닭은 교회에 출석하고 있는 상무대 장교들의 어머니나 아내들이 남편에게서 그 소식을 듣고 교회에 뛰어와 목사들에게 알려주었기 때문이다.
장교들의 가족들이 군트럭에 이삿짐을 싣고 부산으로 피난갈 때 목사들도 이삿짐과 가족을 데리고 어느 교인보다 먼저 부산으로 피난갔다. 사찰에게 예배당을 잘 지키라고 명령하고, 파죽지세로 남한을 진격해 내려오던 공산 인민군이 광주로 50년 7월 23일 주일날에 침입해 들어왔는데, 목사도 없는 광주 교회 교인들은 주일 예배도 못 보고 피난을 떠났다.
 그 때 광주에 여자 선교사 한 분이 정세가 어떻게 되어가는 줄도 모르고 있다가 피난도 못 가고 당황하고 있었다. 미군인 유화례(柳花禮) 선교사였다. 어쩔 줄 모르고 방황하고 있을 때 이현필은 그 소식을 듣고 목사들이 저희만 살겠다고 버리고 간 이 여자 선교사를 보호해 살려주기로 결심했다. 그는 동지 정인세와 의논하고 지겟군을 얻어 유선교사를 지게에 싣고 짐짝으로 위장해서 70리 길을 모시고 가서 화순군 화학산 굴에 숨겨주었다. 화학산에는 아직 공산 게릴라들이 득실거리고 있었는데 이현필은 목숨을 걸고 그 산에서 국군이 수복될 때까지 3개월 동안이나 선교사를 지켜주었다. 그 때 무엇보다 문제가 된 것이 먹을 것이었다. 이현필과 그의 제자들은 먹을 것이 없어 산에서 익어가는 다래를 따 먹으며 겨우겨우 살아갔다. 그러나 유하례 선교사가 숨어 있던 동굴 절벽 밑으로 내려가면 바로 한종식의 외딴 집이 있었다. 이현필의 전도를 받고 예수 믿은 한종식은 충직한 성격의 사람으로 매일밤 지게에 밥과 반찬을 숨겨 지고서 유선교사 동굴에까지 목숨을 걸고 운반했다.
 3개월의 은거생활이 끝나 산을 떠날 때 유선교사는 한종식이 너무 고마워 금일봉을 사례로 주었으나 한종식을 돈봉투를 땅에 던지며, "내가 이것을 받으려고 그 일을 한 줄 압니까?" 했다. 유선교사는 감격하여, "한국 사람을 새로 보아야겠다"고 말했다.
 광주에 국군이 진주했다는 소식이 있기에 유화례 선교사를 정인세에게 맡겨 먼저 광주로 보내고, 이현필과 제자 김준호는 갈 수 없어서 크리스마스 때까지 산에 머물러 있었다. 밥을 먹어본 지가 너무도 오래되어 김준호가 "선생님, 배고픕니다. 제발 밥 한술만 먹었으면…" 하고 말하니, 이현필은 "혼자 광주에 가시오"라고 대꾸했다.
 산에 함께 들어와 숨어있던 여제자 강차남, 「서울 어머니」(광복군의 애인?) 「문공」은 산에서 빨치산에게 끌려가 순교했다. 「사진관 부인」(군수 부인), 「이발소집 부인」 「홈실댁」 등 세 여자는 '소라니'에서 인민군과 유격대에게 잡혀 대창과 꼬챙이에 찔려 참혹하게 순교했다.

이 때 이현필은 산에서 본래 체질이 약한데다가 잠자리도 없고 먹을 것도 없고 산에 눈이 내리기 시작하는데 발은 벗고 사경을 헤매면서 시를 지었다.

주님 가신 길이라면 태산 준령 험치 않소
방울방울 땀방울만 보고 따라 가오리다.
오 주 예수 주님이여 천한 맘에 오시어서
밝히 갈쳐 주옵시기 꿇어 엎디어 비나이다.
주님 가신 길이라면 가시밭도 싫지 않소.
방울방울 핏방울만 보고 따라 가오리다.
주님 계신 곳이라면 바다 끝도 멀지 않소.
물결물결 헤엄쳐서 건너가서 뵈오리다.
주님 계신 곳이라면 하늘 끝도 높지 않소.
믿음 날개 훨훨 쳐서 올라가서 뵈오리다."

김준호는 선생의 이 시를 받아 읽으면서 콧노래로 곡조를 달아불렀다.

이현필은 제자의 병을 간호하며 지내다가 자신도 폐병에 걸려 일생 이 병에 시달리다가 세상 떠났는데, 병원에 입원해 있으면서도 병원 안의 간호원, 미화부, 매점, 청소부일까지 제자들을 동원해 도왔다. 병원 원장은 너무도 감격하여 병원 운영, 환자 지도의 문제까지 이현필과 의논했다.

무등산 「삼바실」에서 병을 요양하며 지내는 동안(50세 때) 각혈이 심해서 한번 각혈하게 되면 깡통에 절반이나 피를 토했다. 한때는 임종이 가까운 줄로 자타가 짐작했다. 각혈을 할 때는 이현필은 일어나 무릎을 꿇고 앉아 두 손을 합장하고 앉아 각혈을 했다. 겁에 질린 수녀들이 곁에서 울면 "기도하시오. 기도하시오" 연방 말했다. "주여, 내 피를 다 쏟게 해주옵소서" 하면서. 두려움도 고통의 표정도 없었다.

수녀가 "선생님 힘드신 데 누우십시오" 하면, 이현필은 "눕다니, 눕다니. 지금 내 더러운 피가 나가는데. 내 피는 다 빠지고 예수님의 피가 내게 들어와야 해. 지금 이 순간이 내 신랑을 영접하는 이 기쁜 순간인데 눕다니…" 하면서 평화스러운 얼굴로 기뻐했다. 그리고 "내게 병을 주신 것은 하나님의 은혜로운 선물이다"고 했다. 자기는 폐병으로 일생 시달리면서도 다른 사람에게 전염될까봐 곁에서 간호하는 수녀들이 접근 못하게 여간 경계하지 않았다.

이현필은 각혈이 심해서 사경을 헤매면서도 여전히 생명의 세계, 은총의 세계, 평화의 세계에 대해 눈으로 보는 듯이 역설해 가르쳤고, 제자들 중에 마음이 흔들리는 이가 있으면 심혈을 기울여 권면하고 훈계했다. 특히 순결 생활에 대해서 "동정을 지키는 것이 복이다", "가난이 복이다", "고통이 복이다"라고 가르쳤다.

말년에는 후두결핵으로 말까지 못하게 되어 필담(筆談)으로 의사소통을 하였는데, 잘 아는 장로가 찾아오니 누가 갖다준 팥 넣은 떡 열 개를 손님 앞에 내놓으면서 필담으로 "이공! 잡수시오"했다. 권면에 못 이겨 한 개 집어 먹고 나니, 이현필은 다시 필담으로 "또 잡수시오!"했다. 이렇게 하여 결국 열개 다 먹고나니, 필담으로 쓰기를 "이공이 그 떡을 다 잡수시니 내 배가 부릅니다"면서 웃었다. 손님이 오면 무우 한 개라도 꼭 내놓고 대접하는 습관이었다. 이현필은 무우 껍질을 벗기지 않고, 깨끗이 씻기만 하여 털도 버리지 않고 그대로 잡수셨다.

기차나 버스를 탈 때는 제자들을 타일러 "우리는 제일 나중에 타자" 하여 다른 사람에게 자리를 다 빼앗기고 문간에 서서 다니기가 일쑤였다. 한번은 기차를 타고 용케 자리를 잡았는데, 누가 앞에 와서 자리를 못 잡고 서 있으니 그에게 자리를 양보하고, 다른 데 가서 자리 잡고 있다가 또 양보하고는 밀리고 밀려, 열차의 출입문 밖에까지 밀려나가 엉거주춤하고 앉아 있었다. 마침 험상궂게 생긴 한 사람도 자리를 못 잡고 밀려나와 바닥에 앉아 있었는데, 이현필을 보더니 곁에 와서 말을 건넸다.

"형씨, 우리 통성합시다."
"예."
"형씨, 성이 뭡니까?"
이현필은 시침떼고, "예, 저는 '헌'가입니다."
"헌가요? 그래 이름은 뭐라 합니까?"
"예, 신짝이올시다."
험상궂게 생긴 그 사나이는 고개를 갸우뚱하며 눈이 둥그래서 "헌신짝,

헌신짝? 엣기, 여보 그런 이름이 어디 있소?"했다.

사실 이현필은 자기를 늘 "헌신짝"이라고 불렀다. 여제자들이 이현필을 부를 때 말끝마다 '선생님, 선생님' 하는 것을 보고 "나보고 선생이라 말고 헌신짝이라 하시오"라고 부탁했다.

김광석은 전남 곡성 사람으로서 이현필의 제자였으나 나이는 이현필보다 위였다. 유순한 눈에 긴 수염을 기르고 있었다. 기도 많이 하는 분으로 어떤 때는 보리쌀 미싯가루 한 포대를 만들어 메고 광주 무등산에 들어가 미싯가루를 물에 타 마시면서 몇달씩 보내기도 하는 분이었다.

한번은 지리산 오감산이라는 절벽 위에 기도막을 지어 놓고 3개월동안 특별기도 중에 있었다. 이현필에게 누가 팥을 넣은 떡 얼마를 가져다주며 잡수시라고 했는데, 이현필은 오감산 속에서 기도하고 있는 제자 김광석이 생각이 났다. 겨울 눈 속에 갇혀 얼마나 시장할까? 이현필은 떡을 수건에 싸서 옆구리에 끼고 지리산을 오르기 시작했다. 눈내린 산길을 밤중에 고무신은 옆구리에 끼고 맨발로 40리를 걸었다. 밤새 걸어 제자 김광석이 기도하는 기도막까지 이르렀는데, 날이 아직 밝지 않았다. 산중에서 혼자 기도하고 있는 제자가 놀랄까봐 근처에서 조용히 찬송가를 불렀다. 기도하고 있던 김광석은 갑자기 어디서 찬송가 소리가 들려오니 사람이라고 생각되지 않고 자기 기도의 응답으로 천사가 온 줄 알고 기도막에서 천사를 영접하려고 문을 열고 연방 절을 계속하며 나왔다. 나와보니 자기 선생이었다.

"김공, 얼마나 고생하시오. 방에 들어갑시다."

이현필은 제자를 재촉해 방에 들어가 떡을 내놓으면서 "김공, 더운 물 좀 끓이시오" 하며 가지고 온 떡을 대접했다.

이현필이 세상을 떠난 뒤 나는 김광석 집사에게 "이현필 선생 이야기 좀 해주시오" 했더니, 김광석은 얼른 대답을 못하고 눈물을 뚝뚝 흘리면서 "목사님, 나는 예수님을 보지 못했습니다. 그러나 우리 이현필 선생이야말로 예수님 같은 분이라고 생각합니다" 하며 울었다.

어느 해 겨울, 여제자 한분이 오감산에 들어가 특별기도를 하고 있었다. 어느날 이현필은 기도하고 있는 제자를 심방하려고 집을 나섰다. 선생이 오감산으로 가려는 기색을 살피고 수녀 두 사람이 선생의 허락도 없이 멀찌기 떨어져 선생을 따랐다. 눈 덮인 지리산 고개고개를 넘으면서 앞서 가는 이현필도 뒤따라가는 두 수녀도 몇번이나 눈에 미끄러져 구르고 옷깃에는 고드름이 주렁주렁 달렸다. 천신만고 끝에 오감산에 도달하여서는 기도하고 있던 여 제자와 넷이서 너무 감격하여 "아, 십자가. 아, 십자가. 갈보리 십자가는 저를 위함이오"라는 찬송가를 목청이 떠나가게 부르며 통곡했다.

 이현필이 그 동지들과 일으킨 운동으로는 "송등원"(松燈園)을 광주에서 최흥종 목사, 현등완 Y총무, 고허빈, 정인세, 김준 등과 협동하여 결핵환자 요양 사업으로 설립했다. 이현필이 모든 계획, 운영, 인사 문제까지 직접 지도했는데, 이것이 후에 「무등원」(無等園)으로 발전되어 한 때는 요우(僚友)가 백여 명에 이르기도 했다. 협동조합도 조직해서 가난한 사람들끼리의 공동생활을 권장하고 산에 나무심기 운동을 일으켜 밤나무 등을 심게 했고, 「무화과회」, 「포도회」 등도 만들었다. 무의탁인을 돕는 운동과 한끼에 한 술씩 양식 모으는 「일작운동」(一勺運動)을 일으켜 남을 돕자고 했는데 이것이 오늘 「귀일원」(歸一園)의 시작이었다.

 이현필과 그의 동지들의 운동을 「동광원」(東光園)이라고 부르는데, 그것은 본래 고아원의 이름이었다. 1949년 가을에서 50년 봄에 여순반란 사건이 일어나 많은 과부, 고아가 생겨 그 대책으로 「동광원」을 창설하여 이현필과 그 제자들이 이 운동에 헌신했었다.

 경기도 모처에서 농촌 문제를 위한 전국적인 강연회가 개최되었다. 능곡에 사는 이현필의 제자가 보니 여러 쟁쟁한 강사들이 연단 위에 앉았는데 그 중에 이현필도 끼어 있었다. 다른 강사들은 양복을 입고 안경 쓰고 그럴 듯하게 앉아 있었는데, 이현필만은 괴상하고 형편 없었다. 헌 무명 바지 저고리를 입고 앉았는데 저고리는 어찌 작은지 팔굽이 나오고 바지도 무릎 위로 올라가 있었다. 게다가 발은 맨발이었다. 그러나 당사자인 이현필은 아무렇지도 않았다. 버젓이 신사들 속에 섞여 앉았다가 자기 강연 순서가 되니 버젓이 나가서 열변을 토했다.

제자가 알아보니 이현필은 지방에 있다가 서울에 강사로 초청되어 올라오는 도중에 기차에서 고아를 만나 자기가 입고 있던 옷을 벗어 고아에게 입히고 고아의 옷을 바꿔 입고 그 중대한 모임의 강사로 나선 것이었다.

6.. 25 동란이 끝난 직후 이현필과 동광원 가족은 광주 양림에 있는 외국 선교사들의 빈 주택과 동산 안에 빈 교사들을 임시 빌려 거처했다. 그 무렵의 동광원 식구는 백명을 훨씬 넘는 대가족이었다. 식량은 배급을 받을 때였는데 한 사람이 하루 쌀 3홉씩 받았다. 그것으로는 배가 고팠다.

이현필과 제자 김준호는 신학교 기숙사로 사용하던 건물에 함께 살았는데 겨울인데도 온돌방에는 불을 때지 않아서 뼈저리게 차가왔다. 그렇게 살면서도 제자 김준호는 다 떨어진 헌 누더기 옷을 입고 깡통을 들고 하루 종일 집집으로 구걸다니며 걸식탁발을 하였다. 저녁 늦게야 집이라 해서 돌아왔지만 누구 하나 반가이 영접해줄 사람도 없었고 하룻밤 따스히 쉴 구석도 없었다.

밖에는 계속 눈이 내리는데 밤은 열시가 지났다. 그때까지 자리에 눕지 않고 방구석에 묵묵히 앉아 생각에 잠겨 있던 이현필의 눈치가 눈 오는 이 밤에 배고프고 헐벗은 겨레들의 가련한 얼굴들이 자꾸 머리에 떠오르는 모양이었다. 이윽고 이현필은 제자를 나즈막이 불렀다.

"준호, 이렇게 눈 오는 밤에 가장 헐벗고 굶주린 사람이 있을 것 아닌가."

김준호는 선생의 눈치를 살피면서 말했다. "오늘 종일 다니며 본 사람들 중에 양림 다리 밑에 누워 앓고 있는 거지가 있습니다. 덮을 것도 없이 이런 추위 속에 얼어 죽을지 모릅니다."

제자의 말을 듣자 이현필은 방구석에 있던 단 한벌 밖에 없는 이불을 김준호쪽으로 밀어보내면서, "준호, 이것을 가지고 가서 덮어주고 오시오" 했다.

눈 오는 겨울밤 선생과 제자 둘이서 덮고 지내는 이불마저 남에게 주라는 것이었다.

'내가 어째서 주책없이 그런 대답을 했던가!'

김준호는 후회가 갔다. 그러나 선생이 시킨 대로 이불을 메고 눈에 미끄러지면서 다리밑의 병든 거지에게 덮어주고 돌아왔다. 그러나 그 이불은 건강한 다른 거지가 와서 빼앗아 가버렸다.

그 시절의 이현필은 몰골이 참혹할 정도였다. 조끼도 없이 맨저고리에 얇은 바지를 입고 불도 때지 않은 방에서 요도 없이 앉아 추위에 떨고 있었다. 바지 가랭이가 꿰어져 살이 드러나도 손으로 움켜쥐고 다녔다. 수염도 깎지 않고 콧물은 손잔등으로 닦았다. 거지 중에도 상거지였다.

누가 이현필에게 "어떻게 믿으면 잘 믿을 수 있습니까?"라고 물으니, "거지 오장치 짊어지고 나서듯 믿으라"고 대답한 적이 있었다. 오장치는 오쟁이라고도 부르는 것으로서 거지가 빌어 먹으러 다닐 때 잔등에 지고 다니는 구걸망태다. 이현필은 자기가 말한 그대로 그렇게 예수를 믿었다.

여제자들은 어느 빈 집안의 벽장 속에 누워 앓고 있는 거지를 이현필과 의논하고 가마니로 들것을 만들어 들어다 동광원에 옮겨 간호하기도 했다. 누운 채 뒤를 보고 뭉개서 너무도 더럽고 냄새났다. 예배 처소에 눕혀 놓고 25일이나 간호했으나 끝내 죽었다.

말년에 이현필은 후두결핵 때문에 무척 고생했다. 성인들의 말년은 복되고 평안하리라 짐작하는 것은 타당한 견해가 못된다. 성 프란치스코의 말년이 비참했던 것처럼 이현필도 그랬다. 기침과 가래가 심하고 목이 아파서 말을 하지 못했다. 한 동안은 40일 동안이나 물도 삼키지 못했다. 얼음을 잘게 깨서 입에 한 개씩 넣고 수분을 빨며 지내기도 하고, 몸에 열이 심하고 갈증이 더할 때는 얼음을 손바닥에 쥐고 열을 식혀 보기도 했다.

이현필은 자기 건강이 오래 못갈 줄 알고 모든 것을 버리고 어디 가서 혼자 죽고 싶었다. 그래서 서울로 가기로 작정하고 모두를 작별하고 기차에서는 가장 오랜 동지 오북한 집사의 무릎을 베고 누워 서울까지 갔다. 서울 신촌 부근에 일본인들이 방공호를 만든 것이 있어 제자 셋째가 거기서 살면서 넝마주이를 하고 있었는데 업혀서 거기로 갔다. 담요 한장도 없는 거지들이었다. 셋째가 묘지에서 주워온 썩은 칠성판을 땅에 깔고 이현필을 그 위에 눕혔다.

이현필은 자기를 따라온 남녀 제자들을 모두 곁에서 떠나 보냈다. 그날 밤 이현필은 송장같이 칠성판 위에 누워 그동안 금욕 고행자로 살아온 자기의 일생을 정리하고 싶었다. 그리고 모든 제자들이 자기를 본받고 그렇게 믿어야 되는 줄 짐작하는 제자들의 신앙을 위하여 자기가 예수 그리스도를 향하는 솔직하고 올바른 태도를 마지막 정리하려 했다.

"주여, 저는 이 순간까지 예수님을 섬기는 데 있어서 선행위주(善行爲主)를 해왔습니다. 오늘 저는 그동안 잘못 믿어온 점을 자백합니다. 제게 있어서는 선행이 귀한 것이 아니라, 예수님의 보혈이 귀할 뿐입니다. 저는 앞으로 주님의 보혈을 의지하는 신앙으로 뛰어들어갈 것입니다."

"제가 오늘 이대로 죽는다면 저를 따르는 모든 사람들을 온통 철저한 율법주의자들을 만들어 버리는 결과가 됩니다. 이대로 죽으면 저는 천국에서 예수님께서는 역적같은 놈이 되리라 느낍니다."

"나는 위선자입니다. 나도 그리스도의 보혈을 의지하여 구원을 얻을 사람이지 선행이나 금욕고행으로 구원얻으려는 사람은 아닙니다."

그날 밤 이현필은 사경을 헤매면서도 이 모든 고백을 하면서 그의 고해(告解)를 받고 있는 일생의 동지 정인세에게 종이에 그대로 기록케 했다. 새벽녘에 넝마주이 "셋째"를 부르더니, "무슨 고기든지 좋으니 먹을 고기를 사오라"고 했다. 셋째가 시키는 대로 굴비 한 마리를 사서 동냥 다닐 때 쓰는 때묻은 깡통에 물을 붓고 끓여 가져왔다.

"수고했소. 그 국물을 내 입에 떠넣어 주시오."

셋째는 시키는 대로 했다. 조기 국물은 후두결핵으로 말 못하는 이현필의 목으로 넘어갔다. 국물이 목을 넘어가는 이 파계(破戒)는 하나님의 뜻이라고 그는 생각했다. 생전 새우 한 마리 입에 넣은 적이 없는 선생의 이 파계를 놓고 곁에 있던 제자들은 의아하게 여겼다.

"선생님이 지금 시험에 들었다."

제자들은 셋째가 고기 국물을 떠넣는 것을 저지했다.

그러자 이현필은 "당신이 하나님이요?"라고 책망하면서, 셋째보고, "어서 고기물을 내 목에!"라고 재촉했다.

그 아침에 염려하여 찾아온 동지 정인세에게, "이 개같은 것을 보려고 왔습니까? 원장님, 제가 고기를 먹었습니다. 동광원에서 저를 책벌(責罰)해 주십시오" 했다. 정인세 원장은 평양신학교에도 다닌 분으로 지금 이현필의 파계에 대해 경의를 표했다.

이선생은 필담으로 "광주로 내려갑시다" 하고는, 제자들 보기에는 패잔병같이 광주로 돌아왔다. 평생 약을 쓰지 않고 제자들 전체가 병들어도 약을 쓰지 않던 그가 광주에 도착하자마자, "제중병원으로 가자!"고 했다.

병원에 다시 입원해 누워 있으면서도 장차 비상한 사태가 올 것을 예상하고 무의탁인(無依托人)들을 돕는 운동과 "일작운동"(一勺運動)을 일으켰다. 이것이 오늘 귀일원(歸一園)의 시작이다. 현재 귀일원에는 정신질환자가 2백명이 넘는다. 수녀들은 그들과 침식을 같이하며 봉사하고 있다.

1964년 52세 때 병원에서 퇴원하고 다시 서울에 가기로 결심했다. "종로 거리에서 사람들에게 깨끗하게 살 것과(순결) 청빈생활을 사랑할 것을 전해야겠다"고 했다.

이것이 이현필이 정든 광주와 동지와 제자 수백명과 마지막 이별하는 걸음이었다. 그의 몸은 극도로 쇠약하여 스스로 몸을 가누지 못했다. 마지막 고별집회를 열고 새벽, 낮, 밤 성경을 가르치러 집회소에 나갈 때는 제자들이 업고 나갔다. 한번하는 강의 시간이 적어도 두세 시간씩 걸렸는데, 집회를 마치고 거실로 돌아와서는 송장같이 뻣뻣이 누워 정신을 차리지 못했다. 그래도 설교 시간만 되면 어디서 그런 용기가 나는지 우스운 얘기도 하고 질문도 하며 "아, 기쁘다. 참 기쁘다"고 했다.

이 마지막 집회 때 성경 본문은 누가복음 14:25-35였다.

> 무릇 내게 오는 자가 자기 부모와 형제와 자매와 자기 목숨까지 미워하지 아니하면 능히 나의 제자가 되지 못하고…
> 먼저 앉아 일만으로서 저 이만을 가지고 오는 자를 대적할 수 있을까 헤아리지 않겠느냐

마지막 집회 때에는 수도단체로는 격식밖에 춤도 춤고 노래도 부르게 했다. 이현필 자신도 회중과 함께 어울려 기뻐서 그가 즐기는 농부가를 발

을 맞추어 가며 불렀다. 모두 천국의 어린아이들 같았다.

    1. 딩동 댕동 보슬비는 단비를 주고
       철썩철썩 거친 파도 집터를 닦네
       둥실 둥실 밝은 달은 길을 밝히고
       송이 송이 꽃송이는 힘을 주누나
    (후렴) 빛나는 대한 빛나는 대한
          아름다운 강산이라 얼싸 좋구나
    3. 억천만년 길이 길이 살아지이다
       자자손손 널리널리 퍼져지이다
       손에 손에 괭이 들고 이 땅을 파서
       싱글 싱글 웃으면서 힘차게 살자

특히 3절을 부를 때는 한층 더 심각한 표정이었다. "빛나는 대한"을 부를 때는 이현필의 몸은 둥실둥실 춤추 듯했다.

    아 아. 사랑으로 모여서 사랑으로 지내다가 사랑으로 헤어지라! 이번에 헤어지면 우리는 언제 또 만나질 모른다
    정절(貞節)을 지켜야 그리스도의 은혜를 갚는 일이 된다. 우리 몸이 성전이 되어야 빚을 갚아진다….
    음란과 돈을 이기는 일이 곧 세상을 이기는 일이다. 우리에게 자유의지를 주셨으니 자기가 선택하여 좁은 문으로 들어갈 수 있다. 자기를 거룩하게 하는 일이 인생으로 해야 할 최대의 사업이다.
    사람이 타락하는 일은 경각간이지만 그 영이 어두워지는 단계는 여러 해에 이른다. 이 세상은 악한 세상이지만 동남동녀를 보시고 용납하고 계시다.
    물질이 없어도 살수 있다고 믿어졌으면 그것이 천국이다.

이현필에 대해 사람들은 평하기를, 백년에 한 사람 날까말까한 인물이라고 했다. 한국 개신교 백년사에 이현필같은 성인이 난 적은 없었다.

그는 이단자도 아니요, 사교의 교주도 아니다. 그는 한국 종교계에 자주 나타나는 자칭 재림주도 아니다. 그는 철두철미 자기가 죄인인 줄만 알고 참회자의 생활을 보내면서 예수님을 닮으려고 목숨 걸고 정진했다. 그에겐 교파도 교회도 없었고 단독으로 섰다. 그러면서 그만치 그리스도 십자가 사랑에 자주 통곡한 사람은 없었다.

의인을 돌로 치는 한국 사회, 진정한 하나님의 종을 핍박하고 매장하는 기성 종교계. 순교자 주기철 목사는 평양노회에서 제명당했고, 성스러운 강순명 목사도 기성교단에서 제명당했고, 정열의 부흥사 이용도도 제명당했다. 인정이 메마른 한국땅에 태어나 예수처럼 살아보려고 무척 애쓰던 이현필도 기성종교계에서는 그를 알아주지 않았고, 돕는 이도 없었다.

이현필은 마지막 고별집회를 여러 날 계속하고는 자기가 세상 떠날 시기가 임박한 것을 의식하고 급한 마음으로 서울로 상경했다. 생전에 그가 가장 사랑하는 고장은 경기도 벽제 계명산 수도원이었다. 거기는 여제자 정한나 수녀가 단독으로 들어가 굴을 파고 거처하며 개척한 동광원 분원이 있고, 산수 좋은 뒷산 개울가에 현동완 총무의 산장 자리에 조그마한 건물 한 채가 있었다. 현총무가 동광원에 기증한 것이다.

이현필이 광주 방림을 떠나는 날, 각처 분원에서도 떠나는 선생을 한번 더 보려고 수녀들이 달려와 울었다. 태극호를 타고 가는 차중에서도 선생을 모시고 간 조정은 수녀에게 "끝까지 동정(童貞)을 지키시오. 깨끗이 사시오." "청빈생활을 사랑하시오. 음란은 죄입니다. 동정을 지키고 깨끗이 사시오" 하면서, 종로 거리에 나서서 이 부르짖음을 못함이 한이라고 말했다.

계명산 산장에 인생의 마지막 자리를 잡고 며칠 앓는 동안 이현필은 기도에 파묻혀 지냈다. 별세하기 전날 조정은 수녀가 밖에서 불을 때고 있는데 방안에서 이현필 선생이 누구하고 이야기하는 소리가 들렸다. 밤새 그랬던 것 같다.

"예. 예. 저는 죄인입니다. ⋯예⋯."

조수녀는 목욕물을 데워 들고 선생 방에 들어가서 물었다.

"선생님, 새벽에 누가 왔습니까?"

선생은 웃으면서 "주님께서 내일 새벽 3시에 오라고 하셨습니다"고 했다.

3월 17일 저녁에는 동광원 계명산 분원에 있는 식구들을 모아 예배를 드리고, 그들을 위해 지극한 사랑의 기도를 드렸다. 3월 18일 산장의 새벽은 너무도 고요했고 엄숙했다. 남녀 제자들이 임종하려는 선생을 가운데

두고 둘러 앉았다. 이현필은 그중에 가장 나이 어린 수녀 하나가 마음이 동요되는 것이 걱정되어 임종하면서도 그 수녀보고 계속해서 "생각해 보셨습니까? 어떻게 하시렵니까?"라고 물었다. 숨이 막혀가면서도 그 수녀의 대답을 기다렸다.

"나는 지금 곧 숨이 끊어져갑니다. 내 숨이 떨어지기 전에 대답해 주시오…어떻게 하시렵니까?"

그러나 그 어린 수녀는 울기만 하고 대답을 못했다. 순결의 길은 초월의 길이다. 이현필은 일생 그것을 얼마나 강조했는지 모른다. 전신에서 땀이 비오듯 흘리며 숨이 급해 헐떡이면서도 계속 말했다. "한 사람(결혼하여 남편)을 기쁘게 하려다가 많은 성인 성녀들께나 천군 천사들에게 눈물 드리지 마시오…나, 곧 죽습니다. 대답하시오." 그러나 그 수녀는 울기만 하고 끝내 시원한 대답을 못했다.

수녀들이 깨끗이 빨아 두었던 선생의 누더기 바지 저고리를 수의(壽衣)로 입혀 드렸다. 그러나 이현필은 입었던 옷을 다시 벗으며, "이것은 내가 깨끗이 입은 것이니 내가 죽으면 이 옷을 없애 버리지 말고 헐벗은 사람에게 주어 입게 하시오" 했다. 그리고 자기 시체에 수의를 입히지 말라고 부탁했다.

벽제 수녀원에는 누구를 위해 새로 준비해 둔 관(棺) 한 개가 있었는데 이현필이 운명하면 거기 모시려 했다. 이것을 안 이현필은 자기 시신에 관을 쓰지 말라면서 자기는 죄인이니까 거적대기에 싸서 아무 데나 묻되 죄인의 시체니 아무나 함부로 밟고 다니게 길가에 뫼분상을 만들지 말고, 평토장해 달라고 유언했다. "뫼분상을 만들어 놓는 이는 화 받는다"고 했다.

최후 순간이 가까와지면서 몸은 불덩이 같이 뜨거워지고 호흡은 금방 끊어질 듯했다. 그런 중에서도 그는 기도하면서, "주님, 저는 주님을 사랑하고파 무척 애썼습니다. 제가 주님을 사랑하고자 할 때마다 주님은 저를 피하셨습니다. 주님, 저는 지금 주님의 십자가를 지고 갑니다"고 했다.

잠시 쉬었다가 일 분 뒤에 열을 더하고 숨이 금방 끊어질 듯 막혀 오는 중에서도, 이현필에게는 마지막 이상한 기쁨, 영열의 파도가 밀려왔다.

"오 기쁘다! 기쁘다! 오 기뻐! 오매 못 참겠네. 아이고 기뻐!"

숨이 가라앉는 듯하다가도 다시 돌아올 때마다, "아이고 기뻐! 오 기쁘다. 못 참겠네. 이 기쁨을 종로 네거리에라도 나가서 전하고 싶다"고 했다.

환희의 물결이 터져 나왔다. 성령의 기쁨이…. 임종 수일 전부터 기쁨이 밀려와서 어쩔 줄 모르더니 이제 절정에 이른 것이다. 마지막에 이현필은 주위에 둘러앉아 안타까이 지켜보고 있는 제자들을 바라보며, "제가 먼저 갑니다. 다음에들 오시오!" 하며 고요히 눈을 감았다.

1964년 3월 17일 새벽 3시였다. 53세, 성인다운 임종이었다. 무릎을 꿇고 앉은 채 얼굴은 하늘을 향해 쳐다보면서 임종했다. 이현필의 임종을 시종 곁에서 지켜보던 계명산 수녀원 총무 희옥 수녀는 임종하는 선생의 모습은 겟세마네 동산에서 기도하시던 예수님의 성화(聖畵)의 모습과 비슷했다고 말했다.

제 1 부
(이현필 선생의 설교)

한 죄인이 회개하면
천군 천사가 웃지요

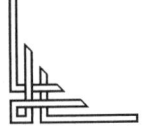

그리스도의 사랑에 잠기라

그리스도의 사랑에 접촉해야 됩니다. 그리스도 사랑에 직접 접촉하지 않는 한 아무리 사랑 설명을 들어도 시원치가 않습니다. 물 속에 잠기듯 사랑에 잠겨야 합니다. 그것이 믿는 일입니다. 금식하고 절제하는 것도 사랑에 감격되어 해야지요. 고생도 사랑에 못 이겨서이고, 고기를 안 먹는 것도 그 은혜가 더 좋아서 안 먹고요, 사치를 안하는 것도 그렇고요. 정욕을 떠나는 것도 그렇습니다. 그 은혜에 감격되어지는 일이고 그 사랑에 끌리는 것이 아니면 모두가 억지짓입니다.

은혜를 받으려고만 탐내지 말고, 이미 받은 은혜를 잘 간직하기에 힘써야 합니다. 은혜는 무시로 받지만 간직 못해 잃어버립니다. 욕심부리지 말고 잘 간수하시기 바랍니다. 자기 할 일만 하고 있으면 욕심 안 내도 풍성히 주십니다. 많은 은사, 말로 다 할 수 없는 은혜, 귀하신 사랑을 너무 몰라서 허수히 알아 버립니다(렘 31:3; 호 10:15).

범사에 진실만 의지하면 위에서 보호하시므로 아무 염려가 없습니다. 적게 갖고도 귀중히 여겨 잘 간직하면서 사는 것은 자기를 이기고 남을 구원하고 나라와 세계를 구원하는 곧은 길입니다. 귀하게 여기지 않으면 빼앗겨 버립니다.

하나님의 뜻을 기다리는 것이 가장 위대한 일

하나님의 크신 뜻을 기다리는 것이 가장 위대한 일입니다. 뜻을 어기고 천리를 달리는 것보다 뜻을 보여 주시기까지 고요히 기다리는 것이 가장 위대한 봉사입니다. 자기의 뜻과 소행을 버리고 주님의 뜻을 순종하려는 마음의 태도를 기뻐하십니다. 자기는 약하고 어리고 작지만 한 등불임을 기억하시고, 그 빛이 꺼질까 항상 조심해야 되므로 조금이라도 빛에 지장이 있을 것은 되도록 제외시켜야 할 것입니다.

말 한 마디, 걸음걸이, 서 있는 태도, 말 소리, 웃는 모습 전부가 빛에 상관 안 되는 것이 없습니다. 여러분의 말 소리 하나가 전체 빛에 큰 지장을 일으키는 수도 있다는 것을 아셔야 합니다. 일하는 태도는 세계 평화에 큰 파문을 던지는 것이라고 기억하시지요. 저수지에 작은 모래알 하나만 던져도 파문이 온 수면에 퍼지는 것처럼, 여러분이 괭이 한 번 들었다 놓는 것, 팔 한번 내 흔드는 것, 호미자루 놀리는 것이 정성스러울수록 여러분들은 그만큼 평화의 물결을 온 세상에 보내는 것입니다.

여러분 마음 속에서 아무 염려나 수심 걱정 불안이 없이 오로지 하늘에 계시는 아버지만 기억하시고 사시는 모습 전부가 그렇습니다. 평화의 천사들로서 지상에 파견되어진 비둘기 노릇을 잘 감당해야 합니다. 비둘기는 언제 어디서, 무엇을 하는 것을 보던지 매우 귀엽고 사랑스럽습니다. 날개치고 공중을 나는 모습이나 땅위에서 무엇을 먹느라고 걸어다니는 모양이나 구구 소리하는 것, 그 소리, 그 모양, 그 모습이 다 평화입니다. 여러분은 어리시지만(약하지만) 하나님 아버지께서 평화를 보여주라고 보내신 줄 믿고 사명을 게을리 마시기를 바라는 바입니다.

겸손과 비천의 길

신앙은 말로만의 환경이 아닙니다. 실제로 아버지를 모시고 주님의 손에 매달려 성령의 도우심과 가르침을 받으면서 천사들의 옹위 속에 나아가는 생활이고, 절대로 자기 혼자 애태우며 걸어가는 길이 아닙니다. 이렇지 않다면 딴 길을 걸어가고 있는 것입니다. 다른 아버지를 찾아가는 것이고, 다른 주를 부르고 가는 것이 틀림없습니다. 그 길은 아무리 가도 한정없는 부정과 공포와 절망에 사로잡힐 것뿐이니, 겸손되이 일찍 엎드러져서 자복하고 통회하며 아버지를 소리쳐 불러야 합니다.

무단한 교만과 자존심에 사로잡혀 한 시간을 지연시키고 한 발걸음을 더 나아가는 것은 어리석은 짓이고, 조금도 자존심을 만족시키는 결과는 못되는 것이니 깊이 깨달으심 바랍니다. 가난과 무시과 비천은 이 세상 시장에서는 쓰레기보다 더 천하게 못쓸 것으로 버리나, 하늘 나라 영광 속에서는 그보다 더 빛난 보배들이 없으니 한탄하시지 말고 잘 간수하셔서 빼앗기지 마심만 비는 바입니다. 한 그릇 음식을 탐해서 장자의 직분을 판 것이 원통하고 절통하고 후회하고 부끄러움을 씻을 길이 없는 것이므로 말씀드리는 바이니 행여 잊지 마시기 바랍니다.

처세의 태도

이 세상은 사막입니다. 메마른 빈들판입니다. 의지할 곳 없습니다. 의지했다가는 편안할 때에 차라리 안전한 보호를 찾아감만 못했을 것이니, 일시적 위안과 평안과 안식이 있다고 둘려서 거기 머물지 마시기를 바랍니다. 다른 사람들이 아무리 많이 모여서 태평가를 불러도 돌아보시지 마시고, 빨리 달아나는 롯의 발걸음처럼 후회없이 달아나시기 바랍니다.

이 세상은 도둑의 소굴입니다. 누구의 말을 듣고 따르든지 도둑 맞고 둘리고 종살이 밖에는 안될 것이며, 나중에 허망의 삯전이 되고 말 것입니다. 이 세상은 악한 짐승의 놀이터이니 함부로 뛰놀지 마실 것입니다. 언제 잡혀 먹힐지 모를 운명입니다.

극히 조심해서 가난과 무식과 천대를 달게 은혜스럽게 감사하게 걸머지고 나아가심 바랍니다. 그 길만이 거룩된 길입니다. 천사들이 기뻐하고 찬송하고 환영하고 존경하는 길이니 사람들의 무시와 몰라줌을 원통히 여기지 마시고 손해라고 생각지도 마시기 바랍니다. 몰라주고 멸시하기 때문에 우리의 것이 되었고, 안전한 길이 된다는 것을 깊이 명심하시지요.

참 목자께서 오늘도 우리의 이름을 부르시고 계시니 그 음성을 듣고 따라나가면 우리의 심령이 메마르지 않은 방초동산과 맑은 시내가로 인도함을 받을 것입니다. 부디 이 목자의 소리에 귀를 기울이시기 바랍니다. 주님의 보호를 빌면서.

속엣 것 고쳐야지요

속엣 것을 고쳐야지요. 겉 모양이 믿는 것이 아닙니다. 겉모양 얌전한 것 보고 믿음으로 알아서는 큰 잘못이지요. 겉모양 얌전으로는 구원 못 받습니다. 속변화가 생겨야 되지요. 물과 성령으로 거듭나야 돼요. 완전히 죽고 그리스도로 새 생명을 얻어야 합니다. 참 믿으려 힘쓰지는 않고 얌전들만 힘쓰다가 아까운 세월 다 흐릅니다.

"지금 믿었다"고 할 이가 있나요

여기 누가 "지금 믿었다"고 할 이가 있어요? 믿으면 좋다는 말에, 믿는 것이 좋은 것이겠지 하고 욕심낸 것 뿐입니다. 믿은 것이 아니고요. 믿었다면 안팎이 다 새로 지음을 받은 자 같아야지요. 그리스도의 신(神)이 없으면 그리스도의 사람이 아닙니다. 육신으로는 아무리 얌전해도 하나님을 거스리는 것뿐입니다.

우선 내가 믿어야 하겠습니다. 먼저 회개하십니다. "행실이 옳았느냐?"는 나중 문제입니다. 행실은 서로 자기가 옳다고만 생각이 되는 것입니다. 육신을 따라 난 자가 성령으로 난 자를 잘못 한다고 돌로 칩니다. 안 믿는 이는 자기가 더 잘한 것만 같지요. 성령보다 자기가 더 지혜 있다고 생각하지요. 그러니 행실을 내세우지 마시고, 믿음을 내세웁시다.

금식이 믿음이 아닙니다. 믿음은 행위가 아니어요. 행위로는 구원 못 얻습니다. 행실만 가지고 말씀하니 "내가 옳으니, 네가 옳으니"가 되고 자랑이 되고 분석이 안 됩니다. 부딪치는 돌에 부딪칩니다. 그 돌은 예수님이십니다. 행함만 힘쓰면 헛수고입니다.

그러므로 죄인 하나가 참으로 회개하면 천군천사가 큰 소리로 노래를 하시지요. 천지만물도 우쭐거리고요. 한 사람이 회개만 하면 분명히 세계도 밝아집니다. 그 빛이 막혀 있는 동안은 이슬같은 은혜도 멎어서 메마른 땅이 됩니다. 이슬 내린 것처럼 보이지 않게 내리신 은혜로 우리가 살게 되는 것입니다. 그 이슬이 말라 버려서 풀이 시드는 것과 같아요. 막혀 있는 동안은 시들며 성장은 없습니다. 갈릴 것을 갈리지 않으면 구원은 없습니다.

음란에 대한 호기심

그 말은 음란이 좋아서 아닙니다. 전혀 거짓말 같지만 음란이 어떤 것인지 알고 싶은 마음에서입니다. 이제 음란이란 망할 것이어서 알 필요가 없고 소문조차 들을 필요 없는 것, 아버지의 가슴을 찌르는 창이라고 알아졌습니다. 지식의 요구란 대담합니다. 하나님을 두려워하지 않고 무엄하게 덤 빕니다.

 청년들을 지도하는 데 미혹에 안 들게 하려고 무던히 애썼으나 제 힘으로는 못하므로 걱정만 됩니다. 음란은 한번 알아볼 생각만 들면 기어이 거기 빠지고 마는 것입니다. 마귀가 몇 천년 동안 거미집 짓듯이 샅샅이 눈에는 안 보이는 그물을 쳐 놓았습니다. 거기서 벗어난 자는 택하심을 받고 주님 품에 항상 안깁니다. 그 율법을 주야로 묵상하며 그 말씀을 생명같이 사랑하는 자라야 구원하심을 얻습니다. 음란을 수없이 치룬 죄인들인데 음란을 또 알려 하는 데에 인간이 두번째로 타락할 큰 기회가 있습니다. 그건 소망없이 타락하는 기회입니다. 그런 기회에서 용케 잘 되면 저같이 흉칙한 죄인도 이만큼 은혜 속에 잠깁니다. 그러나 그 기회에서 떨어지면 제 생각으로는 인간으로서 다시 기회가 없다고 봅니다. 다시 태어나기 전에는요. 말하자면 절망에서 구원 얻는 것입니다. 전혀 소망없는 인간들이 완전히 절망 속에 덤비고 살면서 스스로 구원 받은 체하는 것입니다. 정욕의 인간이 천사를 심판한다고 교만하게 나댑니다. 오만한 자입니다.

 한 생명은 진정으로 천하보다 귀한 줄 아실 것입니다. 저도 그같이 믿으며 또한 인정합니다. 참생명이란 가치로 보아 비교할 데가 없습니다. 그런데 그 가치를 살리기 위하여 즉, 보존 유지키 위하여 가족, 가산, 문벌, 학식, 지위, 권력까지 전부 포기하는 성자들이 있습니다. 생명의 가치란 무한합니다. 영원하며 자유와 평화, 질서가 정연하여 조금도 꺼림칙한 것이 없습니다.

 확신할 수 있으며 신빙할 수 있으므로 생명 세계의 순례자들은 누구나 낙망치 않습니다. 길을 나설 때에는 황무지요, 가시밭이요. 짐승의 소리와 음란하고 흉칙한 냄새뿐이어서 거의 실망할 지경이었지만, 절대자의 능력만 믿고 한 장면씩 나아가면 물도 없었으나 거기 시내가 흐릅니다.

 주 예수님의 피의 구속을 받아 한 형제요. 지체되었음을 감사하십시다. 생명의 순례자 뒤에는 반드시 멸시와 조롱이 따르며, 억울한 핍박과 구박이 따른다는 것을 명심하시지요.

사람은 아는 것으로 망합니다

　사람들은 아는 것으로 망해 갑니다. 그래도 깨닫지 못하고는 주님은 빼내놓고 다른 것을 알려고만 합니다. 알수록 잘 망해지고 세상을 잘 망치고 하나님을 슬프게만 합니다. 우리는 지혜로운 자가 되려 말고 천치바보를 사랑합시다. 사랑하시면 하나님께서는 미련한 자도 쓰실 것입니다. 미련한 자로 지혜있는 이를 부끄럽게 하실 것입니다. 사람에게 버림 받는 것은 하나님 아버지께서 쓰시려는 증거입니다.

물질을 어떻게 쓸 것인가

　신자가 물질을 어떻게 쓸 것인가? 세상 부자는 땅에 쌓으려 하나, 신자는 하늘에 쌓아야 합니다. 왜 세상은 땅에 쌓으려 하는가요? 자기의 자손을 위해 쌓고자 하는 것입니다. 왜 땅에 쌓으면 안 되는가요? 모든 것은 없어지고 말기 때문입니다.

　재물을 하늘에 쌓아두면 안 없어집니다. 재물 있는 곳에 마음도 있습니다. 땅에 재물이 있으면 마음도 땅에 있게 됩니다. 하나님은 우리 마음을 제일 원하십니다. 물질과 마음을 아울러 바칠 것입니다. 물질을 밝히 못쓰면 전체가 어두워집니다. 적은 것 하나 잘못 쓰고야, 큰 것에 더욱 어두울 것입니다. 두 주인을 못 섬깁니다. 마음이 물질에 매여 자유가 없는 것입니다. 하늘에 쌓아 두십시오.

염려하지 말라

　불신자는 염려합니다. 염려하는 일은 불신과 멸시가 됩니다. 생명과 몸과 독생자를 주셨거든 무슨 염려가 있습니까? 우리 처지를 감사하고 살아야 합니다. 그 나라와 그 의를 구하십시오. 하나님 주권에 복종하고 예수를 구할 것입니다. 예수는 의가 되시므로 하늘 일만 구하고 족하게 여길 것입니다. 만사를 유익케 하시는 하나님을 믿으십시오.

　자신을 이 점에 비추어 비판해 보십시오. 부할 때 주님 뜻대로 썼으며, 없을 때 믿고 기뻐했는가요? 자기 운명을 맡겼는가요?

이렇게 살려면 성령을 힘입어야 할 것입니다. 제가 제일, 제 평안, 제 위안, 제 명예, 제 지위, 제 칭찬, 그 무엇이고 제것을 구하면 주님은 슬퍼하시고 사귀(邪鬼)들은 엿보고 웃을 것입니다.

아버지의 자비와 주권만 신뢰해지이다.

남이 넘어질 때

남이 넘어질 때 기뻐하지 말 것이며, 저 안 넘어지도록 보존해 주신 분이 누구신지 기억하고 감사와 두려움으로 겸손할 것입니다. 남의 재앙을 행여 기뻐하지 말 것입니다. 홀연히 그 분노하심을 제게 옮기실까 두려워할 일입니다.

자기 완성, 우주 완성

예수 안에서 잃어버린 자기를 찾읍시다. 세상을 보면 웃기 아니면 울기입니다. 세상은 눈물 없이는 볼 수 없습니다. 헛된 세상입니다. 죽으면 사라져버립니다. 죽어버리면 없어집니다. 죽으면 천하도 제 것이 아닙니다. 돈 백원 벌기 위해 생명을 빼앗지만, 천하를 준다 해도 제 목숨 바칠 자 없습니다.

인생아, 너희는 허물과 죄로 죽은 자로다. 건강해도 만족이 없습니다. 죽었기 때문에, 몸, 집, 우주가 있어도 죽은 것입니다. 손 안에 우주가 있습니다. 눈 요기 마음 요기이니, 우주 보고 기뻐할 것인데 영이 죽었기 때문에 기쁨이 없습니다.

인간은 모정부혈(母情父血)로 되었습니다. 우리 안에 전 역사가 포함되어 있습니다. 우리 인간의 이 역사에 대한 목적이 어디 있는가요? 자기 완성이 우주 완성이며 역사의 완성인데 인생은 죽었기 때문에 역사가 파괴되었고 우주가 파괴되었습니다. 모세가 광야에서 막대기 끝에 구리 뱀을 든 것같이 주님이 십자가에 죽으심으로 완성되었습니다.

수양도 좋으나, 죽은 우리가 살아야겠습니다. 세상도 내 속에서 살고 나를 찾아야겠습니다. 나를 어찌 찾을까요? 자기 죽음을 알고 십자가로 연합해서 영원히 살 것입니다. 영생은 오래 사는 것입니다.

"누구든지 저를 믿으면 영생을 얻으리라."

우리는 영생의 삶을 받았으니 소중합니다. 삶의 의미와 의의를 찾고자 하는가요? 우주 완성도 역사 완성도 예수로 이루어집니다. 예수 안에서 자기를 찾으면 자기와 세계와 우주, 역사가 완성됩니다.

평생 구할 것은 하나님

허락하신 바를 구해야 합니다. 기어이 얻도록 노력해야 할 것입니다. 계시로 아버지를 알게 해 주십시오. 마음으로 천국을 보게 해 주십시오. 믿음의 권능을 알게 해 주십시오. 권능은 생명이요, 망아(忘我)의 권능이요, 극기의 능력을 주십니다.

평생을 통해 구할 것은 하나님이시며, 하나님을 아는 것은 영생을 얻는 일입니다. 살아 있는 사람이 살아 있는 일을 하는 것입니다. 하나님은 살리는 왕이십니다. 하나님의 일군은 살아가는 방향이 다릅니다. 이들은 산 것보다 죽음이 더 좋습니다. 그의 나라가 하늘 나라입니다. 세상은 사망의 나라요. 천국은 광명의 나라입니다. 그 나라는 아름다운 세계입니다.

뺨을 맞으신 하나님이 아니신가요? 믿기가 어렵다는 말은 교만한 말입니다. 산을 들어서 바다에 던지라고 하셨는데 우리 인간으로서는 못합니다. 그러나 믿음으로 할 수 있습니다. 왜 못 사는가요? 하나님을 떠났기 때문입니다.

비판

비판하지 마십시오(마 7:1). 제게는 더 큰 죄가 있고 크신 하나님이 계시기 때문입니다. 허물 주머니가 둘이 있습니다. 남의 것과 내 것입니다. 내 죄를 먼저 본 후에 남의 허물을 불쌍히 여김이 마땅합니다. 성령을 받아야 그렇게 될 것입니다. 때와 장소에 따라서 권면할 일입니다. 사랑으로 권면할 일입니다.

이 세상은 포로생활 상태입니다. 일한다는 것이 도적질하는 것과 같습니다. 어디나 같습니다. 이 기관에서도 역시 같습니다. 기독교 신자의 다른 점이 무엇인가요? 물질을 판단하는 눈이 밝아야 합니다. 영의 눈은 어두우면서도 마음에 그리스도 정신 없으면 무슨 결과가 나타나겠는가요? 마태복음 7:23에 "불법을 행하는 자들아 내게서 떠나가거라"라고 하셨습니다.

신앙운동을 해야겠습니다. 세례자는 자기 목숨을 내걸고 옳은 것과 그른 것을 가려서 최선의 노력을 해야할 것입니다. 조석 기도회를 보아야 할 것입니다. 이곳은 성령의 처소가 되어야 합니다.

물고기에게는 물이 안 보인다

> 영생은 곧 유일하신 참 하나님과 그의 보내신 자 예수 그리스도를 아는 것이니라(요 17:3)

하나님과 예수 그리스도의 정신을 아는 것이 곧 영생입니다. 예수 그리스도를 모르면 자기가 죄인인 줄조차 알 수 없는 것입니다. 예수 그리스도를 바로 아는 것이 곧 자기의 죄인됨을 아는 일입니다. 물고기는 일생동안 물속에서 살면서도 물이 안 보이는 것입니다. 우리 인간도 죄중에서 늘 살기 때문에 죄가 죄로 안 보이므로, 죄 없는 의인 행세를 하는 것이지요.

하나님을 "믿는 일"과 "섬기는 일"은 어떤 일인가요? 하나님이 나를 보시는 줄 아는 것이 믿음이요, 그 뜻을 순종하는 것, 곧 행하는 것이 섬기는 일입니다. 하나님의 뜻을 아나 그 뜻대로 살지 못하는 것은 하나님을 섬기지 않는 일입니다. 우리는 진실되게 하나님을 믿고 그 뜻따라 순종함으로 섬깁시다.

하나님의 심판이 내리치는 칼밑은 지옥입니다. 그러나 그 때 바싹 한 걸음 앞으로 다가서면 거기는 천국입니다. 하나님 사랑을 믿읍시다. 하나님은 우리를 버리실 작정이었다면 창조하시지도 않았을 것이지요.

나를 따르라

"나를 믿으려면 나를 따르라"고 하셨습니다. "따르라"고요. 제자들이 예수 그리스도와 함께 죽었더라면 얼마나 영광되었겠습니까? 그러나 그들은 그리스도의 죽음을 배우려 하지 않았습니다. 누구나 잘 죽는 것이 인생의 큰 성공인 것입니다. 교훈과 행실만으로는 영웅이 될 수는 없습니다.

하나님께서는 일남일녀(一男一女)를 지으셨으나 누구나 꼭 그 법을 따라야 하는 것은 아닙니다. 사도 바울은 독신으로 혼자 사는 길이 하나님의 뜻을 더 잘 지킬 수 있는 길이라고 설명해 주셨습니다.

보고자 하여도

> 많은 선지자와 의인이 너희 보는 것들을 보고자 하여도 보지 못하였느니라(마 13:17)

보고자 하여도 못 보고, 듣고자 해도 못 듣는 것이 무엇입니까? 동정녀에게서 나신 이를 보는 눈이 복이 있다는 말씀입니다. 독신으로 하나님을 기쁘시게 할 수 있다는 말씀이 복된 말씀입니다. 이런 말은 누구나 해내는 것이 아닙니다. 예수 그리스도만이 이 말씀을 하실 수 있었던 것입니다.

기도는 생명이요 순종이다

모세나 엘리야도 우리 생명의 구주는 아닙니다. 기도는 생명이요, 순종입니다. 순종이 곧 생명입니다.

인간이 부끄럽게 생각해야 할 일은 자기가 못난 사실을 잊어버리고 사는 시간입니다. 주제넘게 자기가 아는 체 하면서 예수님의 동정녀 탄생을 부인하면 성령을 받지 못합니다. 누구나 성경말씀 그대로 믿지 않고 말씀이 기쁘게 받아들여지지 않으니, 그 말씀을 전할 용기가 없지요.

맹자는 부모형제 군신지간(君臣之間)이 서로 이(利) 속으로만 사귀게 된다면 섬기는 것도 망하지 않을 수 없다고 했습니다. 겸손이란 것은 자기의 뜻을 죽이고 성령의 인도하심대로 사는 일을 말하는 것입니다.

순정을 바친 여인

마가복음 14:3-9에 옥합에 비싼 나드향을 담아 들고 와서 옥합을 깨고 예수님 머리에 나드향을 부은 여자의 행위는 자기의 순정을 바친 일입니다. 순정(純情)이 없으면 그리스도께서는 향기롭게 받으시지 않습니다. 인간의 순정을 돈 주고 값으로 살 수는 없습니다. 사람들은 예수를 믿노라면서도 순정의 몸을 하나님께 바치는 일에는 인색합니다. 우리가 누구를 끔찍이 사랑하게 되면 자연히 그를 닮아가는 것입니다. 그런고로 믿고 사랑하는 대상을 선택하는 일을 잘 해야 합니다. 그것이 우리의 인격을 이루기 때문입니다.

우리가 완전하므로

나 자신이 진실되고 겸손해진 만큼만 성경이 내게 들어오는 법입니다. 신약시대에 예수 믿는 우리가 완전함으로 구약도 완전해지는 것입니다.

…우리가 아니면 저희로 온전함을 이루지 못하게 하려 하심이니라
(히 11:40)

인간 우리가 껍데기만 잘 지키면, 속은 위에서 채워 주십니다. 육신의 정욕이 동할 때는 '주께서 이를 위하여 죽으셨는데 어찌 내가 방종할까…' 라고 매일 묵상하는 방법을 쓰십시다. 인간이 자기의 최선을 다할 때 하나님께서도 하나님 하실 부분을 해 주시는 것입니다. 죄를 깨달음으로 우리는 날로 가벼운 생활을 하게 됩니다.

사마리아 여인

요한복음 4:7 이하 기록에 사마리아 수가성 샘가에 물 길러 나온 여인은 처음에는 예수가 시골 남자같이 보이니 공박을 했습니다. 그러나 나중에는 예수님 보고 생수를 달라고 간청했습니다. 누구나 영혼이 목말라 해야 합니다. 영적 기갈을 느껴야 합니다.

사람들은 안해야 할 일을 함으로 해야 할 일은 못하고 맙니다. 돈 쓰는 것도 동일합니다. 성경을 해석하는 이들 다수가 성경을 크게 오해하고 있습니다. 남녀문제를 모르니 오해한 것이 됩니다.

참 지혜자

참 지혜자는 죄를 짓지 않는 자입니다. "심령이 가난한 자가 복이 있나니 천국이 저희 것임이요"(마 5:3)의 말씀과 같이 가난이 복이 됩니다. 천국의 그들의 소유입니다. 그리스도의 말구유 탄생도 가난이 복이라는 사실을 가르치기 위해서입니다.

신자의 하나님이라는 말씀은 목표가 확실한 자의 하나님이라는 뜻입니다. 사단이 꾀이기를 "하나님과 같이 된다"(창 3:5)는 것은 자녀 낳는 일과 하나님 노릇 할 수 있다는 꾀임입니다. 창조는 하나님께서만 하시는 일입니다. 주인에게 쫓겨난 청지기 비유는 인생의 지혜와 힘을 낭비한 사람의 이야기입니다.

> 율법과 선지자는 요한의 때까지요 그 후부터는 하나님 나라의 복음이 전파되어 사람마다 그리로 침입하느니라(눅 16:16)

"침입한다"는 것은 억지로 들어가는 일입니다. 도적도 그렇게 침입할 수 있습니다.

모세와 선지자

> 모세와 선지자들에게 듣지 아니하면 비록 죽은 자 가운데서 살아나는 자가 있을지라도 권함을 받지 아니하리라(눅 16:31)

"모세와 선지자"는 도덕(道德)을 의미합니다. 도덕의 말을 안 듣는 이는 거듭난 자의 말도 안 듣는 것입니다.

처녀성

처녀성(處女性)은 영원한 생명의 씨가 됩니다. 마치 밤알 속의 "눈"과 같은 것입니다. 그런고로 처녀성을 파괴하는 일은 생명의 씨를 파괴하는 일입니다. 인간은 본능적으로 음란의 요구가 70%나 됩니다. 영원한 것이 아니면 무엇이나 진리가 될 수 없는 것입니다. 하나님께서 인간을 지으실 때 영생과 영복(永福)을 약속하고 내셨습니다.

너희 선지자를 죽인 자손

> 너희가 선지자를 죽인 자의 자손됨을 스스로 증거함이로다 너희가 너희 조상의 양을 채우라 뱀들아 독사의 새끼들아 너희가 어떻게 지옥의 판결을 피하겠느냐…(마 23:31-36)

여기서 유대인들의 죄를 말하고 있습니다. 유대인들의 회개할 때는 "이때"라고 가르치셨습니다. 유대인들을 멸망시키기 위해 지옥에서 가(假)선지자가 파송된다고 합니다. 그는 유대나라 멸망 전에 8년동안 "화있을진저" 하면서 외치다 핍박을 받게 되는 것입니다.

거짓 선지자들의 말은 임시는 맞는 것 같으나 사실은 사람이 미혹하는 것입니다. 거짓 선지자 뒤에는 기적도 따릅니다. 믿되 진실되게 믿어야 행복이 틀림없는 것입니다.

세상에서 가장 위대한 일은 '사람되는' 일입니다. 무슨 일이든지 사람되는 데 무익하면 하지 말아야 합니다. 나 하나 사람되는 것이 가장 큰 일입니다. 나 하나를 위하여 천지도 창조된 것입니다. 십자가도 나 하나를 위하여 마련하신 것인데, 안 믿으니 감사가 없습니다.

행복은 이상(理想)이어서 밖(外部)에는 없습니다. 물질은 안 쓴다고 절제(節制)가 되는 것이 아니라 꼭 쓸 곳에 써야 절제입니다.

천국 시민의 의무와 권리

예수님께서도 무리를 가르치실 때는 쉽고 얕은 교훈부터 가르치셨습니다. 어려운 문제 "내 피, 내 살"을 말씀하실 때는 무리들은 떠나가 버리고 제자들만 남았습니다.

마태복음 5장은 천국 시민의 권리와 의무를 가르치셨습니다. 의무를 행하면 권리가 따라오는 것입니다. "심령이 가난한 자가 복이 있다"는 말씀은 가난이 신도의 의무라는 말씀입니다. "천국이 저희 것임이요"라는 말씀은 신자의 권리입니다. 사람되는 일이 중요한데, 사람은 못 되어 가지고 노릇(권리)만 하려고 서두니 거기서 거짓이 생깁니다. 무턱대고 "생육하고 번식"하는 것이 하나님의 뜻이라면 왜 물로 벌하셨을까….

죽음은 영원한 생명에의 시작

계시록 9:19에 "말세에 사람 3분의 1을 죽이는 마병대의 말들이 생긴 모양"은 꼬리에 머리가 달린 것이 특징입니다. 이는 남자의 하체(남근)와 생긴 것이 비슷하다고 상상됩니다. 하와가 먼저 타락했기 때문에, 여자는 종이 되었습니다. 그러나 성모 마리아께서 그것을 이기셨으니 종에서 해방되었습니다. 성서에 허락된 이혼의 조건은 음행입니다. "음행한 연고 없이"(마 5:32)라고 하신 말씀은 정절(貞節)에 방해가 되면 이혼해도 무죄라는 것입니다.

계시록 12장에 "해를 입고 열두 별의 면류관을 쓴 여자의 고통"은 십자가 밑에서 만민을 새롭게 하는 고통을 말합니다.

계시록 12:3에 "뿔이 열이오. 머리가 일곱이다"라는 말씀이 있는데, 인간의 정(情)이 그렇습니다. 마귀는 인간의 감정을 이용해서 유혹합니다. 하늘에까지 갈 수 있는 힘은 정절(貞節)을 지켜야 얻을 수 있습니다. 죽음은 영원한 생명에의 시작입니다.

예수 믿고 정절을 지켜야

> 너희가 나를 찾는 것은…떡을 먹고 배부른 까닭이로다(요 6:26)

그리스도를 찾는 목적이 떡 얻어 먹고 배부른 까닭인가요, 사명 찾기 위함인가요? 사명자들이 사람의 영혼 문제를 등한시하니 그들은 결국 떡의 종이 되고 마는 셈입니다. 먹을 것만 찾다 죽으면 짐승이나 다름 없습니다.

지금 세상이 과학 만능이라 하지만, 그래도 필요한 것은 예수의 정신입니다. 그리스도교의 신앙은 사람이 떡으로만 살지 않는다는 것에서부터 시작했습니다. 예수 믿고 정절(貞節)을 지켜야 그리스도의 은혜를 받고 "밥값내는"격이 됩니다. 그리스도의 교훈은 인간생활이 음란을 목적삼는 점을 부정했던 까닭에 무리들은 분노했습니다. 인간의 비밀을 모르겠다고 예수를 죽였습니다.

인류의 시조 하와는 자기가 다스려야할 짐승(뱀)한테서 도리어 생육(음란)을 배웠습니다.

오늘 세상은 물질 귀한 줄만 알지 사람 귀한 줄은 몰라서 참 사람이 안 나옵니다. 하나님을 무시하고 물질만 중히 보니 불행에 웁니다.

인간의 자유의지

우리에게 자유의지(自由意志)를 주셨으니 좁은 문으로 들어갈 수 있습니다. 모든 자선봉사 사업은 성성(成聖)하는 수단과 방법입니다. 자기를 거룩케 하는 것이 인생의 유일한 사업입니다.

예수님께서는 마지막 만찬석에서 영성체(성찬)하기 전에 제자들의 발을 씻어 주셨습니다. 예수님의 손이 제자들의 발에 닿을 때 그들도 남을 씻길 수 있습니다.

하나님께서 우리에게 육체를 주심은 죄를 벗으라고 주셨습니다. 육체가 없으면 구원할 길이 없으니, 육체를 입혀서 내놓으셨습니다.

> 몸은 음란을 위하지 않고 오직 주를 위하여 주는 몸을 위하시느니라
> (고전 6:13)

> 평강의 하나님이 친히 너희로 온전히 거룩하게 하시고 또 너희 온 영과 혼과 몸이 우리 주 예수 그리스도 강림하실 때 흠없게 보전되기를 원하노라(살전 5:23)

그리스도께서는 몸으로 구속 사업을 이루셨습니다. 그러니 육체가 있는 동안 소망이 있는 것입니다.

인간의 타락은 경각에 있다

사람의 타락은 경각간에 되어지지만, 인간성이 어두어져가는 단계는 여러 해 걸립니다. 이 세상은 악하나 하나님께서 동남동녀(순결한 정절인)를 보시고 아직 용납하고 계십니다. 이 진리는 적은 것을 깨달았어도 큰 은혜이니 교만하지 말 것입니다. 우리도 몇만년 동안이나 항거해오던 영혼들이니, 아직 이 진리를 못 깨닫는 사람을 무시하거나 멸시하지 말 것입니다. 받은 진리를 소홀히 여기면 잃고 맙니다.

물질 없이 살 수 있는 곳은 천국

우리가 물질이 없어도 살 수 있다고 믿으면, 그것이 곧 천국입니다. 마태복음 5:3-12의 8복을 보면, 우리가 욕심과 음란만 버리면 천국을 본다고 했습니다. 우리는 비록 부정(不淨)하지만 정절(貞節)을 갈망하고 그것을 주목하고 있으면 하나님께서 성취시켜 주실 것입니다. 그러나 선조(先祖)를 원망하고 실망해 버리면 성취하지 못하게 됩니다.

시간 낭비는 생애의 낭비

시간 낭비는 생애의 낭비입니다. 영원한 시간과 영원한 생명. 에디슨은 시간 보고 살지 말고 최선의 길을 가라고 하였습니다.

양심에 흡족한 대로 사십시오. 시간을 더욱 귀히 쓰십시오. 가치있게 사십시오. 생명은 보다 더 귀하게 써서 항상 진보가 선이요, 퇴보는 죄입니다. 양심은 절대적 조건은 못됩니다.

성령이 같이 계시므로 하나님의 증거하심을 알 수 있습니다. 생명의 가치를 아는 데 어려운 점이 이것입니다. 양심이나 선의 표준이 희미하고, 예수님 안에서 사는 것이 우리의 표준이 됩니다. 예수님을 증거하는 것이 고귀한 생활입니다. 예수는 진리요, 선이십니다. 물질과 시간은 진리 증거하는 데 쓰고자 하는 것이고, 건강하거나 건강하지 못한 것이 문제가 아닙니다.

교육의 이념은 인격 개조를 하는 것입니다. 인격의 정의가 무엇인가요? 생명이 가치있게 쓰여지고 있느냐의 문제일 것입니다. 시간부터 귀하게 쓰는가에 있습니다. 지식의 유무, 물질의 유무, 건강 불건강이 문제가 안 됩니다. 찰스 라일은 "너의 생명이 먼저 하나님과의 정당한 관계를 맺으라" 했습니다.

하나님 말씀을 명상해서 그 말씀대로 살아볼 것입니다. 의심하는 것은 시간 낭비입니다. 신앙에 입각해서 사는 것이 귀한 것입니다. 시간이 귀한 것은 장단(長短)에 있지 않습니다. 하나님과 연락되느냐가 문제이지 외부적인 조건에 있지 않은 것입니다.

재산과 명예가 불행입니다. 건강도 불행입니다. 그러나 낭비하는 것도 불행입니다. 명예스럽지 않기 위해서는 선을 행치 않는 것이 죄입니다. 일부러 건강을 해치는 것도 불행입니다. 믿는 것이 복입니다. 재산이야 있고 없고 상관없이 믿으면 복이 됩니다. 명예에 관심 말고 용감히 선을 행할 것입니다. 주님 뜻으로 하는 일은 선입니다. 참 선에는 세상적인 명예가 따르지 않습니다. 순리로 건강하면 불행치 않을 것입니다.

예수님의 피

> 우리를 사랑하사 그의 피로 우리 죄에서 우리를 해방하시고(계 1:5)
> 건강한 자에게는 의원이 쓸데없고 병든 자에게라야 쓸데 있느니라 너희는 가서 내가 긍휼을 원하고 제사를 원치 아니하노라 하신 뜻이 무엇인지 배우라 내가 의인을 부르러 온 것이 아니요 죄인을 부르러 왔노라 하시니라(마 9:12-13)

그리스도 안에 충만한 것은 신앙과 사랑과 소망, 화목입니다. 하나님과 화목, 거룩하고 흠 없고 책망할 수 없는 이로 세우심, 믿음에 거하고 터 위에 굳게 서서 들은 바 복음의 소망에서 흔들리지 않으면 그렇게 될 것입니다.

그리스도의 피로 하나님과 우리 사이의 담을 헐으셨습니다. 의문에 속한 계명의 율법이란 인간적인 노력을 말합니다. 예수의 피 안에 들어가야 죄가 해결된다는 소망에서 흔들리지 않으면 거룩해진다고 복음이 말씀하셨습니다. 복음은 하나님의 편지이니 예수를 받아들여야 살 수 있습니다.

복음의 소망은 영원한 소망이요 떠나서는 안 되는 소망입니다. 과학의 소망은 부정되어야 할 소망입니다. 예수님의 피로 살고, 예수 피만이 우리 모든 문제를 풀어 주십니다. 그 밖의 모든 곳의 기초는 흔들릴 수 밖에 없습니다.

참 행복을 구하는 길

약한 형제를 붙들어 나가는 것이 굳센 자의 마땅히 할 일이라고 하셨습니다. 이것은 첫째로 선을 행하고 덕을 세우는 일입니다. 자기를 기쁘게 안

해야 형제를 돕습니다. 약한 형제를 돕는 것이 절대 덕이 됩니다. 둘째, 그리스도를 본받는 일입니다. 셋째, 자기가 행복되는 길입니다. 남을 돕는 이는 불행하지 않습니다. 이웃을 기쁘게 하는 이는 자기가 행복되지만, 자기만을 행복되게 하려는 이는 반드시 불행하게 됩니다. 기억하시지요. 이것이 진리입니다. 틀림없습니다. 자기만 기쁘게 하려면, 일생 불행하고 행복의 그림자도 못 봅니다. 옆에 있는 이를 행복되게 하려면 자기가 먼저 행복됩니다. 불행을 알지 못하는 일생을 보냅시다. 믿으십니까?

세상 사람들이 다 자기 행복을 구하고 원하면서 이 진리를 거슬려 다른 이를 해롭게 하고 자기를 유익되게 해서 행복되려 하므로 도리어 자기가 슬픔과 불행뿐임을 아시지요. 오늘 말씀은 다른 사람의 행복을 위해서 사는 이들을 만드는 일을 힘써 하신 바울 사도의 기록한 사적입니다.

전도는 그리스도를 믿어서 그 인격이 그리스도화 되도록 하는 일입니다. 그 일은 하나님께서 복음과 성령의 역사로 이루시는 일입니다. 바울 사도를 통해서 그 일을 하셨습니다.

하나님께서 하시는 일이 사람이 볼 때 평범하지 않습니다. 이상합니다. 놀랍습니다. 그래서 그 일을 이적이라 기사라 말합니다. 이적이란 말 뜻은 이상한 일의 자취를 말함이요, 기사란 말 뜻은 기이한 일이란 뜻입니다. 무엇이 이적과 기사가 되겠습니까? 병 고치고 물 위로 걸어다니고 문둥이가 깨끗해지고 죽은 이가 다시 살아나는 일이겠는가요?

참 나사렛 예수의 교회

형제들을 새로이 뵈오니 마음이 희망에 찹니다. 거짓만 꾸미는 세상에 진실을 찾아 물불을 가리지 않고 용감한 젊은이를 만나니 마음 한없이 든든합니다. 부디 참고 또 참으시사 겸손으로 순종을 배우십시오. 한 사람의 인격 완성은 태산보다 귀합니다. 금으로 쌓인 태산보다도 참 인격을 더 희망합니다. 천하를 얻은들 인격 버리면 천하를 얻어 무엇할까요! 사람들은 예수님을 너무 얕게 찾고들 계십니다.

예수 믿는 일은 주님과 그 당시 주님 따르는 제자들의 생활과의 교제하는 데 있습니다. 주님의 생애를 애써 알려 하지 않고 자기 멋대로 생활을 영위합니다 그런 생활은 개인 각자의 제멋대로의 종교이지, 주님이 보이신 예수교가 아닙니다. 사람들은 모두 제 갈길로 가면서 입으로만 주님을 부릅니다. 믿는 일은 봉사 생활이나, 기도 생활이나, 금식 고행이나, 선행 구제나, 성경 연구나, 찬송 예배가 아닙니다. 그런 것들이 전혀 내포되지 않은 것은 아니지만 그것은 일부분이지 기독교가 그런 것 전부는 아닙니다.

주님 걷던 길을 찾아서 눈물로 그 길을 걷고, 제자들이 주님을 어떻게 모셨는가를 착실히 알아 우리도 그같이 주님을 모시는 일입니다. 가짜 종교, 인간적 마음에 드는 종교는 겉으로 보기에 웅장하고 화려하고 음악이 있고 예술이 있고 취미가 진진하나, 그속에 참 구원과 생명과 영혼의 빛은 떠나고 육의 냄새, 인간들의 장난, 마귀의 희동, 지옥 기별이 흥왕합니다.

주님은 절대로 화려한 곳을 찾아 다니지 않으셨을 것입니다. 의식이나 제도나 꾸미고 예배 절차나 받들지 않으셨을 것이고, 다만 귀한 생명 건지시기에 자기의 존재도 생명의 위험도 무릅쓰고 이곳 저곳 다니시면서 덥고 먼지나는 길거리에 피곤해 쓰러진 나그네들을 이삭 줍고 다니셨지, 화려한 강당 위에서 호령을 추상같이 내리지는 않으셨을 것입니다.

만일 생명이 호령으로 구원된다면 마귀에서 절한 자리로 다 되었을 것이고, 인간의 공교한 수단과 제도로 구원된다면 변화산에서 내려오지 않으셨을 것입니다. 인간들의 호기심을 만족시켜 되는 일이라면 성전 꼭대기에서 뛰어내리셨을 것입니다.

예수님의 생활을 배우고 아시려거든 그의 가정부터 아시기를 권유합니다. 오늘날의 교인들은 그의 가정은 전혀 부인하고, 그리스도 일생 중 중간 생활만 배웁니다. 거룩한 그 가정 생활을 모르고는 예수를 뿌리로부터 모르는 것입니다. 그 가정 생활, 어렸을 때를 모르고는 참 교회, 새로운 사회, 새 천지를 모릅니다. 새 가정을 모르고 새 나라를 알 수도 없습니다. "그 나라"를 모르는 법입니다.

부디 부탁하오니 오늘 기독교인 아무도 가지 않은 그 길, 그 방법으로 봉사하십시오. 반드시 주님 기뻐하시는 일입니다. 하나님 아버지의 크신 뜻은 그 거룩한 한 가정을 택정하사 이 우주를 새롭게 하시려는 뜻입니다.
 나사렛 예수, 그의 가정의 확대가 곧 교회요 그 나라요 새천지입니다. 그 가정의 확대가 전도입니다. 그것은 다 한 가족이 되고, 한 형제가 되고, 참으로 한 지체가 되는 일입니다. 그것이 곧 믿는 일입니다. 주님의 일입니다. 하늘 나라입니다. 서로 한 지체가 못 되고, 한 형제가 못 되고, 한 나라가 못 된다면, 그것은 주님이 세우신 교회는 아니고 인간들 조작의 집회입니다. 초대 교회는 처음부터 의심없이 한 가족으로 살고, 서로 형제로 알았습니다. 그것만은 틀림없는 것입니다.

모든 것의 모든 것

 예수를 찾아야 인생의 가치를 알 수 있습니다. 십자가 없이 예수를 찾을 길 없습니다. 이스라엘 백성이 애굽에 있을 때, 고기 가마 옆에 있어도 감사가 없었습니다. 예수 찾을 목적으로만 먹으면 배도 고프지 않습니다. 인생은 단지 먹기 위해서만 일하는 직분이라면 무슨 직장에서도 만족을 찾지 못합니다. 우리가 날마다 먹기 위해 일하나, 궁극적인 목적은 그리스도를 찾는 데 있습니다.
 미련한 자들이 진리를 깨달을 때, 성신도 기뻐합니다. 우리는 기뻐할 때나 혼자만 기뻐하는 것이 아닌지 늘 살필 것입니다.
 예수께서 예루살렘 성을 보시고 우신 것은 단순한 감정이 아닙니다. 믿을 자들이 안 믿는 동안 주님은 언제나 우십니다. 예수님이 나사로의 무덤 앞에서도 인정으로 우신 것이 아니고, 하나님의 자녀들이 마귀의 사망에서 복종하는 것을 보고 우셨습니다. 그리스도인들이 하나님께서 모든 것의 모든 것이 되시는지 모르는 동안은 조각난 신앙입니다. 정절이 아무리 귀하다 해도 하나님의 권능이 역사하지 않으면 정절을 지키고 싶은 생각도 나지 않을 것입니다. 여러분들이 다른 말을 못 알아 들어도 이말만큼은 알아 들어야 합니다.

형제의 연약함을 담당하자

 사도 바울은 형제가 넘어지지 않기 위해서는 안 먹고 안 마시는 것이 가장 아름답다고 하셨습니다. 즉, 약한 형제가 넘어지지 않도록 조심하라고 하셨습니다. 그러나 이것은 소극적이라고 말씀합니다. 오늘 말씀은 약한 형제가 넘어지지 않도록 조심만 하는 것이 아닙니다. 나아가 붙들어 주라는 말씀입니다. 굳센 자가 약한 형제를 붙들어 주는 것이 당연하다고 하셨습니다(로마서 15:1-3). 약함을 담당하라는 것입니다.
 이것이 곧 그리스도의 참 인격이십니다. 예수님께서 우리의 약함을 담당하시사 내가 맞을 매를 대신 맞아주시고, 내가 당할 고생을 대신 당하시고, 내가 당할 욕과 부끄러움을 대신 당하사 십자가에 죽으신 것입니다.
 내가 감당 못할 매요 고생이요 죽음이기 때문에, 주님이 대신 말씀없이 묵묵히 당해 주심으로 제가 오늘 사는 것입니다. 그렇지 않으면 부끄러워서 못 살 저입니다. 고생을 못 참아 못 살겠고, 구박 때문에 못 살 제가 지금 활발히 잘 사는 것은, 나의 약함과 부끄러운 죄를 다 담당하시사 죽기까지 하신 우리 주님의 은공 때문입니다. 저는 그것을 확실히 압니다. 그리고 믿습니다. 지금도 제 공로로는 못 삽니다. 연약해서지요. 죽음을 대신하신 그리스도의 사랑입니다. 연약함을 대신 담당하신 것입니다. 날마다 그 은혜로 삽니다. 형제 자매들이 제 연약함을 담당할 때에 안위와 인내를 주십니다. 약한 형제를 도우려면 참아야 됩니다. 참는 가운데 안위가 옵니다. 잘못한 형제를 돕고 용서하고 같이 할 때에 인내력이 필요하고 안위가 필요하기 때문에, 주님이 주십니다. 성경을 알게 됩니다. 성경 말씀이 이해됩니다. 약한 자의 약함을 담당할 때에 평안과 기쁨이 충만하며, 성령의 역사로 소망이 넘칩니다. 자기를 기쁘게 하려 말고, 다른 이를 기쁘게 하기 위해 사십시다. 그것이 참 복된 길임을 아시지요.

욕심이 없어지는 것이 구원

 우리 속에 욕심이 일어나는 마음이 없어지는 것이 구원입니다. 인간은 근본이 한 형제이건만 사람들이 욕심 까닭에 서로 원수인 줄로 여기고 살고 있습니다.
　첫째, 남녀는 시금석(試金石)입니다. 서로 상대를 자기 것 삼으면 실패합니다. 둘째는 마귀의 시비입니다. 사단은 저도 창조주요, 아버지요 영광받을 수 있다고 주장합니다. 셋째는 정욕을 제압하면 천사입니다. 정욕이 시키는 대로 사니 마귀짓입니다. 정욕만 억제하면 만(萬) 가지 선을 다 성취합니다. 그러나 정욕대로 살면 만 가지 선을 다 잃어버립니다. 정욕대로 살면 만 가지 선은 곧 만 가지 악이 되고 맙니다. 남자는 여자를 생각하지 말 것이고, 여자는 남자를 생각하지 말 것입니다. 하나님이 어째서 남자와 여자를 지으셨냐 하는 부질없는 의문이 생기기만 하면 시험이 드는 까닭입니다. 이미 인간은 죄성(罪性)을 지니고 있기 때문에, 그 의문에 대한 대답을 성령이 하시기 전에 마귀가 가르치기 때문입니다.
　확실히 남녀를 지으신 것은 깊으신 성의(聖意)가 있으시니, 지금 알려고 하지 말 것입니다. 타락한 우리 인간으로서는 도저히 그 비밀을 지금 알 수 없습니다. 그저 남자는 자기만 지키고, 여자는 자기 몸 깨끗이 지키면 에덴동산이 회복되는 것입니다.
　남자가 여자를 제 것 삼으면 참된 인생 즉, 하나님 아들로서의 자격 상실입니다. 여자가 남자를 제 것 삼아도 역시 하나님 집에서 쫓겨납니다. 그래서 남자는 죄 짓기 전, 그 당시의 목적은 모르지만 그 후로는 분명히 사람이냐, 사람이 아니냐를 알아내는 시금석입니다. 시금석은 금을 알아내는 돌입니다.
　첫째, 이미 동정을 지켜보려는 분들에게 다른 것을 요구하지 말 것입니다. 동정지키는 것보다 더 큰 일은 없는 까닭입니다. 다른 것, 또는 그만 못한 선(善)까지 하려다 큰 직분 망각할까 두렵습니다. 동정만 지킴으로써 만 가지 선보다 아버지 뜻을 더 만족케 합니다. 시기, 탐욕, 사치, 분쟁 등을 죄라 하는 것도 그러다가 동정을 범하기 쉽기 때문이요.. 그런 것은 아버지의 진노를 사기까지 하는 죄는 아니므로, 거기에만 그친다면 괜찮습니다.
　둘째는 이미 동정을 잃은 사람들께 대한 것입니다. 순결 생활 회복의 희망을 늘 깨우쳐서 실망치 않도록 노력할 것입니다. 거룩한 예수님을 사랑하는 마음이면 회복시켜 주실 것이니 자기 노력이나 자기 방법으로 되는 것이 아니고, 다만 긍휼히 여기시는 이의 뜻과 사랑으로 이루어지므로 낙망하지 말 것입니다. 예수님 사랑하는 마음이면 이룸을 받을 것입니다. 많이 탕감받은 이는 많이 사랑합니다.

셋째는 재가(在家)의 신자들입니다. 가정을 갖고 있으면서 믿으려 하는 이들입니다. 둘째도 포함됩니다. 이미 자녀까지 낳았으나 지금부터 동정을 지켜 순결생활로 돌아가려는 이들 말입니다. 거기에 대해서는 고린도전서 7:13-1절에서 보이신 뜻을 알릴 것입니다. 동정을 지키려는 여인에게 그것을 모르는 남편이 여인이 하자는 대로 하려고만 하면, 버리지 말고 동거하란 뜻입니다. 동정을 수절하는 여자 때문에 같이 사는 남자까지 거룩해지고, 동정 지키는 남자 때문에 같이 사는 여자까지 거룩해집니다. 그 결과 이미 낳은 아이들까지 거룩해집니다. 죄로 낳았지만 부모가 거룩히 살므로 자녀들도 본따서 거룩하게 삽니다. 그렇지 않고 믿는 여자가 안 믿는 남자의 정욕대로 따라 살고, 혹은 남편이 안 믿는 여인의 정욕대로 따라 살면 그 자녀들도 볼 만합니다.

지옥이 어디인고

지옥이 어디인고. 바로 하나님의 사랑을 조금도 이해 못하는 마음입니다. 그것을 알려 주시옵나이다.

사랑은 다 하나님의 사랑입니다. 인류끼리의 사랑도 본래 인간 자체에 무슨 사랑이 있었던 것이 아니요, 하나님 아버지가 본질적으로 가지고 계시던 것이었습니다. 어머니 사랑도, 친구간의 사랑도, 그 근원은 하나님의 것이었습니다. 하나님의 사랑이 이해되는 마음은 연옥입니다. 완전히 이해한다면 그때는 천국이 시작되는 마음일 것입니다.

> 오! 하나님 아버지의 사랑을 깨달음을 주시고 사랑을 감당케 해 주소서. 오! 주님 제 마음 키워 주소서. 무한히 키워 주소서. 주님 마음처럼 이해력을 키워 주소서. 무한히 키워 주소서. 이 몸과 마음은 주님의 피로 값 주시고 얻으신 것이오며, 제가 임의로 해서는 안 될 것이오

며, 제 부모께서 쓰실 것도 못 되오며, 나라의 무슨 권세가 쓸 것도 아니오며, 사탄도 쓸 수 없습니다. 아버님과 주님과 성령께옵서만 저를 임의로 하실 수 있사옵나이다. 주님 저를 뜻대로 써 주옵소서. 주님 써 주심을 감사드리나이다. 주님의 생각하고 저는 주님께 강력 소원하나이다. 주옵소서. 듣는 귀를 주옵소서. 주님 저를 잊지 마소서. 주님 제게 베푸신 성총을 깨닫게 해 주십소서.

날마다 간증 생활이 용솟음칩니다. 간증하는 것은 자기에게 유익됩니다. 내가 빠져나갈 수 없는 하나님의 놀라운 사랑, 땅에 있는 지체가 맥을 못 씁니다. 겉사람이 후패하고 속사람이 새로워질 때는 금보다 기쁘고 혈기와 교만이 없어집니다. 이성으로 않고 성령으로 되어집니다.

청아한 음악은 배부른 데서 나오지 않습니다. 천국은 찬송의 세계입니다. 굳이 은혜 간직할 것입니다. 신앙에는 한 고비가 있습니다.

성 요셉이 "끊고자" 하고 이를 생각함은 자기 힘으로 못할 줄 알아서 생각한 것입니다. 성령의 지시를 기다린 것입니다. 자기 마음대로 않고자 하는 이에게 밝은 지시가 있습니다. 의롭고 거룩한 사이에는 천국이 이루어지고 주님이 오십니다.

겸손이 존귀보다 먼저

좋은 일 끝에 반드시 나쁜 일이 옵니다. 그러나 나쁜 일 끝에 잘 참기만 한다면 반드시 좋은 일이 옵니다. "흥망성쇠" "고진감래"로 고락(苦樂)이 바뀝니다. 죽으면 삽니다.

> 여호와를 경외하는 것이 지혜의 훈계라 겸손은 존귀의 앞잡이니라
> (잠 15:33)
> 사람의 마음의 교만은 멸망의 선봉이요 겸손은 존귀의 앞잡이니라
> (잠 19:22)
> 무릇 마음이 교만한 자를 여호와께서 미워하시니 피차 손을 잡으찌라도 벌을 면치 못하리라 (잠 16:5)

초년 고생은 황금으로도 못 삽니다. 고생으로 연명합니다. 고락은 반드시 바뀌고 맙니다. 수고와 즐거움이 바뀌집니다. 지금 고생하면 장차 좋고, 지금 편하면 장차 고생을 면치 못합니다. 그때 고생은 귀한 것이어서 황금

보다 보배라는 뜻입니다. 젊어서 고생을 많이 겪으면 결코 교만하지 않습니다. 그래서 그 사람 일생은 절대로 실패하지 않기 때문에 황금으로도 못 산다는 것입니다. 음지가 양지되고 양지가 음지됩니다.

겸손이 존귀보다 먼저 있습니다. 반드시 겸손해야만 높아집니다. 겸손치 않고 높아지면 떨어져 버립니다. 교만은 멸망의 시초입니다. 그는 멸망하려고 교만 부립니다. 지금 젊은이들이 같이 잘 먹고 잘 입고 뛰어 다니며 노는 것을 부러워 마시지요. 그것은 멸망의 기초입니다. 멸망의 터를 잡고 돌아다니는 것에 행여나 따라가지 마십시오. 지금 교만 부리고 돈 쓰고 거드럭거리는 사람들을 조금도 부러워하지 마십시오. 반드시 망할 날이 있습니다. 무서운 날이 옵니다. 겸손히 사시기를 부끄럽게 말고, 달게 여기시고 감사하는 생활을 하시지요.

구원이란 결국 인격 완성에 있으므로 교회당이나 세례, 성찬, 의식이나 율법적인 제도로는 절대 이뤄지지 않습니다. 장성한 신앙은 하나님의 사랑과 권능의 무한하심과 주 그리스도께 대한 순전한 사랑과 믿음만으로 이뤄질 것이며, 진리와 성령의 역사가 굳게 지켜주시는 것이므로 제도와 조직이 따로 필요치 않을 뿐더러 도리어 혹과 같이 방해가 되는 수도 있을 것입니다. 그렇다고 율법 아래 있는 이들을 위해서는 필요하니 털지는 못합니다.

의식(儀式)도 참 사랑의 그림자이나, 주님의 사랑에 감격한 분들께서는 별 필요가 없습니다. 교회는 참 신자들의 그리스도를 중심한 생활체(하나님의 지체)가 그 속에서 움직이는 것이어야 하며, 실제로 하나님의 모습이 되고, 천국의 그림자가 되고, 물질과 세상과 권세와 음란과 사치와 시기와 투쟁과 당파적인 알륵과 흉한 냄새만 피울 뿐입니다. 산 무덤이고 착취의 기관이 되고 말며, 인생의 구원은 그 안에서는 조금도 이뤄지지 않습니다.

지금은 정상적 신앙을 잃은 세대입니다. 자신 안에 구원이 없습니다. 그러면서 남에게 외칩니다. 밖으로 웅장히 광대한 것이 성공인 줄 압니다. 자신 안에 구원이 이뤄져야 확실합니다.

그리스도의 형상을 이룰 때까지

　원수는 풀어야 할 것 아닌가요? 원수를 풀고 오시면 좋을 것입니다. 하나님의 형상을 이루자는 것이 목적인데 천국 가실 생각만 하느라고 참 목적을 모르셔서 방황하시는 것이고, 하나님의 형상을 찾아야 참 천국임을 모르십니다.

　여기 동광원에 계신 목적은 자기를 이기자는 것뿐이므로, 그 목적을 이루기까지는 밤낮 편치 못할 것입니다. 늘 주님 도우심을 받고 승리하여야 기쁨이 있고, 그 외에 다른 기쁨은 허사이므로 만족치 않을 것입니다.

　참으로 믿으면 쉽고 기쁘고 권능일 것입니다. 자기가 하려면 어렵고 힘들고 안 되어질 것이니, 이는 전혀 아버님 권능과 사랑을 모른 까닭입니다. 그 사랑을 알고서 감격하여 감당할 자 누구이며, 그 권능을 알고서 의지하지 않을 리가 있겠습니까?

　하나님께서는 우리 속에 그리스도의 형상을 이루게 하시려고 우리를 병으로 자리에 눕혀 놓기도 합니다. 물 한 방울까지도 하나님의 섭리입니다. 하나님 허락하신 것이 참 사랑입니다. 참 구원은 예수님의 사랑을 알고, 그 사랑을 보답할 마음이 간절한 데서만 이루어집니다. 주님을 사랑하는 것이지요. 우리 속에 주님을 사랑하는 마음이 간절하게 되면 그 형상이 이뤄질 것입니다. 그리스도의 형상이 제 안에 없으므로 주님이 낙심하십니다.

　꾀꼬리는 알을 품고 성공했습니다. 우리 주님은 저를 여태껏 품속에 품으시고 계시면서도 제 속에서 주님 형상을 못 찾았으나, 꾀꼬리는 쉽게 알 속에서 자기 형상을 찾아 기뻐하니 참 부럽습니다. 꾀꼬리는 그 형상을 찾자고 무한 애를 썼습니다. 맨 처음 집을 지었으나 사람들이 와서 만져보므로 버리고, 또 다시 집을 지어서 알을 낳고 새끼를 보았습니다. 사람이 가까이 가기만 하면 날아갔다가 다시 옵니다. 마음이 얼마나 초조했는지 헤아릴 길 없으나, 마침내 자기 형상 찾았으니 성공했습니다.

하나님 나라는 질서있는 나라

　그리스도를 말미암은 하나님의 속죄 사업은 완전한데도, 사람들은 그것이 못 믿어서 다른 것을 거기다 보충하려고 애를 씁니다. 예배당 건물의 훌륭한 것으로 구원 얻겠다고 쓸데없는 노력합니다. 억지 연보를 시키면서 인간적 노력합니다. 성령과 진리가 유지할 것이니, 제도도 조직도 실상 필요 없습니다.

하나님 나라는 질서 있는 나라이니, 그 질서에 순복하는 의미라면 몰라도 은혜와 능력 많으시니 다른 도움이 필요 없습니다. 한국은 물질이 앞서서 기형입니다. 병원, 학교, 예배당 모두가 외국 원조로 외모만 숭상했습니다. 다른 나라는 자기 나라 실력대로 나아가고 있는데 말입니다.

참 믿음, 참 인격, 참 수양

먼저 하나님을 알려 주시기를 구하시고, 그 다음으로 복을 구하시기를 바랍니다.

첫째, 노여움이 없으시기를 바라는 바입니다. 노여움은 마귀의 궤계 중 하나입니다. 애매한 말을 들어도 변치 않아야만 참 정금같은 믿음입니다. 금은 불속에 들어가도 색이 변치 않습니다. 속은 물론 변치 않고요. 믿음은 변치 않기로 금에다 비교합니다. 마귀의 거짓으로 아무리 해도 변동 못 시켜야 참 믿음일 것입니다. 욥처럼 끝까지 속과 겉이 변함없을 것입니다. 노여움이 있는 한 그는 마귀의 수하에 있는 것입니다.

둘째로 인격을 아시기 원하는 바입니다. 믿는다고 해서 자기 존엄한 품위를 짓밟아버리는 사람이 있는데, 그는 소금과 빛이 못됩니다. 그런 이는 아무리 애써 일해도 세상 일이 되어 버립니다. 신앙을 절대로 정실 관계(친한 사람과의 애착과 인연 관계)가 아닙니다. 제게 순종하던지 안 하던지가 문제가 아닙니다. 참으로 날카로운 칼보다 예리합니다. 그 칼로 쳐서 베어지던가, 안 베어지던가 아무도 상관치 못합니다. 그 칼 앞에 실상이 여실히 드러나므로 아무 평계도 못할 것입니다. 인정으로 덮어서 가리울 수도 없는 사실입니다. 한 발자욱, 한 팔놀림이 이 칼 앞에 심판받아서 숨김없는 거울 앞에 나타납니다. 참 수정보다 맑은 거울 앞에 나타나서 희고 검게, 혹은 바르게 구부러지게 드러나므로, 누구나 흰 것을 검다거나 구부러진 것을 바르다고 못할 것입니다.

셋째로 수양의 참뜻과 참 방법과 참 필요성을 아시기 원하는 바입니다. 수양의 참뜻을 모르면 염소를 개로 알기 쉽습니다. 박을 수박으로 알기 쉽고, 오리를 닭으로 아는 것이 보통입니다. 믿는 사람과 안 믿는 사람의 분간이 안 되어서는 항상 삐뚤어지기가 쉽습니다. 참 사랑과 없어질 부끄러운 사랑의 분간도 모릅니다. 참 믿음의 일과 없어지고 썩어질 일의 분간도 못합니다.

수양의 본 뜻을 알아도 방법을 모르면 뒤에 할 일과 앞에 할 일을 바꾸기 쉬우며, 위에 놓을 것과 밑에 놓을 것을 바꾸기도 쉽습니다. 귀한 보배와 썩을 것을 함께 섞어 버리기도 쉽습니다. 그래서 일은 부지런히 했으나 일한 보람이 없는 것이므로, 첫걸음부터 착실히 또한 겸손히 어린 아이처럼 걸어가야 합니다. 누구나 그렇습니다. 중도에서 어정거리면 헛 세월만 흐르고 맙니다. 절대로 개인에 대한 말씀은 아닙니다. 누구나 걸어가시는 분들은 꼭 그랬을 것입니다. 한 분도 빠짐없을 것입니다.

하나님의 사랑을 전하신 예수 그리스도

예수님은 하나님 아버지께서 살아 계시고 우리를 사랑하심을 가르쳐 주셨습니다. 예수님은 당신 자신이 먼저 몸소 그 사랑을 받으시고 그 사랑을 믿고 사셨습니다. 아버지께서 살아계심을 믿었기 때문에 아무나 할 수 없는 일을 하신 것입니다. 예수님이 하신 것이 아닙니다. 그것을 우리 즉, 그 당시 제자들과 모든 사람에게 보이려 하셨습니다. 아무 걱정없이, 아무 일 하지 않아도 아버지의 뜻만 순종하면 잘 살아지고 영원히 살아지는 것을 보이시려 하신 것이 그의 교훈의 중요한 목적이십니다. 예수를 믿고 그의 교훈을 받아서 선한 사람이 된다는 것은 그 다음으로 반드시 이루어질 사실이고, 첫째 목적은 아닙니다.

예수님은 하나님 아버지의 사랑을 아시고 믿으실 뿐 아니라 하나님 아버지를 깊이 사랑하셨습니다. 아버지를 사랑하시는 일이 사람들을 가르치시고, 꾸짖으시고, 사람들의 병을 고치시고, 가난하고 약한 이를 돕고, 죽은 이를 다시 살리시는 일로 나타나신 것입니다. 아버지를 간절히 사랑하시기 때문에 그런 일이 되어진 것이지, 그런 일을 하시는 것이 중요한 목적이 아니었고, 처음부터 그 일을 하시려던 것은 절대로 아닙니다.

우리도 예수님을 믿고 그리스도의 교훈을 참말로 알아 하나님 아버지의 살아 계심과 우리를 참으로 사랑하심을 믿을 때에, 우리 마음과 생활이 깨끗해지는 변화가 올 것입니다., 우리가 깨끗해지려 함으로써 깨끗해지는 것은 아닙니다. 아버지가 항상 같이 계시고, 우리를 보호하시고, 우리를 눈동자처럼 아끼심을 믿고 깨달으면 마음에 힘이 생기고, 죄를 이길 힘이 오고, 기쁨과 소망이 새로워지고, 힘이 있고, 자신이 있고 소망과 기쁨이 표현되는 생활을 이루어 도덕적으로도 완전해져 갈 것입니다.

하나님 아버지의 현존하심과 그의 깊으신 사랑은 모르면서 생활만 고쳐보려 애쓰는 것은 허사요, 헛 꿈이요, 헛 세월만 보내는 결과가 되고 말 것입니다. 예수님처럼 죽는 일에까지 아버지의 살아 계심과 그의 사정만 알고 평안할 때 즉, 그 괴로움에 대항하거나 도피하거나 변명하지 않을 때 아버지의 참되신 능력과 보호와 사랑이 홍수처럼 흘러내려올 것입니다.

둘째로 이적과 기적을 바라서 참 권능을 받는 것이 아니고, 아버지의 사랑과 그의 극진하신 보호에 감격하여서 아버지를 사랑해보고 싶을 때에 필연적으로 주시는 것, 그 필요에 응해 주시는 것이 이적과 기적으로 나타날 것입니다. 병자를 보면 아버지의 자비를 알리고 싶을 것이고, 약한 이를 보면 아버지의 능력과 힘과 구원을 보이고 싶고, 가난하고 빈핍(貧乏)한 이에게 아버지의 무한한 풍성을 나타내고 싶은 마음 즉, 아버지의 사랑을 자기가 체험해서 깨달은 다음에는 만민을 한결같이 그 풍성하신 사랑과 권능을 사람들에게 알리고 사람들이 그 은택을 입고, 아버지께 영광을 돌리게 하고 싶은 간절한 마음에 권능으로 그 요구를 채워주심으로 아무 힘도 없던 이가 다른 이까지 도와주게 되고, 아무 것도 가지지 않았으나 여러 사람을 부요케 하고 원수까지 사랑하며, 도덕적으로 아무 능력도 없던 이가 다른 사람까지 새로운 생활로 변화를 일으키는 큰 권능을 행하게 되는 것이지, 처음부터 이적이나 기사를 바라던 것은 아닙니다.

먼저 아버지를 사랑치 않고 구주의 사랑도 깨닫지 못하고는 이적과 기사는 온갖 요술이고 사기입니다. 올바른 신앙의 태도는 첫째로는 아버지의 사랑과 권능을 믿어 체험하고, 둘째로 그의 사랑과 권능을 믿어 마음에 아버지를 사랑하고 아버지만 영화롭게 높이 찬송하려는 간절된 마음이올시다.

> 주 나의 하나님이시여 내가 전심으로 주를 찬송하고 영영토록 주의 이름에 영화를 돌리오리니 이는 내게 향하신 주의 인자가 크사 내 영혼을 깊은 음부에서 건지셨음이니이다(시 86:12-13)

자기를 버리고

싸우는 자기, 투기하는 자기, 시기하는 자기, 염치없는 자기, 먹을 것 탐하는 자기, 잠 자는 자기, 게으른 자기, 실수 잘 하는 자기, 뒤로 미루는 자기, 음란한 자기, 남의 실수 잘 보는 자기, 헛 짓하는 자기, 정성없는 자기를 버리고 십자가를 지고 고난과 수욕과 멸시받은 주님을 따르라.

인내하신 주님이시며, 봉사하시는 주님이시며, 발악하지 않으시고 변명도 않으시는 주님이시며, 영화로우신 주님, 부활하신 주님만을 바라봅시다.

파리가 똥을 좋아하듯이

파리가 똥을 좋아하고 거기에 달라붙는 것은 파리가 똥에서 나왔기 때문입니다. 사람이 음란을 좋아함도 음란에서 생긴 까닭입니다. 인간의 씨가 더러운 것은 태아가 자란 곳이 변소 옆 더러운 장소에 자라났기 때문입니다.

한 성령 안에서

> 이는 저로 말미암아 우리 둘이 한 성령 안에서 아버지께 나아감을 얻게 하려 하심이니라(엡 2:18)

예수로 말미암아 성령의 능력으로 하나님 앞에 들어가는 것입니다. 즉, 예수님 때문에 내 영혼이 예수님의 말씀을 듣고 믿어야 성령의 이끌림을 받으며, 이끌림을 받아야 하나님께 나아가 하나가 될 수 있는 것입니다.
 하나님 뜻을 살피는 것이 기도입니다. 아버지의 뜻 안으로 들어가는 것입니다. 영혼이 성령을 따라가야만 죽을 육신도 다시 살아납니다. 예수님 말씀을 곧이 듣고 믿어야만 영혼이 성신께 순종됩니다. 우리 속에 시기가 있는 동안은 성령께서는 우리 밖에 있습니다.

선악과

 인간이 범명(犯命)하고 타락하면 예수님 보내실 예정을 하고 선악과를 주신 것입니다. 선악과는 죽음의 표준입니다. 회개 시키려는 계명입니다. 계명이 있어야 구원받을 수 있습니다. 그 후 십계명을 주셨습니다. 하나님께서 해와 달과 별들만 보시고는 재미가 없으실 것입니다.

죽은 이를 살리시는 일

> 이 우주의 저를 위해 희생하는 저를 위해 희생하는 이들을 기억케 해 줍소서. 떠날 나를 멈추게 마옵소서.

 은혜에 감격되어야 사는 것이 경쾌해질 것입니다. 주님의 사업은 죽은 이를 살리시는 일입니다. 아쉬운 소리하던 처지에서 벗어나 남에게 줄 수 있어야 합니다. 즉, 은혜를 보답할 뿐 아니라, 님에게 은혜를 끼칠 수 있어야 참 믿는 자입니다.
 우리가 자기를 알고 타인을 알았으면 남을 가르치려 하지 않을 것입니다. 자기를 알고 적을 알면 백전백승(百戰百勝)합니다. 적을 모르고 자기 실력만 알면 한 번은 지고 한 번은 이깁니다. 둘 다 모르면 번번히 집니다.

과부를 보호하라

> 과부를 위하여 변호하라 하셨느니라(사 1:17)
> 네 방백들은 패역하여 도적과 짝하며 다 뇌물을 사랑하며 사례물을 구하며 고아를 위하여 신원치 아니하며 과부의 송사를 수리치 아니하는도다(사 1:23)

과부와 고아들의 아버지시여, 극빈자들의 보장이 되시옵나이다. 아버지를 무시하고 지식과 과학기 술과 권세와 특권이 횡행하는 이때에 아버지를 경외하는 방백이 하나도 없나이다. 이때에 약자들의 인격을 신장시켜 줄 리가 없나이다(시 14:2-3).

소돔같고 고모라 같겠나이다. 한 사람이라도 남겨주소서. 인격을 변호할 자 하나라도 이 땅에 남겨주소서. 엘리야처럼 극빈자를 위하여 대담하게 싸울 자를 세워주소서. 대주재여 당신의 보좌가 영영하며 주의 나라의 홀은 공평한 홀이니이다(히 1:8).

천사장을 바람으로, 그의 사역자들을 불꽃으로 삼으시는 이여! 어찌하여 잠잠하시겠나이까. 주님 손으로 지으신 이 땅에서 불의가 횡행하고 횡포가 주권을 잡아도 과부와 고아들을 위하여 신원할 자가 하나도 없지 않습니까. 횡포가 무서워서 의인들이 숨었나이다. 어느 때에나 의인들이 머리를 들겠나이까? 이때를 놓치지 마소서. 인격의 가치를 말하게 하소서. 인격을 발휘케 하기 위하여 싸우게 하소서. 천사들과 사자들로 하여금 바람과 불이 되어 불의와 싸우게 하옵소서.

참말을 싫어하지 않았습니다. 심판을 싫어하지 않았습니다. 의인을 두호(斗護)했습니다. 의인을 죽이려 하지 않고 죄인 때문에 의인까지 손상을 입을까봐 염려하고 기도했습니다. 아브라함은 이삭도 드렸습니다. 죄인들 자녀는 아무렇지도 않은데, 기다리고 기다리다 얻은 자식마저 드리라 하셔도 순종했습니다. 자기 자녀 양육하기 위해서 불의를 감행하거나 남을 희생시키는 일을 않았습니다. 과부의 가산을 탈취치 않았습니다. 오히려 자기 독자를 의생에 드렸습니다. 과부나 고아를 만들지 않았습니다. 오히려 자기 독자를 희생해 드렸습니다. 원수들을 위해서 독생자를 희생시키는 하나님의 심정이었습니다. 그래서 친구가 되셨습니다. 마음과 마음이 통해지는 것을 친구라 부릅니다. 진리를 싫어하고 미워하면서 하나님을 섬긴다는 말은 거짓말이 아닐 수 없습니다.

이 성전을 헐라. 3일만에 지으리라. 착취의 기관, 탈취물의 집적소료 신음과 억울과 한숨과 눈물과 고통의 멍에를 굴레씌워 지어진 이 전을 헐라.

건축한다는 것은 도리어 참 신전(神殿)의 훼손이 됩니다.

아브라함은 바쳤고 착취하지 않았습니다. 일군이 제 먹을 것 받는 것은 마땅합니다. 그러나 반드시 먼저 양떼를 길러 놓고 그 다음에 양에게서 나오는 넘치는 물건으로만입니다. 연약한 양은 놓아두고, 자기만 먹지 말 것입니다. 양의 피를 빨아 먹지 말고 가죽을 벗겨 살을 가리우지 말지어다. 하나님께옵선 극빈자를 우선적으로 돌보십니다. 구걸조차 못할 이를 찾아 구원하십니다. 문전에 온 이를 구원한 것으로 넉넉치 않습니다.

미국서 한국까지 구호물자가 도착된 것으로 목적이 달성된 것이 아니라, 문밖 출입도 못하고 돌볼 이도 없는 이에게까지 물자가 도착되어야만 비로소 목적이 달성되는 것입니다. 대변 볼 사람이 변소까지 들어가서도 제자리에서 버려야 잘한 것처럼, 시장에 물건 사러온 사람이 남의 가게 앞에서 소변을 보니까 가게 주인이 그 사람더러 더가서 하라고 말하니까, 오십리나 걸어왔노라고 대답했다는 격으로, 어떤 구호기관까지 물자가 도달된 것만으로 넉넉치 못합니다. 꼭 필요한 이에게까지 물자가 꼭 분배되어야만 할 것입니다.

잃은 양 한 마리를 찾으시는 주님, 구속의 필요는 노인 청년할 것 없습니다.

내 말이 하나님의 말씀이면

내 말이 하나님의 말씀이면 무시당할 것입니다. 사람들은 하나님의 말씀을 무시하기 때문입니다. 제 말이 사람의 말이면 즐거워할 것입니다. 사람들은 귀를 즐겁게 할 말을 좋아하기 때문입니다. 제 말이 하나님 말씀이면 의심할 것입니다. 사람들은 사람의 말을 잘 듣기 때문입니다. 제 말이 하나님 말씀이면 싫어할 것입니다. 사람들은 하나님 말씀을 싫어하기 때문입니다. 제 꾸밈이 하나님 뜻대로라면 보기 싫어할 것입니다. 사람들은 사람들 보기 좋게, 하나님 보기 싫은 짓을 원합니다. 제 행동이 참으로 하나님 뜻대로 한다면 사람들은 나를 죽이려 할 것입니다. 예수를 죽였기 때문입니다. 죄다 알면 죄다 됩니다. 이성을 살리시고 지식을 주십니다(눅 21:34).

시력을 강하게 하시고 강한 광명을 주십니다.
　선악과(善惡果) 한 개에서 틀린 세상입니다. 일 점에서 결정된 것입니다. 욕속부달(欲速不達)합니다. 탐욕의 우상, 탐심을 실제 행동한 것이 죄악입니다. 사람이 하나님과 그 계명만 사랑하면 아무 일 없습니다. 들어올 때도 하나님과 그 계명을 기억하고, 나갈 때도 하나님을 마음에 모시면 실수 없습니다.
　자기가 우주의 중심입니다. 그 안에 삼위(三位)를 모셨고, 천사와 성도들이 다 모여 있습니다. 하늘나라 장자(長子)의 총회가 모였습니다. 장자의 총회에서 파견받으신 이를 모신 자리가 거룩한 자리입니다. 예수 모신 자리는 위인의 자리보다 거룩합니다.
　남녀가 다니는 길이 달라야 됩니다. 남녀 유별하고 의복이 달라야 됩니다. 질서를 찾는 것이 구원받는 길입니다. 죄 없으면 병도 없습니다. 병은 죄의 그림자입니다. 선은 말이 없습니다. 예수 말씀만 있는 것이 선입니다. 교회에서 질서 못 찾으면 어디서 질서가 생길까요? 예수 모신 교회라면 빛이 발할 것입니다. 빛 앞에서 문란한 짓을 남녀가 할 수 있을까요? 양식(良識)이 있다면 죽인다 해도 부처간에도 밝은 데서 사람본 데서 못할 일 아닐까요? 죄인 줄 알면 죽음으로써 항거할 것 아닌가요? 제 아무리 사람들이 둘러서서 옳다고 주장해도 하나님의 빛 앞에서 천사들 앞에서 못할 일입니다.
　기도하려면 남녀는 분방(分房)해야 됩니다. 한 자리에서 자고 한 자리에서 예배 못 드립니다. 예배당에 나감이 합당합니다.
　이성을 밝혀야 됩니다. 이성이 약하니 아무 분간이 없고, 빛이 밝아 보았던들 소용없으며, 도리어 밝을수록 보이던 것까지 숨어버립니다. 평화가 어떻게 눈 속에 숨었습니까. 예수가 가리워졌습니다.

참 신앙, 참 인격

　믿을수록 인격이 나아지지 않으면 사탄과 같이 되어집니다. 그러므로 저급한 신앙은 도리어 악한 짐승을 만듭니다. 참 신앙의 필요가 얼마나 절감

되는지 알 수 없습니다. 반드시 참된 인격은 참 신앙에 뿌리를 둡니다. 거짓된 인격과 거짓된 신앙은 서로 떠날 수 없습니다. 상업적 신앙, 도둑질하기 위한 믿음, 살인하기 위한 믿음은 배격합니다. 그런 것들은 참신앙과 아주 다릅니다. 참된 인격이란 예수님을 가리킵니다. 예수님같이 되자는 것입니다. 예수님처럼 너그럽고, 예수님처럼 누구나 사랑하며, 예수님같이 하나님 아버지만 신뢰하고 변치 않는 사람이 되어지는 것입니다. 풍파를 만나도, 아무런 혹독한 형벌을 만나도, 아무런 어려운 일을 만나도 조금도 마음과 태도에 요동이 없습니다.

참된 인격을 생각치 못하는 생활은 진실로 헛되고 아깝고 가련한 것입니다. 무엇보다 귀하고 보배스러운 자기 인격을 날마다 생각하고 배양할 것입니다. 그것이 수양입니다. 수양이란 공부가 아닙니다. 직업이 아닙니다. 인격에 실력을 얻는 일입니다. 모든 일에 굳센 의지와 밝은 이성을 가지고 사리를 판단하고 처리하며 순수한 이성, 누구에게나 자비를 베풀며 가장 공정하게 대하여 편벽이나 이그러짐이 없도록 하는 수련입니다. 이 연습을 날마다, 시간마다, 대하는 사람마다, 일마다, 모든 물건에까지 나타내서 쓰는 연습이니 함부로 지내심이 없으시기 원합니다. 양철통 하나 두는 것도, 수양하는 이가 두는 것은 달라야 합니다. 흙 위에 그냥 두거나 밤이슬 맞는 곳에 두지 않습니다. 외못 한 개, 흙 한 덩어리도 제자리에 놓아 두는 이가 됩니다.

사실은 제 인격을 제가 대수롭게 여기고 별로 존엄하게 여기지 않으면서도 다른 분들의 인격은 제 생명처럼 존엄하게 여기는 데서 과오로 말미암아 모순을 범하는가 합니다. 제 인격을 생각한다면 다른 분의 모순을 조금도 지적하지 않을 것이며, 과오나 실수를 말하지 못할 것입니다. 너무나 귀한 보배스런 인격들을 스스로 모르고 짓밟는 것들이 하도 분해서 울분과 혈기를 부리고 있으므로 진실로 두렵고 떨리는 바이며, 부끄럽고 모범될 수 없는 점을 한하는 바입니다.

만물의 탄식, 성도의 탄식, 성령의 탄식

만물이 어찌 탄식합니까? 헛된 것에 굴복하기 싫어서 탄식합니다. 성령의 처음 열매는 누구신가요? 예수님이십니다. 처음 익은 열매를 받은 이는 누구신가요? 믿는 사람입니다. 믿는 이는 무슨 탄식이 있습니까? 하나님의 아들이 되려고 탄식입니다. 속량함을 받아서 그리스도같이 되기를 탄식하고 소원합니다.

속량이란 뜻은 종으로 팔린 것을 돈을 주고 도로 자유롭게 빼내는 일입니다. 죄는 한번 지으면 죄의 종이 되는 것입니다. 종이 된 후로는 자유가 없습니다. 권리도 없습니다. 할 수 없이 죄를 지고, 부끄러움을 당하고, 무거운 멍에를 메고 죽을 데로 나아갑니다. 그 멍에를 꺾고 그 부끄러움을 씻고 죄를 안 짓는 자유의 몸으로 만들기 위하여 예수님께서 속량하셨습니다. 그 피를 믿음으로 속량함을 받습니다. 속량함을 받아야 하나님의 거룩하고 자유스런 자녀가 됩니다. 우리는 자유하는 하나님의 자녀가 못 되어서 늘 속으로 탄식합니다. 그리스도처럼 마음이 정결해서 죄가 하나도 없는 참사람이 되고 싶습니다.

우리를 도와서 기도하시는 이는 누구신가요? 성령이십니다. 성령께서 우리 안에서 깊은 탄식으로 소리없이 애원하십니다. 그 기도를 하나님께서 들으십니다. 그래서 우리를 용서하시고 오래 참아 기다리십니다. 말없이 탄식하십니다. 우리는 잘 모릅니다. 우리가 잘해서 잘 사는 줄 아나, 성령의 기도의 은혜로 우리가 삽니다. 예수님께서도 우리를 위해서 기도하십니다. 그 기도를 들으시고 우리에게 은혜를 베푸십니다.

앙화가 도리어 복이 됩니다. 우리의 받은 경한 환난이 도리어 중하고 영원한 영화가 됩니다. 그러므로 성도들에게는 환난도 또한 기쁨이 됩니다.

오직 믿음

믿음뿐이요, 사업이 아닙니다. 사업에는 반드시 같은 행위가 따르기 때문입니다. 처음 사랑을 버린 에베소 교회는 사업으로는 책망들을 일이 하나도 없었습니다. 주님 향한 일편단심만이 요구됩니다. 교육도, 구제도, 전도도 아닙니다. 치산치수나, 도로 수선같은 토목사업이나 건축사업도 아니요, 병원, 고아원, 불구자 요양원도 아닙니다. 그런 것들은 믿는 데 있어서 여가에 지나지 않는 것으로서, 눈에 뜨이니 불가불 버려두고 지날 수가 없어 하는 것이지, 처음부터 이것이 주요한 목적이 아닙니다.

또한 그러한 목적을 위해서 우리가 나선 것도 아닙니다. 그걸 찾아 돌아다니는 것도 물론 아닙니다. 우리는 단지 주님을 찾아 돌아다니는 것입니다. 그의 인격을 흠모해서 찾는 길입니다. 어디까지나 주님을 만나 뵈려는 타는 마음인데, 그 마음에 긍휼의 기름이 있어서 불쌍한 것을 볼 때 불이 붙는 것입니다. 자비의 손이 뻗치는 것입니다. 처음부터 그것을 위해 나설 수도 없었거니와 중도에 목적을 전환할 수도 없는 일입니다. 그저 그리스도의 자비하신 인격에 도달코자 하는 목표만이 뚜렷합니다. 하나님을 경외하고, 그리스도만 중심삼고, 성령의 인도로 천군천사들 호위 아래 성도들의 기원의 성원으로 한 걸음 한 걸음 최고 목표 즉, 모든 부정한 정욕과 자기의 옅은 욕망을 버리고 고결한 신격(神格)에 부딪치러 올라가는 일입니다.

진정한 예수 그리스도의 십자군은 정욕과 싸우는 것이요, 사람이나 병이나 짐승이나 천재지변과 싸우는 것이 아닙니다. 모든 병이나 불행의 근원은 사악한 자기 욕정과 간사에 있습니다. 공명정대하고 정의에 입각하여 생활하는 데는 불행이란 그림자가 감돌 수 없는 일입니다. 있다면 전화위복이 될 것입니다.

복음의 한 근원

"시(示)"자는 천계계시(天界啓示)를 말하여 주는 것이고, 그 사람의 마음과 행동에 의해서 하실 뿐더러, 대자대비하시고 인자로우신 마음에서 사람을 애호하시는 방법으로 쓰시는 것 뿐입니다. 그러므로 화(禍)도 복(福) 되고, 복도 화될 수도 있는 이치가 됩니다. 미련한 자에게 많은 행복이 불행이 되고, 슬기로운 자에게 많은 불행이 지극한 행복이 되는 것입니다. 불행하다고 한탄하고 절망을 품지 말 것이며, 설혹 남달리 행복스럽다고 날뛰거나 방자하지 말며 호사스럽게 거만부리지 말 것입니다. 일조일석에 불행이 행복으로 전환되는 예도 있으며 경각에 행복이 불행으로 전락되는 수가 허다하기 때문입니다.

고담(古談)에 '일천석(一千石)이 하루 아침'이란 말이 있거니와, 과연 천 가지 불행도 만 가지 행복으로, 또는 천 가지 행복 조건이 만 가지의 불행으로 전환되는 수가 빈번히 일어납니다.

행불행(幸不幸)이란 관심에 구애될 것이 아니라, 다만 건실히 마음을 무사불편(無私不偏) 정직하게 지킬 따름입니다. 작은 불행으로 큰 불행을 막아 주시는 주님이십니다. 타는 사랑과 한없으신 지혜와 절대적인 능력을 발휘하셔서 사랑하시는 자들의 앞길에 위태로울 때는 병이나 가난이나 외로움이나 사업 부진 등 허무감이나 실망할 조건으로 일단 그 길을 중지시켜 놓으십니다. 그리고 심사고려케 하신 후 방향을 전환시켜 주십니다. 버려두시면 멸망받지 않을 이가 하나도 있을 수 없을 것입니다. 반드시 작은 불행이 있어야만 합니다. 영(永) 멸망을 받지 않으려면 방향 전환의 계기가 될 일대 지장이 생겨야만 됩니다.

주님께서는 참 인자하십니다. 감격하고 받지 않으면 안될 사실이란 것을 알아야 할 것입니다. 많은 사람이 모르고 받습니다. 불행으로 알고 당합니다. 원망으로 실망으로 낙심으로 받는 이도 있지만 마지 못해 어쩔 수 없어 당하는 것이요, 감사없이 당합니다. 그러나 구원을 얻을 때는 환희와 감격과 찬송으로 하례올릴 일입니다.

주님은 처음부터 인류를 불행에서 구원하시기 위하사 밤같은 세상에, 설한혹심(雪寒酷甚)한 처지에 오셨습니다. 정욕을 위해서 일시적 향락을 누리려고 헤매지 말 것입니다. 잠깐이라도 주님을 망각하고 시간을 보내지 말 것입니다. 아버지를 잊어버리고 음욕에 잠기지 말 것입니다. 영원한 불행의 씨를 심지 말 것입니다. 항상 깨어서 순간 순간 불행인듯 싶지만 참 행복, 영원한 대로(大路)로 전진할 것입니다.

하나님은 태양과 지구, 달도 별도 내셨고 산천초목도 주셨습니다. 일용품과 사람과 짐승, 새들을 나를 위해 내주신 것입니다. 하나님께서 저를 위해 저와 관계가 있도록 내시고 마련하셨습니다. 눈에 보기 흉한 것도 눈

주신 분을 깨닫도록 하게 하신 것입니다. 배가 고픈 것도 몸을 주신 이를 기억케 하시는 것입니다. 괴로움이나 슬픔이 있는 것도 마음을 주신 이를 기억하게 하신 섭리이십니다. 모든 것은 아버지와 저와의 관계를 알리시려는 도리이십니다. 아버지와의 관계가 얼마나 멀고 가까운지를 표시해 주시는 일들입니다.

저는 갈 것입니다. 미구(未久)에 아버지께로 돌아갈 것입니다. 귀가 멀고 눈이 희미해져서 먼 데 것이나, 작은 것이나, 희미하여서 무엇이 잘 안보이는 일이나, 이가 빠져 단단한 것을 깨물기 어려운 일이나, 몸에 활기가 줄어지는 일이나, 곧 제 괴로운 일을 멀리 하려는 것이 모두 주께서 빨리 오라시는 소식이십니다. 혀가 어눌해지고, 팔다리가 느릿해지고, 사람이 싫어지는 것은 곧 세상과는 멀어지려는 표식이 됩니다.

갈 준비를 빨리 해야겠습니다. 가는 불편없이 당황하지 않도록 부지런히어서 속히 준비를 게을리 하지 말아야겠습니다. 욕정을 제압하고, 인정을 끊고, 사악과 싸우고, 승리의 십자가만 바라보고 제 십자가 가지고 가야겠습니다.

예수님과 향유

주님을 삼년 따라 다니던 가룟 유다는 예수를 은 30에 해당 못된다고 보았기 때문에 그 값에 팔았고, 제사장들은 은 30보다 해독이 더 크므로 예수를 사서 없애고자 애를 썼습니다. 예수를 평가하는 데 사람마다 다릅니다. 예수를 평가하는 걸 보아서 그 사람의 인격의 가치를 측량할 수 있습니다. 인격이 고귀할수록 예수의 무한한 가치를 깨닫고, 자기 생명과도 바꿀 수 없는 존재로 알게 됩니다. 그러므로 어떤 여인은 은 30보다 3배나 더 귀한 가격의 향유를 예수님의 발에 붓고 머리털로 씻고 발바닥에 입까지 맞췄습니다. 무한한 사랑을 표시했습니다. 주님께서 그 발로 걸어 오셔서 그녀의 고귀한 인격이 천하게 윤락되었을 때 건져주심에 감사한 것입니다.

과연 물질보다 인격이 얼마나 고귀한 것입니까? 물질 가지고는 도저히 헤아릴 수 없는 것이 자기의 인격이요, 또한 다른 사람의 인격입니다. 기계보다 사람이 몇 만배 더 고귀합니다. 그러나 자기의 인격의 고귀함을 발견하지 못한 사람은 예수를 역적같이 알게 됩니다.

아! 얼마나 슬픈 일입니까? 순간의 향락을 위해서 고귀한 인격을 떨어뜨려 버리는 일입니다.! 얼마나 아까운 일인지 헤아릴 수가 없습니다. 예수를 영적으로 아는 사람은 인류의 적이 아닐 수가 없습니다.

가난한 자는 복이 있나니

진실로 가난은 복입니다. 제가 가난의 축복을 입지 못했더라면 천국을 맛보지 못했을 것입니다. 천국은 가난한 이의 것입니다. 가난하지 않고는 천국을 맛볼 수 없는 것 같습니다. 세상에서 부(富)와 가난, 어떤 것이 복되냐 하면 가난이 훨씬 더 복됩니다. 저는 부(富)는 감당할 수 없을 것 같습니다. "부하게도 말고 가난케도 말라"고 한 이가 있지만, 저는 가난을 감당만할 터이면 가난케 해주시기를 구하겠습니다. 찬양할손, 가난이여! 풍부보다 얼마나 진주일까요. 제가 부했더라면 틀림없이 극히 불행했을 것입니다.

> 깊도다 하나님의 지혜와 지식의 부요함이여, 그의 판단은 측량치 못할 것이며 그의 길은 찾지 못할 것이로다(롬 11:33)
> 이 비밀은 만세와 만대로부터 감취었던 것인데 이제는 그의 성도들에게 나타났고 하나님이 그들로 하여금 이 비밀의 영광이 이방인 가운데 어떻게 풍성한 것을 알게하려 하심이라 이 비밀은 너희 안에 계신 그리스도시니 곧 영광의 소망이니라(골 1:26-27)
> 오직 비밀한 가운데 있는 하나님의 지혜를 말하는 것이니 곧 감취었던 것인데 하나님이 우리의 영광을 위하사 만세 전에 미리 정하신 것이라 이 지혜는 이 세대의 관원이 하나도 알지 못하였나니 만일 알았더라면 영광의 주를 십자가에 못 박지 아니하였으리라(고전 2:7-8)
> 오직 부르심을 입은 자들에게는 유대인이나 헬라인이나 그리스도는 하나님의 능력이요 하나님의 지혜니라(고전 1:24)

자기를 망치는 것은 자기

잠깐이라도 주님을 망각하고 시간을 보내지 말 것입니다. 정욕을 위해서 일시적 향락을 누리려고 헤매지 말 것입니다. 영원한 불행의 씨를 심지 말 것입니다. 항상 깨어서 순간순간 불행인 듯 싶지만 참 행복한 영원한 대로로 택진(擇進)할 것입니다.

자기를 망치는 것은 자기라는 각성이 대단히 필요합니다. 남이 자기를 망치는 것이 아니고요. 시초는 자기입니다. 꼭 무슨 일이고 시작할 때 삼가할 것이며, 날마다 혹은 하루에도 몇 차례, 적어도 세번은 반성해야 하겠습니다. 일생이 매우 귀한 것이기 때문입니다.

쓸데 없이 모험은 마시오. 못난 체하고 살아가면 주님께서 높여 주시사 들어 주실 것입니다. 남녀 사이의 행동에 있어서 모험은 극히 삼가시오. 잠깐의 향락으로 영원을 잃어버리기가 쉽기 때문입니다. 삼가고 삼가셔서 빛나는 삶을 택하시도록 힘쓰시오. 한번 실수는 영원히 다시 찾을 수 없는 큰 상처를 입히고 맙니다. 이러한 실수는 꼭 피하셔야 됩니다. 한번 빠지면 그 후 기회 있을 때마다 맹렬히 또 다른 유혹 작용을 하는 것이지요. 늘 끌려가려는 유혹과 기회가 생기기 마련입니다.

가장 위험한 것은 마음이니 마음을 항상 단속하시고 걱정할 일입니다. 먹을 것과 입을 것에 대한 말이 아닙니다. 물론 먹을 것, 과장된 행동, 남의 말, 지나가는 말에서도 유혹은 오는 것이지만, 실상은 그것은 아무 것도 아닙니다. 다른 사람들의 과장된 행동이나 언사나 옷차림이나 대우란 허망하기 짝이 없는 것이지요. 진실된 자기 모습만이 귀하고 높은 것이니 부디 유혹받지 마십시오.

못 생긴 자기 얼굴이 자기를 빛내주며, 못 생긴 자기 태도가 이 세상을 밝혀 준답니다. 생긴 그대로, 처지 그대로, 한탄도, 불평도, 원망도, 시비도 마시고 절로 된 모습으로 절절이 마디마디 참아가면 절로절로 되는 것이지요. 조금도 자기를 꾸밀 필요가 없는 자기라는 것을 각성하셔서 기교를 부리실 것 없다고 단념들 하시지요. 결론으로는 인간의 자연성은 고귀하고도 침범할 수 없는 존엄성을 지니고 있어서 여기에 조금도 보탤 것도 뺄 것도 없이 생긴 그대로, 태어난 그대로 매우 귀중하고 존엄하다는 말씀입니다.

거듭 말씀드리거니와 기교를 부릴 필요가 조금도 없습니다. 기교를 부리면 도리어 상처를 입고 마니까요. 인간의 존엄성, 누구도 침범할 수 없는 이 지극히 존중하고 영화로운 가치를 그대로 유지해 가시기를 재삼 부탁드리는 바입니다.

예수님께서 신용하심으로써

주님께서 저를 신용하심을 믿는 것이 주님의 대접입니다. 주님께서 신용하시면 안될 일이 어디 있습니까? 주님께서 시키시는 일이 선한 일이요, 선한 이는 한 분 밖에 안 계신다는 말씀입니다. 삼위일체이신 하나님 밖에 안 계십니다. "네가 나를 왜 선하다 일컫느냐"는 말씀은 예수를 사람으로만 보는 사람에게 "선한 사람이 있는 줄 아느냐"는 반박이신 동시에, 예수를 사람으로만 보는 것에 대한 꾸중이십니다. 사람들이 자기에게 선이란 것이 있는 줄 아는 것, 또는 사람 가운데 선한 사람이 있는 줄 아는 것에 대한 반박이십니다. 그 생각은 지금도 철저히 부서져야 합니다. 선이 없는 것이 아니라 있는데, 있기 위해서는 하나님 뿐이시란 생각이 철저해야 합니다. 사람에게 선이 있을 수 없고, 있다면 외식일 것입니다. 선을 행하려 하는 것은 좋은 듯하나 결국 실패합니다. 왜냐하면 이러한 것 또한 욕심에서 나온 것이기 때문입니다.

사람이 나를 도와줄 것이라고 기대하는 것은 스스로 속이는 것입니다. 사람이 무엇을 해 줄 것이라고 기대하면 거기에는 실망이 있습니다. "예수님께서 나를 신용하시는 줄 아는가"가 문제입니다. 아직도 사람에게 기대를 갖고 있으면 실망합니다. 지금 실망하지 않아도 미구(未久)에 실망하고 낙담합니다. 하나님께서 자기를 신용하시는 줄 알았던 사람은 예수님 밖에 없었습니다. 그 뒤로 사도 바울이 이를 알았습니다. 그런 의미에서는 예수를 "인자(人子)"라 해도 죄가 안 됩니다. 그런 사람이 있다면 "예수"라 해도 모독죄가 아닙니다. 내게 아무 조건 없으나 나를 구원하셨고 나를 내셨습니다. 곧, "주는 살아계신 하나님이요, 하나님 형상대로의 아들이시요, 하나님의 형상과 모습을 잃어버린 전인류를, 인류가 생겨나서부터 없어질 때까지의 전인류를, 하나님 형상을 덧입혀주실 구주로소이다" 하고 겸손히 무릎을 꿇을 것입니다.

사람이 나를 미워해도 하나님이 나를 사랑하시고, 사람이 나를 미워해도 하나님이 나를 접대하시고, 사람이 나를 못 고쳐도 주님이 나를 치료할 것을 믿는 믿음이 생겨야 합니다. 하나님을 모르는 사람이 나를 알 리 없고, 하나님을 믿지 않는 이들이 나를 신용할 리 없습니다. 자기 안에 믿을 만한 조건이 하나도 없으니 남도 안 믿습니다.

보이는 인격(人格)이 무시하는 자가 보이지 않는 신격(神格)을 어찌 공경하랴. 신격이 곧 인격이요, 인격이 곧 신격입니다.

영생의 말씀이 주께 있사오니

> 썩을 양식을 위하여 일하지 말고 영생하도록 있는 양식을 위하여 하라 이 양식은 인자가 너희에게 주리니 인자는 아버지 하나님의 인치신 자니라(요 6:27)
> 이러므로 제자 중에 많이 물러가고 다시 그와 함께 다니지 아니하더라(요 6:66)

오늘날도 참진리를 알아듣게 구체적인 설명을 하면 많이 물러가고 다시 들으려 하지 않습니다. 안 물러갈지라도 결국 주님을 팔고 죽일 계교를 부립니다. "영생의 말씀이 주께 있사오니 우리가 뉘게로 가오리까"고 한 제자도 최후에는 예수님을 배반했습니다. 밥 먹기가 힘든 것과 같이 영생의 양식을 먹는 것이 더 힘드므로 그 맛을 알고 먹을 자가 없습니다. 알고 먹는다면 달고 재미나는 일이지요.

곡식 한알 한알이 남편의 피요 땀이요 살이요 뼈요, 부모의 피요 땀이요 살이요 뼈요, 이웃의 눈물과 한숨이요, 짐승의 살과 뼈요, 식물의 생명입니다. 또한 이 곡식은 농민들의 한숨과 눈물과 피와 땀방울이요, 오리 오리 손끝 발끝이 닳아진 것입니다. 십자가 지고 가신 길 따르는 이들의 피요 살이요 생명의 단축인데, 끼니가 무엇이 좋겠습니까? 이러한 사실을 모르고 먹으면 좋고 기쁘고 즐거울 것입니다. 다만 탐해서 먹을 것입니다.

'시(匕)'자는 시수(匕首)라는 뜻입니다. 목을 찌른다는 뜻입니다. 우리의 목숨은 밥 숟갈 몇 만번에 끝납니다. 호흡 몇 십억 번 하면 숨이 집니다.

예수님께서는 육신의 양식을 위해서 일하지 말고, 참 생명의 양식을 위해서 일하라고 하셨습니다. 무리들이 그런 양식을 위하여 하나님의 일을 무엇을 할 것인지 묻는 질문에 예수님께서 "하나님의 보내신 자를 믿는 것이 하나님의 일이라"고 하셨습니다. 이에 무리들이 하나님이 보내신 자 예수를 믿지 않고 모두 물러갔습니다.

참 양식을 얻기 위해서 육체 노동으로 얻을 수 있는 것이라면 몸이 건강한 이밖에 못 먹을 것이고, 수단이나 방법으로 얻을 수 있는 것이라면 미련한 이는 못 얻을 것이고, 권력으로 얻는다면 세력없이는 처신 못할 것이고, 돈으로 살 수 있다면 돈 없고 가난한 이는 꿈도 못꾸어 볼 일이겠으나, 이 참 양식은 마음이 정직하고 죄 없는 가난하고 병신일수록 마음으로 믿어서 받아 간직할 수 있는 것이므로 오히려 자청(自請)하는 사람들에게 분배가 가지 않는 것입니다.

참 양식이란 예수를 닮아가는 일입니다. 예수는 거루고각(巨樓高閣)에 계시지 않았으며, 농촌이나 어촌으로 두루 헤매시며 학대받고 억눌린 백성을 일으켜 주고 희망을 주고 건져주고 싸매 주셨습니다. 사람이 사는 것이 가산(家産)이 넉넉한 데 있지 않다고 하시면서 물건을 분배해 달라는 이들에게 '이 사람아 누가 너희 위에 물건 나누는 자로 세웠느냐' 고 꾸짖으시고 길거리로 나가셨습니다.

그 날에 많은 사람이 주께 나아가서 "주여, 우리가 주의 이름으로 선교사, 교사, 목사, 신부, 교사, 전도사, 전도회장 노릇을 했으며, 귀신을 쫓아내며, 주의 이름으로 많은 권능을 행치 않았나이까"라고 하더라도, 주님은 "너희를 도무지 알지 못하니 불법을 행하는 자들아 내게서 떠나라"고 말씀하실 것입니다. 또한 행함이 쓸데없는 정통파들에게 "나를 떠나 마귀와 그 사자들을 위하여 예비된 영영한 불에 들어가라"고 하실 것입니다.

> 화 있을찐저 외식하는 서기관들과 바리새인들이여 너희는 교인 하나를 얻기 위하여 바다와 육지를 두루 다니다가 생기면 너희보다 배나 더 지옥 자식이 되게 하는도다(마 23:15)
> 소경된 인도자여 하루살이는 걸러내고 약대는 통으로 삼키도다
> (마 24:24)

그리고 예수님께서는 외식하는 이들을 향해 "너희 중에 의인들을 죽이지 않은 자 있으면 너희는 무덤을 꾸미고 비석을 세우며 선전용 십자가를 드높이 무덤 위에 달아매도다"고 하실 것입니다.

고창병 든 기독교인들

…주의 앞에 고창병 든 한 사람이 있는지라(눅 14:1-6)

우리는 영적으로 고창병 든 사람들입니다. 늘 냄새를 맡아도 감각, 취각이 둔하여 분간을 못합니다. 여러분은 성경 말씀을 듣고 바로 깨달아 들었습니까? 바로 판단했습니까? 바로 알고 실행해야 합니다. 지금 우리 생각에는 말씀대로 쉽게 실행해낸 것 같으나 실제로 실행하려고 하면 어렵습니다. 받기보다 주는 일이 더 어렵고, 구제하는 돈도 벌기는 쉬우나 쓰기는 어렵습니다. 재물을 가지고 꼭 써야 할 데를 알아서 쓰는 사람이 절제하는 사람입니다. 써야 할 데는 꼭 쓰고, 안 쓸 데는 안 쓰는 것이 절제인 것입니다. 절제만 할 줄 알면 모든 일이 잘 될 줄 압니다. 먹을 만큼 먹고, 쓸 만큼 쓰고, 잠 잘 만큼 자고, 친할 만큼 친하고, 모든 것을 절도 있게 잘 쓰면 그것이 절제입니다. 쓸 데 가서 쓰지는 않고, 밤낮 먹고만 있으면 고창병이 들까 두렵습니다.

마음 자리를 겸손하게

청함을 받은 사람들의 상좌 택함을 보시고…무릇 자기를 높이는 자는 낮아지고 자기를 낮추는 자는 높아지리라(눅 14:7-11)

진리를 배우는 마당에서는 낮은 자리에 내려가 앉으면 배워집니다. 무엇을 잘 아노라는 사람이 무식한 사람들만 모인 속에 앉아 있어도 자기가 제일 모르는 줄 알면 참되게 배워집니다. 마음 자리를 겸손하게 하고 자기를 낮은 자리에다 두고 다른 사람 모두를 선생으로 생각하여 존대하면 배워집니다.

선한 일을 할 때는 갚음받을 생각 말고

> 네가 점심이나 저녁이나 베풀거든 벗이나 형제나 친척이나 부한 이웃을 청하지 말라 두렵건대 그 사람들이 저를 도로 청하여 네게 갚음이 될까 하라…차라리 가난한 자들과 병신들과 저는 자들과 소경들을 청하라(눅 14:12-14)

이 세상에서는 아무런 갚음도 안 받을 것을 생각하고 하라는 말씀입니다. 과일나무 하나 심을 때도 내가 따 먹을 생각으로 심지 말고, 타인(병자, 불구자), 가난한 사람들이 따 먹으라는 심정으로 심으십시오. 사람들이 저마다 나무 한 그루씩 심는다면, 특히 수명이 오래가는 은행 나무를 한 그루씩 심었으면 굉장했을텐데….

사람마다 자기가 이 세상에 태어난 보람으로, 세상에 살았던 보람으로 무엇인가 한 가지 선을 행하십시오. 의인들이 부활할 때 선행의 갚음을 받습니다. 자기 영혼이 받습니다.

> 이는 의인들의 부활시에 네가 갚음을 받겠음이니라

선행의 갚음은 영육이 갈린 뒤에 받아야 합니다. 육체 속에 있을 때 받으면 선행의 낭비만 됩니다.

세상에서 밭을 사고, 소를 사고, 장가들며

> 다 일치하게 사양하여 하나는 가로되 나는 밭을 샀으매 불가불 나가 보아야 하겠으니 청컨대 나를 용서하라 하고(눅 14:15-24)

하나님께서 천국 큰 잔치를 베푸시고 사람들을 청했는데 어떤 이는 밭을 샀으니 못 간다 하고, 육신의 농사 일 때문에 천국 잔치에 갈 수 없다 하고, 어떤 이는 소 다섯 겨리를 샀으매 시험하러 가니 청컨대 용서하라 하고, 어떤 이는 장가들었으니 육신 가정 생활을 행복스럽게 재미보려고 천국 큰 잔치에 못 가겠노라 했습니다. 세상 향락 때문에, 세상 재미 보려고 임금의 혼인 잔치에 못 간다고 대답했습니다. 모두 세상 소유, 세상 재미 보려고 했습니다.

주인은 종들을 시켜 나가서 거리거리와 골목을 다니며 가난한 이들과 병신들과 소경들과 저는 이를 데려오라고 명했습니다. 이 세상에서 선을 행한 보수를 안 받기로 한 이는 그 잔치 자리로 갈 수 있습니다. 그러나 천국 잔치 나리에서 상좌 높은 자리나 갚음을 기대하고 부자나 높은 사람을 대접하는 이는 천국 잔치에 올 수 없습니다.

세상에서 밭을 사고, 소를 사고, 장가들며, 세상 재미보는 이는 못 오고, 세상에서 재미볼 데 없는 이는 천국 잔치에 옵니다. 이 세상에서 아무리 애써 보아야 이 세상 농사로는 못 살 것같이 깨달은 이들이 천국 잔치에 옵니다. 이 세상에서의 돈벌이도 재미없는 이들이 여기에 오십니다. 소설이나 영화 취미보다 천국 잔치를 더 사모하는 이들은 세상 모든 것을 천국을 위해서 포기하는 것입니다. 이 세상 모든 것보다는 하늘나라가 훨씬 더 좋은 줄 알아야 하늘나라에 가는 것입니다.

자기 목숨까지 미워하지 아니하면

> 무릇 내게 오는 자가 자기 부모와 처자와 형제와 자매와 및 자기 목숨까지 미워하지 아니하면 능히 나의 제자가 되지 못하고…누구든지 자기 십자가를 지고 나를 좇지 않는 자도 능히 나의 제자가 되지 못하리라(눅 14:25-35)

이 말씀이 너무 어려워서 도저히 이대로 하지 못한다고 걱정하지 맙시다. 우리가 꼭 이렇게 해야 할 것이면 그만한 힘 주실 것이니 염려맙시다.

> 싸우러 갈 때에 먼저 앉아 일만으로서 저 이만을 가지고 오는 자를 대적할 수 있을까 헤아리지 아니하겠느냐 만일 못할 터이면 저가 아직 멀리 있을 동안에 사신을 보내어 화친을 청할찌니라(눅 14:31-32)

우리가 환난이 온다 온다 하면 기어이 오고 맙니다. 하나님 말씀은 그대로 됩니다. 능치 못하심이 없습니다. 백세 먹은 아브라함이 아들 낳는다 낳는다 하였는데 그대로 낳았습니다. 환난 온다 온다 하면 꼭 오고 맙니다. 환난을 피할 수 있도록 날마다 준비합시다. 환난이 막상 닥쳐오면 피하지 못하니까 멀리 있을 때 미리 화친하는 것이 지혜로운 처사입니다. 죽음이 임박해서야 회개하려 하지 말고, 아직 멀리 있을 때 화친합시다. 오늘 준비 잘 합시다. 오늘 잘 하면 내일 걱정 없습니다.

> 그러므로 내일 일을 위하여 염려하지 말라 내일 일은 내일 염려할 것이요 한 날 괴로움은 그 날에 족하니라(마 6:34)

그날 할 일만 충실히 하면 됩니다. 그날 괴로움은 그날에 족합니다. 내일 일을 오늘 염려하는 것은 "한 날 괴로움"이 아닙니다. 괴로움은 언제나 그 날로 끝나는 것입니다. 젊어서 아직 죽음이 멀리 있을 때 예비하고 화친합시다. 지금 바른 마음으로 계획을 잘하고 준비를 잘하면 훨씬 가까이에서 행복을 찾습니다.

"의(義)"라는 것은 옳은 사람을 말합니다. 한 가지 결심했으면 이랬다 저랬다 하지 맙시다. 위로 한 번 올라갔으면 내려오지 말아요. 오르락 내리락 하지 말 것입니다. 삭발 결심하는 일도 마찬가지입니다. 머리를 깎으라고 하는 것은 머리카락이 문제가 아닙니다. 삭발하는 결심이 중요하니까 단속하는 것입니다. 머리 하나라도 깎았으면 깎은 그대로 오래 두지 않고 길렀다 또 깎았다 하는군요. 금년 정월 초하루부터 시작해서 섣달 그믐날까지 계획해놓고 그 한 가지 일만 꾸준히 하도록 합시다.

그리스도인은 누구나 자기 십자가를 져야 합니다. 그러나 저도 지금 십자가를 지지 못하고 있습니다. 십자가 지고 싶은 마음은 있습니다. 그러나 지지 못하고 있습니다. 그 말씀대로 해야 할 줄 알지만 그와 같이 할 각오가 서지 않습니다. 예수를 따라가려면, 그 좁은 길을 따라 가려면 세상 모든 것을 버리고 모든 정도 끊고 따라가야 합니다. 생각에 농사나 장사하면 행복스러울 줄 알았지만 그렇게 해도 행복이 없으니 그런 일 버리는 것입니다. 예수 따라가면 자기와 가정이 행복할 줄 믿고 다 버리고 따라 가는 것입니다.

베드로는 무식한 어부로서 가정을 거느리고 집안 식구들을 위해서 고기 잡이를 해서 생계 유지했습니다. 그러나 그가 평생 고기잡이를 한대도 집

안 식구들을 만족하게 먹이진 못할 것이지요. 그의 강직하고 확고한 성격은 목수일 하시던 예수가 오셔서 가르쳐 주신 대로 순종하니 고기를 많이 잡았습니다. 베드로는 그 시대 제사장이나 서기관들을 보아도 전부 거짓과 부정한 것 뿐이었는데, 이런 능력있는 예수를 처음 보고 의인임을 깨달았습니다. 베드로는 자기는 예수님께 비해 보면 죄인이라는 것을 깨달았습니다. 그래서 무조건 예수님 말씀만 믿고 따랐습니다. 그가 일평생 애쓰던 집안 식구들을 어떻게 해야 하는가 하는 문제도 상관하지 않고, 모든 것을 믿고 따랐습니다.

베드로처럼 자기가 옳다고 생각하는 일에 대해서는 날마다 충성껏 자기의 도리를 다하는 사람이어야 예수님의 제자가 될 수 있습니다. 농사도 그렇지요. 눈이 오나 비가 오나 밤이나 낮이나 자기의 재주와 힘을 다해서 괴로우나 피곤하나 참고 항구하게 날마다 십자가를 지고 예수님을 따라가야 합니다. 옳다고 생각하는 일에 충성을 다하는 이가 제자가 됩니다. 옳다고 생각하는 일을 위해서는 죽음까지 마다 않고 죽는 일이야말로 진정 사는 일입니다.

영생을 목표로 하는 사람은 가는 길이 힘들다고 작파해서는 안 되며, 핍박이 있어도 어려움을 참고 나가면 성공합니다. 어떤 목표를 세우고 좋은 일이라고 생각하고 출발했으면 아무리 괴롭고 배고파도 정신을 가다듬고 참아 끝까지 성취하려는 결심을 해야 합니다. 그렇지 못할 때는 아무 것도 해놓은 것이 없이 그저 무덤 하나 남길 뿐입니다. 은행나무 한 그루라도 심어 놓고 갔으면 그 나무라도 남을 것이 아닙니까? 사람이 세상을 떠나 오래되면 무덤도 없어지고 마는 것입니다. 이 세상 사람들이 무엇이든 하나씩만 해놓고 간다면 잘 살 수 있을텐데. 인생 살았던 보람을 해야겠다고 생각하는 사람은 인생 삶에 대해 먼저 예산하고 결심해야 하겠습니다. 우리에게는 금년 일년도 인생 예산과 결심이 있어야 합니다.

내 아까운 것 다 버리지 않으면

또 어느 임금이 다른 임금과 싸우러 갈 때에 먼저 앉아 일만으로서 저 이만을 가지고 오는 자를 대적할 수 있을까 헤아리지 아니하겠느냐 만일 못할터이면 저가 아직 멀리 있을 동안에 사신을 보내어 화친을 청할찌니라 이와 같이 너희 중에 누구든지 자기의 모든 소유를 버리지 아니하면 능히 내 제자가 되지 못하리라(눅 14:31-33)

사신을 보내어 화친을 청하면서 '당신이 요구하시는 것이 무엇이요? 원대로 해드릴 것이니 수고 말고 우리 백성을 죽이지 마시오' 하고 화친을 청할 것입니다. 이와 같이 우리도 아까운 것 다 버리지 않으면 안 됩니다. 농사하는 일도 자기가 갖고 있는 재능과 지혜, 힘, 수단, 기술을 다 쓰면 농사에 성공하겠지요. 그러나 이것저것에 다 관심두고 이리갔다 저리갔다 하다 보면 아무 것도 못하고 맙니다. 무슨 일에든지 자기 힘, 지혜를 다 쓰지 않으면 성공할 수 없습니다.

하물며 영생을 취하려는 사람이 그와 같이 아니하겠습니까? 이것저것에 호기심을 품고 구경하고 다니면 아무 것도 할 것 없지요. 어떤 종류의 사람같이 일생을 구경만 하다 말면 아무 것도 할 수 없습니다.

새해 정초는 1년 365일을 계획하는 날인데 긴급하고 더 좋은 일을 선택해서 실천해야 합니다. 또 개개인은 자기가 무엇을 할 수 있는가를 알아서 자기 설 자리에서 십자가로 못 박아야겠습니다.

더 좋은 일을 선택하는 것, 그 일을 하기 위해서는 인내력과 사랑과 양보하는 일과 화목하는 일을 미리 예산해야 하겠습니다. 무엇보다 형제와 화목해야겠습니다. 한 사람이 혼자서 잘 할 수 있는 일도 있지만 반면에 열 사람이 있어야만 잘 할 수 있는 일도 있습니다.

"멀리 있을 동안"에 예산하고 계산해서 대책을 세워야 합니다. 흉년도 아직 멀리 있을 때에 흉년에 대한 대비를 해야 합니다. 농사 잘 짓는 지혜 있는 농부는 흉년이 들어도 걱정 없습니다. 매년 농사를 지어서 미리 대책을 세워 예비해 놓았으니까요. 지혜있는 가정 주부는 겨울에 입을 옷을 미리 모두 예비해 놓습니다. 농사 잘 짓는 지혜있는 농부는 매년 약 3년 먹을 양식을 항상 미리 저축해 놓는 이도 있으며, 어떤 이는 9년간 계속하는 어려움을 견딜 수 있는 준비를 해놓은 이도 있습니다. 그런 사람은 지혜있는 사람들입니다. 그렇게 준비 못할 터이면 미리 화친해야 합니다.

절제하고 안 먹고 안 쓰는 법을 배워야 하겠습니다. 그렇게만 미리 연단하면 물가(物價)가 올라간대도, 흉년이 들어도 넉넉히 살아갈 수 있는 것입니다. 미리 화친해야 하겠습니다. 비누가 없으면 잿물을 받아서 빨래하면 되겠습니다. 없으면 안 쓸 작정을 해야 할 것입니다.

이승에서 인생 살아가는 데도 그렇게 해야겠거든 하물며 영생을 원하는 사람은 자기 영혼의 구원 문제를 미리 계획하고 예산을 해서 미리 결심하고 참고 나가야 할 것입니다. 화친해서 미리 결심하고 참고 나가야 합니다. 젊었을 때 화친해서 준비할 것이 아닙니까. 늙음이 멀리 있을 때 준비해야겠습니다. 늙은 뒤에 하려면 바빠서 빠진 것들이 많을 것입니다. 먼 여행할 나그네이니 미리 준비해야겠습니다. 돌아올 때까지의 예산을 다 해야 하겠습니다. 제주도 사람들은 타향살이하면서도 가난해서 굶어 죽거나 자기가 병들어서 죽게 될 경우에 꼭 고향에 돌아갈 여비는 준비해 가지고 있다고 합니다. 중국 사람도 이와 같이 아무리 곤란하고 어려워도 어려운 날을 위한 비상금 밑천은 꼭 준비하고 산답니다.

'아직 멀리 있을 동안' 자기 죽음의 대비(회개)를 해야 합니다. 막상 일이 닥쳐와서 하려면 바빠서 못합니다. 미리미리 회개할 것 다하고, 화목하고, 풀 것 다 풀고 있으면 죽음이 곧 닥쳐와도 안심하고 맞이할 수 있을 것입니다. 미리 다 준비해 놓으면 어려움이 닥쳐와도 상관없습니다.

이만 명 병력 가지고 오는 원수와 맞부딪치기 전에 예산해서 화친한다든지 아니면 싸운다든지 미리 작정해야 할 것입니다. 막상 부딪쳐서는 늦어서 안 됩니다. 말로만 장담 말고 멀리 있을 때 싸우든가 화친하든가 예산해야겠습니다. 미리 예산 않고 살면 막상 어려움에 부딪쳤을 때 낭패하고 낙심합니다. 숨은 예산은 어려움을 참고 나갈 힘이 있습니다. 보이는 재산을 의뢰하기보다 숨은 예산은 참고 나갈 힘이 있습니다.

결론으로 말씀 드리자면, 첫째로는 급한 일, 중요한 일을 선택하고 결정할 것입니다. 두번째로는 자기가 할 수 있는 일과 자기 능력과 한계를 헤아려야 합니다. 세번째로는 방법과 계획과 순서를 결정하여 그 성과를 원만히 거두어야 하겠습니다. 인간 일생을 헛수고 안하려면 자기 삶을 예산 해야겠습니다. 미리 앉아서 닥쳐 올 이런 일은 이렇게 막아야겠고 저런 일은 저렇게 막아야겠다고 예산을 짜놓아야 하겠습니다.

소금은 좋은 것이지만, 짠 맛이 없으면 쓸 데 없습니다. 맛 잃은 소금을 무엇으로 짜게 하겠습니까! 예수 믿는 이들에게 믿음, 지혜가 빠지면 무엇에 쓰겠습니까? 사람이 사람 구실 못하는 것을 무엇에 쓰겠습니까? 사람이 사람 노릇은 못하면서 행복만 원하는 것은 농부가 농사 안하고 좋은 결과만 소원하는 것과 같습니다. 사람은 사람의 도리와 구실을 해야 합니다. 있는 지혜, 기술, 힘을 다하여 제구실을 해야겠습니다.

산아 제한 문제

국가의 방침으로는 산아 제한을 실시해야 인구폭발로 인한 혼란에서 질서를 유지하고, 경제 혼란도 막고, 살아 있는 사람들만은 행복하게 살 수 있다고 합니다. 천주교에서는 산아 제한을 해서는 안 된다고 주장합니다. 인구 폭발의 위기로 먹을 식량, 경제 문제 때문에 유아를 살인할 수 없다고 합니다. "들새도 하나님께서 먹여 주실 것이다"라고 주장합니다. 그러나 산아 제한을 주장하는 이들은 무지하게 절제 못하는 농촌의 불신자들이 무제한으로 아이들을 낳기 때문에, 먹을 것 때문에 산하 제한을 해야 한다고 합니다.

우리 나라는 현재 매년 70만 명이라는 수효의 인구가 증가하고 있습니다. 광주 시민이 35만 명인데 그 2배가 됩니다. 70만명 인구면 대구시만한 인구가 매년 하나씩 증가해 가는 것입니다. 그러므로 수술을 하거나 약을 써서라도 다산을 방지해야 한다고들 합니다.

그러나 천주교에서는 유산하거나 약을 써서 뱃속의 생명을 죽이는 것은 죄라고 단정합니다. 첫째 유아의 생명을 죽였으니 살인의 대죄(大罪)요, 둘째는 그 생명(胎兒)에도 영혼이 있는데 그 영혼이 세상에 탄생해서 깨닫고 하나님을 알아 공경하고 회개해서 자기 영혼을 구령(救靈)하고 하나님의 뜻대로 살만치 살다가 천국에 가서 영생할 터인데 그 영혼을 천국에 못 가게 했으니 큰 죄라고 합니다. 그러면 어떻게 할 것인가? 약을 써도 살인이요 수술을 해도 살인인데…. 그래서 가장 소극적 방법의 하나는 월경 날짜를 계산해서 8일간만 넘기면 수태가 안된다고 합니다. 즉 그때는 난자가 유출되지 않고 이동하지 않고 있음으로 그 기회를 이용해서 부부관계를 하면 수태가 안됩니다. 수태될 수 있는 날짜만 참고 그 밖의 날은 성관계해도 무방하니 그 날짜만이라도 가려서 피하고 수태될 수 있는 날만이라도 절제하라고 합니다. 그러면 국가에서는 그런 방법을 쓰는 것이나 피임약을 쓰는 것이나 마찬가지가 아니냐고 합니다.

그러나 양심적으로 깊이 생각해볼 때, 성을 쾌락의 도구로 사용하자는 것이 아닙니까? 본능적 요구를 쾌락을 채우기 위해 사용할 때 남자의 성행위 때마다 20억이라는 눈에 보이지 않는 작은 생명체를 살해하는 것입니다. 이것은 음란 행위를 통해서 쾌락을 일삼자는 것이 아니고 무엇입니까? 이것은 절대로 죄입니다. 음란한 성은 "거룩"이 아닙니다. 부끄러운 것입니다. 여자에게는 여자의 도리가 있으니, 남자가 동정을 수절하는 것을 도와야 하고, 남자는 남자의 도리, 정절(貞節)을 보호해 줄 도리가 있으며 의무가 있는 것입니다. 피차 정절하는 데 돕기 위해서 도리를 해야 할 것입니다. 그렇지 못하면 따로따로 떨어져 살아야 합니다.

그런데 혼인하지 않고 사는 사람들은 세상에서 남들보다 좀 미련해지고 바보가 되어가지 않나 느껴집니다. 그 이유는 혼인하지 않았으므로 별로 책임이 없으므로 게을러지기 때문에 그렇습니다. 우리들은 동정(童貞)을 지켜 살면서도 부지런해야겠습니다.

> 선한 눈을 가진 자는 복을 받으리니 이는 양식을 가난한 자에게 줌이니라(잠 22:9-14)
> 무릇 지킬 만한 것보다 더욱 네 마음을 지키라 생명의 근원이 이에서 남이니라(잠 4:20,23)

믿음대로 사는 사람은 몸도 건강해지고 영도 건강해지겠습니다. 믿음으로 안 하니까 영육(靈肉)이 약한 것입니다. 약하면 증거 못합니다. 혼인하게 되면 먼저 영혼이 어두워서 영혼이 죽고 맙니다.

남녀 사이는 조심해야 하고

남녀 사이는 꼭 조심해야 하고 분간해서 살아야 합니다. 옛날부터 "남녀 7세 부동석"이라 했습니다. 7세가 넘어 한 방에 있으면 어김없이 일이 벌어지고야 맙니다. 10세 미만 때 범행하면 슬픈지 어쩐지를 모릅니다. 20세 넘은 사람이 그 죄 지으면 마음이 슬픕니다. 울지 않을 수 없습니다. 허망합니다. 평생 귀중하게 지키며 생명보다 더 귀중하게 여기던 것을 상실했으니 온 천하를 주고도 바꿀 수 없이 허망합니다. 남녀가 처음 음행하면 산천이 웁니다. 음행은 전쟁을 일으키는 것입니다. 그 속에서 낳은 자식들이 부모만한 자식이 한 사람 나온다면 남은 아홉은 부모보다 못합니다. 음란할수록 나쁜 자식만 나옵니다.

사람에게는 마음의 법이 있습니다

떡이나 쌀만 먹지 말고 예수의 덕의 살을 먹읍시다. 사람에게는 마음의 법이 있습니다. 그런고로 자기 마음의 법을 따라가는 생활을 하면 만족합니다. 마음의 법은 불성문 율법(不成文律法)입니다. 우리가 하는 어떤 행위가 일반 도덕이나 나라의 법률에 비추어 봐서 가책이 되면 하나님 앞에 크게 회개해야 할 일입니다.

> 감추인 것이 드러나지 않을 것이 없고 숨은 것이 알려지지 않을 것이 없나니(눅 12:2)

언제 드러나도 드러나고야 맙니다. 그날 아침 그 말씀을 믿었으면 후회할 것이 없었을 것입니다. 작은 일에 충성하십시오.

> 지극히 작은 것에 충성된 자는 큰 것에도 불의하니라(눅16:10)

성냥갑 하나라도 새로 사오면 불켤 때 가에서부터 가만히 그어 켜야 합니다. 아끼고 절제하며 조심해서 쓸 줄 알아야 큰일도 잘 할 수 있습니다. 성냥불 켜듯 작은 것에 주의할 줄 모르면 모든 일을 못합니다. 작은 일을 충성스럽게 하지 못하는 사람은 큰 일을 못합니다. 성냥을 어떻게 켜서 불을 불이느냐 하는 일은 실지 문제입니다. 작은 일, 장판 닦는 것, 벽 바르는 일 등 모든 작은 일을 하는 태도에서 그 사람됨을 볼 수 있습니다.

완덕의 길

하나님의 인자하심과 위대하심을 인식하는 반면, 자기의 허무함과 무릇 어떠한 악에든지 기울어지기 쉽다는 것을 깨달아 자아를 미워하고 홀로 하나님께만 복종할 뿐만 아니라, 하나님께 대한 사랑을 인하여 모든 사람에게 순종하며 전혀 나의 원욕(願慾)을 버리고 온전히 하나님의 성의(聖意)에 자기를 맡기는 것 외에는 다른 방법이 없습니다. 어떠한 행위도 하나님의 성의(聖意)에 합치하기 위하여, 하나님의 완전하신 영광을 현양하기 위하여, 오직 하나님을 사랑하기 위하여 하는 봉사로부터 말미암는 것이라야만 하는 것입니다.

자기를 간단 없이 거스려야 합니다. 절제없기 짝이 없는 원욕 곧, 정욕과 탐욕을 극히 미소(微少)한 일에 대해서라도 짓밟아 없애기 위해서는 피가 흐르도록 자기 몸을 편태하고, 제(齊)를 지켜야 합니다. 이는 기천만의 영혼을 후회시키는 것보다는 하나님의 거룩하신 뜻에는 오히려 몇배로 더 잘 합치되는 것이며, 가장 기뻐하는 것입니다.

자기를 신망하여 의뢰하지 마십시오. 자신을 믿지 않게 하는 네 가지 방법이 있습니다. 첫째로, 자기의 비천함과, 그대의 허무함과, 또한 그대의 힘만으로는 천국에 들어갈만한 선업(善業)이란 한 가지도 세울 수 없다는 것을 깊이 생각하여 확실히 믿을 것입니다. 둘째로, 자기를 의뢰하지 않아도 된다는 것은 하나님의 선물이므로, 마땅히 겸손하고 열렬한 기구(祈求)로써 하나님께서 이를 나에게 주시도록 자주 구할 것입니다. 그리고 무엇보다 먼저 이러한 선물을 우리 자신이 전혀 지니고 있지 못할 뿐만 아니라, 우리의 노력으로는 도저히 구할 수도 없다는 것을 깨달아야 합니다. 그러므로 자주 하나님 대전에 부복하며, 하나님의 자비하심으로 인하여 반드시 이러한 선물을 주시리라는 것을 굳게 믿을 것이며, 하나님의 섭리하신 그 때가 이르기를 간절히 바라면서 항구(恒久)히 기다려야 합니다. 그러면 어느 때이든지 한번은 반드시 이러한 축복을 받으리라는 것은 의심할 여지가 없는 일일 것입니다.

세번째로, 우리 한 사람의 의견과 죄를 범하고자 하는 격렬한 경향과 그대 혼자로서는 거의 저항하지 못할 만한 무수한 적에게 대하여 스스로 두려워하는 습관을 길러야 합니다. 곧 전투에 숙달된 적과 그의 음모와, 또한 광명의 천신(天神)으로까지 그 모양을 변하는 일과, 우리들에게 대한 무수한 계교와, 최후로 우리의 수덕(修德)의 길에까지 가만히 걸어올 그 올가미를 두려워하는 습관을 기르지 않으면 안 됩니다.

네번째로, 무릇 죄악에 떨어졌을 때마다 우리 자신의 나약함을 깊이 또한 곰곰히 생각할 것입니다. 하나님께서는 우리가 죄악에 떨어짐을 내버려두심으로써 다음의 것을 더욱 명백하게 밝히고자 하시는 까닭입니다. 곧 계시의 빛으로 우리의 천함을 깨닫게 하시며, 우리가 다른 사람들로부터 존경을 받고 있을지라도 오히려 경멸을 당하는 것이 마땅하다는 것을 깨닫게 하여 주시는 것입니다.

세상 영화

> 이 일 후에 내가 보니 각 나라와 족속과 백성과 방언에서 아무라도 능히 셀 수 없는 큰 무리가 흰 옷을 입고 손에 종려가지를 들고 보좌 앞과 어린 양 앞에 서서(계 7:9)

부러운 일이나 보기 좋은 것은 세상의 영화입니다. 본문은 구속받은 자들의 노래이며, 구원의 찬송입니다. 흰옷과 종려나무 가지는 예수님의 피로 씻음 받은 의의 옷이며 승리의 표상입니다. 예수님 피로 세상의 정욕과 마귀를 이긴 자들의 승리의 노래입니다. 이 노래에 화답한 뜻은 어린양의 죽음으로써 의인들이 많이 생길 것이기 때문입니다.

계시록 5:11에 장로들을 둘러선 많은 천사들 즉, 승리자들의 찬송에 화답하는 자들의 수가 만만이요 천천이라고 하였습니다. 참으로 헤아릴 수 없는 의인들이 모여서 노래하는 것을 보고 기뻐서 화답하는 것입니다.

"아멘"은 진실로 그렇다는 뜻으로서, 구원의 찬송과 구원하신 하나님과 어린양에게 감사와 영광을 돌림을 보고 아-멘 하고 화답하였습니다.

세상의 것은 먹으나 만족함이 없고

> 고린도인들이여 너희를 향하여 우리의 입이 열리고 우리의 마음이 넓었으니 너희가 우리 안에서 좁아진 것이 아니라 오직 너희 심정에서 좁아진 것이니라 내가 자녀들에게 말하듯 하노니 보답하는 양으로 너희도 마음을 넓히라(고후 7:11-13)

세상 것은 먹으나 만족이 없고, 누려보지 않아도 후회할 일이 없는 것입니다. 땅에서 들리면 즉, 십자가에 달리시고 난 후에야 우리는 그가 누구이신지를 알게 될 것입니다. 예수님께서는 자신이 이러한 일을 한 것이 아니고 하나님의 가르치심에 따랐을 뿐이라고 말씀하셨습니다(요 8:28). 이 말씀을 통해서 예수님의 청결하고 정직함과 참 겸손이 보여집니다. 생명을 귀히 여기고 겸손함은 하나님 두려운 줄 아는 마음이십니다.

신자는 누구나 세상에서 빛 역할을 하는 삶을 살아야 하는 것입니다. 갈 길 모르는 이에게 길을 가르쳐야 합니다. 특별한 일을 하지 않아도 그 자리에 묵묵히 서서 빛을 비추는 것입니다. 이 세상에서 빛이 못되면 어두운 곳으로 쫓겨나 슬피 울고 이를 갈 것입니다. 날마다 거꾸러져도 소망을 가지고 살아야 합니다.

디도서에 그레데인은 항상 거짓말만 하고 거짓만 꾸미니 사랑과 온유가 없습니다(딛 1:12). 우리는 이러한 자들이 되어서는 안 되겠습니다.

우리의 소원대로 된다는 것은 믿음대로 된다는 뜻입니다. 믿으면서 의심 있는 까닭은 우리에게는 참 진실이 없는 까닭입니다. 온전히 안 믿는 까닭은 믿음이 없기 때문입니다. 진리 즉, 공의를 배우는 목적은 흑백을 가리며, 옳고 그른 것을 알하기 위함입니다.

일 · 사랑

서로 사이의 옳고 그른 것 흑백을 가리려고만 하고 피차 미워하는 마음을 풀지 않는 것 자체가 사단입니다. 근본을 풀어야지 일만 풀어 가지고는 밤낮 일만 저지릅니다. 각각 자기 생각하는 것이 옳다고 생각하는 일에서 부터 풀기 시작해야 합니다. 일을 시작하기 전에 잘 의논해서 양편이 의견이 합치가 되었을 때 행동 개시를 해야 합니다.

한편이 그르다고 생각되는 것을 다른 한편이 강행할 때는 오해가 생깁니다. 이러한 일이 늘 되풀이 되면 같이 살지 못하게 되어 결국 갈라지게 됩니다. 서로 마음이 상하고 맙니다. 다른 사람이 그르다고 생각하는 것을 자기는 옳다고 생각하는 데서 오해가 생기고, 그르다고 생각하는 것을 다른 사람이 하는 것에서 오해가 생기게 마련입니다.

서로 옳다고 생각하는 것은 말과 손으로는 싸우지 않더라도 마음 내면에서는 큰 전쟁이 일어난 것입니다. 서로 애정과 사랑과 동정이 없어졌다는 것입니다. 이러한 무서운 마음을 가지고 있으면서 과히 손해가 없으므로 밖으로는 너그러운 척하고 참고 있지만, 서로의 애정과 사랑과 신앙과 동정심은 사라졌습니다. 이러한 무서운 마음을 가지고 오해를 풀려고 합니다.

단지 밖으로 나타난 일만 풀려고 하니 다음에 똑같은 일이 생기고, 결국 같이 못살게 됩니다. 마음의 오해가 풀리기 전에는 일도 풀리지 않습니다. 자신은 아무 생각도 없다고 하지만 마음 속에는 존경과 이해가 없이 다시 같이 산다고 하여도 다시 그 상태로 될 뿐입니다. 단지 거짓 사랑으로 미운 생각도 없으면서, 다시 말해서 미움도 동정도 없는 상태에서는 아무것도 되질 않습니다. 사랑 없으면서 미움과 노여움마저 있습니다.

저 분의 하시는 일이 그르다고 생각되면 오해없다는 말이 안된 말입니다. 이해가 안 된다면 오해가 없겠는지? 사랑이 없으면 미움이 없겠는지요? 그르다고 생각하는 일에 이해했다면 참뜻을 모릅니다. 그 사람은 당연히 그런 사람이라고 멸시했다는 말씀입니다. 멸시가 있는 곳에 존경이 어디 있으며, 존경이 없는 곳에 사랑이 있을 수 있겠습니까? 멸시한다는 말은 사람을 짐승으로 보았다는 말이나 다름 없습니다. 일마다 그릇되게 하지만 참았다는 말도 됩니다. 그러므로 해결을 원만히 하려면 진심어린 사랑으로 "이 일은 저는 이렇게 생각했는데 당신은 어떻게 생각했습니까?"라고 진정으로 이해할 마음으로 묻고 그릇된 생각을 고쳐가며 곧 따라가는 것이 진정 순종 아니겠습니까?

자기만 옳다고 덮어놓고 저질렀으니 오해가 생기게 되고, 오해가 있는 곳에 사랑이 달아나 버리고, 사랑 없으니 일을 그르치고 결국 실패하게 되는 것입니다. 사랑 없는 일은 실패입니다.

농사는 하나님과 자연을 아는 자가 하는 일

일하는 방식에 있어서는 욕심이 없고 사랑만 있어야 합니다. 이것을 보면 가히 알 수 있습니다. 우리의 생활을 고찰해 볼 때 하나님 은총을 깨달을 수 있습니다. 절제력 역시 하나님의 은사입니다. 은사는 은혜를 주시는 것입니다.

이자를 받고 돈을 빌려주지 않는 것이 하나님의 섭리입니다. 재물이 하나님이 주신 은총인 줄 모르고 사람의 것인 줄 알면 일조에 망해 버립니다. 은총을 드러내려다 자랑으로 돌아갈까 무섭습니다.

사람이 버려두는 자연이 얼마나 변천하는지 보아 알 수 있습니다. 욕심 없이 식물을 대해야 합니다. 욕심으로 해 놓은 일은 보기가 흉합니다. 그냥 두어도 잘 되는 것이니, 진정으로 사랑해서만 한다면 얼마나 잘 될까요? 사람의 욕심으로 억지로 가꾸려니 그렇지, 그냥 사랑으로 한다면 손이 간 만큼 잘될 것입니다.

사랑에는 진정한 동정과 이해가 따라야 하는데, 욕심으로 많이만 얻으려는 것을 사람들은 사랑이라고 오인하고 있습니다. 자기가 꼭 짐승들만 사랑해서 키우는 줄로만 알지만 짐승이 병들어도 그 원인이 무엇인지 모릅니다. 짐승을 그저 키우고만 있을 뿐입니다.

자식들을 키우는 데도 마찬가지입니다. 자기가 자식을 사랑하는 것인 줄 알고 있습니다. 자식을 억지로 가르치고 있으면서도 그저 잘하고 사랑하는 줄만 알고 있습니다.

농사짓는 데도 부지런해야 합니다. 밤도 낮도 초저녁도 모르고 식물과 함께 떨고, 비도 같이 맞고, 가뭄도 같이 타야 합니다. 그렇지 않으려면 애당초 농사를 그만 두어야 합니다. 장마 중에 잘 컸으나 가뭄에 버려둔다면 수확기에 말라 죽어 버립니다. 과수(果樹)들은 특히 바람막이를 생각하지 않고는 못합니다. 아무리 잘 영글었어도 바람에 과일이 다 떨어지고 맙니다. 백 가지를 잘하고 한 가지 일에 등한시한다면, 전부가 실패되는 일이 많습니다. 그러니 부지런해서 아침에도 저녁에도 나가 봐야만 합니다. 비오는 밤, 서리 내리는 새벽, 안개 낀 아침 할 것 없이 부지런히 밭에 나가 보아야 합니다. 쉴 사이가 없습니다. 농사란 자기도 없고, 세상도 없고, 자연과 하나님만 아는 이가 하는 일입니다. 농사는 식물의 성질을 알아서 자연의 은택을 잘 받도록 해야 하고, 절대로 식물의 성질을 거슬리거나 자연을 거슬려서는 안됩니다.

믿음

마태복음 17:14-21에 간질병 앓는 아이를 고치지 못한 제자들의 이야기가 있습니다. 제자들에게 겨자씨 한 알만한 믿음이 없었던가요? 분명하고 겸손해야 배울 수 있습니다. 용기가 있어야 겸손할 수도 있습니다. 신통치 않게 많이 아는 것보다, 한 가지라도 분명히 알아야 합니다. 더러운 물에다 아무리 맑은 물을 넣어도 더럽기 때문입니다. 정확한 기초위에 정확히 알아야 하는데, 확연치 않은 지식에 새로운 지식만 쌓아 가려고만 합니다.

자기가 알고 있다고 확신하는 것을 알고 있다고 대답하기는 쉽지만, 모르는 것을 모른다고 대답하는 것에는 용기가 더 필요합니다. 또한 알고 있는 것을 말로 표현하는 데에는 큰 용기가 필요합니다. 아는 체하고 교만하기만 하지 알지도 못하는 것을 외식이라고 합니다(마 23:13). 자신이 모르고 있는 것을 아는 것도 지식이며, 모르는 바를 모르는 것은 무식입니다. 자신이 모르는 것을 알고 있다면 한 가지라도 정확한 지식이 되는 것입니다. 무엇을 모르는지조차 몰라서 대답을 간단히 못하는 것입니다. 아는 것을 안다는 것도 확연치 못합니다. 반대가 나오면 거기 대한 확실한 대답을 못하는 것으로 짐작됩니다. 그래서 성경에는 늘 말 조심하라고 합니다(잠 10:19; 마 12:34-37).

본문에 예수님은 제자들에게 겨자씨 한 알만한 믿음이 없었다고 책망하셨습니다. 즉, 서로 높아지고자 하는 것과, 스스로 잘 믿고 있는 줄로 알고 있는 것, 그래서 주님이 가르쳐 주면 잘 깨달아서 순종하는 줄 알고 자기 생각만 붙잡고 놓지 않았기 때문에 주님께 책망받은 것입니다.

"믿음이 적은 자여"라고 말씀하신 것은 예수님께서 보실 때에는 난장판이라는 것입니다. 겨자씨 한 알만큼도 순전한 믿음이 없으며, 그래서 외식과 욕심으로 살고 있다는 것입니다. 소금의 맛이 있는 믿음이 아니며, 권능이 있는 믿음이 아닙니다. 참빛을 발하는 불이 아니라는 것입니다. 유리 조각도 빛을 반사는 하지만 자기의 불빛이 아닙니다. 그러나 희미하나 반딧불은 자기가 발하는 불빛입니다. .

외식하는 자는 소금의 모양은 있으나 짠맛이 없는 소금이며, 무더기는 크고 빛도 있으나 실제 가까이 가보면 불빛은 없는 것이며, 씨앗이 실해 보이나 실제로 심어보면 싹이 나지 않는 종자와 같은 것입니다. 싹을 내지 않는 종자에게는 생명이 있다고 할 수 없습니다. 소금은 적어도 짠 맛을 내면 소금의 역할을 다하는 것이고, 빛은 어디로 가든지 빛의 직분을 다하는 것이고, 종자는 물에 담그면 싹이 돋아나는 것과 같은 믿음을 참 믿음이라 할 수 있습니다.

깨달음

듣는 줄 아나 실상 오해하고, 보는 줄 아나 실상 잘 보지 못합니다. 잘하는 줄 아나 실상 넘어집니다. 바로 보고, 바로 듣고, 바로 믿고, 바로 나가야 합니다. 말이 많으면 틀리기가 쉬운 것입니다(고전 8:2).

모르는 것을 좇아서 그와 함께 모른다는 것은 어두운 깊은 함정에 빠져 있는 것과 같은 것입니다. 그 함정에서 나와야 밝아집니다. 주께서 나를 아신 것같이 알 수 있을 것입니다. 모르는 것을 인정하지 못하는 것은 모르는 것을 가려 보려는 어리석은 생각이므로 모르는 것을 더욱 밝혀 드러내는 것입니다. 말할수록 점점 모른다는 것을 더 나타낼 뿐입니다. 모르는 것을 분명히 드러내야 아는 것이 더 확실히 드러나는 법입니다. 모두가 희미하게 아는 것을 잘 알고 있는 줄 알고 있습니다.
 옳게 아버지의 사랑을 믿고 낙심하지 않겠다는 생각은 성령의 역사인 줄 믿어야 합니다(고전 3:15). 고린도전서 3:20에 자기 꾀에 둘려서 낙심이 났습니다. 헛된 생각은 버릴 것입니다. 고린도전서 4:7은 믿지 않은 것같이 생각하고 교만부리다 낙심하고 허망해진 경우입니다. 이는 어린아이의 일을 버린 일입니다(고전 13:11). 이중(二重)의 무지 속에 잠겨 있으면 눈이 멀어진 것입니다. 바로 보려고, 바로 깨달으려고, 바로 믿으려고 눈을 떠도 안 보이는데 눈을 아주 감아 버렸습니다(벧후 1:5-9). 자기 잘못한 것을 벗으려다가 주님께 책임 전가하려고 합니다.

택하심

 바른 믿음은 내가 주님을 알고 따르는 것이 아니고(요 15:16), 주께서 나를 따르게 하신 것입니다(롬 9:16). 내가 주를 믿는 것이 아니라, 주께서 나를 이끄신 것입니다. 그리스도의 사랑이 이끄시므로 염려 없습니다(고후 5:14).
 하나님을 위하여 미쳐도 할 수 없습니다. 주님이 나에게 열매 맺게 하시는 것이지, 내가 스스로 열매를 맺을 수 없습니다. 내가 선을 행하는 것이 아니고, 믿으면 좋은 줄 알아서 믿는 것이 아닙니다(요 15:16). 내가 믿은 것은 긍휼이 많으신 하나님께서 데리고 가 주시므로 이 시간까지 성호를 부르게 된 것입니다. 제가 원해서 주신 것도 아닙니다. 하나님께서 이만큼 만들어 주셨다고 믿는 믿음은 바른 믿음입니다(고후 5:12-13). 비록 적은 믿음이지만 하나님의 선물이므로, 믿음에 있어서는 적고 많은 것에 대해 하나님께는 상관이 없습니다. 하나님의 귀하신 이 은혜에 대해 감사는 커녕 적으니 많으니, 귀하니, 천하니 하며 짜증내고 있습니다. 자기가 되려고 해서 된 것도 아니고, 되게 하신 이로 말미암습니다. 주님을 믿으려 해서 믿은 것이 아니고 믿게 하셔서 믿게 된 것입니다(고전 9:29). 그러나 듣고 행하지 않습니다.
 믿음은 행실로 말미암지 아니하며, 부르신 이로 말미암으며, 오직 긍휼히 여기는 하나님으로 말미암습니다. 믿는다고 교만 부리지 말며 자긍하지 마십시오. 하나님 은혜로 된 일이니 믿음의 적은 연고라는 뜻이며, 이는 자기 스스로의 믿음이 없다는 뜻입니다. 제자들은 겨자씨 한 알만큼도 예수님을 못 믿었습니다. 하나님 뜻대로 살면 죽어도 하나님께서 다시 살리시리라는 것을 믿지 못한 것입니다. 자기가 아무리 크게 많이 잘 믿어도, 겨자씨 한알만큼도 믿어진 참 생명있는 믿음은 아니라는 것을 알아야 합니다.

하나님이 뭇사람을 순종치 아니하는 범위 안에서 두는 것은 뭇사람에게 긍휼을 베풀기 위함입니다. 요는 스스로 속이지 말고, 아는 체하지 말고, 믿는 체하지 말고, 잘 모르는 것은 분명하게 모른다고 하고, 아는 것은 아는 대로 말하라는 말씀입니다.

우리는 어떻게 믿었는가요

첫째로 우리는 세상을 사랑했습니다.

둘째로 우리 스스로가 믿는 줄 알았습니다. 우리는 예수님의 사랑에 이끌려 가는 줄도 모르고 자랑했습니다. 욕심부리고, 사랑도 모르고, 덕도 모르고 사는 우리들이었습니다. 안 믿는 이들에 대한 자긍(自矜)은 없는 것입니까?

세번째로 자기가 믿은 줄 아는 믿음 즉, 자기 스스로를 믿은 것입니다. 우리는 예수를 믿지 않았습니다. 예수는 자기가 생각하고 있는 예수와 같지 않았습니다.

네번째로 자기 영광을 구했기 때문에 병을 못 고쳤습니다. 병을 고쳐서 자기 실력을 나타내서 높이 올리려 했고, 하나님 영광을 구하고 사랑을 동정해서가 아니었습니다. 자기가 믿고, 자기를 믿고, 자기를 위해서 믿는 것을 참 믿음과는 다른 것입니다. 하나님의 사랑에 감격된 신앙이면, 오히려 활기가 있고, 기쁨이 있고, 감사가 있어야 할 터인데, 지금 마음에 기쁨이 충만하신지요? 마음에 불만과 불평도 없고, 불안과 공포도 없습니까?

다섯번째로는 자기의 권능 말고, 주님의 권능으로 고쳐야 합니다. 내게는 아무런 권능이 없습니다. 내 힘 가지고 병 고침으로써 나를 나타내지 말고, 주님의 권능 가지고 고쳐야 합니다. 아버지의 뜻으로 고치려 해야 합니다. 자기 생각으로 말고 여호와께서 좋아하시는 대로 행하시기를 원하십시오.

예수의 이름으로 구하라는 뜻은 예수님이 아버지의 뜻만 이루려는 것같이 그 뜻만 이루려면 다 이루어 주신다는 말씀입니다. 자기를 믿고 자기 권능으로 선한 일을 이루려 하지 마십시오., 그것이 여의치 않을 때 낙심하고, 아무 소용도 없고, 기쁨도 없어집니다. 자기가 좋은 것을 해서 자기를 만족시키려다가 안 되면 고통이 됩니다. 믿으려다가 고통이 된 것이 아니라. 참으로 하나님 권능을 믿고 그 자비를 완전히 의지하고, 그의 뜻대로 살고, 그의 목적만 앙망해야 합니다. 자기 힘으로 하려 말고, 자기에게 좋은 것을 포기하고, 자기의 목적을 이루려 마시오. 자기의 목적은 없고 하나님이 내게 행하신 뜻이 크고 선하시니 우리에게 부족이 없습니다. 하나님께서 나를 위해서 이루실 것이요, 내가 하나님을 위해서 무엇을 할 수 없습니다. 내가 나 위해서도 내 몸 하나 간직하지 못합니다. 머리털 하나도 나게 하지 못합니다. 머리털이 많으니까 귀하게 여기지 않습니다.

어떤 것이 많으면 없는 사람에게 자랑하고, 적으면 하나님께서 적게 주셨다고 짜증내는 것이 우리들의 마음입니다. 없는 이에게 대해서는 자긍하고, 없으면 한탄하고, 말로는 하나님께 받는 것이라고는 하면서 감사히 받아서 잘 쓰려고 하지 않고 자기 뜻대로 쓰려다 안 되면 원망만 하는 것이 우리 인간입니다. 하나님께 받았다고 하는 것이 오히려 하나님을 원망하는 조건이 되어 버렸습니다. 감사할 일에는 자기의 것으로 삼고, 그렇지 않으면 원망하는 것이 우리들의 인간입니다.

> 저로 하여금 여호와만 의지하게 하옵소서. 종일 우상을 섬기지 말게 하옵소서. 탐심은 곧 우상이라 하였으며, 탐심을 품지 말게 하옵소서. 롯의 처를 밤낮 생각케 하옵소서.

우리의 큰 임무는 믿는 것

하나라도 찾아 바쳐야 할 크고 무서운 책임이 있습니다(마 18장). 바울 사도는 세계에서 빚진 자, 빚진 죄인, 곧 죽을 자라고 스스로 인정했습니다. 에스겔은 사람들의 피를 파수꾼의 손 곧, 자기 손에서 찾아 내시리라고 했습니다. 아브라함의 신앙은 행실의 결함이 없는 것이 아니고, 결함이 많으나 그 결함 속에서 한 가지씩 신앙으로 이긴 것입니다. 신앙이 아니면 이기려고도 않았을 것이고, 이기려 했어도 자기의 신앙으로 이기려 하지 않고 하나님만 바라봄으로써 승리하였습니다. 하나님께서 이기게 하심으로서 이길 것을 굳게 믿고 흔들리지 않았습니다. 허락으로 된 이삭은 자기 힘이 끊어진 뒤에 얻은 자식입니다.

우리는 내가 죄를 끊고 선을 이룰 수는 없습니다. 바랄 것 뿐입니다. 크신 허락일수록 일조일석에 이루어지지 않습니다. 모든 것을 믿지 않고서 하나님의 말씀이 진리가 아니라고 합니다. 크신 능력에 맡기면 안 되는 것 같아도 자기도 모르게 이루어집니다. 공로만 믿다가는 낙심합니다. 능(能)하신 팔 아래에서 죽어야 합니다. 이대로 살아서는 밤낮 애써서 소용없습니다. 바울 사도도 자기가 무엇을 해 보려다가 결국에서는 "오호라 곤고한 사람이로다"라고 부르짖었습니다. 주님의 권능에만 맡기십시오.

자기의 그릇된 신앙을 감추려다가는 큰 죄를 짓게 됩니다(고전 6:10 이하; 민 15:30-31; 삼하 12:8-11; 잠 13:13). 하나님의 말씀을 멸시한 죄 없는 지요(대하 36:15; 삼상 15:19)? 있다면 드러나는 치욕과 망하는 것 밖에 없습니다(잠 1:28-33; 계 22:10-13; 마 12:18-19, 20, 32, 34).

하나님을 바로 믿으려고 힘써야 합니다(마 11:11-12). 옳은 지식을 천시하고, 참 지식을 미워하고, 거짓 지식을 사랑하고 여호와를 아는 지식을 싫어하고 멸시하고, 되지 못하게 자기 잘난 것과 조금 아는 것 가지고 거만 부리면 하나님께서 우리의 재앙의 날에 웃으신다고 하셨습니다(잠 1:28). 참으로 믿으면 참으로 알 것이니, 참으로 알면서 왜 참 믿지 않는 것입니까?

믿음은 생명나무에 접붙이는 것입니다. 나무에서 진액이 나와서 과실이 나무에 달려 있는 것이지, 과실에서 진액이 나와서 나무에 과실이 붙어 있는 것은 아닙니다. 진액을 받으려 않고 자기가 커보려 합니다. 참으로 믿으려고 힘쓰지 않고 일에만 힘씀으로 실패하고 맙니다.

받은 은혜대로 아는 이가 있는가요? 은혜가 무엇인지 모르면서 은혜만 구합니다. 주신 바 은혜를 감당하지 못하고 욕심만 부리다가 님이 주신 것까지 빼앗깁니다. 주님은 약한 데서 온전히 이루어지시는 은혜이며, 미련한 자를 택하사 지혜 있는 자를 부끄럽게 하는 지혜이십니다. 또한 주님은 없는 것을 택하시사 있는 것을 폐하시는 하나님이십니다.

우리가 잘못 믿는 이유는 첫째로 자기가 스스로 강해서이며, 둘째로 자기의 지혜가 있어서이며, 세째로는 자기의 능력이 있어서 의식주 모두를 스스로 마련한 줄 아는 것이며, 네째로는 주의 뜻을 따라 행하기에 너무 약하다고 핑계하는 데에 있습니다.

의식주를 염려 말고 그의 나라와 그의 의만 구하십시오. 참으로 예수님을 거짓말이 없으시며 살아계신 하나님의 아들로 믿으십시오. 썩을 양식 위하여 일하지 말고 영원한 양식 위하여 일하십시오. 진정으로 받지 않으면 참 생명의 가치를 모릅니다. 몸으로 산제사 드리십시오. 자기를 위하여 예비하신 큰 복이 있는 줄 모릅니다. 말로만 하나님을 기쁘게 한다는 거짓말로 그 영광을 구한다는 쓸데없는 종이 되지 말기 원합니다. 믿음이 없이는 기쁘시게 못합니다(히 11:6).

거짓없는 진정한 마음으로 예배드리는 법은 첫째로 살아계심을 믿는 일이며, 둘째로는 찾는 자의 상이 되시는 하나님이심을 믿어야 합니다. 하나님은 우리의 보호도 되시고 좋은 상급도 되십니다(창 15:1). 내가 나를 위하여 아무 것도 못합니다(창 15:6). 경영하고 지으신 자는 하나님이시기 때문입니다(히 11:9). 놀라우신 목적과 경륜에 순복하고 의지할 것뿐(롬 11:34), 진실히 믿어 순복하여 자기를 제물로 바치면 알려주십니다(엡 1:16). 믿지 않고 순종하지 않으니 모를 뿐입니다.

백부장의 믿음이 왜 크다고 하셨는지요(마 8:5-10)? 그것은 백부장의 태도가 지극히 겸손한 것과, 예수님을 생명의 주(主)로 알고 주님의 은혜를 갈급하게 청했기 때문입니다. 그리스도께서 교만하고 교회를 핍박하고 만삭이 되지 못하고 난 자를(고전 15:8) 왜 사도로 부르셨습니까. 그것은 교만한 자가 겸손해지면 은혜가 더 크심을 깨달을 수 있기 때문이었습니다.
　여자들이 남자들보다 더 잘 믿고 믿음이 더 큰데도 하나님이 안 쓰시는 이유가 무엇일까요? 그렇기 때문에 여인들에게는 영광이 더 큰 것입니다. 여자들에게는 숨은 봉사만 하기 위한 것입니다. 사도로 드러나 버리면 대접과 존경을 받아 버리기 때문에 영광이 감소됩니다.
　많이 아는 것이 부러운지요? 모르고 있다는 것을 아는 것이 무엇보다도 많이 아는 것입니다. 스스로 아는 줄로 알면 교만해 버립니다. 그래서 버림받기 쉽고 쓸데없는 지식이 되고 맙니다. 우리가 모르는 것은 교만한 까닭입니다. 잘 믿고 있는 줄 알고 있다는 것은 교만한 것입니다. 예수님은 건축자들이 버린 돌로서 모퉁이의 머릿돌이 되게 하십니다(행 4:11). 사도들도 잘 믿지 못한 자들이었지만, 자신의 고집을 버리고 겸손해짐으로 예수님의 사도가 되었습니다. 그 당시 예수님에 대해서도 사람들은 이상히 여겼습니다. 권세 있는 자와 같고 서기관과 같지 않았습니다(요 7).
　제자들은 예수님께서 행하시는 일로 크게 교만했으나, 예수님께서는 겸손히 아신 바를 버림으로 크게 쓰이신 바 되었습니다(요 7:3-6). 사도 바울은 믿지 않았을 때 하던 일을 깨끗이 버렸습니다(딤전 1:1). 큰 죄인이 회개하면 더 큰 능력이 드러납니다. 자기가 큰 죄인인 줄로만 깨달아지면 큰 믿음이요, 이것으로 구원을 얻게 됩니다. 자기 스스로를 무식한 자이고, 아무 것도 아니며, 가치없는 것으로 알면 크게 쓰이는 바가 됩니다.
　백부장의 믿음이 왜 귀한가요? 자기 자신을 알았기 때문에 귀히 여기는 믿음인 것입니다. 예수를 감당하지 못한다고 말했습니다. 이는 세상의 권세와 재산으로 도저히 예수를 감당하지 못할 것을 알았기 때문에, 그의 믿음이 귀한 것입니다. 비록 종이라도 생명을 사랑하는 자비심을 보아서 그 종의 병을 낳게 하여 주신 것입니다.

겸손

　나는 마음이 온유하고 겸손하니 나의 멍에를 메고 내게 배우라(마 11:28-29)
　바울 사도는 크게 겸손하였으며, 아브라함, 야곱, 다윗, 요한, 바울 모두 겸손하였습니다. 주님은 겸손한 우리를 절대로 떠나시지 않습니다. 주님 없으면 나도 없고, 다른 이도 없고, 세계도 없게 됩니다(창 12:10-13, 26:7-11).

아브라함의 걱정된 점은, 하나님은 다른 사람에게는 계시지 않고 자기에게만 계시는 줄 알고 자기만 도와 주시는 줄 알고 있어서 믿음을 실패하게 된 것입니다. 이방(異邦)에 갈 때에는 자기 수단으로 생명을 보전하려 했습니다. 자기가 복받은 자인 줄을 스스로 모르고 걱정한 것입니다. 항상 지키시는 하나님을 잊어 버리고 있었습니다.

하나님께서 지켜주시지 않으면 한 시라도 살 수 없습니다. 크신 권능을 붙들어야 깨일 수 있습니다. 저의 약함을 기쁘게 생각하며, 오히려 이 약함이 저에게는 자랑스러운 것입니다. 날마다 시간마다 그 크신 보호를 알게 하여 줍니다.

자기 지혜나 권능으로는 한 시간을 못 산다는 것 깨달아야 합니다. 풍랑 많이 겪은 야곱은 하나님께서 항상 자기와 같이 계심을 알았습니다. 신앙이란 하나님이 같이 하심을 체험하는 것입니다. 하나님께서 같이 하시고 계신다는 것을 모르면 헛풍선에 지나지 않습니다. 알맹이가 없는 껍질에 불과합니다. 우리에게 죄가 있으니까 더욱 주님을 의지해야 하며, 주님께서는 이러한 우리를 더욱 보호하시고 더 사랑하십니다(빌 1:19-26).

저는 심히 약한 몸을 가졌으나, 이것이 오히려 여러분의 간구와 성신의 도우심으로 저의 구원에 유익이 되는 줄 알고 온전히 부지합니다. 약한 몸이지만 예수님이 계시니 감사한 것입니다. 내게는 그리스도와 함께하는 것이라면 죽는 것도 좋습니다. 늘 양심의 가책을 받으면서 회개함에 이르기를 원합니다. 사방으로 우겨 쌈을 당하여도(고후 7:2) 누구든지 속인 일이 없습니다. 여러분을 정죄하고자 하는 것이 아니고 이 세상에서는 같이 고생하고, 죽고, 그리고 그리스도 안에서는 살고저 원합니다. 온전히 주께 맡긴 바이며, 사람의 수단이나 지혜나 방법이 아닙니다. 하나님의 권능으로 아니면 되어질 일이 없고, 하나님의 권능으로는 능치 못할 일도 없습니다. 하나님의 권능에 맡겨도 안 되는 일이라면 천하 사람들이 다 모여서 힘써도 안 됩니다(롬 7:24; 고후 7:10; 요 16 20; 롬 8:38-39).

하나님 뜻대로 하는 근심이 적어서 탈입니다. 세상 근심하느라 분주합니다. 주님의 권능을 믿고 온전히 담대하시기 바랍니다. 우리는 권능에 의해서 쓰이고 있습니다. 쓸 수 없을 것을 가지고 조심해서 쓰시는 듯합니다. 큰 권능은 사람에게서 나오지 않습니다.

보이지 않는 능력

보이는 은혜보다 보이지 않는 은혜가 더 많습니다. 보이는 것은 잠시요, 보이지 않는 것은 영원합니다. 보이는 것은 낡아지나 보이지 않는 것은 날로 튼튼해집니다. 보이는 것만 알기 때문에 항상 주를 쫓아내고 있습니다.

누가복음 5:7-8에 시몬은 외부적 권능을 보고 주님의 권능을 믿었습니다. 물질적인 것을 보고 신령한 권능과 은혜를 깨닫게 된 것입니다. 물질적인 풍성을 보고 능력의 무한함을 깨닫게 됩니다(갈 4:21-31). 핍박받는 편이 되고, 핍박하는 편에 속하지 않기 바랍니다. 세상에서 세력 있으면 하나님 나라 못 갑니다. 세상 것을 끊고 오직 주님만 섬기기를 바라야 합니다. 세상이 핍박하고 멸시하고 죽이기까지 한 예수님만 따라야 합니다. 무지한 자는 미련한 것을 좋아하지만 명철한 자는 주님의 길을 따릅니다(잠 15: 31-33).

여성의 공

남자들의 찬란한 활동의 배경에는 위대한 여자들의 공이 있습니다. 여자는 나타나지만 않으면서 위대한 공헌을 했습니다. 공을 나타내려다가는 실패하고 맙니다. 숨어서 일만 잘 마치면 성공인 것입니다. 공로가 드러나면 모세의 누이 미리암의 경우와 같이 낭패를 당합니다.

여선지자들의 끝이 안 좋은 이유는 자기를 나타내려는 데 있었습니다. 성모 마리아를 준비한 후에야 비로소 구세주가 탄생하셨습니다. 어머니가 준비한 만큼 아들이 크게 되는 법입니다. 긴박한 요구로서 여자부에서의 현숙하고 숨어서 하는 빛나는 활동이 심각히 요구됩니다. 여자부를 살려서 움직이면, 남자부는 늦게라도 생장하게 됩니다. 여자부가 의심이 나서 흔들리면 아무 것도 안됩니다.

사라만큼은 정절을 지켰음으로 위대한 역사가 나왔던 것입니다. 아브라함과 사라가 바뀌졌더라면 썩은 역사가 그대로일 것입니다(갈 4:21; 사 54:1). 남자 없는 자녀가 남편 있는 자녀보다 더 많습니다. 계집종의 세력이 아무리 커도 하나님의 기업을 못 얻습니다. 이 한 사실로 인하여 구약의 모든 선지자가 모세로부터 큰 소리로 외쳤습니다.

성령의 감동으로 움직이는 일이 절대로 요구됩니다. 절대로 겸손하게 성령의 역사하심을 따르면 남자의 하는 일에 구별없습니다. 여자는 여자로서 하는 일이 있고, 남자는 남자로 해야 할 일을 함으로써 하등 분등(分等)이 없으나 숨어 봉사하는 이의 공이 더 큽니다. 남자는 나타나야 하기 때문에 자칫하면 과장하기 쉽습니다.

우상을 부수라는 것도 그 뜻이 포함되는 것입니다. 우상이라는 것은 자기 마음에 스스로 선생이라 하는 것과, 선생으로 보여준 것입니다. 우상은 보이는 것이나 보이지 않는 것일찌라도, 그 관념조차도 걷어 치워야 합니다. 그러기 위해서 먼저 성령의 눈으로 보아 과장된 점을 지적하고, 모든 이에게 선생이 아니라는 것 역설해야 합니다. 우리 모두는 죄인으로서 구원을 갈급해 애걸하면서 살려고 해야 합니다. 허울 좋은 선생이라는 너울을 벗어 버리고 싶습니다. 길가에 벗어 던져진 헌신짝이 부럽습니다. 떨어진 짚신을 아무 데나 끌고 다니던 도적이요 음란자요 간음자이므로 헌신짝으로 알아 주는 것이 저에 대한 사랑입니다.

예수와 나

예수는 전체(全體)시요, 저는 지극히 적은 한 부분입니다. 전체가 살면 저도 살 수 있으나 전체는 죽고 저만 살 수는 없는 일입니다. 전체의 목적에 의해서 움직일 때가 산 것이고, 제가 따로 움직임은 헛손질이요 헛발짓밖에는 안 됩니다. 예수님의 목적이 제 목적이고, 제 목적이 따로 있어서는 안될 일입니다.

아버지, 굽어 보소서. 염치와 정절이 없는 죄인이로소이다. 손가락 하나 움직여서는 아무 소용이 없습니다. 모쪼록 주님의 목적을 알고 거기 순종할 믿음 주옵소서. 능력과 무한한 자비로 붙들어 역사하심만 바라옵니다.

거룩한 자가 땅을 차지하리라(사 6:11-13). 거룩한 씨가 이 땅의 그루터기입니다. 미구에 이사야 10:1-4 말씀이 이룰 때가 올 것입니다.

세상 영화라는 것은 부러운 일이거나 보기 좋은 것을 말하는 것입니다. 일곱 번씩 칠십 번이라도 용서하라는 말씀은 하루에 일곱 번씩 칠십 번이라도 자복하면 사해 주신다는 뜻입니다. 하나님 나라는 이론에 있지 않고 오직 권능에 있습니다. 권능을 믿지 않으면 생명이 없습니다.

타종교 대하여 변론치 마십시오. 여러 가지 의논이 사람을 농락하는 것입니다. 참으로 믿어서 권능을 얻어 몸에 이르러야 합니다. 바른 길에 들어서기를 원하고, 바른 길에서 딴길에 나가지 않도록 애탈 것뿐입니다.

보이지 않는 것을 믿는 것

이 사람들은 다 믿음을 따라 죽었으며 약속을 받지 못하였으되 그것들을 멀리서 보고 환영하며 또 땅에서는 외국인과 나그네로라 증거하였으니 이같이 말하는 자들은 본향 찾는 것을 나타냄이라 저희가 나온 바 본향을 생각하였더면 돌아갈 기회가 있었으려니와 저희가 이제는 더 나은 본향을 사모하니 곧 하늘에 있는 것이라 그러므로 하나님이 저희 하나님이라 일컬음 받으심을 부끄러워 아니하시고 저희를 위하여 한 성을 예비하셨느니라(히 11:13-16)

"나온 바 본향"이라는 말씀은 땅에 있는 본향 즉, 살다가 온 본향(本鄕)을 말합니다. 본향에서는 외롭거나 헐벗거나, 집없이 구박받는 생활은 안 합니다.

"아름다운 본향"은 하나님 나라로서 우리의 육신의 눈으로는 안 보이는 영원한 본향을 말합니다. 아브라함과 이삭과 야곱은 나그네 생활을 했습니다. 구박받고 천대받는 생활을 죽기까지 대를 이어가며 했습니다. 보이지 않은 것을 바라서 보이는 것을 얻는 것보다 더 고생하면서 오래 기다렸습니다.

하나님이 저의 하나님이라 하심을 부끄러워 아니하시고 한 성을 예비하셨습니다. 땅에서는 보이지도 않고 잡히지도 않은 것을 예비하여 주셨습니다(히 11:39-40, 35-38). 우리는 바로 구하면 지금도 얻게 됩니다. 예수님의 구속하신 공로로 말미암아 우리는 믿음에 굳게 서서 흔들리지 않으면 결국에 가서는 온전함을 얻게 됩니다. 우리의 힘이 아니고 구속의 은총과 성신의 도우심과 하나님의 자비로 구하면 됩니다.

주님의 권능으로만

걱정과 수단보다 꿇어 엎드려 비시기 바랍니다. 풍랑 위로 걸어 오시던 주님의 은은한 음성이 들려오지 않을까요? 소망 없는 세상으로 파도에 밀려가는 것을 차마 볼 수 없는 일입니다. 힘세고 헤엄 잘 치는 구원에 능하신 분이 있어야지 별 도리가 없습니다. 시급히 구원의 손이 임하시기 바랍니다.

주관을 떠나서 냉정히 객관적 사실과 맞추어 볼 줄 알아야 합니다. 주관이란 자기가 주인이 되어 보는 것입니다. 내가 마음 먹은 대로 되어집니다. 사람을 귀하게 보면 귀엽고, 천하게 보면 천하게 되고, 내가 없으면 아무 것도 없다고 보는 관점으로 사는 것입니다. 일하는 것이 마음 먹은 탓으로 된다고 합니다.

객관이란 나 외에 다른 편에서 보는 것을 말합니다. 마음으로 밥을 안 먹어도 좋다고 하나, 안 먹으면 배가 고파서 운동하지를 못합니다. 내가 없으면 태양도 없다고는 못하는 법입니다. 내가 좋게 여겼다고 해서 국가에 법률이 없을 수 없는 것입니다.

주관적인 것과 객관적인 것을 분석할 줄 알아야 합니다. 전부가 자기 주관으로 생각하기 때문에, 객관적 사실과는 엉뚱한 결과를 가져 옵니다.

오늘 하루에 영원이 포함되어 있습니다. 오늘을 살아야 내일이 있습니다. 조알 한알에 조 이삭이 전부 들어 있는 것과 같습니다. 그 하루를 찾자고 노력하는 것이고, 오늘을 맞이하기 위하여 이 시간까지 살아왔습니다. 오늘 하루를 무의미하게 지내면, 내일도 모레도 무의미하게 지내게 됩니다.

내 일평생 수고와 역경을 돌파하여 살아온 것이 이 시간을 위한 것입니다. 하루가 귀한데 후일에 잘 하려고 미뤄갑니까?

마음만 주님의 피로 완전히 씻음을 받았으면 환경은 물불도 상관없습니다. 부정하게 여기는 자에게 깨끗한 자가 없습니다. 참 생명을 발견 못했다는 뜻입니다. 참 살려 주시는 놀라운 기적을 못 보았습니다. 그저 떡 다섯 개로 오천 명이 먹고도 열두 광주리에 차고 부스러기 남은 것만 보았지요. 예수님의 기적은 세상 사람에게 참 생명 나눠 주시는 것입니다. 참으로 믿었다면 그 시간부터 영원한 생명이 얻어지고, 묵은 생명은 끝이 났을 것입니다. "병 낫게 한 것"은 그것을 보고 귀한 생명을 회복하라시는 뜻입니다.

빛은 예수님이시고, 갈라 주시는 것은 성신이십니다. 내 속 곧 육체 속에 선한 것이 하나도 없는 것을 아는 것입니다. 음란과 탐심과 간사함과 능청 뿐입니다.

오! 슬프다, 괴롭다. 누가 이 죽을 지경에서 건져주기 바랍니다. 주님의 권능을 사모하고 있을 뿐, 믿지를 못했습니다. 교만스러운 마음으로 못 믿고, 받아도 제 것으로 알아 단 하루를 간직 못합니다.

저는 매장되기 바라나 성심으로 구하지도 않습니다. 허송세월해서 주님만 애태울 것 뿐이지. 그저 주님만 바라봅니다. 살아서 움직이기 바라며. 기계적으로 말고, 예수님의 정신으로 살기를 원합니다. 육체는 움직이나 생각하는 힘이 없으면 눈만 깜박거려도 죽은 상태입니다. 그 점이 탈입니다. 믿었다는 생각에 단단히 굳어갑니다. 믿을수록 생각이 밝아지고 행동이 민첩해야 합니다. 자기의 죄상을 철저히 규명하는 것은 상쾌한 일입니다.

사람에게 부끄러워할 형편 못됩니다. 사람은 나의 죄에 대하여 조금도 상관하지 못합니다. 편안함을 주지 못하지만 영원한 괴로움을 없애 주지 못합니다. 그 사람 꺼려서 죄사함을 받을 길을 주저하고 망서리고 있는 것은 어리석은 일입니다.

우리가 해야 할 일은

우리가 해야 할 일이란 마음속 깊이 숨어 있는 죄를 쳐낼 일입니다. 이

것이야말로 죽도록 힘쓸 일입니다. 우주보다 크신 인자하심을 영원토록 헤아릴 일입니다. 사람들의 마음에 진정한 그리스도의 사랑이 절실히 갈망됩니다. 먼저 그리스도의 사랑이 무엇인가를 알아야 되겠고, 그 한없고 두터우신 사랑이 제게 얼마나 풍성히도 날마다 소모되고 있는지를 알아야 합니다. 그리스도의 인자하심과 그의 한없으신 능력, 헤아리지도 못하고 생각이 미치지 못하게 세밀하신 보호하심, 영원한 사랑, 제게 대한 계획을 알지 못했습니다. 크신 권고에 대하여 지성으로 감사해야겠습니다.

> 무한하신 축복을 끊임없이 내리시는 주님, 미약한 것들이 무엇으로 사례하오리까.

인격인의 생활

자기를 먼저 잊으시기 바랍니다. 얌전하다는 생각 잊으셔야 합니다. 양반 생각이 너무 짙으면 고기 장사가 비린내 모르듯이 모릅니다. 천국의 사람이 되려면 새로와져야 합니다. 하여간 다른 일 마시고 죄 찾는 일을 해야 합니다 자기에게 자비 베풀려 말고, 그리스도의 사랑이 자기에게 넘쳐 흐름을 깨닫는 일을 해야 합니다. 자기 선을 베풀려 말고 그리스도의 사랑 말입니다. 자기가 지혜롭고 의로운 사람 되려 마시고, 하나님의 거룩한 의(義)의 옷 입히심을 깨달아 알려 해야 합니다. 그것이 곧 믿는 일입니다.

복종하는 길은 행복스런 이들의 택한 길이란 것을 발견하시기 바랍니다. 조금도 마음에 불만이나 부족함이 없는 순종, 어린양과 같은 온순한 심령으로 복종하는 것이 참 행복이라고 몸소 체험하시기 바랍니다.

방종 않는 일은 참 자유 얻는 방도입니다. 주를 생각하는 시간. 아! 참말로 자유와 참 만족과 참 위안이 마음 속에 새어들어옵니다. 물 한 그릇을 자유로 못 마시고, 먹을 것 하나 못 먹고, 입고 싶은 대로 못 해보고, 하고 싶은 대로 잠도 제대로 못 자는 부자유, 그를 불러서 참 복받은 이의 참 자유라 하겠습니다. 주님을 기억하시고 갈 데도 못 가고, 보고 싶은 것, 듣고 싶은 것도 마음대로 못 보고 못 듣는 생활이야말로 얼마나 참 자유하는 행복의 생활인지요.

절제의 생활, 모든 것이 풍부해도 아무 것도 갖지 못한 것처럼 절약해서 쓰고 아끼는 생활, 그것은 모든 것에 풍부를 부릅니다. 아껴 쓰는 이에게 모든 좋은 것이 넘치도록 쌓입니다. 없는 것이 없고 부족된 것도 없습니다. 물 한 방울을 아껴 쓰고 나무 한 부럭지를 아껴 때는 그 모습 그대로가 바로 풍부와 만족한 생활이 아니고 무엇이겠는지요.

존귀보다 겸손이 먼저 있고, 풍부가 있기 전에 절약이 먼저 있습니다. 빈 핍이 있기 전에 낭비가 있습니다. 패망이 오기 전에 천박한 인생관이 있습니다. 사람이나 짐승이나 풀이나 나무나 돌이나 무엇이든지 천하게 여긴 만큼 자기가 천해집니다.

시간을 특히 아껴 써야겠습니다. 값없는 세월이라 생각치 마시고 손 한 번 놀리는 것, 한 발자욱 옮겨 놓는 일, 말 한 마디를 무심코 하시는 일이 없어야겠습니다. 시간을 헛되이 보내는 사람은 쓸모 없는 사람입니다.

말씀 한 마디를 생명의 씨로 받아서 간직하는 것과 무심히 들어 항상 돌아다니는 말로 허술히 알아두는 것과는 영원한 세계를 두고 큰 차이를 나타내는 것입니다. 노력의 효과를 잘 나타내야 합니다. 자기가 하는 일이 다른 이가 한 일보다 훨씬 귀한 가치를 나타내야 합니다. 사람들은 그것을 보아서 인격을 압니다. 배추 한 포기라도 정성으로 가꾸는 일속에 우리의 인격 전부가 반영이 됩니다. 지금 종자 하나를 잘 가꾸며 허술히 한 것과는 헤아릴 수도 없는 큰 차이를 발생하는 것입니다.

일평생을 두고 시시각각 크고 작은 일까지 정성스레 생각한 것과 허술히 생각한 것의 결과를 종합해서 생각해 본다면 얼마나 놀랄 만큼의 차이겠는지요? 그 결과가 최후로 그 사람의 일생을 결산지을 것이라고 생각하시고 두려움으로 지내시기 바랍니다. 어디를 가나 무엇을 하든지 무슨 말씀이든지 예사로이 하는 일이 없도록 극히 주의하시어 유효한 인격을 빛내시기를 바라는 바입니다.

병상의 은혜

조금도 안 아프게 붙드시는 그 인자하심을 진정으로 찬송하고 싶습니다.

수 억만금으로 헤아릴 수도 없는 은총을 날마다 베푸십니다. 아프신 이들에게 대해서 너무 동정이 없었으므로 이번에 체험을 단단히 시켜 주십니다.

약한 줄 아시는 주님은 저를 안 아프도록 안찰하고 계십니다. 하나도 안 아프고 움직이지 못하도록 하십니다. 십자가 위의 형편 중에서 움직이지 못한 점만을 분리해서 체험케 하시는 주님의 은총이십니다. 약하므로 한꺼번에 다 맛보다가는 쓰러질 줄 잘 아시는 주님의 특의하신 총명으로 배려하시는 줄 알고 감사하는 바입니다.

저만 홀로 당해야 마땅할 이 고초를 여러분들이 짊어지셔서 죄송합니다. 주님이 제 고통을 갈라주고 계시므로 실로 저는 아무 괴로움이 없습니다. 제 무지로 죄로 주님만 괴롭힙니다. 하나님 아버지여, 주님을 용서하소서. 주님은 무죄하시옵고 저만 홀로 죄인이 아닙니까?

약하게 천하게 깡그러지듯이 힘없이 낙심나게 살라는 것도 아니고 그것 보기 싫어서 애타십니다. 당신만을 믿고 바라고 의지하고, 힘을 얻어서 재미있게 잘 살라고요. 크신 능력으로 보호해 주시니 그 안에서만 지내면 염려 없습니다. 환난도 재난도 우수사려(憂愁思慮)도 자연 취미가 되는 것입니다. 짠 것도 매운 것도 잘만 맞추면 양념이 되듯이, 쓴 것도 신 것도 잘 맞추어 주십니다. 오히려 제가 교만해질까 염려이고 걱정은 아닙니다.

은혜의 땅의 소산

희망있게 빛나게 힘있게 사시기를 바랍니다. 위에서 바라시는 뜻입니다. 하나님께서는 자비로 우리를 잘 살도록 도우시는 것입니다. 일을 열심으로 하시나, 방법과 이치를 거스리고 하면 헛수고와 고집만 됩니다. 겸손과 복종과 덕을 닦으시는 일이 되시기를 바랍니다. 농사짓는 일은 은혜를 겸손히 감사로 받는 일이고, 이치를 거슬려 억지로 욕심으로 하는 일이 못됩니다.

잘못 되면 어디까지나 통회하는 마음으로 자복하고 해결하고, 잘되면 어디까지나 많은 영광을 오로지 하나님 아버지께로 돌리고, 감사하고 자기의 공로는 조금도 내세울 수가 없는 것입니다.

채소 한 포기 푸르러 있는 것도 다 하나님의 인자하심과 지혜로 자란 것이고, 사람이 한 것은 허사 뿐입니다. 은혜로 땅의 소산을 얻을 것이고 욕심과 시기로 억지의 짓으로 빼앗듯이는 안 됩니다. 지금 채소가 푸르러 있는 것은 오로지 은혜의 비의 은택이고, 저희들의 수고를 불쌍히 여기심에 의함이고, 절대로 저희들의 지혜나 기술이 나타낸 공로가 아니라는 것이 절실히 느껴집니다. 일해 놓은 후에는 조금도 되는 것같지 않아 한탄하고 애타고 낙망했어도 며칠 후에 가보면 놀랍게도 생각 밖에 자라가지고 있으니 은혜라 아니할 수 없습니다. 기술이 서툴고 거름을 못했고 어떻게 종자를 심었던지 며칠만 가물면 종자도 못찾을 곳에서 푸른 채소들이 너풀거리고 있으니 기적만 같습니다. 전멸되었으리라고 가보면 정반대로 판단으로 놀랍게 몰라 보도록 자라 가지고 있으니, 위에서 키우셨다고만 믿어지고 감사가 나옵니다.

농사는 기도요 자복입니다. 감사와 제사로 됩니다. 우리에게서 저주를 거둬 두시고 축복으로 보호하시는 절대하신 하늘 아버지께 영광과 찬송이 되도록 기도와 자복과 감사와 영광을 돌리는 것이 우리의 의무입니다. 어디를 가나 무엇을 하든지 하늘 아버지의 생존하심과 엄위하시고 인자하심을 드러내려고 힘쓰고 소원하는 것입니다.

은혜로 받은 예복

> 임금이 손을 보러 올쌔 거기서 예복을 입지 않은 한 사람을 보고 가로되 친구여 어찌하여 예복을 입지 않고 여기 들어 왔느냐 하니 저가 유구무언이어늘 임금이 사환들에게 말하되 그 수족을 결박하여 바깥 어두움에 내어 던지라 거기서 슬피 울며 이를 갊이 있으리라 하니라 청함을 받은 자는 많되 택함을 입은 자는 적으니라 (마 22:11-14)

예복 입은 자가 적다는 말씀입니다. 예수 피로 만든 예복을 안 입었습니다. 서기관과 바리새인보다 더 나은 의를 입은 이가 적다는 말씀입니다. 자기의 옷이 더 좋게 여겨서 그 예복 받아 입을 필요를 느끼지 않았습니다.

즉, 자기 행실이 깨끗하니 예수의 행실의 옷을 얻어 입을 필요가 없이 생각되었습니다. 자기의 것이 좋으니 예수님의 공로가 필요없다고 생각한 것입니다.

 그 자리에 있을 수 없습니다. 부끄러워서 어두운 데 밖으로 쫓겨 나갔습니다. 자기의 힘으로 가려고들 힘씁니다. 그런 이가 많습니다. 택함 받은 자가 적습니다. 자기가 나쁘다고 하면 겁을 집어먹으나, 자기는 나쁜 줄 미리부터 알고 있어야 할 것입니다.

 예수님의 공로로 갈 것이니 자기는 버려도 좋습니다. 자기가 아무리 좋아도 그대로는 해보다 더 밝은 데에 나가지를 못하니, 아무리 아까워도 자기는 마땅히 버릴 것입니다. 행실이 나쁜 이도 부끄러울 것 없습니다. 그것은 버릴 것이니 벗어 버리면 그저 얻어 입어집니다. 예수님의 옷은 많고 좋으니 믿기만하면 그저 얻어 입어집니다. 벗어 버릴 옷이니 더 더럽거나 낡아져도 상관이 없습니다. 예수님 예복만 입으면, 그런 것은 아무도 기억 안 합니다. 아브라함도 실수가 많았고 야곱도 죄인이었습니다. 그러나 믿음으로 의로와졌습니다. 의인들 모두 다 그렇습니다. 처음은 누구나 다같이 나쁜 이들이었습니다.

 행실만 고치려 힘쓰지 마시고 믿기를 힘쓰시기 바랍니다. 영의 지도 받으시기 바랍니다. 저는 흉칙한 도적이어요. 지금 믿어볼까 생각만은 하나 믿지는 않아요. 나는 선생이 아닙니다.

 성령 받은 이까지 말하면 똑같으니 의심없고 더 확실합니다. 오히려 자기 혼자 생각이 의심날 수 있지요. 한 성령이 일하시므로 말씀하기 전에 상대편이 알고 있습니다. 그런데 성령의 하시는 공로를 망각하고 제 생각인 줄 압니다.

　　　과장이 없게 하여 주웁소서. 참으로 진실케 하여 주옵소서. 허위가 없
　　　게 하시고 가식이 없게 하여 주옵소서. 제가 목적을 세우지 말게 하시
　　　고, 제가 방법을 세우지 못하게 하시고, 제 힘으로 하려 하지 않게 하
　　　여 주옵소서. 저를 이기려 해 주옵소서. 제가 이길 수 없사오나 주님
　　　이 이겨 주옵소서. 제가 이길 것을 생각되지 않기를 빕니다. 오직 아
　　　버님의 목적이 하나님 아버지의 뜻대로 정하신 방법에 의해서 성취될
　　　것으로만 믿어지게 하소서. 성령의 감화하심을 소멸치 말게 하소서.

성령의 감동하심을 깨닫게 하소서. 성령의 감동하심을 분별주옵소서.
육의 소리에 속지 말게 하옵소서. 아멘.

하늘 아버님을 중심 삼고

논밭을 바치는 것에 대해서 추도 그 가치를 인정하지 않는 듯하니까 서운하신 모양이나, 그것 바치고 후회않고 거듭나시지 않으면 무슨 소용이 있겠습니까? 이러한 난관을 몇 억번 치르더라도 거듭나서 새 사람 되어 새 나라, 거룩한 나라를 이룩해야 하지 않겠습니까? "네 나라, 내 나라"라고 하거나, "동광원 나라"라고 하거나 또는 무슨 교회라고 하지 말고, 하늘 아버님을 중심삼고 예수님의 교훈으로 하나된 나라를 섬겨야 합니다.

교회는 구속을 받고 감사로 다닐 것이지, 전도사를 위해서 다닐 것은 아닐 것입니다. 집이나 논과 밭을 바쳤다는 자랑이 있어서야 되겠지요?. 주님 아니시면 이 시간 내 생명 헛된 것을 기억하십시오. 구속받은 이들이 하나가 되는 나라가 교회입니다. 편당이면 사단의 교회이지, 주 예수님이 세우신 교회는 아닙니다.

성령 감동

> 베드로가 그 환상에 대하여 생각할 때에 성령께서 저더러 말씀하시되 두 사람이 너를 찾으니 일어나 내려가 의심치 않고 함께 가라 내가 저희를 보내었느니라 (행 10:19)

성령의 역사가 말씀을 하게도 하시고, 듣게도 하십니다. 둘 다 한 성령이십니다. 말씀하신 분이 성령이시고, 깨닫게 하시는 분도 성령이시어서 뜻을 알아 듣게 됩니다. 자기가 말씀하는 것 아니고 자기가 알아 들을 수도 없습니다. 성령의 감화를 기쁘게 여기시기 바랍니다. 누구에게나 주셨습니다. 안 받으신 줄 아시고 망녕되이 여기지 마십시오(빌 3:3).

성령으로 드리는 예배가 참 예배입니다. 성령의 감동하심을 따라 사는 이가 참 하나님의 아들이시고, 참 자유하는 자입니다. 성령의 감동하심을 기뻐하시는 기쁨이 참 기쁨입니다. 하나님께서 우리에게 기쁘게 살기를 요구하십니다. 성령으로 기뻐 찬송을 부르라고 하십니다. 기쁘게 사는 것을 보기 좋아하십니다. 짐짓 우는 모양을 꾸미려 하시는 분이 없으시기 바랍니다. 성령이 우리의 완전하신 인도자이시고 지도자요 선생이시고 보호자이심을 굳게 믿으시기 바랍니다.

오늘부터 행여나 한 분이라도 잊어 버리고라도 저를 선생이라고는 생각 마시기 바랍니다. 선생이라고 생각되시거든 다음 기회에 나오시기 감히 간청합니다. 이 우상이 성령으로 무너뜨려져야 하나님의 은총이 뚜렷이 드러납니다. 자기 생각 가지고 행여 무너질까봐 질색을 하니까요. 지금 나오는 것도 우상 섬기는 마음에 끌려 나오신 것이요, 성령에게 이끌려 나오신 것이 아니기 때문에 그것 모양을 그대로 안 버리시고 그 모양 버리면 행여 큰일 날까봐 붙들고 계시는 것입니다.

> 너희가 나를 택한 것이 아니요 내가 너희를 택하여 세웠나니 이는 너희로 가서 과실을 맺게 하고 또 너희 과실이 항상 있게 하여 내 이름으로 아버지께 무엇을 구하든지 다 받게 하려 함이니라(요 15:16)

내가 주님을 알고 따르는 것이 아니고, 주께서 따르시게 하십니다(롬 9:16). 그러나 듣고 믿지는 않습니다. 믿었으면 우리에게 걱정이 아닐까요? 저는 자동차를 빌려 썼습니다. 임자에게 몇리라고 리(里)수와 짐 수량과 무게와 사람 수를 알렸습니다. 자동차는 와서 꼭 그대로 짐을 싣고 갑니다. 저는 잘 가기를 속으로 원하나 다른 아무 할 일도 없습니다. 운전수는 끊임없이 자동차를 몹니다. 가다가 바퀴가 터졌습니다. 그러나 걱정은 안 됩니다. 차 임자는 그 짐을 싣고 차가 달려갈 만큼 넉넉한 준비와, 착실한 운전수와, 기름을 보내 주었기 때문입니다. 가다가 다리가 파괴된 곳에 당도했습니다. 우리는 내려서 돌을 날라다가 임시로 고쳤습니다. 운전수는 그만하면 쓸것 같다고 차를 몰았습니다. 제마음은 조렸으나 운전수가 잘 아니 괜찮았습니다. 길이 위태할 때마다 운전수에게 말했습니다. 괜찮겠느냐고. 운전수는 "가보지요" 하면서 아무 염려없습니다. 운전수는 경험이 많기 때문입니다.

구주께서는 우리를 구원하시는 데 경험이 많으십니다. 하늘 아버지는 천사들을 넉넉히 준비하시고 기름인 성령도 넉넉히 준비해 보내셨으니 우리를 구원하시는 데 못하실 리 없고, 하실 수 있으시기 때문에 착수하신 일입니다. 가다가 어려운 일을 만나도 낙심도 없고 걱정도 없습니다. 다리가 무너진 데서 다리 수선한 것은 즐겁게 했습니다. 그 일만 제가 할 수 있는 일입니다. 제가 조금만 거들면 그런 일은 아무 염려없이 수고도 않고 갔다 와지기 때문입니다.

제가 주를 섬기는 중에 무엇 하는 것은 즐거워서 할 수 있는데도 힘주신 만큼 사랑으로 하는 일이어서 아무 걱정도 낙심도 없습니다. 저를 택하신 이는 미쁘시기 때문입니다. 제가 믿으려고 믿은 것이 아니고 믿게 하셔서 믿어지기 때문입니다.

미쳤어도 하나님을 위하여 미쳤으면 할 수 없습니다. 그리스도의 사랑이 이끄시므로 염려 없습니다(롬 9:6-23). 그 행실로 말미암음이 아니고 부르시는 이로 말미암음입니다.

참 신앙

참으로 믿어서 권능이 임해야지요, 몸에 이뤄지지 않으면 소용이 없습니다. 바로 믿었으면 바로 증거가 나타날 것입니다. 바른 길에 들어서기를 간절히 원하고 바른 길에서 딴 길로 나아가는 일이 없도록 애탑시다.

참 신앙은 정금(精金)보다 귀해서 아무 사람이나 가져지는 것이 아닙니다. 참 신앙은 무상히 귀한 줄만 알고 밤낮 바른 신앙을 흠모(欽慕)하고 애원할 것 뿐입니다. 지금 가졌다고 생각할 수는 없지요. 흠모하는 것만이 큰 복이 됩니다. 이 세상 나라에서도 금은 간직하고 그대신 종이로 돈을 대용하거든, 하물며 하늘나라의 귀한 보구(寶具)인 참 신앙을 아무에게나 함부로 주시지를 않습니다. 못 받는다고 조급히 나댈 것도 아닙니다. 오래 사모할수록 귀한 생명이 되기 때문입니다.

예수님만 사랑

너 때문에 죽은 나를 너는 모른척 하려는구나? 몇 번이나 찾았건만 번

번히 모른 체 하였구나. 사렙다 과부는 엘리야를 영접했으나, 너희는 누구를 영접하였는가? 구차한 중에서 한끼 먹을 식량에 독자 아들 두고도 피곤한 나그네를 부모처럼, 천사처럼 대우했소.
엽전 두푼마저 바쳐 하나님 천지 주재하심을 나타낸 적 있으실까요? 감추어 놓고 밤낮 어루만져 보고, 잃어지려 하면 겁을 먹고 과연 원망하고 탓한 우리 아닌가요? 팽개치고 도망질치고 그 앞을 떠나서만 살려는 우리이지요.

> 원컨대 주님 이 자리에 은사를 부으시사 주님 없이 못 사는 이들을 만드소서. 주님 찾기에 갈급하여 가시밭 길을 나서게 하옵시고, 주님 없이 못견디는 심정으로 불붙게 하옵소서. 뜨거운 사막을 걸을지언정 주님 없이 못 견디는 심정이 불붙게 하옵소서. 주님 없이 염치 좋게 살아가는 세상은 부러워하지 않기를 바랍니다. 주님과 함께 멸시 당하는 분들 되도록 축복하소서. 살아계신 성령께서 이 자리를 온전히 주장하여 주시기 원하고 바랍니다.

처음에 우리는 주께 받기를 바라고 믿었습니다. 회개한 뒤로는 이미 받은 바 은총이 흡족하고 넉넉하여 이제는 어떻게 해서 무엇을 드려볼까 합니다. 받으려는 사랑은 바치는 사랑으로 변화되어야 합니다. 언제까지나 받기만 하려는 심정에 매달려 있지 않기를 바랍니다. 많이 받으면 만족하고 적게 받으면 부족한 생각이 고쳐져서, 많이 바치면 만족하고 적게 바치면 부족하여지기 바랍니다. 적은 것 받으면 큰 것 받을 데로만 달려가던 마음이, 적은 수고에서 큰 수고할 자리로 옮겨 가게 되고 사랑을 받을 자리에서 떠나 사랑하는 자리를 찾아 가시기 바랍니다.
참 사랑은 주려는 것입니다. 받으려는 것은 미움입니다. 각자가 사랑 없다는 탓을 하나 주려는 사랑이 없어서 걱정하는 것이 아니고, 받을 사랑이 없다는 말들 뿐입니다. 진정한 사랑을 눈꼽만치도 몰랐습니다. 사랑을 줄 때에 만족하고, 받을 때는 씁니다. 그것을 모르고 받으려들만 하고 주려 않는 데서는 사랑도 사랑의 결과인 만족과 평안을 맛보지 못합니다. 주려 하지는 않고 받으려만 하는 데는 만족도 편안도 위안도 없습니다.
예수님이 제자의 발을 씻기실 때 베드로 사도는 거절했고, 사랑을 베풀겠다고 확언했습니다. 사랑이 없다는 한탄하는 소리가 당연하지만, 줄 사랑이 없어서 한탄하면 이 세상은 좋아집니다. 받을 사랑이 없다고만 원망하시는 사람이 이 자리에는 한분도 없기를 바랍니다. 주님의 사랑을 마냥 받으려고 생각 마시고 주님을 사랑하시기에 힘쓰시기 바랍니다. 받으려고만 하면 늙어 죽도록 사랑을 모릅니다. 알지도 못하는 사랑을 구하는 철모르는 짓이고, 고기가 물속에서 살듯이 사랑 속에 있으면서도 밤낮 사랑을 찾고 원망하고 탓하고 달려갑니다.

주님의 사랑의 극치(極致)는 사랑을 달라시는 것입니다. 그것이 더이상 없이 우리를 사랑하시는 현상입니다. 사랑을 베푸시기만 하시는 동안은 어린이기 때문입니다. 어린이는 아무리 사랑을 받아도 만족을 모르고 지냅니다. 받기만 하는 동안에는 만족이 조금도 없습니다. 바칠 때에 비로소 사랑을 알며, 사랑의 가치를 알고, 사랑에 감격할 줄 압니다. 그리스도께 받은 사랑은 받고자 하는 마음이 아니고 베풀려는 마음입니다.

주여, 종일 손을 펴시사

주여, 종일 손을 펴시사, 패역한 이 백성을 부르신 주님임을 알게 하소서. 깨닫게 해 주소서. 보여주소서. 믿게 하소서. 주여, 감사하옵나이다. 하나님의 진노로 말미암아, 내 백성이 다 의롭게되었삽니다. 의와 찬송을 다 열방 앞에 발하게 하시며, 너희 땅이 아름다워짐이니이다.

여러분의 가난과 무식과 비천을 한(恨)하지 마시기 바랍니다. 어제 한 형제가 찾아 왔습니다. 지식이 있고, 돈도 있고, 건강하고 잘 생겼습니다. 그렇지만 해결얻지 못한 문제로 인해서 찾아와서 최후로 해결을 얻을 방법을 소원하는 것은 지금까지 자기가 교만했으니 이제 누구에게 철저한 멸시를 극도로 당해야만 시원하겠다고, 너무 편히 살아왔으니 님에게 죽기까지 악한 매를 맞아야만 시원하겠노라고 고백하였습니다. 지금은 가산도 다 없어졌고, 건강도 잃었고, 사람들의 존경은 다 떠나서 불쌍한 처지에 있습니다. 그래도 그 처지가 불행이 아닙니다. 풍부하고 존경받고 건강할 때에 비해서 말로 할 수 없는 체험을 했기 때문입니다. 그 행복이 오히려 만족치 못해서 더 큰 형언할 수 없는 지경을 맛보려는 소원입니다. 꿀맛 본 벌레들처럼, 심령이 한번 하늘나라의 복을 맛보고는 끝까지 매달리지 않을 수 없는 이치와 도리에 붙잡혀서 그 형제는 세상 사람들이 체험 못한 아름다운 행복감에 감격되어 있으면서 그래도 너무 부족하다고 생각되어 더 원만한 차고 넘치는 지경을 사모하여 찾아온 것입니다.

세상 지식은 사람을 속입니다

이 세상 지식은 사람을 속입니다. 사람에게 좋은 것을 많이 약속하나, 한 가지도 좋은 것을 못 줍니다. 자동차도 비행기도 사람에게 무엇을 좋게 하는가요? 사람들을 바쁘게 떠돌아 다니게 만들 뿐입니다. 나이롱 옷감을 만들어낸 과학자는 자살했습니다. 그 옷감을 입고 떠돌아 다니는 이들치고 누구 하나 행복스러운지요? 떠돌고 요란한 것 뿐이고 자살자만 많이 생깁니다. 과학자치고 행복스러운 이가 없습니다.

아인슈타인은 세계 제일가는 과학자로서 하나님이 극한 지옥을 자기 차지로 만드셨을 것이라고 한탄하다가 죽었고, 폭약을 발명한 노벨도 다이나마이트로 심히 고민하다가 애통 끝에 자기 재산을 내놓고 평화를 위해서 써 달라고 부탁하고 죽었습니다. 큰 과학자는 크게 고민하고, 적은 과학자는 적게 고민하나 심령의 위로는 없습니다. 과학자의 위로는 그 심령이 맑아져서 참 하나님을 찾고, 교만을 버리고 의지하고, 자기 재주를 믿지 않고, 진리에 순종할 때에만 비로소 있을 것입니다. 거기 매혹되어서 하나님 알기를 등한히하는 자는 지혜가 없는 사람입니다.

이 세상의 권세는 술입니다. 모두 그 술에 취해 돌아다니나 떠돌고 요란스럽고 조금도 자기나 타인을 행복스럽게는 못합니다. 권세는 행복을 주는 것이 아니라, 평화를 해칩니다.

이 세상의 것은 술입니다. 사람을 미혹하게 취하게 하고 정신을 혼미케 합니다. 아무 분별을 못하게 만듭니다. 떠들고 자기가 무엇을 아는 줄을 스스로 아나 실상은 아는 것도 아닙니다. 권세를 가졌으나 죽고 맙니다. 지식을 가졌으나 영생에 이르지 못하고 세상 낙을 누리나 유쾌하지는 못합니다.
 이 세상의 것은 독한 술입니다. 음란, 정욕은 특히 그렇습니다. 악하고 독합니다. 거기 매혹된 자는 하나님 보실 때 지혜없는 자입니다. 정욕에 취하면 미련한 짓만 합니다. 스스로 망할 길로 들어갑니다. 지혜있는 것 같으나 실상은 허망해집니다. 음란의 정욕을 삼가 막을 것입니다.

오직 한 분만 따르게 하옵소서

 마음만 주님에게 완전히 쓰심 받아 거룩해지면 환경은 물불도 상관없을 것입니다. 사막이 문제 아니고 오두막도 상관 아닐 것입니다. 구주의 속죄하심을 입지 못했을 때 궁궐도, 에덴도 진정한 행복도 못 줍니다.
 구속함을 받으면 사막에서 생수가 강처럼 흐를 것이며, 메마른 땅이 옥토로 변화되고, 나무 없는 곳에 좋은 꽃나무가 필 것이고, 찔레와 엉겅퀴 대신 화초가 무성할 것입니다.

> 사람들은 권세있고, 돈있고, 대중의 세력이 되나, 전세계 인류에게 배척 당하신 주님만 높이게 하여 주옵소서.
> 오직 한 분만 따르게 해 주옵소서. 미혹되지 말게 하옵소서. 전인류의 미움을 받으면서, 전인류를 사랑하시다가, 전인류의 배척에 죽으시면서, 전인류를 축복하시고 구원하신 주여!

 죄가 있어도 하나님께서는 사랑하십니다. 고치려는 마음이 간절하면 버리시지 않으십니다. 죄를 사랑하시는 것은 아닙니다. 죄란 하나님을 그릇 알도록 하고 하나님을 대적하는 일이기 때문에 죄를 좋아하실 리는 만무합니다. 죄는 하나님을 거역하는 역적 행위입니다.
 하나님을 바로 알고 바로 우러러 뵈옵고 바로 믿을 때에 양심이 맑아짐에 따라서 죄와 의의 분별이 바로 섭니다. 죄가 무엇이며, 의가 무엇이라는 것이 똑똑하게 분명해지고, 죄에 있는 동안의 분별은 그릇됨과 희미함은 말할 것도 없이 심합니다.

음란에 대해서 미혹되면

 음란에 대해서 미혹되면 부모가 자식을 모르고 자식은 부모를 몰라보기까지 심합니다. 음란으로 자식을 낳았으나, 또 음란한 짓을 하기 위해서 자식들을 헌신짝처럼 버리므로 자식들도 음란을 알기에 이르러서 부모를 버립니다. 마음으로 부모를 속이고 대적행위를 하고 불효를 감행합니다. 그때까지의 은혜는 추호도 기억으로 싫어하고 미워하기까지 하고 마음으로 원수됩니다.

머리와 꼬리도 모를 그 죄에 빠져서 판단하는 것은, 어두운 데서 몽둥이 분간하는 것처럼 대강하는 짓이고 확실치 못합니다. 그런 분간 가지고는 인생의 정로(正路)를 찾지 못합니다. 물론 하나님도 모릅니다. 사리의 분석도 어긋난 것이 많으므로 자기가 옳다고 하는 일을 하다가도 실수에 빠지고 맙니다.

음란을 정복하고 마음이 맑아져 올 때에 자기 행위의 어리석음과 부끄러움이 보이기 시작하고, 남보다 자기가 죄인임이 알려져서 고개를 숙이게 됩니다. 겸손이 비로소 시작됩니다. 거짓을 버리려 하고 남을 미워하지 않으려 합니다.

참된 길이 열릴 때

하나님을 바로 믿을 때 참된 길이 열리는 것이므로, 진정으로 한 참된 일일지라도 바른 정신과 바른 소원으로 아버지를 부르고 속으로 애원하시기만 원하는 바입니다. 마음속 깊이 소원이 있으면, 하나님 알고자 하는 참된 소원이 있으면, 그 사람은 버림을 받지 않습니다. 실수나 잘못을 범했다 할지라도 도리어 불쌍히 여김을 받아 구원함을 받습니다.

여러분에게 부탁하고자 하는 바는 너무 일에만 정신을 쓰지 말라는 것입니다. 쉬는 시간을 넉넉히 가지고 언제든지 여유있는 마음으로 일하기를 원합니다. 사람의 정신이 일을 지배해야지, 일에게 사람의 정신이 몰리면 안 됩니다. 일에서 몰리지 않으려면, 먼저 일의 성질을 알고 착수하셔야 합니다. 일과 잠수시는 것을 긴밀한 관계가 있으니 소홀히 하지 마십시오.

물론 영의 문제가 중대하니, 이 네 가지 중에서 하나라도 소홀히 하지는 못합니다. 물론 영의 문제가 제일 중대하고 귀중하다는 것은 말할 것도 없지만, 영의 일이 되기 위해서 하는 육신의 일과 휴식과 식사이지, 육을 위한 노동이나 식사는 아니기 때문입니다.

영의 문제란 영의 양식을 가리키는 말씀입니다. 하나님의 말씀을 알 수 있어야 합니다. 주 예수의 피와 살이기 때문에 알기가 어려우나, 진정으로 요구하시는 사람이라면 주님이 친히 먹여주심을 아실 것이나, 지식으로 알려 해서는 도저히 모를 것입니다. 하루에 이 양식을 얼마나 섭취해야 하는지, 스스로 아실 수 있다면 적어도 많아도 좋습니다. 적으면 힘쓸 것이기 때문입니다. 많으면 물론 감격해 넘칠 것입니다. 신자의 생활은 감격해서 살아가는 것이고 무엇이 부족한 것이 없습니다. 영의 양식이 부족하게 섭취된 것은 자기의 책임이기 때문에 거기에 불평이 있을 수 없습니다.

주님을 기뻐하고 즐거워하게 하소서

주여, 하루에 일흔 번씩 일곱 번이라도 자복하게 하소서. 죄닦음 되기를 바라오니 죄 씻어주소서. 중병을 주소서. 죄만 없애주심 빕니다. 감당할 힘 주소서. 주여, 권능이 무한히 크심을 깨닫도록 하옵소서. 만방 널리 알리게 천하로 도와주게 하소서. 성령 역사도 밝혀 주시고 만민이 승복케 하소서. 제게 베푸신 은사로 만민이 부러워서 주께 돌아가게 하소서. 저의 갈길을 가르쳐 보여 주소서. 훈계해 주옵소서(시 32:8). 주님을 기뻐하고 즐거워하게 하옵소서. 즐겁게 외치게 하소서. 허물 사함을 얻고 죄 가리움을 받게 하소서. 정죄치 마소서. 간사가 없도록 해 주소서. 아멘

농사는 진지한 전쟁

예산을 세우시고 농사하지 않으면 피폐해가는 우리 농촌 현상을 닮는 것 뿐입니다. 장난이 아닙니다. 진지한 전쟁 투사이고, 그럭저럭하는 난봉 생활은 절대 금물입니다. 누가 이 강토를 한치라도 수축하겠는가요? 모두 그렇다면 마음들이 튼튼치를 못해서 큰일났습니다. 절대적인 용사를 부릅니다. 절대 불패전의 용사를 말씀입니다. 자기 자리를 사수하는 굳센 용사요, 농업 경제에 밝아야 할 것입니다. 남의 것 취하는 데 밝으란 것이 아니

고 남의 것을 취하지 않기 위한 밝음입니다.

　모두가 아무렇게 함부로 나대기만 하면 사는 줄로만 알고 있는 모양이지만, 절대로 한 사람이라도 자기 사명 이외에 다른 생활은 조금도 용납되는 것이 아닙니다. 한 사람이 자기 책임 완수 못하는 데서 이 세상의 혼란과 복잡이 빚어지고, 전재(戰災)와 쟁탈과 비참이 봉기됩니다. 날마다 자기 책임 완수란 염원 하에 활동하는 데서 자신의 사는 가치와 사명을 발견할 수 있기 때문입니다. 그 책임이 망각되거나 해소되는 데서 인간의 무가치를 알게 되어 자포자기로 흐릅니다. 그때 그때의 소욕이나 만족을 채우자는 야욕의 생활로 달리게 됩니다. 무서운 추락과 암흑이 아닐 수 없습니다. 이 무서운 절망에서 속히 벗어나기를 바라마지 않습니다.

　희망과 광명과 소망의 세계를 앞으로 내다보고 날마다 분투하는 것이므로 낙심도 할 수 없고, 게으른 생각도 할 수 없고, 이기주의 생각도 틈탈 수 없는 마음의 무장을 튼튼히 한 용사들이 되기를 요합니다. 농업의 역군 곧, 마음의 무사들이 되시기를 요하는 바입니다. 괴롭다거나 마음에 안 든다고 괭이자루를 함부로 버려서는 안 됩니다. 착실히 사랑과 치밀한 정신으로 일을 해 나가면 날마다 달라집니다. 내일은 오늘보다 낫고, 다음 달은 이달보다 낫고, 내년은 분명히 금년보다 뛰어나게 달라집니다.

　우리의 반석같은 주님을 믿고 우리의 보호되시고 보장이 되신 아버지를 믿고 날마다 생수를 내주시는 그 물을 받아 마셔가면서 살아나가는 것입니다. 희망봉을 바라다보고 모든 불행한 이들을 앞뒤로 좌우로 거느리고 용감스럽고 장하게 소리치면서 그곳에 도달될 때까지 승리의 기쁜 웃음소리 터져 나오는 시간이 멀지 않습니다.

회개

　어떻게 회개를 이룰 것인가요? 회개 주심을 받아야 합니다. 회개를 원하는 마음은 있으나 이루지 않습니다. 자기 스스로 회개하지 못합니다. 그러면 회개하려고 우리는 어떻게 힘쓸 것인가요? 참 회개하기 위하여 주께서 명령하셔야 되고, 내 힘으로는 아무 일도 못합니다. 제 속에 있는 도적과 탐심과 우상을 제 힘으로는 못 몰아냅니다. 자기가 원하고 힘써서는 죄를 끊지 못합니다(롬 7:15). 위에서 명령하셔야 제게서 물러갈 줄로 알아야 합니다. 힘써 주 안에 있어야 될 줄로 깨달아야 합니다(요 15:2). 자기가 후회하고 죄를 다 끊어서 거룩함에 이르고 선한 열매를 맺으려는 생각은 좋기는 하여도 헛수고입니다. 예수께 접붙여져야 선한 과일도 맺고, 그 계명인 사랑도 할 수 있습니다. 접붙여졌으나 과일 맺지 않으면 죽은 가지입니다. 이러한 사실을 알려고 힘써야겠습니다. 예수님 멍에를 메고 배워야 합니다. 온유하고 겸손한 멍에예요(요 17:3). 힘써 순종하려고 애쓰면 알려 주시겠습니다.

하나님을 기다리라

> 그러나 여호와께서 기다리시나니 이는 너희에게 은혜를 베풀려 하심이요 일어나시리니 이는 너희를 긍휼히 여기려 하심이니라 대저 여호와는 공의의 하나님이시니라 무릇 그를 기다리는 자는 복이 있도다 (사 30:18)
>
> 오직 너희는 그의 나라를 구하라 그리하면 이런 것을 너희에게 더하시리라 적은 무리여 무서워 말라 대게 너희 아버지께서 그 나라를 너희에게 주시기를 기뻐하시느니라 (눅 12:31-32)

이날을 정하셨다는 말은 거룩한 날을 구별하신 날이고 예수님 속죄하심으로 하루만이 아닙니다. 의식 곧 법식을 기록한 글은 율법입니다. 육신은 썩을 것이라고 천히 여깁니다. 제것 삼아 가지고는 귀하게 여기면서 눈먼 사람을 보면 자기는 눈 가졌다고 자랑하고, 팔 없는 사람 보면 팔을 갖고 있다고 자랑하고 다니건만, 절어도 다리는 성하다고 지금은 하지요. 그러면서도 눈을 갖고 있다고 영광을 나타내 보셨는가요? 눈이 아프면 원망하고 귀 아프면 원망하지요. 하나님의 것이라고 할 때에는 원망하다가 제것 되면 자랑합니다. 딸도 아들도 팔 다리도 하나님 것 되면, 원망하고 제것 되면 좋다고 하도 좋아서 죽습니다.

밤낮 감사하다고는 하나 실상은 감사인지 원망인지 알 수 없지요. 자기는 몰라도 지혜있는 예수를 밤낮 믿음 자랑은 하나 참 믿은 자를 만날 수 있을지요? 하나님께 영광 돌리려 한다고 매양 말만 해도 참으로 그 영광을 구하는 이가 있을지요? 누가 충성된 자를 만나리오? 참으로 생명을 귀히 여겨서 믿으려는 자, 참으로 하나님께로부터 오는 영광을 사모하는 자를 만나리요?

하나님께 받은 선물 애당초부터 귀하다고 생각되고 참 감사했으면 잊어 버릴지라도 천하게 여길 리도 없지만, 천하게 여겨버려서 하나님의 은혜는 못 깨닫고 자기의 자랑만 삼고 나쁘면 버려 버리고 맙니다. 불편하면 원망과 짜증만 부립니다(시 39:13-14).

신묘막측한 몸으로 영광을 돌리려 하지 않고 자긍(自矜)까지 하면서 불편만 느끼니, 몸의 생김도 모르면서 감사가 어디가 있겠는지요? 보이는 것으로 놀라지 않고 크게 감사할 줄 모르는데 신령한 은혜야 더구나 알 턱이 있겠는지요? 참으로 하나님께서 귀히 주신 것인 줄 알았으면 왜 귀하게 여기지 않겠는지요? 몸으로 영광 나타내려는 것은 당연한 예모가 아니겠는가요? 하나님의 영광을 나타내려 하지 않으니 제 뜻대로만 하다가 천하고, 그릇되게 되어서 종말에는 원망을 드리지요(롬 6:12-13). 죄에 받쳐서 죄의 만족 채우느라고 잘 안되면 원망만 말고 하나님께 드려 의의 종이 되면 하나님의 영광과 찬송과 기쁨이 되시지 않겠는가요?

자랑할 때는 제 것으로 자랑하고, 원망할 일에는 하나님 주신 것으로 알고 원망합니다. 죄 더 못 짓게 되면 원망합니다. 다 하나님께서 주신 것이지 하나도 자기 것 없다고 할 때는 자기는 하나도 좋은 것을 갖지 못해서 자랑이 없다는 것이, 제 것이라 생각하면 속으로 기뻐라고 합니다. 다른 사람과 비해서 사람에게 영광을 돌리고 사람을 의지합니다.

율법과 사랑

아브라함이 하나님을 믿으매 의로 정하신 것이었고, 그 후에 할례는 믿음으로 의(義)된 것을 표한 것입니다. 믿어서 의인되지 못한 이에게는 할례는 무익한 것임을 기억하시기 바랍니다. 형식적인 세례도 마찬가지올시다. 믿음으로 그 양심이 하나님 앞에 밝아져 가는 것을 표하는 것이올시다.

예수 그리스도께서 하나님의 아들이심을 밝히시고 부활하신 것은 하나님의 아들된 증거올시다.

그 다음 이삭을 죽을 데서 살려내시는 하나님을 믿은 아브라함을 하나님께서 의로 정하시는 것처럼, 우리도 예수 그리스도의 죽으심은 나를 용서하시기 위함이요. 다시 살아나심은 나를 의롭다 하시기 위하심입니다. 예수님의 죽으심과 다시 사심을 믿은 이가 전의 죄를 다 용서받고 의인된다는 것을 믿을 때에 사실 그같이 되어지는 것을 말씀입니다. 예수로 용서받고 마음 속에 의의 새싹이 돋아나니 하나님 아버지와 화목이 있습니다.

그 증거는 기도를 드리는 것이올시다. 하나님 아버지와 반역 상태에 있을 때는 구할 수도 없고 구해도 들으실 수도 없었습니다. 아버지와 화목이 되어야 의가 움돋고 속에서 기쁨이 나옵니다. 은혜 가운데서 지내게 되며 무슨 일이고 하나님 아버지의 아신 바 되었음으로 아무 걱정이 없습니다. 환난도 도리어 크게 유익합니다. 이것은 사실 증명이옵고 조금도 가상으로 꾸민 말씀이 아니올시다. 하나님 아버지의 아시는 바가 되면, 재앙이나 저주가 없으며 닥치는 대로 크게 유익하고 복됩니다. 영원한 행복이 되는 것이므로 환난을 도리어 즐거워하게 됩니다. 환난은 인내를 기르고, 인내는 영혼을 연단(鍊鍛)시켜서 깨끗하고 맑고 거룩하고 굳세고 아름답게 만드는 좋은 역할하는 것으로, 환난이 심할수록 영혼에 소망이 있고 더 즐겁습니다. 그럴 수밖에 없습니다. 예수는 하나님의 아들로서 우리의 이미 지은 죄를 사유하시기 위해서 우리가 아무 것도 모를 때 이미 죽으셨습니다. 그의 다시 사심으로 우리의 행복을 위해서 힘쓰심으로 말미암아 우리에게 참좋은 것만이 이루어질 것이 분명합니다.

'율법', '나', '죄' 라는 문제입니다. 율법이 없으면 죄가 없습니다. 내가 없으면 죄가 없습니다. 또한 죄가 없으면 무죄합니다. 율법과 나와 죄가 있을 때, 내가 죄인으로 판정됩니다. 율법에서 벗어나면 죄가 없습니다. 예수님의 죽으심으로 말미암아 내가 죽을 것입니다. 내가 죽어야 법에서 벗어나서 의로와집니다. 내가 안 죽으면 율법에 매여 있으므로 죄의 종이 되고 맙니다.

율법은 죄가 아닙니다. 죄를 죄로 판정할 뿐입니다. 율법이 없으면 죄를 죄로 알지 못합니다. 율법은 신령한 것이나 죄가 나를 속여 율법으로 말미암아 죄를 짓게 합니다. 그러면 율법은 죄라고 판정해서 나를 죽입니다. 율법은 죄를 알고 죄를 안 짓고 살려고 한 목적으로 주신 것인데 우리는 육체의 사욕에 팔려서 율법을 잘못 알아서 죄를 짓고 죽습니다. 마땅히 새로 사신 예수를 따라 살아야 할 것인데 마음으로 '사랑의 법생활(法生活)'의 법만 좇아 살아야 할 것을 묵은 의문을 순종함으로 사욕에 팔립니다.

작년 가을에 어떤 청년들이 자기의 지방에 있는 저수지를 터서 물고기를 잡았다고 합니다. 그 후 큰 비를 안 주심으로 그 저수지는 말라서 그 지방의 못자리로부터 이종에 큰 지장을 끼쳤다고 합니다. 그렇지 않은 곳을 별지장을 받지 않았습니다. 저수지 트는 것은 조금도 위법이 아니고, 물고기 잡는 것을 막을 이도 없습니다. 아무 법에 걸리지 않고 물고기를 잡았으나, 이제 와서는 그 지방에 큰 죄인이 된 것입니다.

율법은 사람을 속입니다. 율법이 속인 것이 아니라 자기 사욕이 율법을 이용해서 속임을 받은 것입니다. 사욕이 아니면, 저수지 튼 것이 죄가 아닐지언정 그런 것을 아니했을 것입니다마는, 물고기를 먹고 싶은 탐심에서 저수지를 터도 아무도 막을 자 없다는 생각으로 몇 청년이 가서 트고 물고기 잡은 것이 이렇게 큰 죄인지를 몰랐던 것입니다.

탐심은 속이는 것입니다. 어두워서 율법을 밝히 깨닫지 못하고 함으로 속습니다. 율법은 탐심을 가로챘습니다. 그런고로 핑계할 수 없습니다. 탐심을 부린 것이 큰 죄였습니다. 우리 지체 속에 탐심이 가득찼습니다. 범사에 탐만 부립니다. 늘 욕심을 냅니다. 조금도 선한 것은 없습니다. 우리 마음은 하나님의 신령한 법을 이루고자 하나, 우리 속에 탐심이 싸워 못 이루게 합니다. 마음으로 원하나 우리는 실력이 부칩니다. 그런고로 바울 사도는 "오호라 나는 곤고한 사람이라"고 탄식하셨습니다. 그 까닭은 마음으로는 하나님의 지중하신 법을 섬기고, 실지로는 죄의 종이 되는 것임으로 한탄하신 것입니다.

율법의 목적은 죄를 깨닫고 죄를 안 짓게 함에 있습니다. 율법을 지은 결과는 죄는 죄로 판단해서 죽입니다. 어째서 죄를 짓는가요? 탐심에 속아서 죄를 죄로 모르고 죄가 아니라고 짓습니다. 율법으로 비추어 볼 때 죄가 아님으로 짓습니다. 그러나 속의 탐심한테 속은 줄 몰랐습니다. 그러므로 의문으로 행하지 말고 사랑의 법으로 행해야 죄를 안 짓습니다.

물고기의 생명을 사랑했다면 그 저수지는 안 텄을 것입니다. 사랑을 모르고 율법만 알아서 지금도 트는 것은 법에 죄가 아니라고만 생각한 것이 오늘날은 평계할 수 없는 큰 죄인 것입니다. 사랑이 법, 새 생명, 새 거룩한 마음으로 하나님을 섬길 것이고, 법으로만 섬기다가는 큰 실수가 됩니다.

기억하심 바랍니다. 율법은 생명입니다. 잘못 알면 죽습니다. 율법은 바로 살게 하는 것인데, 욕심에 둘려서 율법을 잘못 알므로 죽습니다.

참 사람의 가치

만일 이 비천하고 무명(無名)한 사람이 실상 하나님이 지으신 자이며 하나님께서 그의 사랑으로 지으신 자이신 때문에 그도 하나님 안에서 밖에는 평화를 느끼지 못하는 자라면, 만일 이 사람이 하나님께서 말씀하시는 대상이라면, 이 비천한 무명하고 보잘 것 없는 인간은 영원과 연결된 존재이며 이 세상을 지으신 창조애(創造愛)와 지어진 생명입니다. 그러므로 인간을 기계의 부속으로 삼거나, 민족적 핏줄의 표본으로 본다든가, 국민을 이루는 한 분자로 취급한다든가, 자연 속에 굴러다니는 원자의 한 알맹이로 처치한다는 것은 결코 바른 일이 아닙니다.

인간의 참 생명은 영원에 뿌리박고 있으며, 온 천하와도 바꿀 수 없는 귀한 존재입니다. 내 비록 천하나 생명을 지으시고 사랑하시며 기르시는 하나님께는 가장 귀한 존재이며, 하나님의 사업에는 꼭 필요한 가치 있는 인간입니다.

인격 완성

믿으시는 목적은 무엇인가요? 예수님의 참 인격을 본받는 일입니다. 인격이란 사람된 자격이란 뜻입니다. 사람마다 인격은 가졌으나 낮고 천한 인격입니다. 가장 고상하고 훌륭한 인격은 예수님의 인격밖에 없습니다. 흠도 없고 티도 없으신 아름답고 완전한 고결한 인격이시므로 어떤 나라의 왕이나 대통령이라도 그 인격을 흠모(欽慕)합니다.

인격을 잃으면 심히 불행합니다. 정신 이상에 걸리면 인격을 잃습니다. 자기의 책임을 모르는 까닭입니다. 자기의 책임을 잊어버리면 인격을 잃습니다. 말이나 행동이나 자기가 한 것에 책임을 지고 기억하여 자기가 한 일은 꼭 자기가 책임을 져야 합니다. 오이 한 포기를 심었어도 자기가 끝까지 책임을 지고 가꾸어야 하는 것처럼 범사에 그렇습니다. 대개는 말은 해놓고도 잊어 버립니다. 그것은 책임없는 짓입니다. 자기가 해놓은 일도 귀찮으면 버려둡니다. 그것은 책임을 모르는 짓입니다. 그것은 인격 상실입니다.

예수님께서는 한 말씀, 한 행동에 전 세계적인 책임을 느끼셨습니다. 수천년 가도 그 말씀은 사라지지 않습니다. 그 이유는 책임 있으신 말씀이어서 그렇습니다. 그 말씀이 참이라고 증거하시기 위해서도 죽음도 가리지 않으셨습니다.

사도 바울께서도 완전한 인격을 닮으셨습니다. 그 이유는 책임 있으신 말씀이어서 그렇습니다. 그래서 당신의 말씀과 행동에는 큰 책임을 느끼셨습니다. 전세계 인류를 구원하실 책임입니다. 그래서 환난이나, 곤고나, 기근이나, 적신이나, 어제 일이나, 장차 일이나, 높음이나, 깊음이나, 생명이나, 사망이나 이 인격을 헐 수 없습니다. 그러한 인격이시기 때문에 동족, 골육, 친척을 위해서 크게 애통하셨습니다.

그런 인격을 갖추기 전에는 다른 사람을 위해서 일을 못합니다. 자기가 흔들리는 동안은 다른 사람을 위하는 것 아니라 다른 사람에게 누가 되기 때문입니다. 사랑이 아니라 이기주의(利己主義)입니다. 자기의 이익을 구하고 다른 사람의 이익을 위해서 일하지 않습니다. 아무리 험한 환경이나 아무리 좋은 곳에서도 하나님의 사랑과 그리스도께 대한 은혜의 감사가 변함 없는 마음, 모든 환경을 극복하고도 남는 마음, 변치 않는 인격으로 세계를 구원하시기 위하여 한 말씀, 한 행동을 하셨습니다.

틀림없으신 말씀, 억만년 가도 변치 않으시는 그리스도의 인격과 그 신격(神格)을 의심없이 믿고 나가시기를 바랍니다.

인격의 말뜻을 아시는가요? 사람의 모양이라도 다같은 사람이 아닙니다. 사람된 자격을 갖춰야 참 사람입니다. 그 자격은 사람마다 다 갖춰 있지만 잘못 써서 그 자격을 아주 못 쓰게 만드는 수가 있습니다. 짐승만도 못하게 되어집니다. 잘함으로 신(神)의 성품에까지 이를 수가 있습니다. 잘못하면 짐승만도 못하게 되어집니다. 잘함으로 신의 성품에까지 이를 수가 있습니다.

인격은 첫째 무엇으로 보아 알 수 있을까요? 책임을 잘 느끼는 것을 보아서 알 수 있습니다. 책임을 느끼지 않는 이는 인격 수양이 안 되어 짐승과 방불합니다. 자기의 말과 행동이 어떠한 영향을 일으키는 것을 잘 살펴서 말과 행동에 대한 책임을 느끼지 않으면 인격을 갖췄다고 말할 수 없습니다.

마음으로 믿어서 의에 이르고 입으로 증거해서 구원에 이른다는 말씀의 뜻은 마음과 행동이 일치하면 이것이 바로 구원이란 뜻입니다. 마음으로 바로 믿고 그대로 행하여지면 구원이올시다. 그릇되게 믿고 그릇되게 행해서 멸망합니다. 바로 믿고 바로 행하면 곧 구원입니다.

책임이란 뜻은 자기의 한 말과 한 행동이 다른 사람에게 어떤 영향을 주는지를 똑바로 알아서 거기에 대한 나쁜 결과나 좋은 결과를 자기의 것으로 잘 인식하는 마음입니다. 자기가 잘못했으면 잘못되었다고 확실히 인증하는 것입니다. 자기 잘못이 얼마나 많은 폐단을 일으키는지를 잘 알고 그것을 자기의 한 짓 때문임을 잘 느끼는 겁니다. 그것을 모르면 책임을 이행하지 못합니다. 따라서 인격 수양을 할 줄 모릅니다. 자기의 한 일과 한 말이 나쁜 영향을 주지 않고 유익된 영향을 주도록 힘쓰는 것이 인격 수양입니다. 자기의 한 말이 다른 데 유익을 주도록 하는 것이 수양입니다. 자기의 행동이 다른 데 모양이 되어서 해를 주지 않고 유익을 미치도록 하는 것이 수양입니다.

그것을 밝히 살펴서 어떠한 영향 즉, 해를 얼마나 주며 유익이 얼마나 되는지를 잘 알아서, 자기 때문에 얼마나 해를 끼치고 있음을 알아서 거기에 대한 반성이 있고 얼마나 좋은 영향을 일으키는지를 잘 알아서, 그 행동과 말을 더 선히 하려는 마음이 책임을 아는 마음입니다. 그것을 몰라서 사람이 사람노릇을 못하는 것이니, 귀한 사람으로 태어나서 짐승노릇을 해 버립니다.

자기 하는 말이나 행동이 다른 데 유익을 주는지 해를 주는지를 분변않는 것을 짐승같다고 합니다. 짐승은 그런 것을 상관하지 않기 때문입니다. 자기의 마음 내키는 대로 해버리는 것입니다. 자기의 하는 말과 일이 다른 데 나쁜 영향, 곧 해를 주는 줄 알면서 하는 짓을 이기주의자의 하는 일이라고 합니다.

이기주의의 뜻은 자기만 이로우면 그만이라고 생각으로 무슨 짓이나 하는 생각입니다. 부도덕(不道德)한 짓이라고 합니다. 다른 데 아무리 해를 기쳐도 상관않고 자기 유익만을 위해서 힘씁니다. 그것은 무도(無道)한 짓입니다. 또한 다른 데 해를 주는 것과 이(利)를 주는 것을 분변은 하나, 겉으로 남에게 이롭게 하는 짓을 하는 체하면서 속으로 다른 데 해를 주는 짓을 하고 자기 이익을 생각해서 하는 것을 외식자(外飾者)의 하는 짓이라 합니다. 정당한 사람은 되도록 자기의 하는 짓이 다른 데 참으로 유익을 주는가, 해를 주는가를 착실히 살펴서 해를 주지 않고 유익만을 끼치려고 노력합니다. 그 사람은 늘 하나님께 기도합니다. 하나님을 의지합니다. 하나님께만 소망을 둡니다. 하나님께서 도우심으로 다른 데 유익을 주는 일 할 수 있는 줄을 잘 알기 때문입니다. 그 사람은 하나님께서 붙드십니다. 하나님께 축복을 받습니다. 하나님의 사람이 됩니다.

여러분! 하나님이 기뻐하시는 하나님의 종들이 되시기만 원하고 빕니다. 인도는 복받습니다. 위대한 지도자 간디가 지나가면 인도(印度) 부인들은 자기 아이를 쳐들고 멀리 가시는 그 뒷모습을 바라보게 했습니다. 얼마동안이라고 더 보라고 쳐든 것입니다. 인격 하나란 위대한 것입니다. 인격의 가치도 아직 몰라서 탈입니다. 간디 옹은 하루에 우유 한잔, 사과 한개로 사신다고 합니다. 오전에 우유 잡수시고 석양에 사과 잡수신다든가 했습니다. 그는 부자에게 가서 좋은 말로 나는 당신 네째아들입니다. 제대로 분깃을 주옵소서 하고 애걸합니다. 부자는 참으로 몇백석 거리를 떼어 줍니다. 그러면 그것을 받아서 그 마을 제일 가난한 이들에게 잘 나누어주고 다른 마을로 옮겨 갑니다. 맨발 벗고 걸어서 다른 마을에 가면 그 마을 사람들은 물을 떠다가 서로 발을 씻기려 한다고 합니다. 인도의 수상이 오라고 비행기 보냈습니다만 비행기 안 타고 멀리 더운 길에 걸어가셨습니다. 간디는 영국 황제가 만나 보자니까 인도 옷을 벗으라면 안 만나겠다고 말했습니다. 겨우 무릎 위에 닿은 인도 하층 노동자들 입는 옷으로 입고 손에는 물레를 가지고 양을 끌고 갔습니다.

큰 집회보다 한 사람의 인격 개조가 더 큰 일입니다. 인격이란 자기 책임과 의무를 분명히 알아서 잘 하는 데 있습니다. 책임은 자기만 못한 데 대한 자기 할 일입니다. 만물을 애호하는 것은 사람된 책임입니다. 어린이를 보호하는 것은 어른된 책임입니다. 무식한 이를 가르치는 것은 아는 이들의 책임입니다. 약한 이를 선도하는 것은 선한 이들의 책임입니다.

의무를 못하면 생명과 행복을 누릴 권리를 박탈당하고 행복을 누릴 권리가 없습니다. 하나님께 대한 의무를 모르면 영생을 모릅니다. 눈이 성한 이에게는 눈이 나쁜 이에 대한 책임이 있습니다. 눈이 나쁜 이는 눈이 성한 이에게 순종할 의무가 있습니다. 부모는 자식을 기를 책임이 있고, 자녀는 순종할 의무가 있습니다. 순종할 때 행복과 가산 전부를 받을 권리가 있습니다. 부모는 자녀를 잘 가르쳤을 때 봉양받을 자격이 있습니다.

누구나 어디서나 무슨 일이고 자기 책임, 자기의 무가 있습니다. 병들었던지, 성했던지, 잘났던지, 못났던지, 유무식간(有無識間)에 다 있습니다. 그 책임, 그 의무를 못하면 사람된 자격 즉, 인격이 안 섭니다. 책임과 의무를 자기 스스로 충실히 지킨 이에게 자격과 권리가 있습니다.

잘못된 생활

죄는 한번 지으면 죄의 종이 되는 것입니다. 그 후로는 자유가 없습니다. 권리도 없습니다. 할 수 없이 죄를 짓고 부끄럼을 당하고 무거운 멍에를 메고 죽을 데로 나아갑니다. 그 멍에를 꺾고, 그 부끄러움을 씻고, 죄를 안 짓는 자유의 몸으로 만드시기 위해서 예수님이 속량하셨습니다. 그 피를 믿음으로 속량 받습니다. 속량받아야 하나님의 거룩하고 자유스러운 자유가 됩니다.

우리는 자유하는 하나님의 자녀가 못되어서 늘 속으로 탄식합니다. 예수처럼 마음이 정결해서 죄가 하나도 없는 참 사람이 되고 싶습니다. 우리를 도와서 기도하시는 이는 누구신가요? 성령이십니다. 성령께서 우리 안에서 깊은 탄식으로 소리없이 애원하십니다. 그 기도를 하나님 아버지께서 들으십니다. 그래서 우리를 용서하시고, 오래 참아 기다리십니다. 말없이 탄식하십니다. 우리는 잘 모릅니다. 우리가 잘해서 사는 줄로 아나 성령의 기도의 은혜로 우리가 삽니다. 예수님께서도 우리를 위해 기도하십니다. 그 기도를 들으시고 우리에게 은혜를 베푸십니다.

앙화가 도리어 복이 됩니다. 우리의 받는 경한 환난이 도리어 중하고 영원한 영화가 됩니다. 그러므로 환난도 기쁩니다.

주님, 은혜로 주신 기회를 회피하는 자식이옵니다. 환난의 기회를 회피만 하였나이다. 거룩하옵신 주님, 환난을 기뻐하게 하여 주심을 빕니다. 아버지 외화(外禍)를 피하게 하여 주옵소서. 사람이 모이는 것이 없기를 바랍니다.
주님, 야곱처럼 간교한 이 자식, 밤낮 제 유익만 꾀하는 이 자식을 처벌하소서. 버리시지 않으시기 위하사 중치해 주소서. 지극히 적은 꾸지람도 감당 못하는 자식이오나 아버님 공의에 복종케 하여 주심을 빕니다. 편하기만 좋아하고 남 주기를 싫어하며 다른 이 잘 하는 것을 시기(猜忌)하고 투기하는 이 자식, 철저히 징계하심을 받아 감당케 하여 주옵소서. 아버지! 아무 것도 없는 자가 되어지이다. 참으로 아무 것도 갖지않고 즐거워하게 하옵소서. 갖고 싶은 마음 치료해 주소서. 이기게 하소서. 남에게 받고자 하는 마음 완전히 없애주심을 빕니다. 진실로 충성된 종의 책임을 잘하게 역사하심을 빕니다.
아버님, 참으로 광야에서 이스라엘 백성이 만나를 먹었어도 하나 남지 않고 다 죽었거든 무엇을 먹어서 살겠습니까? 많이 먹어도 풍성함이 없고 만족 없사오며 안 먹어도 부족함 없고 모자람 없을 것 아닌가요? 아버님, 참으로 믿음이 곁길로 나갔습니다. 방황했습니다. 용서하소서.
무엇을 해서 영원히 살 집이 되겠습니까? 예루살렘 성전도 다 무너졌거든 무엇을 하든지 다 불탈 것 아닌가요? 아버님, 참으로 헛 애만 썼습니다. 이 세상 것은 아무 것도 남지 않고 다 불탈 짓을 합니다. 솔로몬의 영화도 한갓 역사에 남았을 뿐 다 불탔으니 그 외에 무엇이 남을 것 있사오리까? 영원한 생명이시며 영원한 거처가 되신 주님만 바라보게 하소서. 참으로 믿어지게 하소서. 주님의 살만이 영원한 양식임을….
위에서 허락하시면 어째서 그런 재앙이 필요했다는 것도 알려주심을 받고자 원합니다. 앞으로 어떻게 할 것과 그렇지 않으면 무슨 더 큰 환난으로 정치하실 것까지 알리심 원하고 빌겠습니다. 기뻐하신 마음으로 알리심 바라옵고, 제 고집을 만족시키지만 마심 먼저 원합니다. 또 허락하시면 구원의 참 뜻, 구원과 예배당 집과 어떤 관계가 있는가, 또는 의식이 참 구원에 도움이 되며 제도와 조직이 구원과 무슨 상관이 있는 것도 알려주심을 바랍니다.

참으로 수많은 심령이 이 문제로 방황하며 허덕이며 헛애만 쓰고 비참한 행렬을 지어 그늘지고 피비린내 나는 음침한 수라장으로 몰려갑니다. 이 외에도 중요한 문제가 있는 것입니다. 돈과 물질이 영혼에 유익을 주는지, 해를 주는지, 과학의 세계와 심령의 세계가 어떻게 다른지, 밝히 알아야 할 줄 압니다. 이 위의 문제를 희미하게 알고 가르쳐서 모두 멸망으로 인도하고 있습니다.

못 먹이고 고생시키는 것도 죄가 아닌가 싶어서 여러 가지로 방도를 취해 보았습니다. 정히 먹고 싶어하는 이들을 자유로 먹일 수는 없는지, 다른 고아원에 맡겨볼 것인지, 아무리 생각하나 위에서 허락하실 때까지 답답함을 면할 길 없습니다.

과학의 세계에 대해서 아버님께서는 간접적으로 상관하십니다. 성령과 주 예수님으로. 물질의 세계 곧, 자연계는 화학과 물리의 세계입니다. 그것을 떠나서 못삽니다. 심령의 세계는 그것을 초월할 수 있기 때문에 모순은 느끼나 실상은 모순이 아니고 정상적 관계입니다. 자연의 세계는 법과 이치로 다스려집니다. 조직과 제도도 필요합니다. 심령의 세계는 은혜의 세계입이므로 이 모든 것을 벗어납니다. 필요로 하지 않습니다. 그러니까 서로 반대인 줄 아나 심령의 세계, 은혜의 세계는 자연과 물질의 세계를 헐지 않습니다. 도리어 위해 주고 도와주고 완성시켜 줍니다.

어떻게 생각하실지 모르지만 사람을 기계적으로 취급하시기에 좀 딱해서 생각을 알아 보았습니다. 꼭 무엇만 주시란 것도 아니면서. 저도 꼭 그렇지만 어린이들과 노인들은 기계적인 취급은 절대로 안될 일입니다. 생장과 지식욕이 왕성해지는 어린이들은 한 시간에도 변화가 몇십 번 요하는데요. 한끼 두끼도 아니고, 하루 이틀도 아니고, 똑같은 것으로 똑같은 방법으로 대우하면 못 견딥니다. 식사나 일이나 공부나 노는 것이 다 그렇습니다. 지휘자는 앞으로 변동이 있어야 하며 좋은 방향을 지향해야 합니다.

물 한 그릇을 주어도 기계적으로 취급하면 안 마실 이도 있을 것입니다. 울거나 짜증을 부리거나 다른 일을 저질러 버릴지도 모릅니다. 사소한 불만에서 큰 일을 잘못해 버립니다. 머리가 나빠서가 아닙니다. 심성이 궂어서도 아닙니다. 단지 일시적인 적은 불만이 영리하고 바른 어린이로 하여금 큰 잘못을 저지르게 해서 나중에는 못된 사람 취급을 해버리고 마는 수가 허다합니다.

속죄주 예수

예수님은 동정녀에게서 나셨습니다. 남자를 모르는 순진한 처녀의 몸을 통해서 이 세상에 오신 하나님 아들입니다. 그 처녀는 그 후로도 일평생 깨끗한 생활을 하셨습니다. 남자를 모르신 생활입니다.

우리는 첫째로 동정녀 탄생을 굳게 믿습니다. 처녀로서 예수님을 나셨다고 믿는 바입니다. 조금도 의심치 않습니다. 온 우주가 변동을 일으켜도 그 사실만은 변함없습니다.

예수는 나의 친구임을 믿습니다. 가장 가까운 친구이십니다. 세상이 나를 못 이해하고 배격해도 또 사실로 악하고 나쁜 저일지라도 버리시지 않으시고, 모른 체 않으시는 유일(唯一)한 친구이십니다. 예수는 나의 구주이심이 확실합니다. 믿음으로 구주이시지만 사실에 있어서 명백히 구원하시는 사실로 더욱 구주이심이 틀림없으십니다. 깨끗이 씻어 주심도 사실입니다. 지금도 늘 제가 죄구덩이에만 들어가서 더럽히는 저이기 때문에 정결치는 못하지만 전혀 씻어주는 사실이 없으셨다면, 이만큼 말씀할 형편도 아니라는 것을 잘 알고 있으므로 분명히 나의 죄만 씻겨 주시는 주님이심을 오늘도 기억합니다.

 이 예수는 나의 죄로 인해 죽으시고 나를 구원하시고, 붙으시고, 영원히 같이 사시기 위해서 다시 살아 나셨습니다. 나의 기도를 들으시고 저의 어려운 형편을 보살펴 주시고, 모르는 길로 인도해 주시는 것으로 현재 분명히 살아계심을 믿습니다. 저의 모든 요구를 채워 주시므로 예배를 받으시기에 합당하십니다. 영원히 찬송받으실 주님이십니다. 그의 영광이 찬란한 것은 천사들도 감히 서로 비교할 수 없는 영광이심이 확실하십니다.

 산 예배와 산 찬송을 돌리기에 부끄럽지 않을 뿐더러 먼저처럼 미흡됨을 한탄할 뿐이고, 지나친 찬송이 될까보아 겁나는 것은 추호도 없습니다. 이 예수는 현재 저를 도우실 뿐만 아니라 이 세상과 이 우주를 붙으시고 관리하시고 계심이 확실하십니다. 이 예수님이 관리하시는 형편을 믿고 삽니다. 세상 사람들은 믿고 살 수는 없는 형편이 오늘의 우리들의 사정과 형편임을 잘 아시는 바입니다. 이 살 수 없는 형편, 말되지 않는 사실 속에서도 주님이 주관하시기 때문에 안심과 위안이 있고, 희망도 잃지 않고 기쁘게 힘껏 살고 있습니다. 이 예수님은 또한 이 세상과 온 우주를 심판하실 것입니다. 공정히 재판하시기 때문에 아무 두려움이나 억울함도 없고 참지 못할 일도 없습니다.

 단지 한 가지 걱정되는 것은 저의 잘못과 저의 성실치 못함과 편벽되고 의롭지 못한 것뿐입니다. 그런 죄를 은혜로 구원 받을 수 있으니, 또 다시 지을 것이냐는 뜻이 올시다. 결단코 아닙니다. 죽는다는 말씀, 참말로 죽은 것이고 상상이 아닙니다. 꼭 몸부림치다가 죽을 내 대신에 예수님이 고통을 받으시고 죽으신 것입니다. 그러므로 우리가 지금 살아 있습니다. 거짓말 아닙니다. 모르니까 그렇지, 참으로는 예수께서 안 죽으셨다면 우리는 이 시간에 이 세상에 있지 못하는 것입니다. 그러므로 예수께서 내대신 죽으셨다는 것을 분명히, 명확히 알아야 합니다. 그것이 명확하지 않으면 죽은 자 되어집니다. 내가 안 죽었으면 아직 예수님이 내 대신 죽으셨음을 믿으면 또한 다시 사셨음을 믿는 것이올시다.

 죽으심을 믿으나 다시 사심을 못 믿는 이가 많은데, 죽으심조차 못 믿으면 다시 사심은 안 믿는 것은 불언간이올시다. 다시 사심을 믿으면 자기도 따라서 다시 사는 것입니다. 꼭 믿으면 그 두 가지 체험이 이루어졌을 것입니다. 자기는 죽었고 하나님이 예수로 다시 살리신 자기라는 것이 분명해질 것입니다. 그것은 체험이요, 이론만이 아니올시다. 그 상태 즉, 그 체험을 겪은 이를 세례 받은 이라 일컫습니다.

둘째는 우리는 율법에 속하지 않고 은혜 아래 속했으니 법을 범할 것이냐는 것입니다. 은혜에 속한 일은 의를 행하는 것이요, 율법에 속한 일은 죄를 짓는 일입니다. 그러므로 의를 행하면 은혜에 속한 것이요, 죄를 지으면 그 마음이 율법에 속한 증거입니다. 죄를 지으면 죄의 다스림을 받고, 의를 행하면 의가 우리를 주장하므로 누구를 섬기든지 그 섬김 받은 이의 종이 되는 것입니다. 죄의 종이 되면 그 삯은 사망이요. 의를 섬기는 의의 종이 되면 영생이 그 삯이올시다. 그것이 은혜올시다.

사나 죽으나 주님을 위한 일이니

로마서 8장에서 인격완성을 배웠습니다. 개인의 완성입니다. 로마서 9장부터 11장까지에서 우리는 전 인류의 구원에 대한 하나님의 지혜를 배울 수 있습니다. 그리고 로마서 12장에서는 개인의 인격완성과 전 인류의 구원에 대한 하나님의 넓고 깊은 긍휼과 지혜를 깨달을 수 있습니다. 몸을 산 제사로 드린 사람으로서는 그 말씀대로 순종하며 생활할 것입니다. 로마서 1장에서는 신자들의 사회, 특히 국가에 대한 의무를 잘 실행하라고 하셨습니다. 세를 잘 바치고 권세있는 이들을 존경하고 복종하며 선을 행하는 것이 마땅하다고 하였습니다. 폐일언하고 이웃 사랑하기를 네 몸같이 하라신 지극한 율법을 지키는 것이 다른 것 만 가지를 다 지키는 것이란 뜻입니다.

사랑은 율법의 완성입니다. 아무리 잘해도 사랑 없으면 잘못된 것입니다. 사랑은 이웃을 해롭게 하지 않습니다. 밝은 양심으로 이웃을 해롭게 않을 목적으로만 하면 무슨 법이나 범하지 않습니다.

오늘은 로마서 18장에 있는 말씀으로 신자 사이의 문제 한 가지를 들추어서 말씀하셨습니다. 즉, 서로 믿음이 다른 사람들끼리 서로 평론하거나 업수히 여겨서는 심판 받을 것을 말씀하셨습니다. 믿음이 서로 다를 때 서로 상대편이 약하게 보이며 못쓰게 보입니다. 그렇다고 평론하면 율법을 평론한 자가 됩니다. 율법은 그 두 가지를 다 용인하셨기 때문입니다. 하나님을 평론하는 것이 되어집니다.

사람의 잘 가고 못가는 것은 다 하나님 작정이시기 때문입니다. 잘 간다고 자랑말 것이고 못 가는 이를 동정할지언정 평론치 말 것입니다. 의복에 대해서 말하자면, 떨어진 옷 입은 이는 잘 입은 이를 원망하고, 잘 입은 이를 못 입은 이를 업수히 여기나 둘 다 잘못입니다. 짚신 신은 분은 고무신 신은 분을 원망하고 고무신 신은 분은 짚신 신은 분은 평론하나 둘 다 잘못입니다. 무엇을 입고, 무엇을 신든지 하나님을 영화롭게 할 목적으로 살 것입니다.

자기를 위해 사는 자도 없고 자기 위해 죽은 자도 없습니다. 사나 죽으나 주를 위해서 하는 일이니 서로 감사하고, 존경하고, 돕고, 사랑할 것입니다. 여하간 형제를 멸시치 말고 어디까지나 나 하는 일이 형제에게 손해되지 않도록 힘쓰는 것이 하나님의 뜻이고 우리의 마땅한 일입니다.

고기도 먹지 않고, 술도 마시지 않고, 무엇이나 형제로 실족하지 않게 하는 것이 사랑입니다. 범사를 믿음으로 결정해서 믿음으로만 하면 죄가 되지 않습니다. 아무런 일을 해도 의심으로만 하면 죄가 되는 것은 범사에 믿음으로 않는 것은 죄이기 때문입니다.

> 하나님 당신은 나의 부정한 호수에 넘치는 물을 말리우셨나이다. 나를 굳게 얽매었던 쇠사슬에서 당신은 나를 자유롭게 하셨나이다. 그리고 나의 심정에 새로운 호수 만들어 주시고 재물, 권세, 명예, 육에 속한 깊이 갈아 앉히우시고, 당신의 거룩한 물이 내 마음에 차고 넘쳐 흐르게 하셨나이다.

오늘 이 한 걸음을 잘 딛으면 천국 가는데

오늘, 지금 할 수 있는 일을 왜 내일로 미루는가요? 이렇게 급한 문제를 뒤로 미루는 버릇은 제일 무서운 일입니다. 미루는 일은 죽은 뒤에 지옥 가는 일입니다. 오늘 이 한 걸음을 잘 딛으면 천국 가는 데 도움이 되고, 오늘 한 걸음을 잘못 딛으면 지옥 가는 일이 됩니다.

강원도 아주 험악한 산악 지대에 기차 선로를 놓는데 수십 척 되는 긴 낭떠러지의 아주 위험한 곳을 파서 선로 공사를 하여 겨우 차 한대쯤 다닐 수 있게 된 곳이 있습니다. 그 거리가 너무 길어 끝이 잘 보이지 않기 때문에 양쪽 끝에 검문하는 막사를 지어놓고 차가 오갈 때 양편에서 전화로 서로 연락해서 가고 오게 합니다. 굉장히 위험한 지대입니다. 만일 운전수가 발 한번 잘못 놀리거나 한번 잘못 눈질해 한눈을 팔면 여지없이 수십 척 절벽으로 굴러 떨어지고 마는 것입니다. 마치 줄타기나 외나무 다리타기와 같다고 할 수 있습니다.

우리가 세상을 사는 것도 이와 마찬가지입니다. 한번 정신차려 잘 믿음으로 무사히 어려운 세상을 지나 천국으로 가는 것이고, 한번 잘못 딛음으로 실수하여 지옥으로 가는 것입니다. 성냥 긋는 문제 하나를 잘못하면 이 세상을 잘못 사는 것이고, 잘 하면 잘 사는 것입니다.

인간들의 생활을 보면 모두가 떡 문제 때문에 지옥에 살고 있는 것입니다. 떡 문제 때문에 전쟁도 일어나고, 살인 등 모든 불행이 저질러지고, 죄와 지옥을 만들고 있는 것입니다. 인간 생활에는 오늘 실제로 어떻게 사는 일을 떠나서 이 다음에 어떻게 한다는 것은 있을 수 없는 일입니다. 우리 피차는 서로 이해가 되어야 협조할 수 있습니다.

죄인을 영접하시는 주님

모든 세리와 죄인들이 말씀을 들으러 가까이 나아오니 바리새인과 서기관들이 원망하여 가로되 이 사람이 죄인을 영접하고 음식을 같이 먹는다 하더라(눅 15:1-2)

"세리"는 세금을 받는 직업을 가진 세관원입니다. 요즘 세무서 직원과는 다릅니다. 자기가 관할하는 지역에 부과된 세금을 세리가 먼저 나라에 바치고 나서 자기가 바친 액수보다 더 많은 액수를 백성들에게 할당해 거둬

들여 자기 재산을 불리는 직업이었습니다. 그러므로 모든 백성들은 세리를 무서워했고 그 앞에서는 굽실거리는 체하지만 돌아서서는 욕을 하고 죄인이라고 생각했습니다.

오늘 우리도 세리같이 천하고 비천한 죄인들입니다. 주님께서는 이러한 죄인을 영접하십니다. 오늘도 이 시간 주님은 우리를 같이 영접하셨습니다. 우리는 예수님의 말씀을 들으러 나왔습니다. 그러나 사실은 우리가 들으러 온 것이 아니라 예수님께서 우리를 이렇게 모아 놓으셨습니다. 그런데 우리는 자기가 잘나서 온 줄 알고는 딴 생각을 합니다. 저같은 죄인을 예수님께서 불러주셨기 때문에 이렇게 와 있습니다. 여기 이 자리에 만일 고등법원장이 오셨다 할지라도 여러분을 높입니다. 물론 재판소에서는 큰 소리를 치고 높으신 어른이신데 우리는 죄인대로 예수님이 모아놓은 사람들이니까 그런 어른, 그런 분들도 멀시 못합니다.

> 내가 너희에게 이르노니 이와 같이 죄인 하나가 회개하면 하늘에서는 회개할 것 없는 의인 아흔 아홉을 인하여 기뻐하는 것보다 더하리라
> (눅 15:7)
> 내가 너희에게 이르노니 이와 같이 죄인 하나가 회개하면 하나님의 사자들 앞에 기쁨이 되느니라(눅 15:10)

이 기쁨을 보시려고 우리를 모으셨습니다. 우리를 위하여 피를 흘리시기까지 십자가에 죽으셨습니다. 예수님께서는 죄인들이 회개하고 하늘 나라로 오는 것을 보시려고 십자가 고생을 기쁨으로 당하셨습니다. 우리들을 이렇게 모으신 것도 기쁨을 보시려고 모으신 것입니다. 죄인들이 모든 죄를 회개하여 벗어버리고, 천국에 올라가면 하늘에서는 회개할 것 없는 의인보다 더 기뻐하신다고 합니다. 이 세상의 망할 것, 세상 것들에서 떠나 회개하면 주님께서는 "이제 찾았다" 하고 좋아하십니다. 우리 서로가 어려운 일이 있어도 잘 참고 끝까지 견디고 하늘 나라까지 가는 것을 보실 때 주님은 기뻐하십니다. 어려운 가운데서 더 열심으로 믿자 하고 나아가는 것을 기뻐하십니다.

우리가 어렵게 될 때 천사들이 도우십니다. 어려운 일을 참다 못해서 죽

으면 성자가 되고 승리했다고 기뻐하십니다. 어떤 이들이 약간 서운한 일이 있더라도 사랑으로 이해하고 협조하면서 서로 사랑하면 기뻐하십니다. 일편단심 주님을 향한 우리 마음만 변치 않으면 도우시겠다고 하셨습니다. 우리 마음이 변하면 천사들도 실망합니다. 지금 우리가 가는 길이 선한 일인 줄 알고 끝까지 참고 변하지 않으면 천사들도 우리를 도우신다는 것을 굳게 믿을 것입니다

그 안에 생명이 있었으니

> 태초에 말씀이 계시니라 이 말씀이 하나님과 함께 계셨으니 이 말씀은 곧 하나님이시니라… 그 안에 생명이 있었으니 이 생명은 사람들의 빛이라…(요 1:1-18)

"생명"에 대한 이야기입니다. 인생 사는 이야기, 바로 사는 문제입니다. 살되 어떻게 하면 참되게 살 수 있는가? 영원히 사는 문제입니다. 이 문제는 오늘 우리들에게도 문제되는 것입니다. 천천히 두고 생각할 문제가 아니라, 이 시간부터 문제가 되는 것입니다. 이 시간부터 참되게 사는 문제입니다. 영원한 생명을, 지금부터 영원히 사는 문제입니다. 사람들은 늙음을 생각 않고 다만 오늘 먹는 것만 생각합니다.

군인으로 갔던 사람들이 집에 돌아와 사는 모양을 보면 모든 일의 예산이 없이 되는 대로 살아가는 것을 볼 수 있습니다. 준비를 안 하니 군대에 있는 동안에도 아무 것도 배우지 못하고 만 것이지요. 귀중한 기간을 군대에 갔다왔지만 그들에겐 생활의 진보란 것이 없습니다. 계획도 없고, 희망도 없는 것을 보았습니다. 군대에 갔다와서 눈에 띠는 것이 있다면 난봉만 부리는 것입니다. 그들은 영원한 생명을 생각하지 않고 산다는 것입니다.

우리가 땅 위에서 단지 먹고 입고만 사는 것이 인생의 전부라고 생각한다면 해, 달, 지구만 있어도 됩니다. 그러나 해보다 삼십 배나 되는 별도 지으신 하나님이십니다. 그 모든 것을 지으신 것은 사람을 위해서 지으신 것입니다. 얼마나 넓은지 둘레를 헤아리지 못하는 무변(無邊)한 우주는 영원한 것이라고 생각하라고 지으셨습니다. 해에서 지구까지의 거리가 365만리

나 되는데 해에서 지구까지 빛의 속도가 8분 7초로 오고 있습니다. 멀고 큰 별에서 빛이 발하여 20만 광년이나 걸려서야 겨우 지구까지 도달하는 그렇게 먼 거리의 별도 있습니다. 그러면 이렇게 멀고 긴 시간 이러한 별 모두 무엇을 가르치시려고 지으셨는가요? 무한과 영원을 가르치시려고 하심입니다. 하늘은 얼마나 높은가요? 한없이 높습니다.

나무를 심는 것은 나무 밑뿌리에서 나뭇가지 끝을 쳐다볼 때 깨달으라고 끝없이 한없는 무한과 영원을 가르쳐주고 또한 이전 시대를 가르쳐주고, 이후도 가르쳐 주는 것입니다. 우리 조상들은 큰 사람을 낳게 되면 후손들을 위해서 기념으로 나무를 심습니다. 사람들은 역사적으로 자기 이전도 생각하지 않고, 이후도 생각하지 않습니다. 연륜이 오랜 늙은 나무 밑에서 그것을 생각하라고 심는 것입니다.

우리는 금년 1년 동안 무엇을 해놓고 갈 것입니까? 영생을 위해서 싸우는 사람이 되어야겠습니다. 영원한 생명에 우리로 사귀게 하시려고 하나님이 우리와 화목하려고 하십니다.

큰 사람이 나면 기념하기 위해서 나무를 심습니다. 그 나무를 후손들이 보고 깨닫고 깊이 생각하고 자기들도 사람의 도리라고, 또 기념하라고 심는 것입니다. 그 큰 나무를 보면 나무의 끝을 쳐다보게 되는데 나무 끝을 쳐다보느라면 하늘이 보입니다.

하늘은 높고 높아서 한없이 하나님의 오묘하신 권능을 알 수 있고 반짝이는 별을 볼 수 없습니다. 해보다 30배나 더 큰 별도 있고 해는 지구보다 빛의 빠른 속도로 날아도 20억 광년이나 걸리는 머나먼 곳이 있고 또한 다 제자리에서 자기의 직분을 하며 하나님의 권능과 전능을 나타내고 있습니다.

이와 같은 무변 대우주(無邊大宇宙)를 지으신 것은 사람을 위해서 지으셨습니다. 그 별들을 보고 하나님은 영원하시다는 것을 깨닫고, 끝을 모르고 한도 없는 하늘에 별들을 만들어 돌게 하시고는 이렇게 전능하신 하나님을 믿고 피조물로서 마땅히 공경하라고, 또한 우리들의 선조들 중에는 이렇게 하나님을 깨달아 큰 일들을 하고 갔으며 이것을 본 후손들도 다음

세대를 위해서 세상에 태어난 보람을 하라고 하는 것이요, 우리 선조들은 이렇게 하였는데 우리들은 무엇을 어떻게 할 것인가 하는 것을 깨달으라고 한 것입니다.

또 어떤 이는 연못을 파놓고 고기도 기르게 해놓고 간 분들도 있습니다. 그것도 후손들이 그 연못을 보고 깨닫고 명심하고 기억하라고 하신 것입니다. 그 연못을 보면 파란 하늘이 연못 속에 깊이 내려다 보이며 그 속에 별도 비춰 하늘과 같이 깊이깊이 보입니다. 이 연못은 하늘을 받아 하늘은 이렇게 깊고 높다는 것을 나타내고 가르쳐 주는데 이 연못을 본 너희들은 마음이 얼마나 기쁘냐, 또 하늘과 같이 넓고 깊으며 높은 뜻으로 살고 있으며, 그 하늘의 뜻을 배워 그 뜻을 나타내고 있느냐… 이렇게 우리를 교훈하십니다.

> 이는 하나님을 알만한 것이 저희 속에 보임이라 하나님께서 이를 저희에게 보이셨느니라 창세로부터 그의 보이지 아니하는 것들 곧 그의 영원하신 능력과 신성이 그 만드신 만물에 분명히 보여 알게 되나니 그러므로 저희가 핑계치 못할지니라

화목한 자는 주님의 자녀

> 심령이 가난한 자는 복이 있나니 천국이 저희 것임이요 애통하는 자는 복이 있나니 저희가 위로를 받을 것임이요 온유한 자는 복이 있나니 저희가 땅을 기업으로 받을 것임이요 의에 주리고 목마른 자는 복이 있나니 저희가 배부를 것임이요 긍휼히 여기는 자는 복이 있나니 저희가 긍휼히 여김을 받을 것임이요 마음이 청결한 자는 복이 있나니 저희가 하나님을 볼 것임이요 화평케 하는 자는 복이 있나니 저희가 하나님의 아들이라 일컬음을 받을 것임이요(마 5:3-9)

화목해야 하나님의 자녀입니다. 마귀의 자녀들은 화목하지 않습니다. 마귀의 나라도 통솔되어 있기는 하지만 서로가 서로를 이용하고 있습니다. 이렇게 된 것을 화목이라고 할 수는 없습니다.

도둑의 무리들도 사랑과 화목이 아니라 서로의 욕심을 위해서 서로를 이용하려고 뭉쳐서 움직이는 것입니다. 참 화목을 하는 것은 하나님의 자

녀들만이 이룰 수 있는 것입니다.

> …만일 우리가 하나님과 사귐이 있다 하고 어두운 가운데 행하면 거짓말을 하고 진리를 행치 아니함이거니와 저가 빛 가운데 계신 것 같이 우리도 빛 가운데 행하면 우리가 서로 사귐이 있고 그 아들 예수의 피가 우리를 모든 죄에서 깨끗하게 하실 것이요…(요일 1:5-10)

하나님과 우리의 사이가 화목하지 않고서는 사람끼리의 화목도 이루어지지 않습니다. 참 화목을 이루려면 서로 마음과 마음의 이해가 있어야 합니다. 예수님은 우리와 주님 사이를 화목하게 하시려고 참 살과 떡을 주셨습니다. 마음으로 하나가 되어야 화목이 됩니다. "너희가 내 안에 거하라 나도 너희 안에 거하리라"라고 하셨습니다. 이것이 완전한 화목입니다.

숯이 불 속에서는 완전히 불덩이가 되는 것과 같이 사람과 하나님이 화목하게 되면 "신"입니다. 성신받은 사람은 "신"입니다. 사람과 사람이 화목하게 되었을 때 서로 사랑하고, 서로 알아졌을 때 화목하게 됩니다. 저가 나를 사랑하신 것을 믿을 때 화목하게 됩니다. 존경할 뿐만 아니라 자주 만나서 서로 협력하고 같이 하는 일이 있어야 화목이 됩니다. 서로의 마음을 알아 주며 말로만 화목했다고 해서 화목이 이루어지는 것이 아니라 같이 협력하는 것이 있어야 화목이 됩니다.

하나님과 사귐이 있다고 하면서도 사람과 화목이 없으면 그것은 거짓입니다. 우리가 서로 화목하고 기도할 것 같으면 동광원에 있다가 나간 사람뿐만 아니라 더한 것도 이루어 주실 것입니다. 참으로 합심으로 기도해서 우리의 소원을 이루어야 할 것입니다. 자녀를 위해서나, 부모 자신을 위해서 하나님 앞에 자복하고, 회개하고 기도하면 이루어 주시고 자녀가 자기 자신과 부모나 형제를 위해서 회개하고 기도하면 이루어 주십니다.

우리가 서로 잘못한 것을 깨닫고 서로 자복하고 기도하면 위로해 주시고 화목을 주시고 더 잘 되었다고 하십니다. 그러나 서로 원망하고, 서로 탓하면 해결이 나지 않습니다. 우리가 빨리 잘못을 자복하고 회개해서 하나님이 하시는 일을 우리를 위해서 하시는 일로 믿고 실천해야 합니다. 서로를 탓하는 동안에는 해결이 나지 않습니다. 잘못된 원인이 나에게 있는 줄 알고 회개해야 할 것입니다. 서로 이해하려 하지 않고, 협력하려 하지 않으면 뒤떨어집니다.

첫째는 하나님과 나와 화목하고, 다음으로 사람끼리 서로 사랑하고 존경하고 협조하고 도와줄 때 빛의 자녀가 됩니다.

> 두세 사람이 내 이름으로 모인 곳에는 나도 그들 중에 있느니라
> (마 1:20)

하나님과 예수님과 성신님의 이름으로 모인 곳에 하나님과 예수님이 그들 가운데 계십니다. 양심의 법, 심령의 법, 도덕의 법의 이치는 다 하나입니다. 또한 이루게 하시는 이는 하나님이십니다. 이해와 양심으로 존경과 사랑의 협조로 만나서 화목하게 됩니다.

어느 부자가 세상을 떠날 날이 얼마 남지 않았는데 아들 4형제가 있어서 서로 어버지 재산을 더 많이 갖고자 싸우고 있었습니다. 그 꼴을 본 아버지는 방 하나의 방바닥에 철판을 깔아 놓고 네 형제를 그 방에 몰아 넣고 방안에는 작은 목침 한 개 넣어두고 다른 것은 아무것도 없게 했습니다. 문을 잠그고 열지 못하게 해 놓고 아궁이에 계속 불을 땠습니다. 네 형제는 처음에는 서로 미워서 외면하고 있다가 바닥에 깐 철판이 점점 뜨거워지니 견딜 수 없어 어쩔 줄 모르고 헤매다가 마침 목침을 보고 서로 한 발씩 딛고 올라서서 한 발로 벽을 기대고 참아 가다가 나중엔 눈물을 흘리며 서로 "형님, 내가 잘못했습니다. 동생, 내가 잘못했어"라고 뉘우칠 때, 그때야 아버지의 뜻을 이해하게 되었습니다. 방에서 아들들의 하는 말을 들은 아버지는 그제야 방문을 열어 주었습니다.

정결한 자의 생활

> 예수께서 제자들에게 이르시되 실족케 하는 것이 없을 수는 없으나 있게 하는 자에게는 화로다 저가 이 작은 자 중에 하나를 실족케 할찐대 차라리 연자맷돌을 그 목에 매고 바다에 던지우는 것이 나으리라…(눅 17:11-4)

우리의 지도자는 예수님입니다. 다른 이들은 사람을 실족케 합니다. 예

수님만이 사람을 실족케 하지 않으십니다. 이 시간에 예수님께서 운전하시는 자동차를 탄다면 우리는 안전합니다. 그러나 사람이 운전한다면 365일 동안 걱정이 계속 됩니다. 언제 실족할지 모르기 때문입니다.

금강산 높은 꼭대기에는 그곳을 지나가는 찻길이 있는데 그곳은 험하고 위험합니다. 양쪽에 연락소가 있어서 반드시 서로 연락하고 오고 갑니다. 길이 험하고 좁기 때문입니다. 한 발만 잘못 딛으면 수백 길이 되는 낭떠러지로 떨어져 죽습니다. 한 발을 딛는 데에도 조심하여야 하기 때문에 운전수는 이야기도 하지 않고 조심스럽게 운전을 해야 합니다. 이제까지 잘 딛고 왔어도 지금 한 발을 잘못 딛어 실족하면 죽습니다. 죽을 준비를 했다면 좋으나 그렇지 않다면 서로 조심해야 합니다. 한 발을 잘 딛으면 천국 행이요, 한 발을 잘못 딛으면 지옥으로 갑니다.

우리는 사람을 통해서 성령께서 말씀하시는 줄 알아야 합니다. 믿고 순종합시다. 사람의 말인 것으로 알고 들으면 실족할 수밖에 없습니다. 우리들이 모이는 시간마다 예수님이 친히 지도하시는가를 살펴서 순종해야 합니다. 말씀을 듣고 나갈 때에는 다른 말은 하지 말고 말씀을 깊이 생각하고, 기억하기 위하여 들은 말씀을 되새겨야 합니다. 그러면 그 말씀은 우리가 살아가기 어려울 때 우리를 도우십니다. 이 세상에서 사는 것은 위험한 발걸음입니다. 한 발 한 발 조심해서 예수님과 함께 말씀을 기억해야 합니다.

집회를 마치고 나가면서 서로 인사의 이야기 주고 받노라면 그날 들은 말씀을 잊어버리게 됩니다. 생각이 나지 않습니다. 그것은 실족케 하는 일입니다. 작은 자 중의 하나를 실족케 하면 연자맷돌을 목에 달고 바다에 빠지는 것이 낫다고 했습니다.

우리의 지도자는 성령이시고, 성경 말씀임을 명심해야 합니다.

> 지극히 작은 것에 충성된 자는 큰 것에도 충성되고 지극히 작은 것에 불의한 자는 큰 것에도 불의하니라 (눅 16:10)

지극히 작은 말 한마디, 한 발 한 발을 옮겨 딛을 때마다 충성된 사람이 될 것이요. 하루 하루를 충성되게 살면 일주일을 잘 살 것이며, 일주일을 작은 것에 충성되게 잘 살면 일 년을…일평생도 잘 살 것입니다. 하루가 일년, 일년이 일평생이 됩니다. 눈에 안 보이게 작은 것에 충성한 사람은 우주보다 더 큰 보화를 간직한 사람입니다.

처녀성을 지키기에 충성한 이는 온 우주보다도 큰 생명에 충성한 이가 됩니다. 이 말이 사람의 소리인가 성령의 말씀인가를 분간하여야 합니다. 여러분의 속에 있는 씨는 곧 처녀성입니다. 그것을 순결하게 간직하면 그것이 바로 영생입니다. 작고 보이지 않는 작은 씨를 잘 간직하면 영원히 행복하며 영생을 얻습니다.

삼강오륜(三綱五倫)이 영생의 씨가 아닙니다. 삼강오륜을 지킨다 해도 불행하며, 멸망하게 됩니다. 영생의 씨는 여자에게는 처녀성(處女性)이요, 남자에게는 남성의 동정(童貞)을 말합니다. 이것은 바로 마음의 지조(志操), 정조(貞操)입니다. 창기와 짝하는 자는 창기가 되고 남자와 짝하면 혼성이 됩니다. 작은 것에 충성하면 큰 것에도 충성할 것입니다. 마음 속의 처녀성(남녀)에 충성하면 온 천하도 행복하게 할 수 있습니다. 자기 마음 하나를 지키는 것으로 나라와 온 세계가 평화롭게 될 수도 있습니다. 마음 하나를 신성하게 지키지 못하여 자기가 받은 성품을 잃어버리기에 혼란이 생깁니다.

오늘 이 세상이 이렇게 혼란한 까닭은 사람들이 여러 가지 일들을 하노라 하지만 서로 실족(失足)케 하기 때문입니다. 마음씨 하나를 잃어버림으로 이 세상이 혼란하게 된 것입니다.

한 사람의 여자가 여자 구실을 잘 할 때 이 세상은 평화로울 것이며, 한 사람의 남자가 남자 구실을 잘 할 때 이 세상은 평화로울 것입니다. 큰 우주에 비하면 인간이란 미미하게 작은 존재이나 자기를 바로 지켜 사람 구실을 바로 한다면 온 우주를 얻는 것이요, 자기를 바로 지키지 못하면 우주의 혜택을 누리지 못하며, 해도 달도 가치있는 것이 못되고 맙니다. 우리가 자기 자신만이라도 바로 지키면 온 우주는 우리를 위해서 사랑으로 우리를 에워싸고 있을 것입니다.

지극히 작은 것에 충성한 자가 큰 것에도 충성하는 법입니다. 지극히 작은 것에 불의한 자는 큰 것에도 불의합니다. 자기 몸 하나, 자신의 몸가짐에 불의한 자는 큰 것을 대할 때에도 불의하는 법입니다. 우리들의 몸 하나, 혀 하나를 잘못 쓰면 누가 참된 것을 우리에게 영생으로 맡기겠습니까? 자기 자신의 혀 하나를 잘못 지킨다든지, 남녀 간에 자기의 처녀성 순결을 무시하고 잘못 지킨다면, 그로 인해 일평생이 불행할 것입니다.

맡은 사람에게 요구할 것은 충성입니다. 충성스럽게 지켜야겠습니다. 남의 땅이라도 잘 벌어서 많은 수확을 내면 그 땅은 자기의 땅이 될 것입니다. 그때 그때의 수입도 있고 결국에는 땅도 자기의 땅이 됩니다. 집이 없는 사람은 집도 생길 것입니다. 땅이 없는 사람은 땅을 얻게 될 것입니다. 당장 안 된다고 해도 얼마 후에는 얻을 수 있습니다. 하나님께서는 우리가 정성드린 만큼 더 주십니다.

보리 한 섬 나는 곳에서 한 섬 한 말을 내려고 잘 가꾸는 사람이면 얼마 안가서 옥토를 만들어 낼 것입니다. 자기 몸을 바로 간직할 줄 아는 사람이라면 얼마 안가서 온 우주를 얻습니다. 자기 몸, 혀, 손, 발을 잘 간직해야 합니다. 자기의 마음씨를 잘못 쓰면서도 스스로는 잘 쓰는 줄만 알고 있기 때문에 불행이 찾아오는 것입니다. 작은 것에 충성할 것이요, 특히 자기 처녀성을 잘 간직하면 좋은 축복을 많이 얻을 것입니다.

우리에게는 살 길이 있습니다. 누구나 작은 것에 충성하면 풍성히 주십니다. 행복을 주십니다. 농사를 짓는 데에도 지나친 욕심으로 호박 옆에 바싹 옥수수를 심고 또 그 옆에 고추를 심는다면 모두 거름이 부족할 것입니다. 그 옆에 또 배추를 심고 또 감자를 심어 보십시오. 거기서 무엇이 열리겠습니까? 욕심을 부리지 말아야 합니다. 호박을 심어서 버린 땅에는 거름을 많이 주고 또 다른 곳에도 거름을 많이 준 후에 다른 것을 심어야 합니다.

가정 생활을 하는 사람들이 어린 아이를 낳고 부족해서 또 딸을 낳고, 아들을 원했는데 딸을 낳으니 또 낳고, 예쁜 자식 낳고 싶어서 또 낳고, 이렇게 해서 낳고 또 낳고 하여 하나도 제대로 기르지는 못하고 낳기만 한다면, 그들의 행동은 불의한 것입니다. 이렇게 무절제하게 낳고 낳는 일은 일생을 음란하게 사는 일입니다. 이러한 것이 계속되면 온 세상이 어지럽게 되는 것입니다. 이런 생활은 잔인합니다.

남성의 동정이나 처녀성을 잘 지키면 온 세상에 행복을 가져오는 것이지만 성(性)이 혼탁하면 불행과 어지러움이 옵니다.

> 집 하인이 두 주인을 섬길 수 없나니…하나님과 재물을 겸하여 섬길 수 없느니라(눅 16:13)

정절(貞節)과 사치(奢侈)를 겸하여 섬길 수는 없습니다. 그러나 조심해서 정절을 지킨다고 교만하지 말아야 합니다. 사람마다 자기 능력으로 이 길 힘은 없습니다. 예수님께서는 능력없는 우리를 구원하려 오셨습니다. 스스로 깨어나려고 하는 이를 도우러 오셨습니다. 사람은 음란을 이길 능력을 잃어버렸습니다. 예수님의 보호를 깨달은 이에게 이길 능력을 주십니다. 자녀가 많아 탄식하는 이에게는 죄라고 가르치지 말고 음란하지 않으면 좋다고 전합시다. 그러나 예수님께서는 당신도 사랑하신다고 전합시다. 그가 음란 생활을 원통하게 여기면 정절 생활을 할 수 있게 하실 것이라고 전합시다. 우리를 이곳에 부르신 것은 그 사명을 이행하라고 부르셨습니다. 먹을 것만 있으면 사치 음란한 이들을 가르치라는 사명입니다.

앞으로 곧 어려운 일이 닥쳐올 이때, 우리들은 곧 어려운 일이 오는 것도 모르고 사치와 음란하게 살고 있습니다. 우리들은 잘나서 모인 것도 아니고, 남보다 선해서 모인 것도 아닙니다. 다만 사랑 안에서 모인 것입니다. 우리 중에 한 사람이라도 이 사실을 깨닫는다면 그것은 우리가 고대하던 바를 이룬 것입니다. 만백성들은 여러분이 나오기를 기다립니다. 사람마다 선하게 잘 살기를 원하고 있는데 선한 일을 올바르게 지도하는 이는 없습니다. 잘 살기 위해서 가르치는 것은 의무입니다. 만민에게 전파하라.

> 황야에 핀 국화 송이 네 정절이 향기롭다
> 꽃이 다 진 가을날에 너 홀로만 피었구나
> 님께 바칠 굳은 절개 나도 함께 피오리다(정절가)

이 세상은 거친 세상입니다. 모든 사람들은 한때 선했고, 꿈이 있었으며, 자기 마음대로 될 줄 알았습니다. 그러나 모든 사람이 정절(貞節)을 잃었기 때문에 슬프게 되었습니다. 정절은 님께만 바쳐야 하는 것입니다. 믿는 이들은 자기 개인의 몸을 위해 편하게 하기보다도 예수님을 위해서 정절을 지키는 것이 향기로운 것입니다.

철이 없는 이내 맘에 님의 은덕 저버리고
천추만대 찔인 정욕 숨은 미련 공상할 때
수유찰나 빠른 세월 귀한 생명 잘라낸다

철 없는 마음, 나이는 더 들어 가는데도 철이 없어집니다. 이 철없는 마음은 젊은 날의 정욕적 욕망입니다. 아담 때부터 찔인 정욕을 생각하며 공상하고 있는 동안에 영생은 끊어집니다. 우리는 영생의 소망을 품고 살아야 합니다. 천 년 후 자손들이 어떻게 될 것인가를 생각하면 좋을텐데, 자기 눈 앞의 자손만 위해서만 생각했지 10대 후의 일을 생각지 않기 때문에 후손들이 불행해집니다.

청정고절 저 소나무 눈 밑에서 더 푸르다
님께 바칠 일편단심 내 정절도 너를 닮아
정욕의 길 벌판에서 나도 함께 푸르리라

이 세상은 음란하고 사특한 세상입니다. 모든 사람이 음란한 것을 좋아합니다. 늙어도 정욕의 달팽이입니다. 정욕들의 벌판입니다. 사람마다 높은 절개가 없습니다. 굽어졌습니다. 우리는 눈 밑에서도 더 푸른 소나무의 정절을 본받아서 사철 푸르며, 쪼개지면 쪼개졌지 마디가 꺾이지 않고 꼿꼿이 절개 있게 서 있는 대나무를 본받아서 정절 있는 일생을 보냅시다.

어서 가자 이내 맘아 만유들이 기다린다
무사무욕 아이같이 님의 마음 본을 받아
철석같은 성실한 맘 나도 함께 따르리라

우리의 살아가는 모양은 나이는 들어가는데도 마음은 함께 자라가지 못하고 있습니다. 마음은 떼어놓고 안 데리고 갑니다. 마음도 나이와 함께 데리고 가야 합니다. 우리도 어려서부터 순진하고 정직한 마음을 가지고 가야 할텐데 그것을 떼어놓고 갑니다. 마음도 함께 데리고 가야 합니다. 육신의 몸도 훈련을 하지만 정절도 키워가야 하겠습니다.

지혜로운 재물 사용

누가복음 16:8-12은 불의한 부자 청지기의 비유입니다. 예수님께서는 청지기의 불의(不義)를 칭찬하신 것이 아니요, 그 수단의 교묘하고 민첩한 것을 칭찬하신 것입니다. 우리가 가지고 있는 금전이나 학문이나 건강이나 무엇이든지 불의의 재물 맡은 청지기같이 하나님으로부터 위탁받은 것입니다.

하나님과 재물을 겸하여 섬기지 못하나 지상의 재물을 지혜있게 사용해야 합니다. 신자들에게 있어서는 하나님을 섬기는 일만이 목적이요 근본입니다. 그 일을 위해 지상의 재물도 유효하게 사용하여 이것을 많은 사람에게 아낌없이 나눠주어 복음을 위해 사용하고 하나님 나라에 들어갈 많은 사람을 만드는 일이 필요합니다.

우리도 재물만이 아니라 하나님께로부터 맡은 것, 몸, 건강, 기술, 지혜, 시간, 총명 등을 가지고 옳지 않은 청지기가 불의한 일에 지혜있듯이 우리는 불쌍한 사람들, 병신, 불구자, 병든 이, 무식하고 천한 사람, 가난한 사람, 죄인들을 영접하고 사람들의 죄를 용서해주며 지혜있게 살면 하나님께 칭찬을 받습니다.

> 불의의 재물로 친구를 사귀라 그리하면 없어질 때에 저희가 영원한 처소로 너희를 영접하리라(눅 16:9)

우리의 몸도 죄 지은 몸이니 불의한 재물입니다. 생각도 죄 지었으면 불의한 생각입니다. 불쌍한 사람들과 팔 없는 이들의 팔이 되어 줄 수 있습니다. 오는 세상은 가난한 사람들이 차지할 세상입니다. 자기 손 하나 쓰는 것 충성스럽게 쓰면 온 몸도 잘 쓰겠습니다. 자기 하나 잘 되면 온 집도 잘 되고, 온 나라도 잘 될 것입니다. 어린아이 하나라도 잘 가르치지 않으면 누가 참 것을 가르치겠습니까.

육신의 것도 이 세상 것도 다 진정한 내 것이 못되나 그런 것을 가지고도 여기 이 세상에서 선하게 쓰면 그것들이 다 우리 것이요, 하늘나라에 가서는 영원토록 모든 것 다 주십니다. 하늘 영광을 주십니다.

정절과 음란

> 하인이 두 주인을 섬길 수 없나니…너희가 하나님과 재물을 겸하여
> 섬길 수 없느니라(눅 16:13)

하나님과 재물을 겸하여 섬기지 못하듯 정절(貞節)과 음란을 겸하여 섬기지 못합니다. 돈을 좋아하는 사람은 돈을 잘 벌기 때문에 덕을 싫어하고 무시합니다. 대부분의 처녀들의 가슴에 꿈꾸고 있는 것이 무엇입니까? 처녀들의 정절을 무엇에 쓰려는 것입니까? 탐욕과 음란한 마음이 가득차 있다는 것을 하나님께서는 아십니다. 사람들 앞에 자랑으로 내놓여지는 것을 하나님께서는 싫어하십니다. 말이라도 잘하면 말을 잘한다고 칭찬해주나 하나님은 그것을 싫어하십니다. 하나님은 마음 속을 보시지 껍질을 보시지 않으십니다. 실속없는 말로 사람에게 칭찬받는 것을 싫어하십니다. 사람들의 칭찬이란 것은 마치 녹이 슨 쇠부치에 칠을 칠하는 것과 같습니다.

> 율법과 선지자는 요한의 때까지요 그후부터는 하나님 나라의 복음이
> 전파되어 사람마다 그리로 침입하느니라(눅 16:16)

이 세상의 도덕법(律法)은 세례 요한 때까지요, 하늘나라는 예수 그리스도의 복음 전파로 시작이 됩니다. 인류의 역사는 율법과 도덕이 먼저 왔고 그것을 거쳐서야 복음으로 들어갈 수 있게 됐습니다. 법의 조문은 몰라도 무의식 중에라도 다 지키면 무식해도 하늘나라에 갈 수 있습니다.

무릇 이 세상에서 정절을 지키고 사는 사람들에게 있어서는 예수님을 남편이라 생각할 수 있습니다. 내 남편에 대한 정절을 버리고 다른 이에게 가면 간음입니다. 모든 사람은 예수를 믿음으로 하나님이 짝지어 주신 것입니다.

이 세상 사람들은 가난한 계급과 부자 계급의 두 가지로 나눕니다. 재물

을 탐하는 부자는 세상에 속한 사람들입니다. 그러나 가난한 이들은 세상에서 재물과 쾌락을 누리지 않습니다. 가난하다는 말속에는 그들이 세상에서 예수를 위해서 혼인도 하지 않고 쾌락도 거절하는 자들을 의미하기도 합니다. 혼인한 사람이라 할지라도 부부가 합심해서 서로 동정(童貞)을 지키면 그들은 청빈, 순결을 지킨 가난한 이들입니다. 수정자(守淨者)입니다.

부자와 거지

누가복음 16:1의 "어떤" 부자는 하나님을 의미하는 것이고, 19절의 "한 부자"는 세상 사람입니다. 이 세상의 재미는 보면 볼수록 부끄러운 것이고 허전하기만 합니다. 그들의 영혼도 육신도 타겠습니다. 육에 속한 세상 사람들은 쾌락을 많이 보면 볼수록 고민이 심해집니다.

> 이에 그 거지가 죽어…아브라함의 품에 들어가고 부자도 죽어…저가 음부에서 고통 중에 눈을 들어(눅 16:22-23)

음지와 양지는 뒤바뀝니다. 육을 가졌을 때 쾌락을 받으면 이후에 가서는 내겐 고생이 오고, 육을 가졌을 때 세상에서 고생하면 이후에 가서는 위로를 받습니다.

> 나사로는 여기서 위로를 받고 너는 고민을 받느니라(눅 16:25)

이 세상에서 죄 안 짓고 사는 사람은 친구도 없고 고생만 합니다. 그들은 세상 사람들에게 미움받고 악한 이름을 받아도 죽은 뒤에는 위로를 받습니다. 이 세상에서 아무런 즐거움도 없이 사는 이는 이후에 위로 받습니다.

> 너희와 우리 사이에 큰 구렁이 끼어 있어 건너가고 오고 할 수 없다
> (눅 16:26)

우리가 이렇게 지금 한 자리에 앉아 있어도 마음이 가난한 마음과 부한 마음 사이에 큰 구렁(深淵)이 있어서 서로 갈 수도 올 수도 없습니다. 누구를 동정하지 않으면 마음이 기쁜 사람이 있고, 그 반대로 마음이 답답해지

는 사람의 구별이 있어서 어쩔 수 없습니다. 가족적으로 부모나 형제가 있는 이들은 가족 식구 서로 사이에도 이런 구렁이 놓여 있다고 말하고 싶을 것입니다. 그러나 그 말조차 할 수 없는 일은 더 심한 괴로움일 것입니다.

율법과 도덕

> 아브라함이 가로되 저희에게 모세와 선지자들이 있으니 그들에게 들을찌니라(눅 16:29)

모세는 율법과 도덕을 의미합니다. 도덕을 가르치는 군자, 율법을 가르치는 선지자들이 있어서 세상 사람들을 윤리 도덕으로 가르쳐주고 있습니다. 기독교 이외의 세상 법에도 남녀간의 엄격한 법이 있어서 세상 떠난 부모 위해 "복(喪服)"을 입는 풍습이 있는데 남자는 부모 상을 당하여 3년 시묘하고 나서 복을 벗은 후에라야 부인 방에 들어갈 수 있으나 상복을 벗기 전에는 부인 방에 못들어갑니다.

어떤 젊은 부인은 시아버지 3년상을 치르면서 남편을 가까이 못하고, 3년상을 막 벗으려 하는 때에 친정 어머니가 또 세상 떠나므로 또 "복"을 입고 3년을 지내고, "복"을 벗으려는데 이번에는 시모가 세상을 떠나 다시 "복"을 입게 되었습니다. 그런데 3년이 지나니 또 친정 아버지가 세상을 떠나서 또다시 3년 "복"을 입고 하여 12년 동안이나 남편과 함께 가까이 살아보지 못했고 남같이 지내며 그동안 고운 옷도 못입고, 살다보니 어린애 낳을 기회도 다 지나가 버렸다고 합니다. 그런 성현 같은 분들도 세상에 있었습니다. 그런 것을 보고 깨닫고 배워야 합니다. 성현(聖賢)들은 청빈하게 지냈습니다. 복음으로 거듭난 사람이라면 그들에게서도 교훈을 들을 것입니다. 그런 도덕과 율법도 지키지 못하는 사람이라면 사람 구실을 못합니다.

사람은 육신 가지고서는 남을 실족케 아니할 수 없습니다. 남을 잘못 지도할 테면 차라리 지도하겠다고 하지 않는 것이 좋겠습니다. 그렇지 않다간 남도 지옥 보내고 자기도 지옥 가는 것입니다. 우리 곁에 잘못 마음 먹은 형제가 있거든 멸시하지 말고 용서해줍시다. 하루 일곱 번 잘못하더라도 잘못을 깨달으면 그것이 귀한 것입니다. 깨달음이 귀합니다.
  정절(貞節)은 처녀성이요, 그것은 곧 마음의 씨요, 생명의 씨입니다. 동물 중에서 사람이 귀하다고 하는 것은 다른 짐승들은 언어가 없어 말할 줄 모르나 사람은 말을 한다는 점이고, 또 다른 짐승들은 불을 사용할 줄 모르나 사람은 불을 이용하는 점이며, 다른 짐승들은 연구를 못하나 사람은 연구를 한다는 점입니다. 그런 정도 때문이라면 사람이 귀할 것 없습니다. 옷 만들어 입고, 밥 지어 먹고, 자식 낳는다고 귀할 것까진 없습니다. 인간이 귀한 것은 도덕과 법률을 지키니까 귀한 것입니다. 예모(禮貌)가 있으니까 귀한 것이고, 예모가 없으면 옷입고 있는 짐승에 지나지 않습니다.
  삼강(三綱)은, 임금은 신하의 근본이 되고(君爲臣綱), 아비는 자식의 벼리가 되고(父爲子綱), 아비는 자식의 벼리가(夫爲婦綱) 되는 것입니다. 오륜(五倫)은 아버지와 아들 사이는 친분이 있어야 하고(父子有親), 임금과 신하 사이는 의(義)가 있어야 하고(君臣有義), 지아비와 지어미 사이는 구별이 있어야 하고(夫婦有別), 어른과 어린이 사이는 차례가 있어야 하고(長幼有序), 친구 사이에는 믿음이 있어야 합니다(朋友有信).
  삼강오륜을 곰곰히 생각해보면 그 기본이 인간의 정욕의 문제에서 근거를 두고 있습니다. 인간 정욕(性)를 전제로 하고 있습니다. 그 제일 먼저가 아버지와 어머니(다시 말해서 男女)입니다.
  인간의 중대한 도덕의 기본이 정욕에서부터 시작하기 때문에 무능한 것입니다. 남녀 사이의 욕정, 정욕으로 서로 사랑한다는 것은 얼마가지 못하는 것입니다. 옛 성현들이 인간 사회의 윤리 관계인 도덕적 의무의 기장을 논리적으로는 잘 짰으나 이 삼강오륜대로 잘 지켰다고 해서 짐승보다 낫다고 할 수 있겠습니까? 그 기본이 결국은 정욕에 기초했기 때문에 그것은 무력하여 절대적 힘이 없어서 의(義)에 이르지는 못하고 맙니다. 그렇기 때문에 삼강오륜을 참 귀하다 할 수 없습니다.
  오륜의 기본은 남녀관계로 시작합니다. 부부로 시작하는 것입니다. 그렇기 때문에 남녀 성에 있어서 남자는 남자 구실을 해야 하고, 여자는 여자 노릇을 해야 할 것입니다. 짐승들 암 수컷이 짐승 노릇을 못해서 세상이 이렇게 혼란합니까? 아니면 사람이 사람 노릇을 못해서 세상이 이같이 혼란합니까? 사실은 세상이 이 모양이 된 것은 성적 애욕, 욕정 때문입니다. 창기와 합하는 자는 창기가 됩니다. 남녀사이에 정절을 서로 잘 지키면 세상은 혼탁하지 않고 혼란한 세상이 되지 않고 도리어 도리를 지키므로 영생하는 것이니 정절을 지켜야 합니다.

인간이 다른 짐승에 비해 볼 때 더 귀하다는 것은 바로 정절을 지킬 수 있기 때문입니다. 사람은 예수님의 보호하심을 받아야 합니다. 바로 사는 데 보호받으려면 겸손한 사람이라야 보호하심을 받습니다. 겸손해야 영원한 생명의 씨를 보호받습니다.

그러면 이미 정절(貞節)을 파괴시킨 이들은 어떻게 해야 할 것인가요? 예수님 앞에 기도로 구할 수밖에 없습니다. 정절이 참 귀한 줄 알고 힘을 다하여 충성껏 지켜야 보호함을 받고 생명을 얻습니다. 정절을 파괴시키는 일은 육신의 몸도 순결을 잃지만 영원한 불행을 초래하는 것입니다. 10세 안에 사람들에게 파괴당하는 이는 마치 꽃이 벌레 먹는 것과 같습니다.

이것(貞節)을 가르치는 것은 사람을 넘어지지 않게 하려 하는 것이요 성령께서 우리를 이끄시고 붙드시고 태초에 우리에게 영생을 주시려고 계명을 주셨습니다. 정절 지키도록 힘주시려 예수님이 오셨습니다. 이 문제에 대하여 우리는 지혜를 얻어야 합니다. 힘을 얻어야겠습니다. 기도함으로써 얻을 수 있습니다.

창세기 2장 9절에 두 가지 나무 생명나무 실과는 예수님의 계명이요, 선악과는 인간의 법, 삼강오륜입니다. 삼강오륜은 인간 본능적 욕정, 정욕을 전제로 하고 시작했으므로 그것은 인륜(人倫)일 뿐입니다. 그러므로 결정적 능력이 없고 그 속에는 영생이 없습니다. 하나님의 계명은 천륜(天倫)이므로 영생이 있고 생명의 힘이 있습니다. 이 계명은 하나님의 계명이요, 성령이 친히 하신 말씀인 줄 믿어야 합니다.

10여년 전에 세계일주를 하고 돌아온 어떤 미국 사람이 자기 느낀 소감을 적어서 친구에게 주면서 읽어보라고 했습니다. 그 내용은 원숭이들 세계에서 저희들끼리 하는 말이, "허 기가 막혀 죽겠다. 별일 다 보겠네" 하면서 원숭이들이 어처구니 없고 기가막히노라 한 이야기는 "다름 아닌 인간들, 그렇게 음란하고 도둑질 잘하는 인간이라는 것들이 우리 원숭이를 보고 자기네 조상이라고 한다고 하니 기가 막힐 노릇이 아닐 수 없네. 우리 조상들은 그렇게 음란하지도 않았고 도둑질도 않았는데…인간들이 사는 세상에 가 보소. 음란과 도둑질과 서로가 미워하고 시기하고 죽이지만 우리 원숭이 자손들이라면 그럴 리가 없거든. 그런데 그렇게 더럽고 윤리도덕도 없는 것들이 글쎄 어떻게 우리(원숭이)보고 자기네들의 조상이라고 한다는 말인가. 아니 학자란 자들이 도서관에 가서 연구해보고 깨달았다는 소리가 겨우 이런 소리야! 우리(원숭이) 진정한 자손들은 인간들처럼 그렇게 음란하지도 않았고, 도둑질도 않는 것이고 서로 미워하고 서로 죽이는 법도 없지 않은가…"라고 했답니다.

그렇습니다. 사실 오늘 인간은 짐승만 못합니다. 삼강오륜보다도 하나님의 계명이 참계명입니다.

기도는 순종

기도는 순종입니다. 예배 또한 순종입니다. 순종하지 않으면 예배의 가치가 없습니다. 형식이 불순종입니다. 예수님 따라가는 십자가의 군병들은 자신을 이기는 선한 싸움을 싸워야 할 것입니다. 우리는 예수님의 이름을 증거해야 할 것입니다. 믿는 사람들이 잘 살고 행복하게 예수 이름을 증거됩니다. 돈 많이 있어도 행복은 없습니다. 예수님 바로 믿으면 잘 살게 되고 행복하게 될 것입니다.

사람의 목적은 하나님을 영화롭게 하며 기쁘시게 하는 것입니다. 영혼이 구원받아야 하나님 기쁘시게 할 수 있으며 자신은 행복해집니다. 자신이 불행하면 주님의 이름 증거할 수 없고 하나님 기쁘시게 할 수 없습니다. 사람의 제일 훌륭한 일은 자신이 사람 되는 것입니다. 다른 사람을 사람되게 하는 것보다도 자기가 사람되는 일이 중요합니다.

사람되는 것은 자기안에서 찾아야 할 것입니다. 자기가 참사람 되려고 해야야 남이 사람 못 만듭니다. 자기가 참사람 되려고 노력해야 할 것입니다. 사람 못되게 하는 것은 자기 마음입니다. 그것을 핑계할 수는 없습니다. 자신이 사람되면 누가 좋겠습니까? 자기 좋고, 다른 사람 좋습니다. 자신이 사람 못되면 자기 불행이요, 다른 사람 불행합니다.

> 하나님께서 각사람에게 그 행한 대로 보응하시되 참고 선을 행하여 영광과 존귀와 썩지 아니함을 구하는 자에게는 영생으로 하시고
> (롬 2:6-7)

> 악을 행하는 각 사람의 영에게 환난과 곤고가 있으리니 첫째는 유대인에게요 또한 헬라인에게며 선을 행하는 각사람에게는 영광과 존귀와 평강이 있으리니 첫째는 유대인에게요 또한 헬라인에게라
> (롬 2:9,10)

악을 행하는 각사람의 영에게 환난과 곤고가 있으리니 달아날지라도 하늘에나 바다에도 피할 길이 없습니다.

사람되면 왜 좋습니까? 어째서 좋습니까? 참고 선을 행함은 왜 좋습니까? 그 사람된 자체가 좋습니다 그것은 평안입니다. 존경도 있습니다. 썩지 않음이 거기만 있습니다. 그 자신이 좋은 것입니다. 참으면 참은 시간 그 자체가 좋습니다. 후에 천국 가서도 좋지만 현실 생활속에서도 좋습니다.

주와 함께 다스리려면 싸워야 할 것입니다. 자기 몸과 성품을 다스려야 합니다. 천하를 얻어도 자신의 성품 다스리지 못하면 쓸데 없습니다. 매일 죄 짓고 실패하여도 늘 기도해서 사람되어 승리의 개가를 불러야 할 것입니다.

> 다른 사람 어찌 하든지 나는 주의 군병되리
> 나는 주의 군사되어 충성을 맹세하여
> 내가 승리하기까지 주은혜로 싸우리
> 주의 군병된 내몸에 주의 일 맡기소서

우리는 날마다 주님의 은혜로 싸워야 합니다. 참아도 은혜로 참으면 기쁘겠습니다. 겸손해도 주의 은혜로 겸손되면 기쁘겠습니다. 오늘도 주께서 모든 사람의 처지대로 주의 일 맡기셔서 겸손과 인내와 진실로 살아 하십니다.

주님께 바칠 것 없다는 말과 내게 있는 것 다 바쳤다는 말은 무슨 뜻입

니까? 우리의 선한 것은 바칠 것 없고 죄인된 그대로 나왔다는 말입니다. 우리에게 바칠 것이 무엇 있습니까? 물질보다 진실을 하나님께 바쳐야 할 것입니다. 참이 있어야 믿어집니다. 그리스도의 보혈이 있어야 믿어집니다.

죄 있어도 다음에는 죄 안 짓겠다는 마음으로 기도하는 것입니다. 염치 없어도 진실로 바라고, 배우고, 최후까지 하는 것이 성공입니다. 완전을 사모하고 소망으로 바라보고 나아가야 합니다. 우리는 완전하게 살 수는 없습니다. 연약한 이에게 성령의 위로가 있습니다. 완전해서 천국갈 사람 있겠습니까? 끝까지 참고 바라고 나가는 것입니다.

우리의 사는 처지를 감사해야 할 것입니다. 처음 믿는 이들이 잘 시작해야 잘 믿을 수 있습니다. 높은 산을 올라가는데 한꺼번에 높이 올라가려면 위험합니다. 어려서부터 임금의 말이라 해서 고개를 숙이고 들었다고 잘된 사람도 있지만 못된 사람도 많습니다. 그 뜻을 모르면 나와서 도적질, 살인합니다.

의식이 틀에 박혀 성경 말씀을 많이 들으면 마음만 높아지고 교만해져서 자신을 모르게 됩니다. 사람 못 되었으면 아무 소용 없습니다. 성경 말씀을 많이 듣고 예배당에서 거룩하게 있는 것도 좋지만 누워서도 성경 보고 주님 생각해도 좋습니다. 변소에서 생각해도 좋습니다. 우리가 사람으로서 사람 노릇 못해서 많은 사람 앞에 죄인의 모습으로 죄 심판 받을 때 얼마나 부끄러울 것입니까?

사람에게 속사람과 겉사람이 있습니다. 속사람이 사람된 이가 사람이라 말할 수 있습니다. 사람되는 것이 가장 위대한 일입니다. 아들이나 딸이나 누구보다도 자기가 사람되는 것이 귀중합니다. 자기 하나가 귀한 줄 모르고 있습니다. 하나님께서는 나 하나를 귀하게 생각하십니다. 여기 있는 사람 하나하나를 귀하게 생각하십니다. 주님께서 나 하나를 위하여 십자가를 지셨으므로 나와 십자가는 가깝습니다. 나 하나를 위해서 주님께서 십자가를 지셨음을 믿는 사람은 행복하게 잘 살아야합니다. 잘 사는 것이 믿는 이의 의무요 도리입니다.

천국 시민의 권리와 의무

> 예수께서 무리를 보시고 산에 올라가 앉으시니 제자들이 나아온지라 입을 열어 가르쳐 가라사대 심령이 가난한 자는 복이 있나니 천국이 저희 것임이요 애통하는 자는 복이 있나니 저희가 위로를 받을 것임이요 의에 주리고 목마른 자는 복이 있나니 저희가 배부를 것임이요 긍휼히 여김을 받을 것임이요 마음이 청결한 자는 복이 있나니 저희가 하나님을 볼 것임이요 화평케 하는 자는 복이 있나니 저희가 하나님의 아들이라 일컬음을 받을 것임이요 의를 위하여 핍박을 받은 자는 복이 있나니 천국이 저희 것임이라 나를 인하여 너희를 욕하고 핍박하고 거짓으로 너희를 거스려 모든 악한 말을 할 때에는 너희에게 복이 있나니 기뻐하고 즐거워하라 하늘에서 너희의 상이 큼이라 너희 전에 있던 선지자들을 이같이 핍박하였느니라 (마 5:1-12)

믿는 이들이 가난해야 할 의무 가졌으면, 복 있게 살 의무 또한 있습니다. 그러면 천국 시민이 될 자격 있습니다. 우리가 잘 살려면 첫째는 믿어야 잘 살 수 있습니다. 믿을 때 행복한 것이고 그들의 행복은 믿었기 때문인 것입니다.

둘째로 진실해야 합니다. 믿되 참되게 믿어야 하는 것입니다. 참된 것이 복인 줄 알아야 합니다. 거짓은 죽는 것과 같습니다.

셋째로 기도해야 합니다. 부끄럽지만 기도해야 합니다. 무시로 해야 할 것이지만 하루에 최소한 5번 기도드리면 그날 행복합니다. 처음 기도할 때는 기도도 아니고 우스꽝스럽지만 그때그때 주께서 들어주시고 이루어 주시는 것을 볼 때 힘 얻을 것입니다. 하나님께서는 처음 믿는 연약한 이들의 기도를 더 잘 들어 주십니다.

그리고 넷째로 믿는 친구를 사귈 것입니다. 자신에게 가장 귀한 것은 사람되는 것입니다. 다른 사람이 사람되는 것보다 자기가 사람되어야 갈팡질팡 하지 않습니다. 사람되는 것을 어디서 찾을 것입니까? 자기안에서 찾아야 하겠습니다. 행복을 누리는 것도 자기안에서 사람되면 행복하므로 자기안에 있는 것입니다. 또한 자신이 사람되는 데 방해 부리는 것도 자기안에 있습니다. 누구든지 행복한 것도 불행한 것도 자기탓입니다. 매를 때려서 사람 만들 수 없습니다. 형무소에서도 마찬가지입니다.

자신이 사람됨으로서 유익도 행복도 자기에게요, 다음은 다른 사람입니다. 속사람이 변화되어 도리를 잘하는 건전한 사람이라도 신은 아닙니다. 산꼭대기까지 올라가려면 자기가 힘쓰는 것입니다. 천국은 힘쓰는 사람들에게 빼앗기는 것입니다.

세례 요한의 때부터 지금까지 천국은 침노를 당하나니 침노하는 자는 빼앗느니라(마 11:12)

힘쓴다는 것은 도리를 행하기 위해서 의무 행하는 것입니다. 내가 사람되려고 힘쓰는 사람은 빼앗는 것입니다. 개선가를 부를 때가 있습니다. 힘쓰는 사람에게 승리가 있습니다.

심령이 부하면 가난해지려고 힘써야 할 것입니다. 힘쓰려고 힘쓰면 더 나빠질 것 같으나 속에서는 능력받아 새로워집니다. 기도할수록 우리의 행동은 고쳐지지 않지만 능력주심 속에서는 변화가 됩니다. 사람이 정성을 드렸을 때 마음이 시원해집니다.

경건한 사람들이 외식하게 됩니다. 경건 자체가 나쁜 것은 아닙니다. 그러나 사람이 되지 않고 행함만이 앞설 때 부작용이 생기는 것입니다. 그래서 겉사람과 속사람이 다른 것입니다. 자기 속사람을 다른 이가 도무지 모를지라도, 스스로는 알 수 있을 것입니다.

믿는 사람이면 진실함과 줏대가 있어야 합니다. 믿음의 실 내용이 보통 때보다는 어려울 때 증거할 수 있어야 하겠습니다. 겉으로는 안 믿는 것 같으나 실지 그 내용이 가난할 때 마음에 평안하고 또한 능력 받겠어요

애통할 때 기쁨이 옵니다. 기쁠 때보다도 슬플 때 속사람이 힘을 얻게 됩니다. 침침하고 어두울 때 주님께 의지하게 되고 외로울 때 능력을 받게 됩니다. 온유한 사람은 천국이 저의 것입니다. 복 달라 하면 다 주는 온유한 사람, 이해를 가리지 않고 좋은 것을 다른 사람에게 양보하는 사람에게는 참 평안이 있습니다. 빼앗기고도 태연한 사람에게 평안 있겠습니다. 배고파도 식량이 없어도 병들어도 태평하겠습니다. 이런 사람이 능력 받겠습니다. 바른 도리를 행하고 사랑으로 훈계해야 합니다. 자기 것 다 빼앗기고

도 마음속에 평강이 있는 사람은 몇 만 배 받겠습니다.

의에 주리고 목마른 자에게 배부를 것입니다. 내가 어떻게 옳은 것을 가르쳐볼까 하는 사람은 의에 주린 사람입니다. 나는 음란하고 마음이 나쁘지만 그래도 옳은 것 해보려고 하는 사람에게 복있습니다. 말씀을 깨달으려고 힘써야 합니다 말씀으로 영혼이 깨끗해지고 새사람 되어 힘 얻습니다. 사람된 이는 어려운 일 당할수록 더욱 빛나는 것입니다.

어느 한 고아원에 소경인 할머니가 찾아오셨습니다. 직원이 귀찮아 돈을 주어 보내려 하니까 할머니가 한 말씀만 드리겠다고 하더니 주머니에서 돈을 꺼내어 내놓으며 '하나님이 이 돈을 보내는 것이니 받아주어야 한다'고 하였습니다. 사연인즉 멀리 떠났던 아들이 돌아왔는데 눈이 멀어 볼 수 없음을 한탄하여 자살하려다 죽기 전에 하나님을 기쁘시게 해드리고 죽어야겠다 결심하고 기도할 때 석유값을 모아 좋은 데 쓰라는 말씀을 받아 돈을 모아 가지고 왔다 하였습니다. 다른 이를 동정하면 자신이 동정속에 산다고 합니다.

마음이 깨끗한 사람은 진실한 사람입니다. 온 천하가 반대하여도 문제가 되지 않습니다. 진실한 마음을 소유한 이는 하나님을 볼 수 있을 것입니다. 화평케 하는 사람이 가는 곳마다 화평하게 됩니다. 자신이 마음속에 화목해야겠다는 소원이 간절한 사람은 하나님의 자녀입니다. 의를 위하여 가난하고 헐벗고 핍박받는 그 시간이 행복하겠습니다. 욕 얻어 먹을 때 그때 기쁘겠습니다.

불교 진리중에 없는 것이 있는 것이요, 없는 것이 참이라고 합니다. 공즉시색(空卽是色)이요, 색즉시공(色卽是空)이라는 말이 있습니다. 진리에는 안이 있고 밖이 있습니다. 진리는 언제든지 양면성을 가지고 있습니다. 안과 밖이 온전하다면 둘이 하나 되는 것입니다. 안도 깎고 밖도 깎으면 결국은 없어지고 안 보이게 됩니다. 안 보이는 것이 진리이고, 안 보이는 것이 있는 것이고, 참이라는 것입니다. 그러나 안 보이는 것보다는 보이는 것, 칭찬보다는 욕을 먹고 살아야 복됩니다.

팔복은 사람의 도리이며 의무입니다. 그 자체가 복입니다. 가난, 애통, 온유, 화목…그 자체가 복입니다.

"기뻐하고 즐거워하라 하늘에서 너희의 상이 크리라" 하셨습니다. 핍박 받아 참기만 해도 좋지만 기뻐하고 즐거워할 때 하늘나라 상이 있습니다. 이럴 때 하나님을 영화롭게 하게 되고 하나님을 기쁘시게 하는 것입니다. 핍박 받을 때 기뻐하면 하나님께 영광 돌리는 것입니다.

소금의 모양이 좋아서 사람에게 필요한 것이 아니라 그 맛 때문에 귀한 것입니다. 사람이 만물보다 왜 귀합니까? 사람이 사람의 도리를 했을 때 귀한 것입니다. 사람 마음이 귀한 것입니다. 한사람 한사람의 마음이 귀한 것입니다. 천하를 주고도 바꿀 수 없는 것입니다.

이 세상은 마음(영혼)이 어두워졌기 때문에 살 수가 없습니다. 어둔 사람들이 살아 다니기 때문에 못된 세상입니다. 빛은 서로 가림이 없습니다. 사람의 도리, 인생의 목적을 바로 깨닫고 올바른 사람 되어야 사람 앞에 사람으로 나타납니다.

이야기 하나 하지요. 글 모르는 어머니가 타향에 가 있는 아들에게서 온 편지를 받고 답답하여 지나가는 부잣집 청년에게 읽어 달라고 했습니다. 그 청년이 편지를 들고 울며 눈물만 흘리고 있자 어머니는 무슨 영문인지 몰라도 필연 자기의 아들이 고생하다가 죽지나 않았나 하여서 그 청년과 같이 울었습니다. 또 한 사람이 지나가다 너무나 슬픈 광경에 함께 울다가 사연을 알고 싶어 편지를 읽어보니 아주 기쁜 소식이었습니다. 그래서 그 부자 청년에게 우는 이유를 묻자 자기가 글 못 배운 것이 한이 되어서 울었다고 합니다.

처음 믿을 때부터 사람되는 일에 힘써야겠어요. 예수님은 완전케 하기 위하여 오셨습니다. 불교 신자, 유교 신자보다 더 낫지 않으면 천국에 들어갈 수 없겠어요.

성모님께 감사해야 합니다. 또한 우리의 어머니에게도 감사해야 합니다. 어머니의 어머니도 또 그 어머니도. 온세계 인류는 한 형제임을 알아야 감사해야겠어요. 특히 동정을 지키는 이들을 더욱 감사해야겠어요. 우리가 자녀를 낳지 않아 사람될 이들이 세상에 출생되지 않음 또한 감사해야겠어요. 결혼해서 한 부부가 두 자녀만 낳는다 해도 다 합하면 굉장히 많습니다. 33대만 가면 현대 세계 인구와 같은 숫자입니다.

엠마오로 가는 제자

안식 후 첫날 새벽에 갈릴리에서 예수와 함께 온 여인들이 향품을 가지고 예수님을 만나려고 찾아간 것처럼 오늘 우리의 목적도 예수님 만나 뵙는 것입니다. 어디를 가야 예수님을 만날 것입니까? 이 여인들은 금요일 석양에 향품을 준비했다가 안식 후 첫날 무덤에 갔습니다. 이 세상에서 자녀된 사람은 마땅히 부모님에게 온다 간다 하는 인사를 해야 할 것입니다. 가는 이유와 돌아와서 보고를 해야 부모가 걱정하지 않습니다. 자녀들이 아무 말 없이 가거나 돌아와서도 보고를 안하거나 혹 한 사람이라도 없으면 소동이 일어나겠습니다. 우리도 하나님 앞에서 무엇을 할 것인가 보고 해야겠습니다.

여자들은 3일전부터 준비하고 작정했다 가보니 돌문이 열려져 있었습니다. 시체에 향품을 바르려고 했으나, 주님의 시체는 없어졌고 찬란한 옷을 입은 두 사람이 곁에 서있는 것을 발견하고 두려워서 얼굴을 땅에 대자 천사들이 "어찌하여 산 자를 죽은 자 가운데서 찾느냐? 여기 계시지 않고 살아 나셨느니라" 말씀하셨습니다. 왜 인정적인 예수. 애정적인 예수를 찾느냐고 말씀하십니다. 우리도 오늘 예수님 만나뵈면 좋아합니다. 그러나 애정적인 예수를 찾을 수 있습니다.

나는 편한 자리로 옮기시는 예수님을 찾을 수 있습니다. 이 여인들과 같이 인정적인 예수를 찾을 때 천사들 앞에서 두렵고 부끄러울 뿐입니다. 오히려 편한 데서 고생으로 이끄시는 예수님을 찾아야 합니다. 우리가 찾는 예수님이 아니므로 싫어할 수 있습니다. 그러나 편안한 자리에서 고생의 자리로 가야 하겠습니다.

천사들은 무엇을 가르쳤습니까? 천사들은 예수님께서 늘 하시던 말씀을 기억나게 했습니다.

인자가 죄인의 손에 넘기워 십자가에 못박히고 제 삼일에 다시 살아

나야 하리라(눅 24:7)

그때까지 아무 생각없이 향품을 가지고 무덤에 갔으나 천사들이 예수님의 말씀을 기억나게 하자 이 여인들은 예수님의 부활을 확실하게 믿을 수 있었습니다. 예수님의 능력있는 말씀을 기억함으로써 사람들에게 부활을 전하고 예수의 말씀을 전할 수 있는 사람이 되겠습니다. 사도들은 두려움 속에서 예수님의 말씀을 기억하지 못했습니다. 그들은 능력있으신 분이 그렇게 허망하게 돌아가실 줄 생각지 못했고 오래 계시면서 많은 능력을 베푸시리라 생각했습니다.

제자들은 여인들의 말이 허탄한 듯이 뵈어 믿지 아니하였으나 베드로는 무덤으로 달려갔습니다. 그리고 그 된 일을 기이히 여기며 돌아갔습니다. 엠마오로 가는 두 제자를 예수님은 사랑하셔서 당신을 나타내시고 미련하여 말씀을 더디 믿는 제자들을 꾸짖으시며 진리를 깨닫게 하셨습니다.

오늘 예수님께서 여기에 오셔서 내 말을 믿느냐 물으시면 어떻게 하실 것입니까? 우리가 성경을 읽을 때 성령께서 우리의 마음을 뜨겁게 감동시켜 주실 것입니다.

부활하신 예수님은 돌아가시기 전의 예수님과 아주 달라졌습니다. 제자들이 강권하여 모시고 들어가서 저녁 식사 하실 때 축사하시자 저희 눈이 밝아져 주님을 알아 보았으나 예수님은 저희에게 보이지 아니하였습니다. 주님께서는 우리에게 기쁨과 참된 행복과 평안함, 영생 안식을 주려고 오십니다. 지금 오시는 것은 모든 사람을 구원하고자 함입니다. 나중에는 심판하러 오실 것입니다. 지금은 죄를 자백하고 회개하면 죄사함을 주십니다.

우리는 한도(限度)있는 생활을 해야 하겠습니다. 포도원 주인의 두 아들의 비유에서 둘째처럼 뉘우치고 포도원에 가서 일하는 순종함이 있어야겠습니다. 오늘도 어떠한 일 하려고 작정했으나 아침 먹고 생각해보니 안 하고 싶어지면 아버지 뜻을 거스리는 것입니다. 그러면 예수님께 고하고 또 작정해야겠습니다.

물고기는 물 속에 있어야 합니다. 제자들이 엠마오 집까지 갈 결정을 한 것처럼 해야 합니다. 결정 없이 그냥 가면 더 가거나 덜 가게 되며 또는 딴 데로 가게 되겠습니다.

우리는 금년 작정한대로 한걸음 한걸음 나아가야 하겠습니다. 아무 작정 없이 가는 데까지 가면 소용 없습니다. 말씀 가운데서 이만큼 하겠다고 작정하고 가면 주님께서 함께 하시겠습니다.

사랑의 연결고리

하나님께서는 사람의 완전한 수효를 한번에 계획해 오셨습니다. 밤나무 심을 때 그 나무에 평생 열릴 밤알 수가 그 한 씨에 다 들어 있습니다. 지금은 낳기를 힘쓸 것이 아니라 태어난 사람을 잘 가르쳐야 할 때입니다. 그 많은 사람중에서 선한 사람 안 나오면 모두가 불행합니다.

하나님의 사람은 동정을 지키며 절제있는 생활을 해야 합니다 마귀는 많이 낳으라 합니다. 동정을 싫어하는 것은 마귀입니다. 나가고 들어올 때 무엇을 어떻게 했는가 이야기해야 하는 것처럼, 하나님 앞에서도 우리 해야할 일을 고해야겠습니다. 목표를 정하고 한도내에서 할 일을 해야겠습니다.

속사람을 살리려면 여러 가지 것을 알아야 할 것입니다. 믿어야 진실하겠어요. 믿는 이는 행복해야겠어요. 사람에게 가장 위대한 일은 사람되는 것입니다. 속사람이 가난, 온유, 애통해야겠어요. 하나님께서 예수그리스도를 보내신 것 같이 주께서도 믿는 이를 세상에 보내셨습니다.

아버지께서는 나를 세상에 보내신 것 같이 나도 저희를 세상에 보내었고(요 17:18)

믿는 이를 세상에 보내신 이는 말과 일에 능하신 선지자이십니다.

나사렛 예수의 일이니 그는 하나님과 모든 백성 앞에서 말과 일에 능하신 선지자여늘(눅 24:19)

그는 하나님과 모든 백성의 마음속에 살아계십니다. 예수께서는 믿는 이들을 말과 일에 능한 사람으로 보내겠다고 말씀하십니다. 참말이면 능력 있겠습니다. 하나님이 예수께 성령과 능력을 기름붓듯 하셨으며 눌린 자를 고치셨으니, 이는 하나님이 함께 하심입니다.
　우리는 가난하고 싶어하는 마음에 능력을 받습니다. 우리가 모든 것을 바치는 것은 거룩한 기름받기 위함입니다. 그러면 늘 능력을 받겠습니다. 예수님께서 착한 일을 행하시고 기적을 많이 행하심은 하나님께 영광을 돌리고 하나님이 보내신 이를 믿게 하기 위함이었습니다. 이는 하나님께서 하셨던 것입니다. 아침 저녁 기도하는 것은 도리입니다.
　금년에는 무엇하겠습니까? 연말에 '무엇을 못했습니다'고 할 때 하나님께서 책망하시겠습니다. 예수께서 보내신 사람이 무엇을 할 것입니까? 예수와 같이 해야겠습니다.
　포도나무는 원 나무에 붙어야 열매가 맺고, 소금이 맛을 잃으면 쓸데 없고, 등불이 좋지만 불이 꺼지면 안 됩니다. 우리 속사람이 가난해서 하나님의 능력 받아야겠어요. 늘 말씀으로 마음을 깨끗하게 해야겠어요. 오리가 물 속에 살지만 기름을 자기의 깃에 바름과 같이, 늘 믿음으로 자기를 거룩하게 해야겠습니다. 새도 털에 티나 똥 묻지 않게 싸고 정결하게 자주 씻습니다. 우리도 마음에 세상의 것이 묻지 않게 늘 닦아야겠습니다. 믿는 이는 마음과 몸을 청결해야 할 것입니다. 계획있게 살아야 하고 이웃과 협조할 줄 알아야겠습니다. 협조할 줄 모르면 살 수 없습니다. 비록 부족하여도 서로 협조해야 할 것입니다.

> 내것은 다 아버지의 것이요 아버지의 것은 내것이온대 내가 저희로
> 말미암아 영광을 받았나이다(요 17:10)

　하나님과 예수님이 하나 된 것처럼 제자들이 하나 되게 하려고 기도하셨습니다. 또한 제자들만이 아니고 말씀안에서 하나 되시기를 간구하셨습니다. 성경 말씀을 듣는 데서 믿음이 생깁니다.

하나가 되어야 합니다

　예수께 영광받은 이들은 다 하나가 되어야 합니다. 시기할 것도 없고 예수의 피로 말미암아 구속함을 받은 빛된 사람들은 모두 하나 되어야겠습니다. 우리가 온전한 사람들이라면 하나 되겠습니다. 불완전한 사람들은 하나

될 수 없습니다. 그릇이 깨져 여러 쪽 되었으나 잘 맞추면 하나가 됩니다. 우리가 불완전할지라도 하나님께로서 난 자들이라면, 하나님의 사랑을 받는 사람들이라면 하나될 수 있습니다. 우리는 불완전할진대 협조하면 완전하겠습니다.

자동차 부속품들이 자기 할 일만 하면서 협조함같이 예수안에서 믿는 이는 협조해야 합니다. 협조할 것 같으면 서로 이해해야 하고, 자기를 바로 알고, 남을 잘 알아야겠습니다. 협조 못하면 행복 없습니다. 서로 이해해야 원만할 수 있습니다. 협조가 안될 때에는 서로 외국 사람과 같습니다. 서로 마음과 마음을 알아줄 때 얼마나 기쁠 것입니까?

진리는 하나님의 마음입니다. 하나님의 마음을 아는 것이 깨달음이요, 깨달음은 기쁨입니다. 서로 이해하고 마음과 마음이 하나 되어야 합니다. 자기만 잘 살려고 할 때는 갑갑해서 서로 살 수 없습니다. 자기 능력대로 피차 협조와 봉사로 힘을 합하여 빛이 되어야겠습니다.

피차 사랑할 때 이해가 됩니다

또한 사랑해야겠습니다. 피차 사랑할 때 서로 이해할 수 있습니다. 사랑이 있어야 협력한 결과가 아름답겠습니다. 예수의 사랑으로 하나 되고 협조될 때 천국 생활입니다. 믿는 이는 이 세상에서부터 천국을 맛봅니다. 내 마음이 천국입니다. 진리와 사랑은 영원합니다. 진리는 항상 새롭습니다. 내가 천국 안에 살면 그만입니다. 다른 사람과 긴밀히 협조하고 이해하고 마음 알아주고 사랑할 때가 천국입니다.

어떤 사형수에게 마지막 소원을 물으니 먼 데 계신 어머니를 뵙고 싶다 하였습니다. 임금이 이 말을 듣고 보내면 도망갈 것이라 생각해서 안 된다고 하였습니다. 그러자 사형수의 친구가 사형수 대신 있을 테니까 친구를 다녀오게 해달라고 간절히 청원하였습니다. 임금이 이 말을 듣고 나도 이런 친구 하나 있으면 왕의 자리라도 버리겠다 하였습니다.

내가 친구의 마음 알아주고, 친구가 내 마음 알아주면 더 이상 영광을 바랄 것 없습니다. 사람이 서로 마음과 마음을 알아주면 귀한 것입니다. 서로 속을 몰라주면 의심하고 싸우고 불행합니다. 믿는 이가 서로 이해하고 협조하고 사랑하면 천국이 임할 것입니다.

의를 전파합니다

사람들은 '남에게 선한 일을 하라, 악한 일을 하지 말라' 합니다. 우리는 지옥이 정말 있는가부터 검토해야 할 것입니다.

지옥을 믿는 이와 안 믿는 이 모두에게 하나님은 하나님이 되십니다. 이 세상 어떤 나라에도 감옥은 있습니다. 벌할 장소가 있습니다. 공산주의 나라에도 있고, 도적들의 사회에도 법이 있습니다. 인간 사회에서 죄지은 사람을 벌하는데, 하물며 하나님 나라에서는 어떠하겠습니까? 하나님께서도 공의로우시기에 반드시 죄악을 벌하십니다.

이 세상에서 선하게 살려고 못 먹고 헐벗고 고생한 사람에게는 결국 악한 사람보다 상 있겠습니다. 농사 짓고 사는 사람 중에 새벽부터 밤중도 모르고 일하는 사람과 그늘 밑에서 놀고 있는 사람과의 결과는 다를 것입니다. 그 결과가 다르기 때문에 고생하며 선을 행하는 것입니다. 그렇지 않으면 낙심되겠습니다. 혹 고생이 좋아서 할 사람이 있을지는 몰라도 그 결과가 똑같으면 누가 선을 행하겠습니까? 죄 안 지으려고 하고 음란 안 하려고 조심하는 것입니다.

이 세상 지어지기 전부터 공의로우신 하나님께서 인간의 지성에 알게 해주셨습니다. 그러나 인간은 일부러 잊으려고 합니다. 어느 누가 해가 안 뜬다고해서 안 뜨겠습니까? 마귀가 있는가 없는가? 보이지 않기에 믿지 않는 이에게 마귀가 없다 할 수 없습니다. 술 먹으러 가자고 하는 사람을 따라가면 머리 아프고, 살림 망하고 자신 망하겠습니다. 술 안 먹고 절제하며 사는 사람과 술먹는 사람의 결과가 같겠습니까? 결과는 다릅니다. 마귀를 따라가면 마귀 결과와 같겠습니다. 마귀가 있다하든지 없다하든지 나쁜 사람을 따르면 나쁜 결과 나오고, 좋은 사람을 따르면 좋은 결과 오겠습니다.

이 세상은 물에서 나와서 물로 망했습니다. 노아 때 세상은 음란하고, 폭음 폭식하고 죄악이 관영하였으므로 하나님께서 물로 심판하신 것입니다.

이제는 불로 사르겠습니다. 달, 햇빛, 공기도 살게 하셨는데, 그 혜택을 입고 회개하며 잘 살라고 했는데, 악하니까 동일한 말씀으로 불사르겠습니다. 사람들은 물질을 우상화하며 살고, 그 물질을 주관하는 마음이 죄로 가득해 그 물질을 불사르겠습니다. 또 사람들도 불사르겠습니다.

사람들이 못 살겠다 못 살겠다 하는 것은 무엇 때문입니까? 물질 때문에 못살겠다 합니다. 사람의 마음이 악해서 물질의 순환이 잘 안되므로 사람의 마음이 불타겠습니다. 이 세상에서부터 영원까지 타겠습니다. 회개하여야 불 끄겠습니다. 남녀간에 타는 것도 회개해야 안 타겠습니다. 애정 관계 때문에 사람이 비참해지며 고생받습니다. 참으로 볼 수 없습니다. 예수 믿고 그 고통에서 풀려야 해결되겠습니다. 평화해야겠습니다. 그러나 애정 관계가 깊어져 자기가 생각하는 사람이 다른 사람과 말하는 모습을 못보고 고통받는 것은 차마 못보겠습니다.

큰 위험들을 무릅쓰고 모였습니다. 어떠한 사람들이 되어야겠습니까? 모두 못 살겠다 하는 사람들 앞에서 새하늘과 새땅을 전파해야겠어요. 오직 예수의 십자가만이 물질관계와 애정관계에서 해방받는 길이겠어요. 나를 위하여 십자가에 못 박히신 것을 전파해야 합니다. 그러기 위해서는 우리가 먼저 거기서 놓임 받아야겠습니다. 모든 사람들이 예수 십자가에 모임으로 놓임받게 전합시다. 모든 사람들이 돈 없다고 마음 불타고 있습니다. 늘 사람을 만나는 대로 불타는 심경을 말해도 해결과 시원함을 못 얻으니 또 만나면 또 말하고 또 합니다. 예수 믿는 이는 돈이 없어도 마음이 불 안 탑니다. 우리가 사는 길은 십자가밖에 없습니다.

노아 홍수 때에 의를 전파하던 노아와 그 일곱 식구만이 의를 좇았습니다.

> 오직 의를 전파하는 노아와 그 일곱 식구를 보존하시고(벧후 2:5)
> 믿음으로 노아는 아직 보지 못하는 일에 경고하심을 받아 경외함으로 방주를 예비하여 그 집을 구원하였으니(히 11:7)

말세에 거짓 선지자가 믿는 자들을 미혹케 한다고 말씀하십니다. 멸망은 자지 않고, 쉬지 않고 닥쳐오고 있습니다. 하나님께서는 멸망 직전까지 부끄러워 하지 않고 의를 전파한 노아와 그 일곱 식구를 구원하셨습니다.

의를 전파합시다. 십자가를 전파합시다. 불의하고 경건치 않은 세상에 의를 전파해야겠습니다. 예수 이름 부를 때 위로를 얻어야 하겠습니다. 물에 빠져 죽어가는 사람들을 예수로 구원해야겠습니다.

참 선지자, 거짓 선지자

말세에 거짓 선지자, 거짓 선생들이 말세에 많이 나타난다 하였습니다. 애굽에도 그런 거짓 선지자가 많이 일어났을 때 나라가 망했습니다. 유대 예루살렘에 예수님 오시기 5백년 전에 거짓 선지자도 없었습니다. 예수님 오신 후에 거짓 선지자가 많이 나타났습니다. 참 선지자 예수께서 예루살렘성의 멸망을 말했으나, 거짓 선지자들이 나와서 망하지 않는다고 주장했습니다. 백성들은 참 선지자의 말을 듣지 않고 거짓 선지자의 말을 듣고 멸망했습니다.

죄악으로 인해 이스라엘은 망했습니다

밥보다 옷보다 더 가까이 하며 좋아하는 것은 색입니다. 제일 좋아하며 합리화합니다. 가장 선하다고 합니다. 진리가 훼방받습니다. 음란한 마음이나 물질로 인해 지은 것은 하나님께서 심판하십니다. 옛부터 먹을 것과 시집 장가 가는 것 좇을 때 멸망하였습니다.

어떤 것이 마귀입니까? 사람들을 멸망으로 끌고 들어가는 것이 마귀입니다. 마귀에게 끌려서 마귀의 종노릇합니다. 마귀에게 끌려가 죄악이 다 차면 벌 받겠습니다. 가득 차서 더 이상 참을 수 없을 때, 조금도 동정할 희망이 없을 때 멸망하겠습니다. 가나안 땅은 죄악으로 인해 이스라엘 백성에게 망했습니다.

눈 길에 올 때 조심해서 왔습니다. 조심하면 다쳐도 좀 덜 다치고 조심 안하면 많이 다칠 수 밖에 없습니다. 그것으로 넉넉합니까? 우리의 목적은 의를 전파하는 것입니다. 사람마다 못 살겠다고 하는데 왜 못 사는가요? 돈 때문에 못 산다 합니다. 돈이 없어서가 아니라, 돈이 돌아가지 않아서 못 살겠다 합니다. 못 사는 것은 사람들의 탓입니다. 이러한 때 우리의 의를 전파해야 합니다. 살 수 없는 세상에서 잘 살 수 있는 것을 전파합시다. 우리만 잘 사는 것도 좋지만, 그것으로 다 된 것이 아니라 전해야 합니다.

예루살렘이 멸망하는 것, 이 세상이 멸망하는 것이 보입니다. 하나님께서 소돔과 고모라 성을 멸망하심으로, 후세에 경건치 아니한 이들의 본을 삼으셨습니다. 노아와 일곱 식구는 합력했으므로 온 세계를 구원했습니다. 롯은 음란의 행실을 보고 같이 고통했습니다. 그러나 그 식구들 아내, 딸들은 그렇게 고통하지 않았습니다.

주께서 경건한 이를 건지십니다. 하나님의 뜻을 생각하고, 뜻대로 살려는 이를 구원하시고 건져내십니다. 그러나 불의한 이는 버려두십니다.

인간이 죄를 지어도 하나님이 심판하지 않으시고 기다리시므로 맘이 더욱 교만해집니다. 가난한 이를 멸망하는 것은 저를 주관하는 하나님을 멸시하는 것입니다. 하나님께서는 이 세상이 멸망할 날을 아시므로 하루를 천년같이 기다리십니다. 천사들이라도 하나님의 뜻을 기다리고 있습니다. 의인이라도 하나님의 뜻을 기다려야 합니다.

의가 무엇입니까? 의는 올라간다는 뜻입니다. 우리 몸 안에서 올라가는 것은 무엇인가요? 몸에서 머리로 올라가는 것이 무엇일까요? 피는 올라갔다 내려갔다 계속합니다. 그러나 우리의 정수는 정력이 됩니다. 의지력, 힘의 활력소입니다. 그것을 몸에서 밖으로 올려보내는 것은 의로운 일입니다. 이제는 멸망으로 유인하는 점을 찾아내서 증거하고 방지해야 합니다.

여자도 회개하면 기뻐하십니다

여자도 회개하면 하나님이 기뻐하십니다. 남자만 회개하면 하나님이 기뻐하는 것이 아니라 여자도 회개하면 기뻐하십니다. 요셉이 의인이었다는 것은 자기보다 거룩한 마리아를 보호했기 때문입니다. 자기의 도구로 안 했습니다. 사람은 어떻게 동정을 지킬 것인가요? 못합니다. 그러나 성령의 도움받아서 할 수 있습니다. 사람도 짐승과 같으나 성령 의지하고 지키려고 하면 능력을 주시므로 지킬 수 있기에 말씀하셨습니다.

> 홍수전에 노아가 방주에 들어가던 날까지 사람 들어 먹고 마시고 장
> 가들고 시집가고(마 24:38)

먹고 마셨다는 것이 잘못이 아니라, 하나님의 뜻을 생각했으면 좋은데 사람의 뜻을 생각했기 때문입니다. 시집가고 장가가는 것도 하나님의 뜻을 생각했으면 좋은데 안 했으므로 멸망했습니다.

> 또 롯의 때와 같으리니 사람들이 먹고 마시고 사고 팔고 심고 집을
> 짓더니(눅 17:28)

소돔과 고모라는 음란하기로 유명했습니다. 먹고 마시고, 사고, 팔고, 집을 짓고 하였지 음란했다는 말이 없습니다. 왜? 먹고 마시고 혼인하는 것이 인간의 목적인 줄 알았기 때문입니다. 사람의 목적은 이것이 아닌데, 사람 태어난 것은 사람의 도리하기 위해 나왔는데, 그 도리를 알지 못했습니다. 남자의 도리, 여자의 도리를 알아서 지켜야겠습니다. 먹고, 집짓고, 일하는 것이 사람의 목적인 줄 알고 살았기에 멸망했습니다. 죄를 짓되 부끄러움으로 알아야 할텐데 알지 못했습니다. 사람이 이성없는 짐승같이 사람의 도리를 안 지키면 첫째로 영혼이 멸망받겠습니다.

동광원 청년들은 염치를 살려야겠어요. 밥 얻어 먹으면 대가를 치러야합니다. 염치없는 마음으로 받아버리면 나중에는 마음이 굳어져 마비되어 영혼이 어두워지겠어요. 이성이 없는 짐승같이 멸망받을 것 뿐입니다. 똑같은 짓을 해도 하나는 부끄러움을 알고 하나는 염치없이 하면 염치없는 것은 멸망합니다. 부끄러운 줄 알면 구원받습니다. 예수께서 십자가에 죽으신 것은 도리를 행하라고 가르쳐 주시려는 것이었습니다. 이 세상이 아무리 좋아도 꿈이요, 영원한 행복은 아닙니다. 여기서는 영원한 행복을 위해 희생하는 것입니다. 영원한 행복을 위해서입니다.

여자는 성욕의 도구가 아니니

여자는 성욕의 도구가 아니니 정절을 보호해주는 남편이 되어야겠습니

다. 거룩의 반대는 음란입니다. 성신을 받아야 정절의 생활을 할 수 있습니다. 모든 일을 주께서 신원해 주시겠습니다.

정절 사상이 굳센 사람들은 의를 전파해야겠습니다. 하나님을 위한 산아제한이어야 합니다. 그 방법이 불의하면 안 되겠습니다. 독신 생활도 하나님이 원이라면 해야 됩니다. 금욕은 하나님이 원하시는 것입니다. 하나님의 뜻을 생각하지 않고 정욕적으로 살았기 때문에 노아 시대에 물로 심판하셨습니다. 노아의 구원은 온 세계의 구원입니다.

이혼이 허락되는가?

> 바리새인들이 예수께 나아와 그를 시험하여 가로되 사람이 아무 연고를 물론하고 그 아내를 내어버리는 것이 옳으니이까 예수께서 대답하여 가라사대 사람을 지으신 이가 본래 저희를 남자와 여자로 만드시고 말씀하시기를 이러므로 사람이 그 부모를 떠나서 아내에게 합하여 그 둘이 한 몸이 될지니라 하신 것을 읽지 못하였느냐 이러한즉 이제 둘이 아니요 한 몸이니 그러므로 하나님이 짝지어 주신 것을 사람이 나누지 못할지니라 하시니 여짜오되 그러면 어찌하여 모세는 이혼증서를 주어서 내어버리라 명하였나이까 예수께서 가라사대 모세가 너희 마음의 완악함을 인하여 아내 내어버림을 허락하였거니와 본래는 그렇지 아니하니라 내가 너희에게 말하노니 누구든지 음행한 연고 외에 아내를 내어버리고 다른 데 장가드는 자는 간음함이니라 제자들이 가로되 만일 사람이 아내에게 이같이 할진대 장가들지 않은 것이 좋삽나이다 예수께서 가라사대 사람마다 이말을 받지 못하고 오직 타고난 자라야할지니라 어미의 태로부터 된 고자도 있고 사람이 만든 고자도 있고 천국을 위하여 스스로 된 고자도 있도다 이 말을 받을 만한 자는 받을지어다 (마 19:1-15)

바리새인들이 예수님을 시험하고자 아내를 내어버리는 것이 옳은가 질문하였습니다. 예수께서 대답하시기를 "없다"고 하셨습니다. 예수께서 "있다"고 하시면 사랑이 없는 분으로 되고, "없다"고 하면 모세를 멸시한다 하려고 시험했습니다. 하나님이 짝지어 주신 것을 버릴수 없다 말씀하자 바리새인들이 약해졌습니다. 하나님의 말씀으로 말씀했으므로 약해졌던 것입니다. 하나님께서 본래 남녀를 지으신 것은 짝 지으라 만드신 것입니다.

그러자 바리새인들이 모세를 빙자해서 물었습니다. 예수께서 대답하시기를 너희 마음의 완악함을 인하여 아내 버림을 허락하였거니와 본래는 그렇지 않다 하셨습니다.

'둘이 한 몸이 될지니라' 하였습니다. 어떻게 되는 것이 하나되는 것입니까? 예수님께서는 이혼이 잘못되었다는 것을 말씀하셨습니다. 그렇지 않으면 이혼이 없을텐데 이혼이 생기는 것은 결혼이 잘못된 것이라 하시고, 이혼할 수 있는 조건이 있다고 말씀하셨습니다.

'음행한 연고 외에 아내를 내어버리고 다른 데 장가드는 자는 간음함이니라' 하셨습니다. 더 나은 사람과 혼인하기 위하여 아내를 버리고 피차에 갈리고 싶은 때는 별문제 없지만, 한쪽만 할 때는 평생 먹을 것을 주면 괜찮다 하는 나라법도 있습니다.

참말로 혼인하는 법을 가르쳐야겠습니다. 제자들이 장가들지 않는 것이 좋겠다고 하자 예수께서 타고난 자라야 이 말을 받으리라 하셨습니다.

하나가 되는 문제

마태복음 19:13-15절에 천국은 어린이들의 것이라 하셨습니다. 천국은 혼인 않는 사람들의 것입니다.

> 또 내 이름을 위하여 집이나 형제나 자매나 부모나 자식이나 전토를 버린 자마다 여러배를 받고 또 영생을 상속하리라 (마 19:29)

이 말씀중에 '아내나' 라는 말은 루터가 종교를 개혁하려고 할 때 자기가 장가감으로 인해 빼버리고 '자매나' 라는 말로 고쳤습니다.

음행하기 위해서나 불신자들과 같이 말고 영생하는 데 도움되기를 위해서 아내를 취할 것입니다., 서로 정절을 지키며 도와주기 위해 성 요셉처럼 이혼할 것입니다. 자식 낳기 위해서, 음탕하기 위해서 결혼하지 말 것입니다. 로마서 1:24-32에 "마음의 정욕대로 더러움에 버려두사 저희 몸을 서로 욕되게 하셨으니"라고 하셨습니다. 남녀가 서로 혼인해서 서로 욕되게 했습니다. 음란의 도구로 사용했습니다. 음탕하고 자녀 낳는 것이 귀한 것이 아닌데, 진리를 거짓 것으로 바꾸어 버린 것입니다. 남편을 하나님보다 더 섬기고, 아내를 하나님보다 더 섬깁니다.

> 이를 인하여 하나님께서 저희를 부끄러운 욕심에 내어버려 두셨으니 곧 저희 여인들도 순리대로 쓸 것을 바꾸어 역리로 쓰며 이와같이 남자들도 순리대로 여인쓰기를 버리고 서로 향하여 음욕이 불일 듯하매 남자가 남자로 더불어 부끄러운 일을 행하여 저희의 그릇됨에 상당한 보응을 그 자신에 받았느니라(롬 1:26-27)

남녀가 그 몸을 더럽힘으로 저희의 그릇됨에 상당한 보응을 받은 것입니다. 음란의 홍수와 같은 세상에서 믿음의 방주를 타고 둥둥 뜹니다. 2천 년 전에도 이때가 마지막이라 생각하고 믿는 이가 구원받았습니다. 지금이 그 때, 이 시기가 마지막이라 믿고 회개에 전력하고 아침이 오면 저녁이 안올 줄 아는 믿음에 참 구원이 있습니다.

예수님만은 꼭 알자

밖에서 기도할 때는 하늘을 우러러 보면 좋고, 방에서는 바깥을 내다보거나 성화나 십자가를 보고 하는 것이 좋을 것입니다. 예수께서는 때를 아셨습니다. 이 때, 지금이 어떤 때인 줄 사람들은 모르고 살아갑니다. 그래서 철없는 사람과도 같습니다. 영화롭게 한다는 것은 뚜렷이 나타내시고 예수는 아버지를 뚜렷이 알렸습니다.

우리가 농촌에서 일하고 돌아오는 이에게 예수를 가르치면 크나큰 일입니다. 우리가 드리는 기도는 무엇입니까? '양식 주십시오, 죄짓지 않게 하여 주십시오' 하는 것도 좋을 것입니다. 그러나 가장 중요한 기도는 예수님을 알게 되는 일, '예수님을 보여 주십시오' 하는 기도입니다.

육신이 죽는 것은 삶이 쉬는 것이지 죽는 것이 아닙니다. 운동을 쉬는 일, 성장을 쉬고 있을 뿐입니다. 씨(종자)는 생명이 죽은 것이 아니라 보존하고 있는 것입니다. 예수 그리스도, 하나님의 말씀을 받으면 영생이 있고 힘 있게 살아갑니다.

> 하나님 세상을 이처럼 사랑하사 독생자를 주셨으니 이는 저를 믿는 자마다 멸망치 않고 영생을 얻게 하려 하심이니다(요 3:16)

아들을 믿는 이는 영생이 있고, 아들을 순종치 않는 이는 영생을 보지 못하고 도리어 하나님의 진노가 그 위에 머물러 있습니다. 예수 안 믿으면 하나님의 진노 아래 있는 것입니다.

> 땅에서 난 이는 땅에 속하여 땅에 속한 것을 말하느니라(요 3:31)

땅에 속한 말에는 영생이 없습니다. 하나님께서 보내신 이는 그 말씀이 있고, 그 말씀은 성령이 있습니다. 하나님의 노여움에 있으면 평안할 수 없습니다. 곤고한 것 뿐입니다. 사람속에 있는 것을 아시는 분은 하나님이십니다.

세상에는 모르면 좋은 것이 있습니다. 그러나 꼭 알아야 할 것은 알아야 합니다. 예수 그리스도만은 꼭 알아야겠습니다. 그리스도 예수를 아는 것이 가장 고상한 지식입니다. 참으로 하나님과 예수님을 알아야겠습니다. 지금 예수를 모르고 있습니다. 영생은 그의 보내신 예수를 아는 것입니다.

이 세상은 정욕으로 가득 찼습니다. 죄가 관영하여 절정에 달하면 멸하십니다. 오래 참으신 것은 관영치 않았기 때문입니다. 노아 시대에 육체적 사람이 땅에 퍼짐을 하나님께서 기뻐하지 않으셨습니다.

> 땅위에 사람 지으셨음을 한탄하사 마음에 근심하시고(창 6:6)

새나 짐승들에게 죄 없지만 죄지은 인간들에게 쓰임 받았기 때문에 새, 짐승까지도 멸하셨습니다. 사람이 땅위에 편한 것을 기뻐하시지 않으심과 동시에 사람을 지으신 것까지도 후회하셨습니다.

> 여호와께서 또 가라사대 소돔과 고모라에 대한 부르짖음이 크고 그 죄악이 심히 중하니(창 18:20)

롯이 천사들을 영접하고 식탁을 베풀고 난 후에, 그 성의 백성들이 무론 노소하고 사방에서 모여 롯의 집을 에워싸고 천사들을 이끌어 내라 말했습니다. 음탕하게 놀자 하였습니다. 우리가 그들을 상관하리라 하였습니다. 이 성에 음행이 관영했습니다. 사위들까지도 하나님의 심판을 농담으로 여겼습니다. 롯의 딸들도 집에 가둬 놓고 키웠으나 바깥을 내다보고 살았기 때문에 세상 생각이 있었습니다. 롯의 아내는 "우리 사위들, 우리 집, 장농

속의 비단옷과 보화들" 하고 뒤돌아 볼 때, 소금 기둥이 되었습니다. 누구든지 천사의 말을 거역하면 멸망합니다. 그 성이 지금의 사해가 되었습니다.

그 딸들은 아버지와 같이 의로운 생각을 가지지 못하고 아비로 말미암아 자녀를 두었습니다. 그 멸망할 성중에서 끌어낼 사람을 끌어내면 멸하십니다. 지금이라도 회개하면 용서해 주시고 살려 주십니다. 죄악이 관영하면 용서하지 않으십니다. 이상이 하나 되어야겠습니다. 마음으로 하나 되는 것입니다. 예수와 하나 되면 사람이 나눌 수 없습니다. 하나님이 예수와 마음이 나 되게 해 주시면 어느 누가 가를 수 있습니까?

> 우리와 같이 저희도 하나가 되게 하옵소서(요 17:11)

하나님께서 보이지 않는 능력으로 개인을 지키십니다. 단체도 지키십니다. 보전하십으로 모일 수 있을 것입니다.

> 내가 저희와 함께 있을 때에 내게 주신 아버지의 이름으로 저희를 보전하와 지키었나이다(요 17:12)

자기의 고집, 물질 욕심 등을 내놓고, 새 마음을 받아들여야 살 수 있습니다. 자기의 고집을 가지고 있으면 멸망할까 두렵습니다. 숨지기 전에 고집 버리고 예수의 크신 사랑을 받아야 합니다. 웃는 가운데서도 정신을 차립시다. 이 세상이 악하고 음란할수록 더욱 위로 올라갑시다. 노아 방주가 홍수물이 높이 올라갈수록 높이 올라간 것 같아야 할 것입니다.

혼인하지 않은 사람에게는 낳은 사람을 도와줄 책임과 가르칠 의무가 있습니다. 온 세계 인류가 다 형제인데 나 하나를 위해서 고생하시고 희생하셨으므로 오늘날 저희들이 이곳에 모였습니다. "나" 하나를 회개케 하시기 위해 조상들이 고생하시고 주님께서 십자가에 못 박히셨습니다.

깊은 바닷속의 조개가 죽을 때는 진주로 변화된다고 합니다. 우리도 죽으면 어느 때 썩어도 썩을 텐데 이곳에 모인 이들은 마음 속에 진주보다 더 귀한 것을 간직해서 영원히 빛나고 천국에서 빛날 것입니다.

정절은 큰 보배

정절이 사람에게 있어서 큰 보배임을 알아야 합니다. 기쁨 충만하게 살기를 원합니다. 밝은 하늘에서 흠도 티도 없는 모습으로 천국에서 만나기를 원합니다. 나 한 사람 사람되는 것이 제일 중요하며, 사람에게 가장 아름다운 것은 정절과 사랑입니다. 해, 달, 별들은 정절을 지킨 이의 몸차림을 말합니다. 감정을 다스릴 줄 알아야 정절을 지킬 수가 있습니다. 무슨 일을 해도 정절 못 지키면 허사입니다.

제 2 부
(이현필 선생의 고백, 회개, 기도)
주여, 이 죄인을

새출발

　재출발해야겠습니다. 새출발해야겠습니다. 주님 기쁘시게 할 동기에서 움직여야겠습니다. 출발 신호가 우렁차게 들립니다. 급히 나아가지 않으면 늦겠습니다. 뒤떨어지겠습니다. 그러나 어떤 방향으로 갈지를 모르겠습니다. 어떤 배에 오를 줄을 모르겠습니다.

　주님 기뻐하심을 이루는 목적을 지향해 나아가지 않으면 안 되겠습니다. 주님 성의를 성취할 희망봉만 바라보고 나아가지 않아서는 안 되겠습니다. 어떤 배에 오를까요? 주님 지시를 기다려야만 되겠습니다. 이제껏 저를 인도해 주시던 그 보이지 않으신 손길, 그러나 분명하옵신 손길이 나타나서 인도해 주심을 기다리지 않으면 안 되겠습니다.

　이 자리로 옮겨주신 주님은 또 다른 곳으로 인도해 주실 것을 믿습니다. 예루살렘을 떠나지 말고 위로부터 능력을 입히울 때까지 기다리라셨으니 안심하고 기다려서 떠나야겠습니다. 시시때때로 수호 천사의 지도에 순종해서 방향을 그르치지 않도록 해야겠습니다.

　예산 있는 계획을 수립할 것이며, 채무를 변제할 수 있게 할 것이며, 수지를 균형케 예산을 세울 것입니다. 영혼은 물질보다 훨씬 귀합니다. 대화재가 발생하면 온 시내가 뒤집혀지지만, 영혼들이 망하는 데는 수수방관하는 격입니다. 영혼 하나가 얼마나 귀중한지 알아야겠습니다. "양보다 얼마나 귀하냐!"

겸비함의 아름다움

　모든 예모 중에 으뜸가는 겸손이여! 겸손하면 천국의 초대에 응할 수 있습니다. 겸손치 못하면 항시 천국 밖에서 배회하고 있나이다. 참으로 겸손하면 천국의 향연에 초청을 받았을 것 아닙니까? 진실로 천국은 겸손하신 이들의 것이로소이다. 겸비한 분들이 다스리시고 누리시는 나라라고 생각합니다. 겸손치 않고는 천국 잔치에 들어갈 수 없는 줄로 압니다. 겸비치 못해서 천국 잔치에 부르심을 거역하고 불행해서 울고들 있습니다.

　천국은 힘쓰는 이의 나라라고 말씀하셨습니다. 겸손하려고 힘쓰는 이의 소유가 되겠사옵나이다. 겸손되이 수그러지고, 겸손되이 복종하는 이의 나라올시다. 교만들해서 거역하고 울고들 삽니다. 불행해서 울고들 있습니다. 교만으로 믿고 살며, 교만으로 낙을 삼고, 교만으로 소망을 삼고 기다리고들 살아갑니다. 그러나 교만은 끝끝내 비참할 것입니다. 교만하여 자기에게로 오는 행복은 거역해 버리고 비참을 초래할 것입니다.

교만한 것은 자성이 희소한 탓입니다. 자아성찰을 밝히 하지 않은 탓입니다. 자아반성의 아름다움이 깊어질수록 아름답습니다. 자아반성을 소홀히 한 탓으로 교만하였습니다. 보기 싫습니다. 자아를 깊이 반성할 것 같으면 겸비해질 수 밖에 없었을 것입니다. 겸비하면 마음이 아름다워질 것입니다. 자아 목적을 망각하고 교만합니다.

진실로 자아의 목적을 알고, 어느 정도의 목표에 도달되었는지를 아는 사람이면 교만할 수는 도저히 없었을 것입니다. 겸비해야만 아름다운 평화가 이루어질 것입니다. 자기 목적은 불복이 아닐 것입니다. 자기 목적을 모르기에 파괴를 일삼을 것입니다. 자기 목적이 누구를 기쁘시게 하는 데 있다면 절대로 교만할 수가 없을 것입니다.

저는 교만합니다. 다른 이들을 볼 때 저는 그 처지가 되면 넉넉히 교만스럽겠으나, 그 분들은 일향 겸손하심을 볼 때 참말 저는 그런 처지가 되지 못한 것이 오히려 다행함을 깨닫습니다.

범사가 감사하게만 느껴지나이다. 과거가 다 고마운 이들뿐이었건만 제가 교만했던 탓으로 감사할 줄 몰랐습니다. 참말 죄송할 것뿐입니다. 누구누구할 것없이 제게는 거의 다 은혜를 끼친 분들입니다. 이제 와서 생각하면 너무 감사 없이 지내온 과거가 미안하고 죄송할 것뿐입니다. 이제라도 감사함을 다는 표명못할 망정 다소나마 몇 억분의 하나라도 나타내야 되겠습니다. 너무나 늦게 깨었나이다. 이제 와서 어떠한 길로 감사를 표명하는 길이 있을런지 알지 못하겠나이다.

감사 표시를 명료하게 하는 길은 첫째, 겸양해야 될까 합니다. 자연스럽게 나타내야만 되겠습니다. 만나는 이, 생각나는 이에게마다 가능한 한 최선을 다해 보아야겠습니다. 아무리 최선을 다한다 해도 참으로 너무나 서글풀 정도밖에는 되지 않을성 싶습니다. 아! 너무나 은혜를 느낄 줄을 몰랐었고, 너무나 보답을 게을리 생각했었던 탓으로 이제 와서 당황하게 될 뿐입니다. 절대로 겸양하지 않아서는 안 되겠나이다.

누가 아무렇게 해도 저는 겸손히 대접해야만 되겠습니다. 행여 조금이라도 불평을 표명해서는 큰 실수일 것입니다. 달게 받아야 하겠으므로 크신 자비를 힘입어 주셔야 되겠나이다. 적극적으로 은혜 보답을 위해서는 생명도 돌볼 틈이 없어야만 되겠습니다. 그 많은 분들이 수만 차례 저를 위해 희생하시고 마음 쓰시고 사랑을 베푸시고 노력하셨는데, 제가 이제 늙고 병들고 약한 몸으로 무엇을 해서 은혜 보답이 될 것인지, 아득한 노릇이온데. 더구나 힘을 아끼고 덜 쓴다 해서야 될 노릇이겠습니까? 속담에 "장, 된장 얻어 먹는 집 빼놓으면 두루두루 욕할 집이 없더라"는 것은 제게만 해당된 사실이고도 오히려 남습니다. 참말 은혜 입히운 사실을 기억하고는 불평을 할 수가 없습니다.

알뜰히 남을 위해 생각해서 무엇이고 실시를 해야겠습니다. 진정을 모아 바치고 쏟아서 하지 않아서는 은혜에 대한 보답은 커녕 도리어 배은(背恩)이 되겠기 때문입니다.

> 진정을 주옵소서. 진실로 진실로 속에서 우러나온 참에서 감사 표시를 해야겠사오니 진실되고 참되신 주님은 저를 위해 비소서. 누구에게나 참되게 접하도록 저의 위에 강복하소서. 참이 없는 저에게 진실을 자아내 주옵소서. 아는 이, 못 만나본 이, 어른, 아이, 본국 사람, 타국 사람을 막론하고 사람에게는 누구에게나 겸손하고 진실함을 잊지 말게 해 주옵소서. 만물에게 다 겸손과 참으로 대하게 하소서. 멸시 없이 미움 없이 냉정하게 대하는 일 없게 해 주옵소서.

저는 교만합니다. 제가 만일 겸손해진다면 참 희귀한 일일 것입니다. 다른 분들은 겸손합니다. 만일 그 분들이 교만하다면 저는 교만과 겸손조차도 분간할 줄 모르는 어린 아이올시다. 그렇게 겸손하신 분을 교만하다 한다면 저는 겸손을 전혀 모른 것이요, 제게 거짓 외에 참 겸손이 있다 한다면 저는 교만도 모르는 것일 것입니다. 교만과 겸손에 대해 말조차도 말아야 할 저입니다. 저는 살과 눈과 귀와 입과 코와 생각에게 속여왔습니다.

완전히 둘려온 저울시다. 진실한 이들은 교만할 수 없는 것 같습니다. 자기 과장이 없고, 자기 허식이 없고 자아 선전이 없습니다.

회개

저는 자기 자랑, 자기 허식이 과대해졌습니다. 이제도 그러합니다. 성령 받기에 전 소원이 다 발해져야겠습니다. 돈이나 웅변보다 성령이 절대 요구됩니다. 돈 없어도 회개만 하면 되겠기에, 성령으로만 참 회개가 되기 때문입니다. 건물 없어도 회개만 되면 하겠습니다. 가장 중대한 일은 회개올시다. 믿고 회개하는 일이야말로 천하에서 가장 큰 일인 줄 알겠습니다. 회개치 않으면 다 허사가 되고 말 것입니다. 한 사람, 한 사람이 참 회개만 얻는다면 얼마나 귀한 일일지 헤아릴 수도 없겠습니다.

참 회개를 주옵소서. 금, 은, 보석이나 진주나 지혜나 지식, 학문, 기술보다 진정한 회개를 주옵소서. 심령을 새롭게 깨끗하게 하여 주심을 빕니다.

이 세상에서는 되도록이면 칭찬과 명예와 존경과 환영과 대접과 존귀와 권리와 이익 등 풍성한 소득은 피하고 받지 않아야만 하겠습니다. 도리어 되도록 천대와 멸시와 가난과 곤고와 환란과 병고와 모든 질환을 달게 받아야 되겠습니다.

오는 세상에 좋은 것을 바라고, 이 잠깐 동안의 세상에서는 환란을 기뻐해야 되겠습니다. 이 세상에서는 조금이라도 좋은 것을 원치 말아야 되겠습니다. 남을 위해서는 이 세상에서 좋은 것을 받아도 쓸른지 모르지만 자신 때문에는 좋은 것은 조금이라도 누려서는 안 되겠습니다. 모든 불행을 한 몸에 짊어지는 것이 참 내세를 위한 복을 쌓는 일이 되겠습니다.

아! 왜 그리도 환란과 불행을 싫어 했던가요? 이제 와서 원해 보았던들 당치도 않은 노릇입니다. 감당할 능력을 다 상실해 버리고서야 원한들 무슨 소용이 있겠는지요. 아! 왜 그리 이 세상의 헛된 향락을 좋아했던가요? 참 부질없고 철없고 어리석었던 저였습니다. 잠세(暫世)의 향락이란 한갓 봄날의 꿈인 줄 몰랐던가요? 이제 구하옵나니 저에게 욕과 환난과 고통만을 주시사, 달게 받고 지고 가게 하옵소서. 숨지는 시간까지 받도록 마련해 주옵소서. 너무나 과거가 행복스러웠나이다.

아담 한 사람으로 말미암아 세계 인류에게 사망의 벌이 임했다고 하거니와, 저 하나 때문에 환난 질고와 불행과 사망을 겪는 이들이 많사오며, 과거에 죽은 이들이 많고 모르고 겪고 간 이들이 부지기수이옵고, 알고 당하신 이들이 또한 많사옵니다. 왜 남들만 희생을 시키고 저는 한가히 지냈는지 참 괘씸한 노릇입니다. 그런고로 회개를 못 이루었사오며 감격도 않고 황송하게도 여기지도 않고 보속을 위해 힘쓰지도 않았습니다. 답례를 위해서 노력하지를 않았습니다. 새로운 마음을 받아서 살아야만 하겠습니다. 꼭 남을 위해 살아야겠습니다. 제 죄 다 벗고 남들의 영원한 행복이 되어지도록 살아가야겠습니다.

교만하고 어리석어서 말씀의 중요성을 알지 못하고 가련하게 나댑니다. 철없습니다. 말씀의 귀중함을 모르고 제대로 살려는 인간은 얼마나 가련하고 비참한 것입니까? 참으로 죽음보다 못하고 부끄럽게 천하게 살고 있습니다. 말씀으로 빛을 삼는 생활의 고귀함을 모릅니다. 허영에 날뛰고 자존심에 날뛰고 있는 까닭에 불행으로 불행으로 흘려 내려가고 있나이다. 말씀은 영이십니다. 말씀을 받지 않고는 영을 받을 수 없습니다. 마음의 양식을 얻어 먹여 살릴 수가 없습니다.

인생의 교만아! 얼마나 가련하고 비참을 부르는 것일까. 교만한 소치로 성령받기를 힘쓰지 않고 되는 양 살려고들 합니다.

겸손함의 위대함이여

겸손함의 위대함이여! 저희가 따를 준비할 것입니다. 겸손만이 그 무엇도 성취시킬 수 있기 때문입니다. 겸손하신 분이 아니셨다면 저는 참 무엇이 되었겠습니까? 모리배, 탐관오리, 권모 술수하는 자가 되었을 것이고, 돈이나 벌려고 나대는 인간이 되고 말았을 것이 이제 와서 거기서 벗어났다고 해서 교만해서는 안 될 일이온데, 겸손의 덕을 모르고 지내온 것입니다. 겸손해야만 무엇이나 착실히 끈기 있게 참아나갈 수 있을 것입니다. 이리

저리 옮기지 않고 한 가지 선한 일에 착실히 눌러 붙을 것입니다.
 이익이 없어도, 누가 알아주건 말건, 선한 일이라면 꾸준히 배겨나가는 것은 겸손의 덕으로 이루어질 것입니다. 그 겸손하신 분이 아니셨다면 제가 무엇이 되었을까요? 지랄병 앓는 이처럼 되었겠지요. 참 다행한 일이었습니다. 참 겸손하신 이를 만나게 되었다는 것은 제게 영생의 복이 되었다고 안 할 수가 없게 생각되어집니다.

> 겸손을 주소서. 제게 극진히도 겸손케 해 주옵소서. 제가 주님에게 용납되어지도록 겸손케 만들어 주소서. 제게는 조금도 겸손이란 것이 없습니다. 주님 다른 이를 용인할 수 있게 해 주옵소서.
> 겸손해야 주님께 쓰이는 바가 되겠사옵나이다. 겸손치 않으면 주님께 쓰일 수가 없겠나이다. 주님께 거저 쓰여지기 바랍니다. 사람들의 이목에 띄이지 않게 쓰여지기 바라옵니다. 겸손해야만 남이 모르는 자리에 고요히 쓰임받겠사옵나이다. 아무도 모르게 아무 보수나 칭찬이 없이 꼭 주님께만 유용하게 쓰여진다면 얼마나 좋은 일이겠습니까. 겸손하지 않고서는 그런 자리에 쓰임되지 못할 것으로 압니다. 진정으로 죄를 자복하는 일도 참 겸손이 없이는 될 수 없습니다. 참말 자복을 해야 할 줄 압니다.
> 그러나 아무도 참 자복을 못할 것입니다. 내 죄를 부끄럼없이 고백하는 일, 그것은 용기가 필요합니다. 그러한 용기는 겸손한 이의 속에만 있을 용기일 것입니다. 진정으로 고하는 일 같이 상쾌한 일은 다시 없으련만 많은 이가 거짓으로 말하고 사귀고 있으니 참 불유쾌한 일입니다. 시간 낭비와 은혜 낭비만 됩니다.
> 거짓으로 친절, 거짓으로 사랑, 거짓으로 옳음, 이 모든 것은 참 짐되는 일이며, 유해무익(有害無益)한 노릇이며, 참 지옥으로 빠져가는 수단밖에 안 될 일입니다. 저는 진심으로 진심으로 돌아지도록 크신 역사를 바라나이다.
> 이제까지는 저는 믿지 않은 것입니다. 위에서 주시는 믿음을 믿지 않고 제 믿음으로 주님을 기쁘시게 하겠다고 생각한 어리석은 것입니다. 제 믿음 버리고 주님 받아야겠습니다. 그리스도의 영이 없으면 그리스도인이 아니올시다. 주님의 신앙으로 주님을 따르며 하나님을 섬겨야 되겠나이다.
> 주님, 성령을 제게도 부으소서. 많은 죄 사유하소서. 무조건 사유하소서. 저로서는 어리둥절할 뿐이로소이다. 저는 누구에게나 빚을 지고 있습니다. 진정으로 보답을 해야 할 저입니다.

누가 저를 사랑할 수가

누가 저를 사랑할 수가 있겠습니까? 어머니가 아니면 저를 사랑할 수는 없는 일입니다. 형제간에도, 친구도, 친척도, 누구 한 사람 저를 좋다 할 수 없는 것이 사실은 제 성품과 저 하는 짓거리며 제 마음씨올시다. 누가 저를 사랑하는 이가 있으시다면 그는 그리스도일 것입니다. 사람의 사랑으로는 어머니의 사랑으로만 저를 사랑할 수가 있을 것이오, 신성으로는 그리스도의 사랑으로써만 사랑하실 수가 있기 때문입니다.

형제의 사랑을 받으려면 형제의 소임을 다해야 할 터인데, 형제 같지 못한 짓과 심성을 가진 저를 어느 형제가 좋아 할 수가 없기 때문입니다. 무조건 사랑이신 어머니만이 저를 덮어주시고 감싸주시고 얼려서 귀엽게 곱게 사랑으로 이르실 수 있으셨던 것입니다. 형제 자매 중 누가 저를 사랑하셨다면 그는 어머니께서 사랑하시기 때문에 어머니를 보아서 저를 사랑한 것이었고, 저를 보아서는 추호도 사랑하실 수가 없으셨던 것만은 확실한 것입니다.

친구가 저를 사랑했다면 그는 그리스도의 사랑임이 어김없습니다. 왜냐하면 친구간의 사랑은 서로 의리를 지킬 때 오는 것인데, 아무 의리도 모르고 배은망덕하는 저를 누가 친구로 여길 것이오며 친구라고 사랑했겠습니까? 밉살스러운 것뿐이었을 것입니다. 그래도 왜 사랑하셨을까요? 그는 주님의 사랑인 것입니다. 죄인을 불쌍히 여기시는 그리스도의 사랑인 것입니다. 저를 돌보시고 귀엽게 여겨 주시고 사랑하시사 권고하실 이는 이 세상에서도 오는 세상에서도 땅에서도 하늘에서도 그리스도밖에 없으신 것입니다.

아! 절대적이신 그리스도의 사랑이시여! 저를 지옥 밑창까지 따라와 주시면서까지 권면하시고 훈계하시고 이끌어 내주시는 그리스도의 사랑이시여! 생각할수록 감격하는 동시 저 한 짓은 생각할수록 하염없사옵나이다. 참으로 이 세상에 그리스도의 사랑이 아니었던들 저란 것이 그 무엇이었겠습니까? 개도 돼지보다도 못한 것이 아니었겠습니까? 생각할수록 신기스럽고 감사할 따름이옵나이다.

그리스도의 사랑이시여!

참되신 그리스도의 사랑이시여!
의심할 수 없는 이 사실 뉘게 감출 수가 있사오리까. 그럴 수 없으므로 이 좁은 입으로 만방에 그리스도의 사랑을 자랑할 수밖에 없사옵니다.
그리스도의 구원은 확실하시나이다.
모든 환란과 질고와 불행에서 능히 구해 주시는 그리스도의 사랑이시여.

교회로 말미암아

교회로 말미암아 세상을 구원코자 하셨음이 분명합니다. 이 교회, 주님이 이 세상에 세우신 교회, 연한 순같은 교회, 이리 가운데 어린양같은 교회, 이 교회로 말미암아 온 세상을 구원하시고 인간들의 세계에 참 행복과 진리의 참빛을 발하시는 교회, 하나님의 독생자이시고 하나님의 기름 부이신 그리스도이심을 믿는 그 믿음 위에 세우신 교회입니다. 주를 위해 죽기도 하고 옥에 갇히기도 하겠다는 결심 위에 세우신 것이 아니요, 주님은 살아계신 하나님의 아들로서 저를 구원하시려고 이 세상에 낳으심을 믿는 믿음 위에 세우신 이 교회이시며, 만세불멸의 이 교회로 말미암아 저를 구원하시고 저를 사랑하셨나이다.

영원 무궁토록 찬송과 영광과 존귀를 받으시기에 합당하시도소이다. 이 진리의 터요. 기둥이 되신 교회로 말미암아 저를 사랑하시고 보호하시고, 제 죄를 사해 주시고 덮어주시고 감싸주시며 씻어주시옵고, 새롭게 갱생하게 하시며 부활케 하시사, 의롭게 하시고 지혜롭게 하시고, 축복을 풍부히 받게 하시옵고, 그리스도와 하나님과 성령은 영원 무궁토록 교회 가운데서 진리를 사랑하고 은총을 잃은 무리들에게 받으사이다. 교회의 원수들에게 항복을 받으옵시기 비나이다. 만물의 축송을 받으시기에 당연하시나이다. 교회는 겸손하신 이가 머리가 되시나이다. 저는 교만하여서 교회의 직분을 맡을 수가 없습니다.

야! 교만함의 비애여! 외롭고 쓸쓸하도다

남을 무시하고, 하시(下視)하고, 귀하게 볼 줄 모르고 존경할 줄 모르는 저여! 너는 얼마나 세상과 오는 세상에서 불행한 자이냐? 멸시를 달게 받고 교회에 심부름하는 것이 얼마나 복된 일일런고?

참으로 겸손할 줄 모르고, 그런 연고로 교회의 충실한 일꾼이 못 됨은 불명예로소이다. 핍박하는 이, 미워하는 이에게도 축복하면서 찾아가는 제가 되어지이다. 웃으면서 사랑으로 바라보면서 말하고 권면하고 종순하는 저 되어지이다. 꾸지람을 감심(甘心)으로 견디고 매를 참아 받는 제가 되어지면 얼마나 다행한 것입니까? 진리를 증거하기 위하여 죽음도 두려워 않는 저 되기 바라나이다.

어리석은 저여! 누가 너를 해치던가? 너를 해친 자는 결국 너 아니었던가? 누가 너를 돕던가? 원수들이 결국 너를 좋게 안 해 주었던가? 누구를 싫어하며 누구를 미워하고, 누구를 저주하고, 누구를 축복치 않아서야 되겠는가? 만민에게 감심(甘心)으로 감사하고 사례를 올릴지어다. 그것이 당연하도소이다.

겸손되이 제 죄를 고백해야겠습니다. 교회 가운데서 제 죄를 숨기지 말아야겠습니다. 털끝만치라도 죄를 덮거나 은폐하거나 변명하거나 해서는 안 될 것이라 봅니다. 솔직히 고백하고 받을 것을 감심으로 받고 거짓없이 은폐하는 것 없이 싸두고 감춘 것 없이 살아야 되겠습니다.

> 다행히 교회로 말미암아 죄 자복할 데를 얻었으니 복되도소이다. 감추고 살고 괴롭게 무겁게 살 인생을 다 내놓고, 믿고 안심하고 감사하게 살 수가 있어서 참말 감사하나이다. 주님, 감사하십니다. 교회로 말미암아 속죄함받고 평안히 살게 해주셨습니다. 먹을 것 입을 것 살집 걱정이 살아가게 하여 주셨습니다. 교회, 이 교회, 참되신 그리스도께서 세우신 교회여! 진실로 만민에게 구원을 값 없이 골고루 베풀어 주시옵나이다.

아! 불행스러운 것은 교회를 모르는 이들이로다. 알아도 참 교회를 모르신 이들이여, 얼마나 견디기에 애들 쓰시는 건가? 살아계신 하나님 아들을 아는 교회는 참 행복되나이다. 먹을 것, 입을 것, 살 집들이 걱정이 안 되고 병도 죄도 걱정이 없습니다. 세상의 환란과 재앙이 조금도 겁낼 것이 없는 교회는 주님 만세 반석 위에 영원무궁히 세우신 교회랍니다. 음부의 권세가 이기지 못할 교회, 누구나 참마음으로 출입하는 이를 구원하시는 교회여! 만민에게 알려지이다. 큰 소리로 외쳐지이다. 날마다 구원 얻을 이를 더 많게 하옵시는 하나님, 교회가 만민에게 고루고루 알려지사이다.

> 우리 가운데서 역사하시는 능력대로 우리의 온갖 구하는 것이나, 생각하는 것에 더 넘치도록 능히 주실 이에게 교회 안에서와 그리스도 예수 안에서 영광이 아버지에게 세세토록 영원무궁하시옵기를 원하옵니다. 아멘.

교회를 머리로 주셨으니 교회는 그의 몸이시요, 만물 안에서 만물을 충만케 하시는 분의 충만이시나이다.

하나님의 사랑 때문에

저는 하나님의 사랑 때문에 어쩔 수 없이 사로잡혀버린 죄인이 되었습니다. 사랑 때문에 죄로 자유할 수가 없었습니다. 주님 사랑 때문에 벌을 자청할 수밖에 없습니다. 그 사랑 때문에 죄를 범하고는 견딜 수가 없었습니다. 공의의 매로 쳐 주시기 전에는 할 수가 없다고 매를 자청할 수밖에 없게 되어 버렸습니다. 공의의 채찍을 맞는 것이 죄짓고 괴로움보다 훨씬 상쾌하기 때문입니다.

세상에서는 어머니의 사랑입니다. 어머니의 간곡한 사랑에는 방탕할래야 조금도 방탕할 수가 없었습니다. 못된 짓을 할 수가 없었습니다. 어머니 모르게 저만 안일할 수가 없어서 돌이키고 돌이킨 덕으로 큰 죄에는 빠지지 않았습니다.

믿는 이들의 사랑을 생각하면 거짓 착한 체할 수 없습니다. 어떤 중한 채찍을 맞아서라도 거짓 착한 체험을 벗어나고 싶어서 견딜 수가 없었습니다. 교회의 덕의 아름다움이여!

제 신앙은 율법적인 것입니다

율법적이어서 이론이 수다합니다. 사랑에는 이론이 필요가 없습니다. 복음에는 설명이 필요치 않습니다. 참에는 다른 증거가 필요치 않습니다. 태양을 설명하기 위해서는 태양 자체 외에 다른 것이 필요치 않을 것입니다.

어머니의 사랑을 설명하는 데 다른 사례가 필요치 않습니다. 어머니의 사랑 자체가 확실한 실증을 하고 있는 것입니다. 태양을 보고도 모르면 그는 소경일 것입니다. 어머니의 사랑을 받으면서도 모른다면 그는 정신 이상자일 것입니다. 마찬가지로 복음으로 구원을 받았으면서도 복음을 모른다면 그는 틀림없이 영혼의 소경이 아니면, 올바른 영혼의 소유자가 아닐 것입니다.

사랑을 증거하기 위해서 이론이 필요없습니다. 사랑의 행위 그 자체를 보면 됩니다. 은혜로 구원 얻은 제가 이론이나 캐고 앉았을 것이 아닙니다. 사랑을 받았다면 사랑의 빚을 갚으려 하지 않고는 견디지 못할 것입니다. 어머니의 사랑을 알면서 불효할 자식은 결코 없을 것이 아니겠습니까? 참으로 어머니의 사랑을 깨달으면 깨달을수록 자기는 죄인이요, 불효한 자식이요, 효행 한번 못해 본 죄인임을 절실히 깨달아질 것이 아니겠습니까?

하나님의 사랑을 알고서야 자기를 변명할 이 어디 있겠습니까? 자기는 항상 죄인됨을 깨닫고 회개할 것이며 사랑을 보답코자 용기를 낼 것이 아니겠습니까? 가만히 앉아서 사랑을 찬송이나 부르고 자기의 의나 자랑하는 것은 도무지 주님 사랑이 얼마나 크신 것조차도 모르는 우매자의 짓이 아니겠습니까?

얼마나 크신 사랑이시기에, 제가 이 처지, 이 상태, 이 꼴을 지니고도 안연할 수 있다는 것은 될 법이나 한 말이겠습니까? 아니올시다. 제 몸을 불사른들 시원해질 리가 없으며 참 통회를 않고는 배겨나지를 못할 것이 아니겠습니까?

사랑은 사랑 이외의 것으로는 철저히 갚을 수 없는 것입니다. 어머니의 사랑을 물질로 다 갚았다 할 수 있을까요? 도저히 어림없는 소리일 것입니다. 주님의 사랑을 선행으로 갚을 수가 없을 것 아니오리까? 무슨 선한 사업의 공로가 주님의 사랑의 보답이 될 수는 없습니다. 그것은 부질없는 말씀입니다. 제 마음 오로지 바쳐 사랑하는 길밖에는 보답할 길이 없는 것입니다. 사랑 이외의 것으로 보답이 되는 행위가 있다면 이는 사랑을 전혀 모르는 이의 말밖에 되지 않습니다.

"저의 많은 죄가 사해졌나니 이는 저의 사랑이 큼이라" 하셨습니다. 죄는 사랑으로만 사함받습니다. 사랑은 사랑으로써만 보답할 길이 있습니다. 다른 방도는 없는 것입니다. 부모님의 사랑을 참 알고 방탕할 자식은 절대로 있을 수 없을 것 아닙니까? 주님의 참사랑을 깨닫고서야 불순종할 자 누가 있겠습니까?

형벌이 무서운 것 아닙니다. 죄가 범해졌을 경우 형벌이라도 받아야 시원할 성 싶을 것입니다. 처벌을 받아야만 도리어 시원스러울 것입니다.

주님을 사랑하는 이가 가난하지 않을 수가 없을 것입니다. 주님은 가난하셨기 때문입니다. 가난 이외의 것으로 주님을 사랑할 수가 없기 때문입니다. 주님을 사랑하는 이는 동정을 사랑 않을 수가 없을 것입니다. 주님은 동정을 사랑하셨기 때문입니다. 동정 이외의 것으로는 주님을 만족토록 섬길 수가 없는 까닭에 자진해서 정절을 사랑할 것입니다. 주님을 위해서라면 어떠한 고독도 슬픔도 모욕도 괴로운 처지도 오히려 가볍게 여길 것입니다. 고명하기 어렵다고 문제될 일이 아닙니다. 도리어 고명이라도 해버려야 시원해질 터이므로 자진해 고명치 않을 수 없을 것입니다.

사랑을 알고서야 통회를 발하지 않을 수 없을 것이며, 분발하지 않을 수 없을 것이 사실입니다. 그리스도의 사랑을 모르고는 어머니의 사랑도 이해할 수가 없으며, 사람의 사랑을 알 리가 만무한 노릇입니다.

누구나 쉽게 사람을 사랑해내겠습니까? 그런 것은 거짓말이며 사이비 사랑입니다. 그리스도의 사랑을 아는 이가 아니고 사람의 사랑을 알 리도 없고, 그리스도의 사랑 아니고는 누구를 사랑한다는 말도 말아야 할 일입니다. 그리스도만이 사랑이시며, 그리스도의 사랑만이 참 사랑이시기 때문입니다.

만물을 초월하신 그리스도의 사랑

> 예수께서 여자에게 이르시되 네 믿음이 너를 구원하였으니 평안히 가라 하시니라(눅 7:50)

유복하도다. 그 여자는 사랑이 많음으로 많은 죄사함을 얻었습니다. 그 사랑은 주님의 크신 사랑을 믿는 데서 저의 사랑도 많아진 것입니다. 주님의 크신 사랑, 자기의 많은 죄도 허물치 않으시는 사랑에 감격이 넘쳤습니다. 주님 사랑 앞에서 어떠한 선의 행위라도 부족케 생각한 것입니다. 어떤 희생도 달가왔던 것입니다.

그 사랑 앞에 완고할 수 있는 이가 누구겠습니까? 자기의 죄를 진정 시인한다면 교만할 수는 없었을 것입니다. 자기의 의를 믿는 이가 아니라면 변화되지 않고는 못 견딜 것입니다. 변화되는 것, 새사람 되는 일은 오히려 지당한 일일 것입니다. 새 사람으로 변화되지 않는다면 그는 거만한 사람이요 자기 의를 신뢰하는 사람이 틀림없을 것입니다. 자기의 죄를 조금이라도 시인하고 자기 의를 부끄러워 하는 사람이라면 그리스도의 사랑에 감격되지 않을 수는 없을 것입니다.

이 거만한 놈아, 저는 왜 안 녹아지고 새 사람으로 변화되지 않고 있느냐? 네 의가 어디 있느냐? 쓸데 없는 인간아, 부모님께 효도를 해보았느냐? 형제간 우애를 했었더냐? 친구간에 신의를 지켜 보았더냐? 은혜를 은혜로 보답해 본 적이 있었더냐? 한 차례도 없던 네가 아니냐?

쓸데없는 인간아! 그런 일을 어김없이 매번 잘 했다 해도 의롭다 자랑치 못할 것이거든 한번도 못해본 네가 교만하고 뜬뜬함은 무슨 소치인고? 실로 어리석고 가련하고 불쌍한 인간이 바로 네가 아니냐?

겸손하라. 그 크신 사랑에 감격되어지라. 순종하라. 주님 따르라. 주님 높이라. 그러기 위해서는 네 죄를 솔직히 시인하라. 주님 의만 자랑할지니라. 사랑 없어 구원 못 받고 이를 가는 자 되지 말고 겸손되어 사랑 깨닫고 구원 받을지어다. 참 구원을 은혜로 받아 감사하고, 주님 의와 사랑과 지혜로 우심과 구속하심을 선양하고 선포할지니라.

나드 향유 팔아

300데나리온으로 극빈자들을 많이 구제한다고 자기의 죄사함받은 은혜 표시하는 행위가 다 되었을까요? 결코 그렇지 못했을 것입니다. 자기의 많은 죄사함 받음에 대한 감사의 표시는 그 향유를 발에 부어도 시원치 못했거든 항차 구제쯤으로 시원했겠습니까? 눈물로 그 발을 적시고 발에 입맞추기를 그치지 아니하면서 향유를 그 머리에 붓고도 오히려 시원치 못했거든 말입니다. 그 죄 있는 여자는 주님이 자기의 사랑을 증거해 주시고 그 행위는 마음의 표시에 불과함을 알아 주실 때에야 비로소 평안했었던 것 아니겠는가요?

주님의 사랑은 어떤 선한 행위로 보답할 수 있는 것이 아닙니다. 그러기에는 너무나 크신 사랑인 것입니다. 수만강수(數萬江水)의 양의 기름이나, 맏아들을 잡아 바치는 일로 보답은 커녕 도리어 그 행위는 크신 사랑을 몰이해하는 죄가 되는 것입니다. 독성죄(瀆聖罪)가 되고 마는 것입니다.

선한 사업이 죄사함받은 이의 감사해서 할 일은 될 망정, 그 사업 그 공로로 죄사함받지는 못할 것입니다. 죄는 선행보다 엄청나게 중한 것입니다. 선행쯤으로 사함받을 만치 죄가 적은 이는 이 세상에 없을 것입니다. 그 선행이 주님의 사랑에 대한 감사의 표시에 불과한 것이오, 보답이 되는 것은 아닙니다. 어머니에게 옷을 드리고 진지를 드리는 것이 사랑을 갚는 것이 되지는 못합니다. 사랑을 아는 표시에 불과한 것입니다.

주님이 저의 사랑에 감격된 정을 보시고 기뻐하시는 것입니다. 죄는 우리가 그 사랑을 알기 전에 이미 사해주신 것입니다. 죄사함받은 증거가 그 사랑을 안 증거가 됩니다. 사랑하신 줄 믿는 신앙, 그 신앙이 저를 죄에서 놓여 평안함을 얻게 하신 것입니다. 신앙 주셨습니다. 어리석은 마음을 깨치고 참 사랑을 믿는 믿음을 은혜로이 베푸신 것입니다. 저로 하여금 많은 죄를 알게 하셨고, 그 사랑으로 많은 죄를 용서하시고, 용서받음을 믿게 하시고, 감사케 하시고, 사랑케 하신 것입니다. 영광이 세세 영원무궁토록 주님께만 돌아가시기를. 아멘. 할렐루야.

세상은 겸손으로 유지됩니다

이 세상은 겸손지덕으로 유지되어갑니다. 겸손한 이들의 공업에 의해서 되어갑니다. 남의 멸시를 참아가며 농사짓는 이들이 있어서 나라가 되어갑니다. 모두가 윗사람 노릇만 하려 들고 편히들 지내려고만 한다면 세상은 어떻게 되겠습니까. 부끄럽고 천한 대우를 받고 수고하는 이들 덕분에 이 세상에 살아가는 것 아니겠습니까?

지게 진 이들, 호미든 이들을 무시하지 말 것입니다. 그들이 지게를 지고 호미를 늙도록 오래토록 이제껏 들게 된 것은 지게 안지고 호미 들지 않은 사람들의 소임인 것이요, 부끄러울 조건인 것입니다. 호미 들고 지게진 이들이 부끄럽고 천한 인간 노릇하는 것은 아닙니다. 호미 들고 지게 진 이들이 서로 천시할 것 아니요, 존중히 여기고 귀히 여겨 아낄 것입니다. 지게 안 지고 호미 안 든 이들은 특별히 지게 지고 호미 든 이들에게 대해 겸손해야 하며, 미안하게 생각해야 되며, 감사하지 않아서는 안 될 일입니다. 어서 호미 안 들고, 지게 안 지도록 해드릴 소임을 져야 할 것입니다.

겸손한 이들이라야 남 몰라주는 일에 밑자라서 내부에서 꾸준히 항구(恒久)히 충실하게 일 볼 수 있는 것 아니겠습니까? 진실로 겸손한 이들의 위대하신 공적이여! 그 공적으로 살면서도 그 위대함을 모르는 것입니다(전 9:13).

하나님 사랑 모르는 것이 죄요, 사랑 못 깨닫는 것이 큰 어리석음이로소이다. 하나님의 크신 사랑 알고서야 어찌 겸손되지 않을 수가 있사오리까. 하나님의 사랑을 말하나, 교만하고 튼튼한 것, 변화받지 못하고 새로 나지 않은 것은 참 사랑을 못 깨달은 소치에 불과한 것입니다. 그 사랑 알고는 교만할 이가 없으며, 그 사랑 모르고는 겸손할 수는 없을 것이기 때문입니다. 그 사랑 모르고 가난하고 겸손하고, 온유하고, 주님 때문에 곤욕을 받으면서 기뻐할 이가 이 세상에 있을 것인가요?

천국은 신자들과 그의 임금 그리스도와 그들의 아버지와 성령과 천군천사들의 나라올시다. 가장 겸손하신 이들의 집단이요, 서로 섬기려는 이들만이 모이는 곳이요, 남을 유익케 하고 자기는 희생하는 이들의 나라입니다. 겸손한 이들만이 선발되는 나라이고, 꾀 많고 자기 유익을 도모하고 남을 희생시키는 이들은 퇴장당하는 나라입니다.

저는 겁이 납니다. 저의 교만은 한없고, 부(富)하고, 남을 희생시키고, 손해 보이고 저만 유익을 보는 것입니다. 너무 부(富)해서 걱정입니다. 제 앞으로 논 한 마지기, 밭 한 평 없으나 너무 호화로운 생활을 영위하는 까닭입니다. 청산해야겠습니다. 오는 달(來月) 23일 안으로 대 청산, 일대 결산을 해야겠습니다. 참으로 이 교만, 이 음흉한 생각을 퇴치시켜 주옵소서.

　겉으로는 남을 위한 듯이 하고, 실속은 저를 위하는 이 생각을 없이 해 주셔야만 살겠나이다. 말은 겸손하게 할 수 있으나 실지로는 주님 성총으로만 역사하셔 주심으로만 되어질 사실이로소이다. 외모로만 겸손을 조작할 수도 있을 것입니다. 그것도 곧 드러나지만은요. 그러나 실지 겸손케 되는 일은 주님의 공의의 채찍으로 다스려 주셔야 되는 일일 것입니다.

　주님의 징계. 오! 주님의 채찍, 참으로 귀한 사랑이시여. 사랑하는 이에게만 내리시는 공의의 채찍이시여. 아끼지 말으심을 비는 이는 얼마나 유복한 자인고!

　모를 때는 몰랐으니 오만했었지만, 이제 와서 왜 교만한 것일까요? 참 이상도 합니다. 버젓이 교오한 줄 알면서도 건덕지 없이 교만하니 어쩐 일일까요?

> 주님께옵서 저를 두루 비치시사 저로 하여금 주님께옵서 저를 아시웁듯이 저의 교만을 밝히 비춰 주셔야만 하겠사옵나이다. 교만할 건덕지도 없는 것이 지나치게 교만한 참 부끄러운 이 상태를 제게 보여 주셔야만 하겠습니다. 크신 성총으로 두루 비추사 제 잘못 항상 제가 보게 해 주옵소서.

　술, 담배 안 먹는다 해서 교만할 수 없는 것입니다. 물론 담배를 먹는다고 잘 한 짓이라고는 생각되지는 않지만, 밥도 못 먹는 백성이 많은데, 또 끊고 싶어도 못 끊어서 애쓰는 이들도 많은데 일부러 담배를 피울 것은 아닐지언정 그런다고 해서 담배 피운 것이 죄이고, 안 피운 것이 자랑스러운 것이라 할 수 없습니다.

　물론 사치나 호화로움으로써는 세상을 못 구원한다는 것 알고는 있습니다. 그렇지만 무명바지 저고리 입은 것이 그렇게 잘한 노릇이라고 꿈에도 생각되지 않아야 할 것 아닙니까? 그런 것이 교만의 조건이 조금이라도 되어서야 쓸 일이겠습니까? 고기 안 먹는 것이 교만할 조건은 못 될 것입니다. 육식을 너무 하는 것은 잘 된 일이라고 생각은 않습니다만, 육식을 안 한다고 해서 그것이 최상의 선(善)이라고는 못할 것입니다. 육식하는 이는 다른 면에서 남을 얼마든지 희생시키기 때문입니다. 약 안 쓰는 것이 잘하는 일이라고만 못할 것입니다. 약 쓰는 것보다 더 사람에게 수고 끼치는 수는 허다하기 때문입니다. 정절을 외모로 지키는 것도 교만의 조건은 되지 못합니다. 성총으로 지켜 주시는 일인데도 어찌 제 잘한 일이라 생각할 수가 있사오리까. 더 두려워하고, 겸손하고, 감사하고, 황홀하게 생각해야 하며 극진히 저의 음란스런 소행을 부끄러워할 것뿐 아니겠는가요?

그런데 왜, 무슨 이유로 저는 괜히 교만을 부리고 남을 범죄케 하면서 무시하고 시기케 하는 것일까요? 제 죄나 깊이깊이 통절히 느끼고 자백해야만 될 일 아닌가요?

주님 저는 제 죄나 자복하면서 남의 죄엔 간섭하지 말고, 어디 사람 안 보는 곳으로 인도하시사 죽는 날까지 제 회개나 일삼아 죽게 해주소서. 아멘.

총 고백

교만을 낫게 하는 약은 무엇이겠습니까? 남의 멸시를 받는 일이 치료약일까요? 그렇지 않으면 내 잘못을 남들에게 알려주는 법일까요? 그렇지 않으면 위로 주님께옵서 저를 긍휼히 여기심으로 되어질까요? 그렇지 않으시면 공의의 막대기로 저를 쳐 주시는 것일까요.

주님, 선히 보여 주옵소서. 교만하지 말고 제 형제 사이에 불목하는 일 없게 마련해 주옵소서.

저의 어릴 적부터의 총 고백을 기록으로나 말로나 부분부분 해야만 되겠습니다. 이것이 겸손해지는 선약(仙藥)이라 생각됩니다. 어디서 고백을 할까요? 주님! 고백할 장소를 알려 주소서. 성령받으신 분 앞에 고백하겠나이다. 그러면 주님 앞에 고함과 마찬가지일 줄 알아지옵니다. 급한 환자는 병세를 명의(名醫) 앞에 빨리 고(告)할 필요가 있을 것입니다. 이제껏 심히 어리석어서 너무 오랫동안 고명을 잊고 있었습니다. 참말 어리석었습니다. 고백은 지옥 형벌의 톱날을 무디게 갈아버리는 강철 토막이란 것을 까맣게 잊고 있었습니다. 저의 묘책으로 가만히 해결을 얻어보려는 야심과 사심에서 그런 것이겠지요. 다행히 영혼의 성약이란 고명에 대한 기록을 얻어 읽어 봄으로 확실히 알아졌습니다. 저와 또 다른 이 신앙을 다시 불붙이는 길은 오직 이 길인가 싶었습니다. 됐습니다.

일평생의 총 고백의 필요를 절실히 느꼈습니다. 남녀는 가까이 지낼 사이가 아니라는 뚜렷한 관계를 알고 있으면서도 너무 오랫동안 그 등불을 켜들지 못했습니다. 결단코 이 확실하고 분명한 등대를 켜서 사용해야겠습니다.

주님 성총을 뜨겁게 구하옵니다. 모든 지위를 배 이상으로 회복해 주시소서. 주님을 선양케 하시기 위해서 저는 재와 먼지의 지위로 떨쳐 주소서. 저는 본래 재와 먼지도 못 되는 것이었든 존재가 제 본 지위가 아니었나이까?

제 위치를 확정해야겠습니다. 토굴로 정하든가 사람들을 만날 수 있는 위치에 정하던가입니다. 토굴 속에서 제 마음을 닦다가 마치는 것이 주님의 뜻으로 생각됩니다. 다시 세상에 나오게 되든가 토굴에서도 만날 사람은 만나도 좋으시다면 만나게 해 주실 줄 믿습니다.

주님, 밝히 아시오니 지도해 주옵소서. 잃은 상존(常存), 성총을 회복하여 주옵소서. 제 일생은 교만으로 교만으로 멸망에 이르게 되었나이다. 겸손의 덕을 풍부히 채워 주시기 빕니다. 이 꼴로 남을 지도할 수는 없습니다. 소경이 소경의 길을 인도하면 둘이 다 구덩이에 빠진다고 경고하셨음과 같이, 제가 누구를 인도하는 것은 둘이 다 구덩이로 내려 떨어지는 경우밖에 안 될 것이 아니옵니까.

주님이시여, 저를 버리지 마시고 붙들어 주소서. 몰라서 범한 실수를 사유하옵소서. 전혀 우매하여 교만한 것이로소이다. 그래서 막대한 여러 가지 죄를 발생케 된 것이옵니다. 전혀 모른 까닭에 여태까지 고집과 교만으로 일관하였사오니, 이 죄인을 받아 주소서.

주님만 따르게 해 주시옵소서

주님, 누가 저를 신용하여서야 되겠습니까? 저같은 것을 신용해서는 저나 그 사람은 가련하고 망할 것뿐 아니겠습니까?

주님! 주님만 따르게 해 주시옵소서. 저와 그가 주님만 따르게 해 주시옵소서. 제가 주님 따르기로 한다면, 주님께서 제게 힘을 주실 것을 믿습니다. 주님, 저희는 모세의 자리에 앉았으며 저희의 명하는 바는 서슴치 말고 다 무엇이고 지키고 행하기 원합니다. 그러나 그의 행위는 본받지 말게 해 주소서. 저는 그런 자리에 앉지 말게 해 주소서. 남에게 명하거나 가르치지 말고 저의 믿고 행하는 바는 저들의 본 받음직하게 하옵소서.

주님! 국민됨으로서 마땅히 국법을 준수하고, 교인은 교회의 지도를 따르고, 배우는 이는 마땅히 가르치는 이의 가르침을 잘 배우고, 부모 있는 이는 마땅히 부모를 공양하고,. 사회는 사회 도덕을 잘 지키고, 저는 주님만 따르게 해 주소서. 저의 행위는 주님을 본받게 해 주옵소서. 모든 사람이 각각 자기 본분과 의무는 잘 지키면서 자기의 욕심만은 버리게 해 주옵소서. 누가 욕심 버리라고 한다면 제 말 순종할 이가 있겠습니까? 저나 주님처럼 욕심없이 되기 소원할 따름입니다.

행여 저로 하여금 외람되게도 지도하려는 생각을 염두에도 품지 말게 해 주소서. 그리고 은근히 제 사욕을 만족시키려는 마음을 철저히 분쇄시켜 주시기를 바랍니다. 저는 욕심이 너무 많으므로 지도자 못 됩니다. 누구에게 욕심버리라고 말할 수가 없습니다. 만일 말한다면 역효과만 나타낼 뿐 아니겠습니까? 명약관화(明若觀火)한 일입니다. 지도는 포기하나이다. 이를 위하여 기도할 생각을 아예 말살시켜 주옵소서. 제 친한 벗이라도 저를 신용치 않을 것이며, 가까운 친척일지라도 저를 신용치 않을 터이거늘 어느 누가 저를 신용한다고 주제넘게 가르치려 들어서야 쓸 일이겠습니까?

참 외람된 생각일 뿐이로소이다. 저의 말을 듣지 말지니이다. 거짓 선지자들의 "너희가 평안하다 평안하다"하는 거짓말을 믿지 말 것이오며, 몽조(夢兆)를 듣지 말 것입니다. 여호와의 사심으로 맹세를 하나 실상은 거짓 맹세이며, 사람을 무단히 두렵게 해서 의인을 악하다 하여 저주하므로 사람들 속여 빼앗으려는 헛된 공갈을 두려워 말 것입니다. 저로 그런 선지자 되지 말게 해 주옵소서. 또 그런 것은 분간해서 지도할 수 있게 되기를 원합니다. 거짓 예언은 바로잡아 풀게 해 주옵소서. 양심적인 생활, 구속의 감사 없는 선행은 가치가 없습니다. 회개를 통한 선행이라야 합니다. 참 사랑, 참 순결은 하나님께만 바칠 것입니다. 남의 허물을 가르쳐 주는 것이 참 사랑입니다.

주님, 감사하옵나이다. 주님! 제 고집대로 하면 일은 안 되고 괴로움과 부끄러움 뿐이옵나이다. 어떠한 인간이 되어야겠습니까? 고집 부리는 인간은 되지 말아야겠습니다. 저의 죄를 보태면 일은 극난(極亂)하게 되나이다.

스스로 지혜 있다 하옴을 면케 해 주옵소서. 주님만 순종하면 쉽고도 잘 됩니다. 과연 내 멍에는 쉽고 내 짐은 가볍다 하신 말씀대로소이다. 주님! 믿고 순종하게 해 주옵소서.

주님! 저희를 지극한 사랑으로 보시는 주여, 그 크시고 지극한 사랑을 깨닫게 해 주옵소서. 제가 주님 사랑 모르는 까닭에 사람들이 날 사랑하는 것도 전혀 모르고 삽니다. 주님을 사랑하지 못할 뿐 아니라, 보이는 사람도 사랑할 줄 모르나이다. 주님 사랑 배워서 저도 열렬히 주님을 사랑케 도와 주옵소서. 참말 허위의 자식이로소이다.

주님 사랑하시옵는 행위를 착실히 이행케 해 주소서. 불의한 자식이로소이다. 주님 기뻐하시는 일이라면 주님 사랑하는 마음에서 물과 불도 가르지 않고서 최선만 다하게 해 주옵소서. 오직 주님만 사랑할 것과 그 나라와 그 의를 구해야겠습니다. 주님을 사랑하는 일은 가장 옳은 일이기 때문입니다. 하나님을 사랑하는 일은 최대의 의(義)이기 때문입니다. 의를 사랑하는 것은 주님을 사랑하는 일이 됩니다. 참된 의(義)는 주님밖에 없으십니다. 주님을 사랑하면 참 선(善)을 행하는 것이 되겠습니다. 그 나라를 구하는 것, 기도와 사랑의 행위일 것입니다.

회개는 주님께서 가장 기뻐하시는 재물

회개는 주님께서 가장 기뻐하시는 재물이십니다. 참 회개 없이도 선을 행할 수 있기는 하나, 그것은 참으로 주님을 기쁘시게 하는 행위는 못될 것입니다. 믿고 회개해야 참 선한 행위가 되어질 것이요, 뉘우침이 없는 선한 행위는 제 아무리 커도 진정한 선행은 아닙니다. 뉘우치고 구속을 아는 생활이라야 선이라 할 수가 있겠습니다. 구속의 성은(聖恩)을 알지 못하고는 진정한 열심에서 주님을 사랑치도 못할 것입니다. 주님을 사랑치 않고서 주님의 나라를 구할 수는 없을 것입니다. 그 나라 출현을 고대하다가 낙망하는 태도는 없을 것입니다(눅 19:11-27).

있는 자에게는 없는 자의 것을 빼앗아서까지 더 주시는 주님이므로, 주님 사랑하는 행위가 없으면 있는 선까지 빼앗겨 버리실 것입니다. 주님 사랑하는 이에게는 성총을 더욱 증가시켜 주시겠습니다. 아! 두렵습니다. 주님 사랑하는 마음이 일체 없으므로 회개하려는 마음까지, 선을 행해보고 싶던 마음까지 잃어버리고 포악무도한 이가 되어질 염려입니다.

주님! 열렬히 아버지만 흠숭케 해 주옵소서. 천하 없는 학문을 가졌기로 사랑이 없으면 무엇 하겠습니까. 별별 이적기사(異蹟奇事)를 나타낸다고 해도 진정한 사랑 없으면 무슨 유익이 있사오리까? 별별 선한 행적(行蹟)으로 일관한다고 해도 주님의 사랑을 모르면 일호(一毫)의 가치도 없겠나이다. 저로 하여금 주님 구속의 은총을 깨달아서 만유 위에 주님만 사랑케 해 주시고, 주님 사랑 때문에 도취케 하시사 열광적으로 주님 원의를 실행하는 저 되기 원하옵나이다.
저는 죽든지 살든지 주님 기뻐하시는 뜻은 결코 이루어드릴 수있는 저 되기 바라옵니다. 저 하나 바른 회개하고 주님 기쁘시게 하는 것이 온 하늘을 기쁘게 하는 일이 되겠습니다. 주님 은혜 깊이 느끼게 해주시사 아무리 어려워도 저 좋아하는 짓은 끊고, 주님 사랑하여 죽도록 충성이며 주님 기뻐하시는 일, 다른 이도 회개하도록 역사(役事)케 해 주옵소서.
진정한 회개 생명 얻은 회개가 시작되기 간절히 소원하옵나이다. 주님을 사랑하는 마음에서 주님을 기쁘시게 하고파 하며, 주님을 영화롭게 하고파 하게 해 주옵소서. 가장 기뻐하시는 뜻을 채우고 싶은 원을 주옵소서. 의도, 선도, 주님 가장 사랑하는 심정에서만 하고자 하게 해 주옵소서.
사람을 사랑해도 주님을 열렬히 사랑하는 사랑에서 사랑케 해 주옵소서. 욕심을 버리는 것이 참 구제(救濟)입니다. 이는 속의 것을 정결케 하는 행위입니다.
어디로 가자 하십니까? 저에게 회개 주실 장소, 그 어디이온지 명시해 주옵소서. 그 어디건 가야겠습니다. 제게 회개를 주시려는 장소로 가겠습니다. 저 위하여 십자가에 못 박히신 성소로 가야 하오리까? 성인의 무덤 곁으로 가야겠습니까? 주님 보여주옵소서. 성인은 저를 위하시사 전구(傳求)하옵소서. 성인의 곁으로 인도해 주시기 원하옵나이다.

회개 없으면 재산은 무익합니다. 회개만 제일 선결(先決) 문제입니다. 진정한 회개 없으면 재산도, 명예도, 학식도, 선한 행위도 허사입니다. 누구든지 훌륭한 인간이 되고 싶으면, 주님을 일찍부터 믿지 못한 것을 한(恨)할 것입니다. 사람다운 사람이 되는 길은 오직 이 길만이 있기 때문입니다.

자녀 교육 잘하고 싶으면 자기가 먼저 진실한 신자가 될 것입니다. 믿음이 없이는 교육은 바로 되지 않기 때문입니다. 모태에서부터 믿었다면 원해지는 것은 당연합니다. 잘 믿는 부모에게서 태어났기를 원하는 것은 믿음이 얼마나 다행한 일인가를 알기 때문입니다.

사음(邪淫)

사음이 죄임을 너무나 늦게야 알았습니다. 제가 몰라서 범한 죄는 소년 시절입니다. 알고도 지었지만 그래도 확실히 어려서부터 알았다면 피했으리라고 확증됩니다. 물론 주님의 조력(助力)과 성총없이는 못 피했겠지만 참 불행한 소년 시절이었습니다. 몰라서, 범죄 구덩이를 가소롭게 알아서 범죄한 것이기 때문입니다. 아! 불행한 소년 시절이여. 다시 한번 고쳐날 수가 있다면 얼마나 다행한 일일른지요.

참으로 가련한 저입니다. 그 뒤로 믿으면서 주님 은혜는 저를 도우시기 시작하셨습니다. 실상은 믿기 전부터도 도와주신 것이지만 저는 그 은혜를 전혀 몰랐던 것입니다. 저주받기에 합당한 저의 소년 시절이여! 화로다! 나의 소년 시대여! 망하였도다. 나는 사음(邪淫)한 놈입니다. 사음하는 백성 중에 태어났습니다. 전혀 사음이 죄임을 알려 주는 이는 없었습니다. 그것을 가르쳐 주시는 이가 계시는 이는 얼마나 다행스러운 일인지 모릅니다. 이제껏 모르고 있었다면 필연 망하고 말았을 것입니다.

다행히 18세경부터인지 주님을 알기 시작했습니다. 주님의 기이하신 섭리는 제 위에 운행하셨습니다. 사음 죄에서 건짐받은 일만해도 저에게는 천하를 얻은 것보다도 더 크고 좋았습니다.

　소녀들과의 교제에 있어서 다행한 것은 탈선을 하지 않음으로서입니다. 생리(生理)를 탈선치만 않으면 참 행복스러움을 체험할 것입니다. 경험자들만이 이해할 수 있을 다행한 일입니다.

　단 둘이서 만난다거나 길을 걷는다거나 하는 일이 없는 교제와 편지는 반드시 공개할 수 있는 내용이어야 하고, 그나마도 다른 분에게 의심받도록 해서는 안 됩니다. 남녀는 반드시 감시자 눈 앞에서 만나고, 같은 길을 가도 훨씬 앞서 동떨어지게 걸어갈 일입니다. 말 소리가 안 들릴 정도로 떨어질 것입니다. 여자들의 방에 행여 드나드는 일이 없어야 합니다. 한 자리에서 일하는 일은 결코 없어야 할 것입니다. 여자들 숙소 가까이 숙소를 정하지 말 것이며, 같은 변소를 쓰지 말 것입니다. 누이동생을 가진 친구와는 되도록 가까이 교제 말아야 합니다. 그러면 반드시 영혼은 어려운 시험 가운데서 빛을 발할 것입니다.

　저의 비천함을 항시 기억케 되옵기 원하나이다. 좋은 일은 다 하나님께서 내려주시는 은혜인 줄 깨닫기 바랍니다.

　저는 할 수 없는 죄인뿐임을 알겠나이다. 사랑하는 분들, 그들은 어디로 다 가서 무엇들 하실까요? 죄에 빠져 무한 고생 겪는 분과 그 자녀들 볼 때 서글퍼 눈물 짓습니다. 지난날 그 총명하고 아름답던 자태는 어디론지 다 사라져 버리고, 추함과 괴로움만이 그를 감싸고 있는 듯이 보입니다. 이제 다시 처음 사랑에 불붙어 하나님의 시녀로서 희생되기 빕니다.

　저는 무한하시고 무량하옵신 성총으로 이같이 편하고 좋은 환경이 감싸주는 이 생활에 너무나 감격합니다. 그들은 새벽별처럼 빛나야겠고 저는 모래알처럼 천히 굴러야 될 것인데 그들이 저를 보실 때 너무나 서글프리라고 짐작됩니다.

　아, 믿음은 참으로 은혜입니다. 은혜로만 만행으로 받아진 믿음, 얻어진 이 믿음, 참 보배로운 일입니다. 못나고 무식하고 병든 저에게는 이 성총을 입히시옵고, 잘나고 똑똑하고 영리하신 분들에게는 가리워지고 숨기워진 보배를 찾아 어떻게 형용하며, 어떠하다고 자랑하오리까?

병도 진정 은혜올시다. 성령으로 주신 은사올시다. 제게 병이 없었던들 어찌 깊이깊이 숨겨지고 감추어진 보배를 발견하였겠습니까? 믿는다고는 하나 늘 둘려서 헛되게 싸대고 말았을 것이 아니옵니까? 대외적으로 유쾌하나 마음 속 깊이는 평안 없이 외적인 즐거움만 추구하면서 싸다닐 뻔한 저 아니오리까?

이 신앙 복됨을 알 자가 누구오리까?

지금쯤은 설레고, 무단히 덤비고 지낼 저를 병으로 앉을 자리에 앉혀 주시고 가르쳐 주시옵나이다. 진실로 다행천만이옵나이다. 명상의 기회를 주신 주님! 감사기도는 끝도 없사옵니다. 이 신앙 복됨을 알 자가 누구오리까? 받은 이밖에 알 수 없을 이 복됨이여! 사람들은 돈이나 밥이 복인 줄로 인정하고, 그 외의 것은 도무지 모르지만 돈과 밥과 옷과 집과 여자와 세상 권세와 세상 영화 같은 것 가지고는 측량치 못할 피안(彼岸)에 높이 높이, 그리고 깊이깊이 간직되고 숨어 있는 이 신앙의 복이여! 한량없고 끝도 없도소이다. 통절히 제 죄를 느끼고 자복하게 해 주옵소서. 죄를 조금인들 가리우고 속이고 두호(斗護)해서야 될 일이겠사옵니까? 소리쳐 죄를 뉘우치게 해 주소서.

죄야! 너와 나는 갈리자. 성부의 마음 상하게 해 드리지 말고 제가 죽고라도 죄와는 갈려야겠습니다. 참으로 떠나야겠습니다. 아버지를 만홀히 보는 죄, 아버지를 멸시하는 이 죄를 작별해야 되겠나이다.

가난을 감사하나이다

가난을 감사하나이다. 가난의 자유여! 아! 얼마나 가벼운 짐인고. 헛된 기쁨을 누리지 않게 되는 이 자유로운 시간, 헛된 인사를 주고 받지 않는 이 행복! 깊이깊이 인생의 밑바닥까지 가치를 들추어 볼 수 있는 이 가난함의 복이여! 참말 복되도다. "천국이 가난한 이의 것"이라고 거짓말하실 줄 모르는 이의 입으로 축복하신 가난이여! 영원히 제게서 물러가지 마사이다. 자나 깨나 가난이시여, 저를 앞뒤로 둘러 계시옵소서.

자비의 아버지시여, 오래 참으시는 주님이여, 참 사랑하시는 성령이시여, 온전히 위로의 하나님이로소이다.

주님! 이 땅에 자비로 가뭄을 주시사 사람들이 교만치 못하게 해 주소서. 인심은 바야흐로 험악의 극에 이르렀나이다. 얼마만한 재앙을 받고야 뉘우침이 오른지요? 너무나 완악하고 교만하옵니다. 너무나 더럽고 추악하옵나이다. 진실한 회개를 불러 일으켜 주소서. 정결한 마음이 요구되옵나이다. 눈보다 더 깨끗한 마음이 필요하옵나이다. 맑은 양심을 주소서. 깨끗하고 정결한 마음의 능을 주소서. 음란한 마음을 제거해 주소서. 혈기의 마음을 없애고, 주저앉게 해 주소서. 참을성 없는 마음을 없애 주소서. 주님의 마음만이 저를 주장해 주소서. 정결한 마음을 주소서. 고뇌를 사랑케 해 주옵소서. 가난을 사랑케 해 주소서. 가장 어려운 일은 사람되는 일인 줄 알겠습니다. 영원무궁한 만세로부터 흑암과 광명을 품고 세차게 내려오는 천국이여. 가난한 이의 것이로다.

자기의 모든 행복을 주고 바꾼 가난한 이의 말씀이 천국은 마음 가난한 이의 것이라고 외치신지 어언 2천년, 새벽별보다도 뚜렷한 가난함의 위대함을 체험한 이가 그 누구누구시던가요? 그들은 시대가 흐름에 따라 먼 하늘의 별들처럼 찬란스럽게 일생을 통해 빛들을 발하고 있지 않은가요? 가난이 지상의 복이라고 몸과 피를 다 주시고 사서 얻으신 이가 실증하신지 오래련만, 그 말씀 신용하는 이 몇몇 분이던가. 신용하시던 이들마다 한 가지로 소리쳐 외치는 말씀은 가난이 참 복이라고 노래를 부르시었건만, 이제도 가난은 환란이라고 믿는 이는 가난이 복이라고 믿는 이의 수효보다 훨씬 더 많은 현상이 아닌가요? 주님은 거짓말 못하시는데 그 사실 믿는다는 성직자들, 말씀 증거하고 삯 받아 먹는 분네들까지가 가난은 재앙으로 오는 것이라 증거들 하시나이다.

축복받은 이만 아는 이 복이여! 그렇지 않다 하는 이 없으리로다. 가난은 천국이요, 참으로 천국은 가난한 마음의 소유입니다. 가난을 축복하소서. 못난 저에게 가난만은 축복해 주옵소서. 가난을 싫어하는 이들에게 찾아가는 가난은 학대와 저주를 받나이다. 가난을 간구하는 이에게 오소서.

길이 떠나지 마소서. 잠시 잠깐인들 떠나서야 어떤 일이 생기겠나이까? 가난의 진리를 알고야 몸서리 안 칠 이가 있겠습니까? 잠시만 떠난다 해도 진리일 수밖에 없지 않겠는가요?

서릿발 치는 부(富)함의 노여움이여. 견딜 수가 없습니다. 가난은 저의 축복으로 오시고, 부는 저를 저주하고 떠나소서. 가난해지리라고 저주하소서. 부에게 저주를 원하고, 부와 짝하는 영 되는 것 싫습니다. 좀 더 가난케 하소서. 말도 못하도록 가난케 해 주소서. 병들어 일어나지도 못하도록 가난케 해 주소서. 아무에게도 큰 소리 못치도록 가난케 해 주옵소서.

교만을 떨어버리고 겸손한 소망만이라도 갖게 하옵소서. 참 가난해지면 참 지혜도 따라오겠나이다. 참말 좋은 행복이 따라들겠나이다. 참 부유함이 저를 감싸주겠나이다. 참 하늘의 지식이 제게 머물겠나이다.

병도 가난의 식구일 것입니다. 참말 병은 제 영혼의 좋은 반려자올시다. 심심하지 않게 인생 행로를 같이 걸어주는 육신의 병이여, 내 일찍 그대 가치를 알았던들 왜 병을 두려워했겠나이까? 모든 소리로, 도무지 모르는 소리로 그대를 노엽게 해 드렸나이다. 저주인 줄 알았으며, 마귀의 사자인 줄 알았기에 영접하고 대접할 줄을 몰랐나이다.

모멸(侮蔑)도 가난의 식구올시다. 가난하면 모멸이 축복으로 오시나이다. 멸시가 싫어서 우는 시절, 애타던 시기, 참말 모멸의 행복을 전혀 몰랐었기로 모멸을 피하기 위해 거짓 얌전한 체까지 했었나이다. 거짓으로 부한 체했었습니다. 모멸의 중대함을 알았던들, 일부러 모멸받을 가난하고 무식한 처소에 가 서서 기다렸으련만, 전혀 모른 소리로 모멸이 지나갈 처소는 피해 달아나던 저입니다.

그러나 이제 와서 거짓 존귀와 대접보다는 차라리 투명한 멸시가 더 귀하나이다. 물질에 가난할 때 덕에 부하겠나이다. 가난에는 자유가 속박을 당합니다. 육체의 자유가 없어지지만 참 양심의 자유가 옵니다. 세상 사물에 가난해지면 믿음에 부해지나이다. 세상에서 가난해지면 천국에서 무한으로 부해지나이다.

깊도다 하나님의 지혜와 지식의 부요함이여(롬 11:33). 그렇지 않다고 하는 이 없으리로다. 참말로 이 세상에서 멸시받도록 이 세상 지식과 지혜와 물질과 권세와 존귀와 모든 곳에서 완전히 가난해지도록 축성하옵소서. 제가 참으로 가난해지고 주님에게서 부를 발견케 하옵소서. 세상에서는 비참하고 천국에서 영광얻게 하옵소서. 이 세상에서는 아무 권리가 없으나, 천국을 상속하니 유권자가 되게 복을 비소서.

아버지의 뜻만

인생은 교만하여 구원의 필요를 못 느낍니다. 겸손만 하다면 즉시 구원의 필요를 느낄 것입니다. 느껴서 구원을 요구만 한다면, 즉시 예비하신 구원은 임할 것입니다.

그리스도의 십자가는 저의 구원의 토대가 됩니다. 겸손되이 의뢰만 한다면 즉시 평안함을 느끼고 안정을 얻고 앞길이 열릴 것입니다. 믿고 신뢰할 때에 평안함이 옵니다. 그리스도의 흔들리지 않는 토대가 저를 받쳐줍니다.

그리스도의 사랑이 저의 어둡고 캄캄하고 암담한 앞길을 비추고 열어주십니다. 저의 앞길은 희망봉을 바라봅니다. 저의 길잡이는 가장 든든하신 분입니다. 걱정과 근심할 것은 없습니다. 의뢰하고 나아갈 뿐입니다. 아버지 뜻대로만 진행되기를 원할 따름입니다.

집은 반듯이 세워야 할 줄 알면서, 제 몸과 마음은 반듯이 가져야 될 줄 모르고 삽니다. 마음이 반듯이 되려면 주님께 의지해야만 될 일입니다. 하늘에 묻고 땅에 물어서 건축하여야 되는 것처럼 성령과 주님 아버지께 사뢰며 자기를 세워야겠습니다. 주님께서는 아버지의 교훈을 가지시고 교훈하셨습니다. 아버지의 뜻만 행하려고 오셨습니다. 십자가를 지심으로 그 뜻을 성취시키셨나이다.

저는 어떻게 아버지의 뜻을 이루오리까? 주님의 교훈을 순종해야겠습니다. 시기하지 말고, 편파적이 되지 말고 공정히 행해야겠습니다. 절제와 규모를 배우지 않아서는 안 되겠나이다. 이제껏 너무나 막연하게 살아왔습니다. 성품이 어두운 탓입니다. 이제도 성품이 어두워서 남녀 성별을 분명히 못하고 있습니다. 큰일 났습니다. 밝은 성품으로 성별(性別)을 분명히 하며,

경제도 분명히 해야겠으며, 사리(事理)도 분명히 가려야겠고, 시간 생활도 분명히 할 줄 알아야겠습니다. 이제부터라도 살동안 밝히 살아서 빚 갚아야만 하겠습니다.

나는 그 명령이 영생인 줄 아노라. 혼인하지 않는 것이 영생인 줄 알 때 혼인하는 것은 그것이 아닐 것입니다. 예수를 사랑할 때에는 혼인하지 않는 것이 즐거운 일일 것입니다.

말씀 듣는 것은 참 영생입니다. 영원히 참된 행복스런 생을 누리지 않고 하필 괴롭고 무거운 생을 보내려는 이가 어디 있겠습니까? 그러므로 예수님 하신 말씀은 다 아버지께서 말씀 주신 그대로 말씀하셨을 수밖에 없었을 일입니다.

무지(無知)

사람들은 "아는 것이 힘이요, 무지가 가난보다 더한 불행이라"고 알고 있습니다만, 제 경우는 모름(無知)에서 행복이 옵니다. 요행히도 지식이 없으므로 하나님 아는 일에만 관심해지나이다. 성삼위만을 알아 뵈옵고 싶어집니다. 다른 것을 많이 안다면 그것을 더 알려고 많은 시간을 보내고 또 거기서 얻는 재미에, 인간의 지능을 초월한 신적 지식의 세계는 모르거나 등한시하거나, 그리 필요성을 못 느끼게 되거나 아쉽지 않게 여길 뻔 했을 것이나, 아는 것이 없는 소치로 다른 데 취미 붙일 데가 없어 하는 수 없어 주님께 울부짖게 되는 행복이여, 참 감사할 따름이로소이다.

절망을 벗어나는 행복이여

소리없는 환경, 철저히 벗어날 수 없는 사정에서 어렵지 않도록 헤어나게 해 주시는 은사를 찬송하나이다. 만국의 영광을 다 누릴 수 있게 마련해 주시는 행복. 참말 죽을 수밖에 없는 지경에서 살아나는 재생의 복이여. 영원히 찬미하고 감사할 것이오며 선포할 이 은혜에 복스럽도소이다.

기쁘게 힘차게 사랑으로 활동할 것입니다. 부르기 전에 응답하시고, 말을 마치기 전에 주시옴을 받는 생활, 어린 양과 사자가 한 초장에서 뜯어 먹는 광경, 무도한 이라도 복종케 되는 선하신 섭리로 살아가는 생애여, 포악무도한 이라도 어린양처럼 순한 신자들 곁에서 순리로 생활해가는 광경, 이 모든 것들은 참으로 복스럽도소이다. 반구(頒鳩)가 날고, 소양치가 울고, 맑은 시내가 잔잔히 흐르고, 기화요초로 쌓이고, 길이 소경이라도 실족치 않게 정연하고, 오곡백과가 무르익는 그 속에서 기쁘게 힘차게 사랑으로 살아가는 생활을 주심은, 전혀 성삼위의 은사로 천사들의 노력과 의인들의 간구의 덕택뿐이로소이다.

오얏 싹 뿌리

오랫동안 뵙지는 못했습니다. 그래도 종종 문후는 살폈습니다. 소구한 사회 많은 심려를 기울이시리라고 생각됩니다.

과거에 무수한 혜택을 늘 끊임없이 감사합니다. 그 대신 보람있는 생활을 하고자 했지만 그는 꿈이고, 실상은 기대하심에 부합되지 못한 인간이 되고 말았습니다. 많은 사랑을 감사하오며 앞날을 위하여 기도 올려 주시기 빕니다. 후한 덕택을 입고 보답 없이 이제 다시 안 돌아올 길, 영원한 길로 향하려 합니다.

본의 아니오나 한번 더 찾아뵙지 못하고 갈 것을 생각하오매 불미한 서신이나마 올리는 것이 제 딴에는 인사차림이 될까 해서입니다. 많은 사랑을 이 졸필로 사뢰고자 하는 바입니다. 제 마음 속에 속속들이 새겨진 감사의 정을 이 종이 위에 제진할 수는 없는 노릇입니다. 단지 사랑하신 줄은 노상 명심하고 있었다는 표시에 불과합니다. 그리고 기대하심에 부합된 인물이 못되었다는 사과를 올리는 바입니다.

숨질 때까지 진료코자 합니다. 억에 하나라도 사람답게 되고 싶사오니 과히 실망은 갖지 마시기를 빕니다. 주님 역사하시면 변화도 있겠습니다. 너무나 크나큰 기대에 어그러진 인생, 무슨 면목으로 뵈올 수도 없건만 신체 지장만 아니면 한번 나아가 배알코자 염원하는 바이지만 뜻과 같이 안 되는 것이 성의이신가 하옵나이다.

끝으로 옥체 만안하심을 비오며 아울러 댁내 합절 평안과 보시는 사업에 강복하심을 비옵나이다.
(오얏 싹 뿌리란 이현필선생의 어릴 때의 이름으로서 1961년도의 편지임)

그 날에 주님의 기뻐하옵신 칭찬을

마 과장 귀하

산 설고 물 선 수만리 이역땅에 오셔서 어두운 이 민족을 구제하시고자 주야로 애쓰심을 감사올리는 바입니다. 아무쪼록 성총 아래 거룩하옵신 뜻을 채워 드리시는 거룩한 역사에 성과 있으시기를 바랍니다. 그 날에 주님의 기뻐하옵신 칭찬을 들으시기를 원하나이다.

사뢸 말씀은 한국에 오신 바엔 영영이 기념될 수 있는 일을 이루시기를 바랍니다. 이왕 한국에 오셨으니 한국을 더 연구하시고 한국 사람을 더 아시기를 원합니다. 그러시므로 크신 덕을 남기실 수가 있으실 수 있기 때문입니다. 만일 서툴게 그릇 아시고 가신다면 차라리 안 오셨던 것만 못한 형편도 되기 쉽기 때문입니다.

과거 여러분들이 한국을 그릇 알고 가셨기에 많은 정력과 많은 물자를 그릇 잘못되게 허비한 후회를 천추에 남김과 같은 실패와 비애를 되풀이 않으시기를 바라며 외람된 글을 올리오니 양해해 주심을 원하옵니다.

1962. 3. 5

제 곁을 떠나지 마소서

세상이 파괴되어감은 음란한 소위로 말미암습니다. 그것을 꽉 지켜서 정수만 보존한다면 절대로 세상은 무너지지 않고 도리어 좋은 변화를 얻을 수 있을 것입니다. 이 진리를 깨달은 이는 희귀합니다. 참말 정(情)을 아낄 줄 알아야겠습니다. 헛되이 낭비치 말아야겠습니다. 헛된 낭비로 국가와 사회가 무너지니 얼마나 애석하고 가련한 짓입니까? 이것을 알게 할 이가 참 필요합니다. 이것을 아는 일이 곧 국가 재건의 요인입니다. 이런 이야말로 복지사회 건설자입니다. 세계 평화운동의 역군입니다. 참말로 성령이 같이 하심으로만 할 수 있는 사명입니다. 완수 못하면 영원히 한이 될 귀중하고 긴급한 사명입니다. 입으로 문서로 사색으로 명상과 기구로 이 사명을 꼭 받아야겠습니다.

> 이제껏 등한하고 꾀부리고 회피하던 죄를 용서해 주십시오. 용맹스럽게 해주십시오. 참으로 죄송하나이다. 크나큰 사명을 받고도 모른 척 해온 이 죄인입니다. 주님 멍에를 메워 주시사 뒤를 돌아볼 겨를도 없게 써 주옵소서. 진실로 주님께 순종을 맹약하옵나이다. 아멘

저의 모든 것이 되시는 이여!

저의 모든 것이 되시는 이여! 진실로 저의 전체가 되심입니다. 저의 하나님이시여! 가련한 저를 이끌어 주소서. 우리로 천사와 동등됨을 바라시는 이시여, 어린이같이 되기 원함이로다. 우리로 하여금 거듭나고 천국 사람 되기를 목적삼게 하시는 이여, 거룩히 구별하시기를 원하십니다. 이 부족한 것을 보이지 않는 천사로 수종들게 하셔도 미련하고 지각이 둔해서 못 깨달으니 할 수 없이 날개 없는 천사들로 받들어 주시옵나이다. 이 지극하옵신 뜻을 아옵고 주님의 종 안될 자 어디 있사오리까? 주님의 지극히 적고 천한 종 중의 하나로 보아 주옵소서.

저의 소망과 기쁨이 되신 주여, 제 곁을 떠나지 마소서. 잠깐이라도 비워놓지 마소서. 주님 순종하고 끝까지 따르게 해 주옵소서. 온유하고 겸손해서 말씀 잘 듣게 해 주소서. 참고 견디어서 주님 뜻을 이루게 해 주소서.

주님이 주시는 선견지명이 없이는 누구를 지도할 수 없습니다. 소경이 소경을 이끌면 둘이 다 구덩이에 빠지고 말기 때문입니다. 의지하는 이나 도와주는 이가 다 같이 쓰러질 뿐 아니겠습니까? 주님 사랑없이 누구를 함부로 가르치는 일 말게 해 주소서.

주님은 쉬지 않으시고

봄이 돌아와서 봄을 봅니다. 주님은 쉬지 않으시고, 지구와 해와 뭇 별들을 돌려 주시므로 또 봄은 되었습니다. 성령님이 호흡을 계속시켜 주시므로 제가 아직도 지구 위에서 또다시 봄을 봅니다. 아버지께서 뭇천사를 시

키시사 제가 회생되었습니다. 제 마음에 넘치는 감사가 충만합니다. 항시 씨뿌리는 농군이 되어지이다. 주님, 복음 밭에서 쉬지 말게 일하게 해 주소서. 기쁜 봄이 왔으니 친구들에게 기쁨 전달케 되고 싶습니다. 희망을 전하고 싶습니다. 평화를 뿌리고 거두고 싶습니다. 사랑을 나누고 싶습니다. 간절된 사랑을 주님께 바쳐지이다. 참말 사랑으로 거짓없이 만나고 말하고 권하고 위로해지이다. 성부와 성자와 성령에게 이 모든 것이 영광되어지이다.

주님의 말씀은 살아 있습니다

주님! 주님 말씀은 살았습니다. 산 말씀입니다. 물고기는 산 물에서 삽니다. 우리 영혼은 주님의 산 말씀에서만 삽니다. 말씀을 불어 넣으소서. 제 속에 말씀을 불어 넣어 주소서. 산 말씀으로 살게 해 주소서. 산 말씀에서 힘을 얻도록 해 주소서. 산 말씀이 저를 굳세게 해 주소서.

천사들의 의지는 확고부동합니다. 저로 산 말씀으로 확고부동하게 서게 해 주소서. 말씀의 맛을 알게 되기 바라나이다. 어느 때나 가서야 이 종이 주님 말씀 뜻 알아들으리이까? 그 뜻을 안다면야 어찌 감격하지 않으오리까? 그 말씀 뜻 알고는 반하고 미칠 것이겠지요.

주님 저를 사랑하시나 감당 못할 터이므로 가리우시는 뜻이시지요. 황송망극합니다. 이것 여태껏 아버지 앞에서 힘과 지혜를 받고서 낭비해 버리고 때를 따라 내리시는 은총을 아직 감당치 못하옵나이다. 용서를 주소서. 감당토록 힘을 주소서. 천사들로 힘을 돋구워 주시겠나이다.

아버지! 행여 불순종의 자식이 되어질까 두렵습니다. 순종으로 생명의 면류관을 얻어 쓸 것입니다. 불순종으로 사망의 종이 될 것이니 진리를 거스려 살지 않게 크게 긍휼히 여기소서. 자비를 베풀어 주심만 빕니다.

1962. 2. 4

이 세상은 꺼푸레기 세상

주님, 이 세상은 꺼푸레기(껍데기) 세상입니다. 순종도 온유도 겉치레 뿐입니다. 속은 여전히 거짓으로 가득차 있습니다. 거듭나지 않고는 허위를 벗어날 수도 없으며, 허위를 안할 수도 없습니다. 거듭나지 않고는 무엇을 한다 해도 악한 종 노릇에 불과하나이다. 모세의 율법에 기록된 대로 이 모든 재앙이 이미 우리에게 임하였사오나 우리는 죄악을 떠나고 주의 진리를 깨닫도록 우리 하나님 긍휼을 간구치 아니하였나이다.

인간의 자유 의지가 직접 하나님으로 오는 만큼 그 결정에 있어 하나님 아닌 어진 복음들에 종속되어 있지는 않은 것입니다. 주님, 제가 괴로운 것은 당신이 거듭나게 해 주시기까지는 어쩔 수없을 것입니다. 산속이나 바다 섬 가운데서라도 저를 가둬 주시고 거듭나시기까지 간직하시고 돌보아 주소서.

주님! 인휼히 여기소서. 꺼푸레기만 사람된 것을 자비롭게 보옵소서. 참 생명의 근원이신 주님 안에 뿌리박게 해 주옵소서. 참 사랑이 가득하신 주님이시여! 죄 많은 이것을 사유하시사 사람되게 이끌어 주심을 빕니다.

아침은 깨라는 아침

아침은 깨라는 아침입니다. 늦잠을 깨고 일어나라는 아침입니다. 자다가 깨라는 것이지요. 참말 깨어야겠습니다. 깨달아야겠습니다. 알고 배워야겠습니다. 사명을 알아야겠고, 책임과 의무를 배워야겠습니다. 아직 알 것을 못 다 알았습니다. 너무나 모르고 삽니다. 배워야겠습니다. 너무나 게으르게 배우지 못하고 있습니다. 배워야 할 것을 너무 못 배우고 있습니다.

이제 저녁이 왔습니다. 모든 것 다 깨끗이 잊어버리고 자라는 저녁입니다. 모든 것 믿고 맡기고 안심하고 자라는 저녁입니다. 저녁에는 달과 별이 비춰줍니다. 저녁에는 잊어버리고, 아침에는 생각해야겠습니다. 주님 생각해야겠습니다.

> 저를 어루만지사 주님 형상 만들어 주소서. 진실로 주님 형용 닮게 해 주옵소서. 심성이 주님 닮게 해 주소서.

저녁에는 달게 자라고 달이 비춥니다. 저녁에는 별스러우라고 별들이 비춰줍니다. 또록또록하고 영롱하고 그리고 모든 것 다 잊어버리고 달게 자라하신 밤입니다. 별스러워야겠습니다. 어떤 것이 별스러운 것일까요? 참말 모르겠습니다. 저는 몰랐습니다. 범사에 못났습니다. 참말 못났습니다. 못난 것이 잘난 줄 안 것이 별스러울 수는 없겠지요. 달라야 하겠고 별 달라야 겠지만 원체 안 되었어요. 사람 못되겠어요. 진실로 큰일이로소이다. 저는 주님께서 저를 매달아 주실 때만, 주님께 매달려 있을 때만 사람입니다. 주님이 끊어버리시면 사람이 아닙니다. 저는 주님께 속해 있으며, 주님은 저를 매달아 주셨습니다. 끊지만 말아 주소서. 어디든지 매달고 끌고 다녀 주소서.

모든 것의 모든 것 되시는 주님

주님! "참 주님" 알려 주십시오. 주님 바로 아는 일이 참 사람 노릇입니다. 주님 사랑 깨닫게 해 주소서. 진실로 주님 사랑을 깨달아야만 하겠습니다. 언제나 주님은 제 요구보다 더 크시기에 제가 삽니다. 만일 제 원만큼만 해주셨다면 저는 벌써 숨막혀 죽었을 것입니다. 제 원보다 훨씬 높게 길이길이 넓게 사랑하시기에 이제껏 살았습니다. 진실로 주님의 사랑 뿐이로소이다. 제가 살아있다는 것은 두터우신 주님 사랑 때문입니다.

여호와께서 이르시기를 너희는 나를 찾으라 그리하면 살리라 (암 5:4)

제 모든 것 위에 모든 것이 되신 주님,
제 생각 위에 높이 계시는 주님,
제게 필요함을 가장 잘 아시고 계시는 내 주님,
주님 아니면 제게는 조금도 만족이 없사오며, 주님 계시면 조금도 아쉬운 것 없습니다. 주님! 저를 기억해 주소서. 주님께서 기억해 주시는 것만으로 넉넉하옵나이다. 풍파 중에라도 주님 저를 기억하신 줄만 알리옵소서. 만족하겠나이다.

지극한 영광을 받으시기에 합당하올 주님, 감사를 드립니다. 한 사람만이라도 죽지 않고 주님 음성 듣고 살기를 원하시는 주님, 오늘 저로 살게 하옵소서. 주님처럼 아버지 뜻만 기억할 마음으로 살려 주옵소서.

오직 자기의 하나님을 아는 백성은 강하여 용맹을 발하리라(단 11:32)

그럼에도 불평 불만만 했으니

　다른 분들이 혹시 불평을 한다고 해도 제가 불평한다는 일은 참으로 말도 안 되는 소리입니다. 저는 그저 감사만 해야 할 사람입니다. 감사할 일 아니라면 살았다 못할 것입니다. 그럼에도 불평 불만만 했으니 사람이라 할 수가 없습니다.

　제가 또 앓을까 두려워하는 것을 앓아서 괴로움 당할 것과 못되게 불평할 것이 두렵기 때문입니다. 속아지 못되게 불평한다면 천지가 아득할 노릇입니다. 이번에 주님 뜻으로 그렇게 해 주신 것이겠습니다. 여러분들의 필사적인 기도와 정성어린 선물과 희생을 추려내지 않고 수종들만 들었다면 천사들의 노력이 크셨겠지만 사람의 노고도 이만저만이 아니었습니다. 그래도 거듭나지 못해서라 뉘우치면서도 불평을 했고, 못견디도록 애문 말(억울한 말)도 쏟아 내놓았으니, 참말 이제는 회개를 얻고 중생(重生)을 받아야만 되겠는데 주실 이의 마음이시겠습니다. 유흥가 터만 닦지 말고 예수 모셔 들어야겠고, 주님 뜻 이루어 드리기로 결심하고 싸워야겠습니다.

　　　주님, 제게서 정욕과 쾌락을 물리쳐버려 주시고 주님의 뜻만 간절히
　　　사모하게 해 주옵소서. 간절히 바라나이다. 꼭 우리 주님 뜻 이루어지
　　　이다. 아멘

사랑이 없어서

　저 자신이 능력 없는 것이 문제입니다. 다른 이가 능력 없어도 그것이 제 책임될 것은 못됩니다. 능력있는 이가 나타나시면 소리는 없어도 빛은 나타낼 것입니다.

　참 사랑이 문제입니다. 남을 알고, 모르고 사랑 있다 해도 제 속에 참말 사랑없다면 빈껍데기입니다. 이 세상에 사랑이 없다 해도 저만 정말로 그리스도만 품고, 그 사랑으로만 행한다면 천하가 무서울 것이 없을 것입니다. 산을 옮길 만한 믿음보다도 과거와 미래를 통달하는 지식보다도 진정

으로 사람의 영혼을 사랑하는 마음이 있고야 무엇이 되든가 말든가 할 노릇입니다.
 사랑 없이는 구제, 자비, 능력 다 행해도 자기 자랑 뿐이며, 자기 호기심을 만족시키는 일밖에는 안됩니다. 참 사랑, 귀한 사랑은 그리스도에게서만 얻어지는 사랑입니다.

> 주님, 제가 전적으로 주님 사랑하기 원하오니 받아주소서. 과부의 연보같은, 참 얼마 안된 사랑을 주님께 받았나이다.

 아! 그리스도의 사랑, 능력 있어요. 참말 능력이 충만합니다. 못할 일 없이 능력이 가득차 있습니다.

> 흠모할 사랑이시여, 영원한 불면하는 사랑이여! 주님이시여, 제게는 사랑이 없습니다. 있다면 그것은 거짓 것입니다. 참은 아닙니다. 거짓을 버려야 살겠습니다. 진실로 거짓을 버려야 살겠습니다. 벗는 길을 지시하옵소서. 주님! 벗겨 주옵소서.

 누구도 사랑 못했습니다. 허위로 간사로 사람을 속이는 것에 지나지 않습니다. 주님! 오십 평생 허위만 구축해 왔으니 이를 어떻게 합니까? 죽지도 살지도 못할 이 문제 심히 답답합니다. 갈 날도 가깝고 떠날 기간도 머지 않았는데, 왜 이리도 꿈을 못 깹니까? 거짓을 어느 날까지 허울좋게 집어 쓸 것인가요? 큰일 났습니다. 사람들 중에는 제게 행여 참된 사랑이 있는가 해서 속는 이들이 많습니다.

> 주여! 이들을 불쌍히 여겨 주옵소서. 순진한 저들을 긍휼히 여기옵소서. 그리고 저를 살려 주옵소서. 참으로 섭리와 권고를 아끼지 말아 주옵소서. 주님 이름을 위하여 하나이다.

오직 주님만 갈망

 아버지 저의 주시여,
 나의 생의 근본이 되시오며 생의 의의가 되시는 주시여, 당신이 아니시오면 제게는 생의 목적이 없사오며 의의도, 의도, 미도, 낙도, 광명도 없사옵니다. 당신 안에 생의 목표가 있사옵고 당신의 생의 미가 되시옵니다. 주가 제 안에 계심으로 제가 살아 있나이다. 주께로 가는 것이 저의 목적이옵고, 주와 같이 되는 것이 저의 희망과 즐거움이옵나이다.

지혜 있고 훌륭한 자로 사람들에게 알려지기보다는 차라리 미련한 자가 되어 주 안에 있어지기를 바라나이다. 죄를 깨닫고 자복하는 자가 될까요? 주의 사유(思惟)하심을 증거하는 자가 될까요?

주님의 깊은 뜻을 조금도 모르는 제가 아닙니까? 아시다시피 사람과 가까이함으로 얻어질 것도 없고 도리어 신앙의 동요나 덕에 손상이 있을까, 도움은 조금도 없습니다. 단지 아버지께만 가까이 나아갈 때 담대함과 용기와 능력과 지혜와 덕과 완전한 영생을 얻나이다.

주님! 저에게 회개를 주옵소서. 생명 얻는 회개를 주소서. 주여! 제 가슴에 탄식을 주소서. 회개를 못해 탄식케 하소서. 부끄러워할 줄 알게 합소서. 제 죄를 진정으로 저의 어리석음을 내놓게 하소서. 제 지혜를 버리게 합소서. 제 주장, 제 고집을 버리게 하소서. 오직 주님 생각만 받아들이게 해 주소서. 주님만 모셔들이게 해 주소서. 주님의 주장으로 제 주장을 삼게 하시고 주님의 의사(意思)를 받들어 저의 의사가 되게 하시고, 주님의 지혜가 저의 지혜가 되게 하옵소서.

주님의 애통이 저의 애통이 되어지이다. 아멘

죄인됨을 깨닫게 하옵소서

주님! 저로 하여금 항상 죄인됨을 기억케 하옵소서.

죄인된 것을 깨닫는 시간만이 제게 가장 행복된 것은 구주가 가까와지는 까닭이로소이다. 주여! 항상 저의 약함을 깨닫는 시간이 제게 가장 복된 것은 크신 권능 물밀듯이 찾아주시는 까닭이로소이다. 이 험악한 세대에서 이 두 가지 위로가 제 자랑이 되나이다. 성령의 역사로 참으로 주를 우러러보는 이들은 주님 구원만 믿고 바라게 하소서.

주님의 이름으로 들으소서. 아멘

그 사랑을 깨닫게

내가 죄 지어도 주님은 버리지 않으심은 아버지를 위하여 주님의 피로 죄인을 사셨기 때문입니다. 죄 많은 곳에 은혜도 풍성하심은 죄 지으면 주님의 마음 더 괴로워하심이로소이다.

죄 지은 자식, 탕자의 목을 안으신 주님. 주여, 그 사랑을 기억케 하소서.

성령이시여, 항상 깨닫게 인도하심을 빕니다. 그 사랑 잊지 말도록 붙들어 주소서. 적게 믿고, 늘 잊고, 안 믿는 죄에 빠지지 말게 하소서. 굳게 믿음 주소서. 연약한 자로소이다. 아멘

사람이 산다는 것은

사람은 죽으러 이 세상에 왔고, 고생당하려고 왔습니다. 선한 일로 고생 보고 선하게 죽기 위해서입니다. 동정을 간직하고 죽는 것이 가장 선한 죽음인 줄 믿습니다. 사람이 산다는 것이 가산의 넉넉함에 있지 않다고요. 참으로 하나님만 두려워하고 섬긴다면 세금으로 전 재산을 다 빼앗겨도 잘 살 줄 압니다.

주님, 주님만 기뻐하시는 일만 해주시고요. 주님께서 기뻐하시지 않는 일은 삼가 피함을 주소서. 믿음이 아니고서는 주님을 기쁘시게 할 수는 없습니다.

복음에 대한 제 태도가 밝아져야만 되겠습니다. 저에게 가장 긴급히 소용 되는 분은 주님이십니다. 저에게 꼭 계셔 주셔야만 하겠습니다. 돈이나 물질이나 건강이나 지혜보다도 주님께서 제 주장자(主張者)가 되어 주셔야만 하겠나이다.

주님, 제게 있는 것 모두와 주님과 바꾸어 주소서. 다 가져 가시고, 다 없애주시고, 주님께옵서만 제게 계셔주시사 제가 알고 모르고 저만 주관하사 영광 받으옵소서.

주님의 자비하심을 뚜렷이 드러내 주소서. 주님의 인자는 제 생명보다 더 귀중하옵고 값이 있사옵나이다. 제게 제일 필요한 것은 진실입니다. 제게 있는 모든 것과 참과 바꾸어 주소서.

부르심을 알아야겠습니다. 부르신 그 사랑에 감격해야 되겠습니다. 부르심의 상이 얼마나 귀하심을 알아야겠습니다. 그 상을 받도록 부르심에 순응해야만 되겠습니다. 그 상의 크심에 놀라야만 하겠나이다. 주님만이 제 마음에 계신다면 아무 것도 필요 없겠나이다. 영원히 예수님만 필요로 요구하는 자식이 되어지기 심히 원하옵나이다. 아멘

겸손을 위한 기도

원수를 사랑하여 기도하게 되는 일은 성총으로만 될 수 있습니다. 누가 제 허물을 말해줄 때 감사해야겠고, 모함함을 들을 때 기도해야겠고, 미워하는 이가 맞설 때 불쌍하고 사랑해야겠습니다. 손해를 달게 참고, 나를 해치는 이를 불쌍히 보아지게 되기 비옵나이다. 내 숨결이 가쁨으로 더 은혜스러운 것은, 갑자기 죽지 않고 죽음을 늘 생각하게 되어서 참 다행 천만이옵니다. 숨이 안 가쁠 때에도 감사케 해주옵소서.

성령을 순종하게 해 주옵소서. 작은 일이라도 허술히 말게 해 주옵소서. 마음에 변화가 안 생기면 모든 것은 헛될 것 뿐입니다. 성령의 감동으로써 참 변화가 오기를 바라나이다. 예수님을 진실하게 믿음으로써 잘 된 분이 꼭 있어야만 하겠습니다.

긍휼하심이 풍성하신 주님이시여. 주님의 성심(聖心)으로 일을 이루옵소서. 어리석게 사업을 꿈꾸지 말고 신앙을 힘써야겠습니다. 말씀이 생명이오며 보배로우심을 몰랐었습니다. 말씀이 금은보다, 생명보다 더 중한 줄 명심하게 해 주옵소서.

가난은 천국입니다. 참으로 마음이 가난해야 천국입니다. 가난의 축복을 받지 못했으면 얼마나 불행이었을까요.

저 잘 믿은 것이 전도입니다. 지극히 불의한 자식이 주님 앞에 나아옵니다. 저로 하여금 지극히 겸손할 수 밖에 없는 종을 만들어 주시사, 천국을 보게 하소서. 복음을 널리 알리는 종되게 하소서. 참 천국의 기쁜 소식을 알리게 해 주소서.

복음을 전파할 수 있는 자질이 갖추어져야겠습니다. 사람들이 말씀을 거

스리고 화를 자초함을 보고 경계할 때, 이 마음이 승복이 되게 하옵소서. 주님께서 마음을 열어주시지 않는다면 감정으로 들을 수밖에 없겠나이다. 주님께서 성총으로 무조건 순종하는 놈이 되도록 능력을 베푸소서. 무조건 복종함이 제 영혼에 복됨을 알겠나이다. 이처럼 섭리하셔서 무조건 복종해야 제게 복됨이 알아지도록까지 섭리하셨사오니, 실지 무조건 복종하게 해 주소서.

교만케 마소서. 이제껏 교만해서 얻어진 것이 없사옵니다. 잃은 것 뿐이로소이다. 육신의 건강도 좋은 기회도 영의 새로워짐도 다 잃었습니다. 겸손케 해주소서. 주님께서 겸손하셨는데 제가 무엇이라 교만을 부리오리까? 주님 따라 무조건 겸손케 하소서. 겸손할 수밖에 없는 성총을 베푸소서.

손해받는 이가 유익 보는 이치를 알려주셨습니다. 덮어놓고 손해를 받으면 유익하다는 것을 보여 주소서. 주님을 믿고 덮어놓고 손해 보는 저 되기를 소원하옵나이다. 주님 기쁘시게 하기 위해서 손해를 달게 참게 하소서. 나중에 유익 보려고 참을 것이 아니라 주님의 뜻이면 이해를 초월케 하소서. 이해를 계산치 말고 무조건 주님 뜻에 복종케만 해 주소서. 아멘

주님만 사랑케

아버지! 주님의 명령을 못 받을 터이면 이 땅위에 더 오래 살아 무엇 하겠습니까? 진정으로 형제 자매를 사랑치 못한다면 참으로 쓸데없는 인생이로소이다. 주님! 주님만 사랑케 하소서. 제 마음을 빼앗아가소서. 온전히 빼앗으사 주님 수중에 두소서. 주님 이름으로 비옵니다. 아멘

영원한 생명이시여

주님, 은혜로 주신 기회를 회피하는 이 자식이옵니다. 환난의 기회만 있으면 회피하였나이다. 거룩하신 주님! 환난을 도리어 기뻐하게 하여 주시기를 빕니다.

아버지! 사람의 기회를 피하게 하여 주옵소서. 사람이 모이는 것이 없기를 바랍니다. 주님! 야곱처럼 간교한 이 자식, 밤낮 제 유익만을 꾀하는 이

자식을 처벌하소서. 아주 버리시지 않기 위하사 징치(懲治)해 주소서. 지극히 작은 꾸지람도 감당 못하는 자식이오나, 아버님 공의에 복종케 하여 주시기를 빕니다. 평안하기만 좋아하고, 남 주기를 싫어하며, 다른 이 잘하는 것을 시기하고 투기하는 이 자식을 철저히 징계하심을 저로 받아 감당케 하여 주소서.

아버지, 아무 것도 없는 이가 되어지이다. 참으로 아무 것도 갖지 않고 즐거워하게 하소서. 갖고 싶은 마음조차 치료해 이기게 하소서. 남에게 받고자 하는 마음을 완전히 없애 주심을 빕니다. 진실로 충성된 종의 책임을 잘 감당하게 역사하심을 빕니다.

아버지! 광야에서 이스라엘 백성이 만나를 먹었어도 하나 남지 않고 다 죽었거늘, 참으로 무엇을 먹어서 살겠습니까? 많이 먹어도 풍성함이 없고 만족이 없사오며, 안 먹어도 부족함이 없고 모자람 없을 것 아닌가요?

아버지! 참으로 저의 믿음이 곁길로 나갔습니다. 방황했습니다. 용서하소서. 무엇을 해서 영원히 살 집 되겠습니까? 예루살렘 성전도 다 무너졌거든, 무엇을 하든지 다 불탈 것 아닌가요.

아버지! 참으로 헛 애만 썼습니다. 용서하소서. 이 세상 것은 아무 것도 남지 않고 다 불탈 짓을 합니다. 솔로몬의 영화도 한갓 역사에 남았을 뿐, 다 불탔으니 그 외에 무엇이 남을 것 있사오리이까?

영원한 생명이시여, 우리의 영원한 거처가 되신 주님만 바라보게 하소서. 참으로 믿어지게 하소서. 주님의 살만이 영원한 양식임을 알게 하소서. 기뻐하신 마음으로 알려주심 바라옵고, 제 고집을 만족시키지 마심 먼저 원합니다. 또 주님 허락하신다면 구원의 참뜻과, 구원과 예배당과 집과 관계가 있는지, 또는 의식이 참 구원에 도움이 되며 제도와 조직이 구원과 무슨 상관이 있는지, 알려 주심 바랍니다. 참으로 수많은 심령들이 이 문제로 방황하며, 허덕이며, 헛 애를 쓰고, 비참한 행렬을 지어 그늘지고 피비린내 나는 음침한 수라장으로 몰려가고 있습니다.

이 외에도 중요한 문제가 있을 것입니다. 돈과 물질이 영혼에 유익을 주는지 해를 주는지요. 과학의 세계와 심령의 세계가 다른지 동일한지요. 밝히 알아야할 줄 압니다. 이런 문제를 희미하게만 알고 바로 가르치지 않아서 모두 멸망으로 인도하고 있습니다.

아픔 중에 주시는 은혜

조금도 안 아프게 붙드시는 그 인자하심을 진정으로 찬송하고 싶습니다. 수 억만금으로 헤아릴 수도 없는 은총을 날마다 베푸십니다. 제가 아프신 이들에게 대해서 너무 동정 없었으므로 이번에 단단히 체험시켜 주십니다. 사람들의 부패한 심령을 무엇으로 고칠까요?

아무리 은총을 내려 부으셔도 그대로 썩고만 있는 심사를, 오늘도 보혈을 소낙비같이 퍼부으시건만 그 피 한방울이라도 받아 세례받은 심령이 있는지 없는지 실로 알 수 없습니다. 그 공로를 찬송하시려 만세 전부터 택하시고 붙드시고 길러오건만, 사랑을 받으려고만 하고 보답하려고 않는 심령들이라 받을수록 부족해서 원망들만 하고, 한 가지 은혜에라도 감격해서 살아나지를 않습니다. 오늘도 만 가지 은혜를 더 베풀고 계시건만 그 중 한 가지에 감격해서 울음으로 사례하시는 성남성녀(聖男聖女)들이 몇분이나 되는가요?

제가 약한 줄 아시는 주님은 저를 안 아프도록 안찰하고 계십니다. 하나도 안 아프고 움직이지 못하도록 하십니다. 주님 십자가 위에서 겪으신 고통 중에서 가장 수월한 점만을 분리해서 저로 체험케 하시는 주님의 은총이십니다. 제가 약함으로 한꺼번에 맛보다가는 쓰러질 줄 잘 아시는 주님은 특이하신 총명으로 배려하시는 줄 알고 감사하는 바입니다.

저만 홀로 당해야 마땅한 이 고초를 여러분이 짊어져서 죄송합니다. 주님이 잘 아시고 계시므로 실로 저는 아무 괴로움이 없습니다. 제 무지한 죄로 주님만 괴롭힙니다. 아버지여, 주님을 용서하소서. 주님은 무죄하옵고 저만 홀로 죄인이 아닙니까? 약하게 천하게 강그러지듯이 힘없이 낙심나게 살라는 것이 아니고, 그렇게 사는 것을 주님은 보기 싫어서 애타십니다. 당신을 믿고, 바라고, 의지하고, 힘 얻어서 재미있게 잘 살라고요. 우리는 크신 능력으로 보호해 주시니 그 안에서만 지내면 염려 없습니다. 환난도 재난도 우수(憂愁) 사려도 한갓 자연 취미가 됩니다. 짠 것도, 신 것도, 매운 것도 잘만 맞추면 양념이 되듯이, 쓴 것도 신 것도 교만해질까 염려이고 걱정은 아닙니다.

희망있게, 빛나게 사시기를 바랍니다. 이것이 위에서 바라시는 뜻입니다. 자비로우시기를…. 잘 살도록 도우시는 것입니다.

"생명 바쳐 섬겨, 섬기어 생명 얻을 참 사랑의 님"

이 교만의 뿌리는 언제 뺄까요

죄의 형벌 겪는데, 이만큼도 아프지 않으면 놀기지요. 지옥에 가면 형벌을 혼자 당하고 아무도 동정도 수종드는 사람도 없을 것인데, 여기서 당하니까 주님 피로 얽혀진 사람들이 서로 받들고, 동정하고, 수종들어 주니 아파도 형벌같지 않습니다. 더욱이 한 때 조금 괴로우면, 만 배나 되는 주님 주시는 위로가 쫓아옵니다. 태산보다 더 큰 벌받을 짓들을 잔뜩 쌓아 놓고도 벌은 별로 시원치 않게 당하고 있으니, 도리어 걱정스럽습니다.

언제나 병을 당하고 벗어날 것인지 빨리빨리 당해야 할 것을 미루고만 있습니다. 그 새 다 나아가니 큰 일입니다. 제 속의 교만, 악독, 간사, 음란, 도적, 살인 하나도 못 벗고 병만 나아가면, 그 보기 싫은 태도로 누구를 대할지 참으로 부끄럽습니다. 이번에 저의 교만만이라도 벗어볼까 했지만 건드려도 못보고 병만 물러납니다. 이 교만의 뿌리를 언제 뺄까? 무슨 벌이 내려야 그 뿌리가 흔들릴지 모르겠습니다. 탐욕도 그대로 자라고 있고, 믿음은 안 자라납니다.

제 마음 다시 지어 주소서

참 마음 못 얻고 나는 누웠습니다. 속에는 구렁이 같은 것이 꿈틀거리고 있습니다. 어린 양같은 마음은 어디다 잃어버리고 이리떼만 속에 기르고 있습니다.

주여. 간절히 비오니 제 마음 찾아주소서. 아버지를 섬겨 모시지 않고 방랑 생활 수십 년에 거칠고 굳어진 마음, 이제 와서 어쩔 길이 없습니다. 다시 지어주소서. 주님의 부드럽고 연한 손길로 그 피 묻은 손가락으로 살살이 다시 지으심만 빕니다. 저의 실생활은 거짓에 찼고, 저의 겸손은 교만의 껍질 뿐입니다. 사랑이란 허공을 치는 소리 뿐이며 남을 위한다는 것은 모두가 외상입니다. 실제로는 돈 안 주고 물건 산 것을 외상이라 합니다.

새 아침에 새 심령을

주님! 새 아침을 또 보게 하시오니 제 사명 깨달아집니다. 주님 거듭나게 해 주시사 옛사람 없애 주옵소서. 오늘도 밝아지지 않아서는 안 되겠습니다. 배워야겠습니다. 밤이면 고요하라신 것이고, 다 잊어버리고 욕심 버리고자 하신 것이고, 아침이면 깨라신 것 같습니다. 다 밝아지고 훤해져서 모든 일에 두호를 알아서 해 나가란 것 같습니다.

주님, 오늘 죽을 죄인 살리셨사오니 이제 또 살려 주소서. 거듭나기 전에는 누구나 절대로 사귀는 일 없게 해주소서. 주님과만 사귀고 다른 이들과 사귀는 일 없게 해 주소서. 참으로 은혜를 보답할 생각 뿐이고 제게 딴 꾀가 없으면 꼭 써 주실 것 같습니다. 주님 제 꾀를 버리게 해 주시고 교만을 버리게 해 주소서

> 이는 사람으로 그 꾀를 버리게 하려 하심이며 사람에게 교만을 막으려 하심이라 그는 사람의 혼으로 구덩이에 빠지지 않게 하시며 그 생명으로 칼에 멸망치 않게 하시느니라(욥 33:17-18)

미련하고 어두워서 제가 구덩이로 빠져 들어가는 것을 밝혀주소서. 저를 빠지지 않도록 하시며 교만을 버림으로 밝아지겠나이다. 사슬 안 받게 하시겠습니다. 자기 꾀를 버림으로 멸망치 않습니다. 자기 꾀로 사람은 고생과 패망을 당합니다.

오늘 성공이 늘 성공이 되겠나이다. 오늘 실패가 늘 실패가 되겠사옵나이다. 오늘이라 일컫는 동안에 힘써 살게 해 주옵소서. 기회는 한 번 가면 다시 안 옵니다. 최후 기회마저 잃어버리고 후회하는 놈 되지 않게 하옵소서. 최후의 날 주님 저를 아신다 하소서. 경건이 너무 부족함을 알겠나이다. 힘써야겠나이다. 경건을 힘쓰고 형제 우애와 사랑을 힘써야 하겠습니다.

제자들 보고 성전세를 내라 명하신 주님, 저도 주님과 제 빚을 갚도록 해주소서. 이 세상에서부터 사람마다 제 마음 따라 되는 것을 참 몰랐습니다. 자기 마음 속일 수 없이 자기에게 나타나 보여주는 것을 헛되이 남만 탓하고 살아왔습니다. 경건치 못한 이 자식 긍휼히 여겨 주심만 빕니다.

날로 봄기운이 짙어갑니다. 그리스도의 복음의 향기도 따라서 짙어지이다. 주님, 밤마다, 때마다 저를 훈계하심을 감사합니다. 외람된 생각 말게 하사 성령께옵서 거듭나 주심만 받게 해주옵소서.

제 눈에 들보를 어서 빼내고 형제의 눈에 티도 빼내 줘야겠습니다. 형제의 고민에 무관심할 수 없습니다. 제 눈의 들보 때문에 형제의 눈 속에 티가 잘 안 보입니다. 제 눈의 들보만 빼주신다면 형제의 눈 속의 티도 밝히 보겠습니다.

아버지, 날 새는 것을 똑똑히 보여 주셨습니다. 날 샐 무렵 천지가 다 캄캄해졌습니다. 제 마음 시방 밝아지려는 직전의 어두움만 된다 해도 소망이 있겠습니다. 인내로 즐겁게 밝아짐을 기다리겠습니다. 얼마 뒤에는 하늘과 산꼭대기가 어렴풋이 한계가 보이는 듯했습니다.

주님, 주님 뜻과 세상의 분간이 조금이라도 보여진다면 망상만 아니라면 얼마나 기쁠까요? 날이 새는 이치가 있사오니 마음 밝아지는 이치도 있겠습니다. 과연 하늘은 차차 밝아지고 산은 캄캄하여 공중과 땅의 구분이 확실해졌습니다. 천국과 세상의 분간이 그처럼 된다면 얼마나 기쁘겠습니까? 누가 세상에서 헤매오리까? 모르는 까닭이옵니다. 세상도 천국도 모르기로 밤낮 헤매었습니다. 그러더니 하늘은 맑고 푸르고, 땅은 어두운데 나무들이 어스프레하게 자태를 드러내기 시작했습니다.

범사에 주님의 뜻과 뜻 아니심이 그처럼 보여진다면 얼마나 좋사오리까? 희미해도 주님의 뜻이라고 생각되는 데로만 나아간다면 확실해지는 때가 오겠습니다. 나중에는 점점 밝아져서 하늘은 푸르고 땅에는 드러날 것이 모두 드러나서 유쾌한 기분이 감돕니다. 주님, 제 마음 밝혀주소서. 알리심으로 기쁨을 맛보게 해 주옵소서. 아멘

제 직분은 아버지의 뜻을 아는 것

제 직분은 아버지 뜻 알고, 받는다는 데만 있겠습니다. 아버지의 뜻만 알려는 오늘이 되어지이다.

너희의 인내로 너희 영혼을 얻으리라(눅 21:19)
우리에게 믿음을 더하소서(눅 17:5)

주님! 능력을 더 강한 능력을 주셔야겠습니다. 주님 뜻이시면 못하실 것이 없으시옵니다. 아버지가 주님 안에, 주님이 아버지 안에 계심 같이, 저도 삼위(三位) 안에, 삼위(三位)께옵서도 제 안에 계실 수 있게 하여 주옵소서. 능력을 보내 주셔야 저도 형제나 자매의 선한 욕구를 충족시킬 수가 있겠사옵니다.

주님, 오늘도 제 목적에 가까워져야겠습니다. 거듭나게 해 주옵소서. 주님 이름에 너무나 욕을 드리오니 거듭나게 해주십시오. 저도 거듭남을 받지 못한다면 불행이옵니다. 주님 이름으로 거듭나게 해주옵소서.

시시때때로 이루시는 아버지의 경륜은 아침 햇빛같이 아름답게 찬란합니다. 많은 축복을 받고 억만분지 일도 보답은 커녕 감당도 못하겠사옵나이다. 제 갈 길 밝혀 주옵소서. 다른 것은 조금도 생각지 말게 해 주옵소서.

주님, 주님과 동무 되어지이다. 주님 모시고 살고 싶습니다. 어디든지 주님만 모시고 살고 싶습니다. 주님 모시고 살면 되겠사옵나이다. 주님의 호소를 들어야겠습니다. 주님 호소에 대변자가 있어야겠습니다.

이 병원에서 부흥이 일어나서 직원들이 믿고 환자들에게 감화를 주고, 환자들은 병원에서 나가면 열렬한 전도인들로 변화되기를 원합니다.

주님 뜻과 같이 되어지이다. 주님만 의지하고 따라가게 해 주소서. 게으른 죄 자복합니다. 음란죄, 경멸히 여기는 죄 자복합니다. 믿음으로 싸우게 해 주십소서. 믿음의 싸움에만 호전자, 선전자, 승리자가 되어지이다. 싸움하기를 즐기게 해주시고 지치거나 싸움 중지하지 말게 해 주소서. 중지하면 실패인 것을 아오니 절대로 그치지 말게 해 주소서.

영생을 주시기로 작정된 이는 다 믿더라(행 13:48)

거짓을 벗어야 되겠습니다. 이중(二重) 생활에서 벗겨 주심 받기 원하옵나이다. 주님 사랑은 저의 생각보다 높고 크시오며, 저의 기대보다 오히려 넓고 크시옵니다. 의심치 말게 해 주소서. 아멘

정절(貞節)

안 먹을 수 없고 안 죽을 수 없고, 안 아플 수 없고, 물 안 마실 수는 없으나, 결혼만은 안 할 수 있습니다. 결혼하면 자유와 권리가 없어집니다. 인간은 음란 행위를 하지 않으면 더 살 수 있습니다. 결혼하면 모든 것에 매이게 되며, 특히 자녀에게 매이게 됩니다.

인간의 본성을 바로 알고 보면 짐승과 같습니다. 사람의 영혼은 '뜻'을 먹고 삽니다. 우리 속에 그리스도의 뜻이 없으면 하나님의 사람이 아닙니다. 정절은 고독을 먹고 자랍니다. 시험 중 가장 큰 시험이 고독입니다. 예수로 말미암아서만 정절을 회복할 수 있습니다. 정절을 회복하는 것이 바로 구원입니다. 부끄러움을 회복해야 합니다. 기생은 부끄러움을 모릅니다.

정절을 사랑하는 것은 성모성(聖母性)의 계승이라는 증거입니다. 사람은 괴롭게 살다가 즐겁게 죽어야 하는 것입니다. 예수님께서도 이렇게 일생을 마치셨습니다. 우리의 죄가 씻어지지 않으면 그것이 큰 재앙입니다. 사람은 죽기까지 충성해서 손해가 없습니다.

주는 자 되게 하소서

아버지, 불초 자식은 주님 자비로우심 힘입어서 소원하옵니다. 자비롭게 쓰심을 빕니다. 주님! 제가 잔인한 대로 버려두지 마심만 바라나이다. 주님이 자비롭게 쓰심으로 저같은 것도 자비를 베풀 수 있는 사역자가 될 수 있사오나, 그렇지 않으면 잔인 무도에 치우칠 뿐이로소이다.

저로 사랑을 베풀게 하옵소서. 간사함이 없이 순수하게 되기 원하옵나이다. 줄 수 있게 하옵소서. 남에게 받는 자가 되지 않게 해주심 바라옵나이다. 버리지 말게 주소서.

주여! 어찌할 수 없는 이 종을 내버려 두시지 마소서. 관대하게 써 주소

서. 저를 관대하게 하시면 관대하게 되겠나이다. 주님이 저로 주게 하시면 주겠나이다. 제 손에 들려주면서 주시도록 하시면 주는 자가 될 수 있사옵나이다. 받을 마음, 간사한 마음, 주여 수술해 주소서. 제거하기 위하여 치료의 거룩한 손을 이 자식 위에 펴소서.

주여! 진실로 원하옵고 바라오며 비옵나이다. 사망에서 생명을 건져주신 주님, 늘 연속 건져내심으로 이 시간까지 숨을 계속해 내쉬고 있습니다. 주님이 이 시간이라도 버리신다면 저는 송장이요, 재요, 먼지요, 티끌이로소이다.

주님의 것 만드소서

주님! 한탄하시는 주님! 실로 망극하고 황송하옵니다. 이 좁은 마음이 주님을 애태웁니다.

주여! 다시 생각하여 주옵소서 새 것 만드소서. 주님의 것 만드소서. 주님 보시기에 합의한 것 만드소서. 주님께서 쓰시기에 적합하게 만드소서. 소원하옵니다. 주님! 주의 말씀대로 뜻대로 살다가 이 땅에서 떠나가기 소원하옵니다.

생명이시여! 역사하심을 빕니다. 말씀대로 살기 원합니다. 그렇게 살다가 주 앞에 가기 소원합니다. 저의 좋지 못한 성품 다 고침받고 완전한 생활을 하고 싶습니다.

주여! 주님의 씨, 주의 자녀들을 찾으소서. 잃은 양 다 찾으소서. 이 종이 다 잃었사오니 주여, 사자를 급속히 파송하시사, 시급히 죄에 빠지지 않게 속히 구원하소서. 이 종은 주의 양을 잃기는 하여도 찾을 줄을 모르니 답답하옵니다.

주여! 이 종의 눈이 사람의 외모를 취하지 않게 하소서. 오직 아버지 뜻에 달려 있사옵니다. 사람 사람 다른 것은 오직 주님 쓰시기에 합당하시게 하신 것 뿐이오며, 귀히 천히 쓰심도 아버지의 쓰심에 따라 되어지는 일임을 확실히 알게 하여 주옵소서. 아멘

영혼의 병을 고쳐 주소서

　아버님의 뜻을 배우기 원하옵니다. 주여! 그 뜻 준행치 못하는 어리석고 약한 자식에게나마 알리소서. 할 수 없는 죄인이오니 힘 주소서.

　아버지, 지나친 극악한 재앙은 다 막아 주시옵나이다. 한갓 받기에 부당한 죄인이건만 하나도 범치 못하도록 막아 주시고, 그 대신 지극히 경미한 시련만 제게 유익되도록 가끔 주시사 저를 단련시켜 주시는 아버지! 진실로 감사하옵고 황공하옵나이다. 거룩하신 사랑 아래, 풍성하신 축복의 날개 그늘에 아무 두려움 염려없이 안겨 쉬게 하시니 그 은혜 실로 감사하옵나이다.

　주님, 다시 새 것 만들어 주소서. 마음 병 고쳐 주소서. 육신의 병보다 영혼의 병이 무섭습니다. 지옥살이 시키는 마음의 병 고쳐 주소서. 육신의 병은 가져도 천국 갑니다. 영혼의 병 갖고는 천국을 못 갑니다.

　주님! 이 마음 고쳐 주소서. 주님의 보혈로 저를 고쳐 주소서. 오래 전부터 걸린 병의 근원이로소이다. 영의 병이 짙어서 육신까지 병들었나이다. 폐병이나 문둥병보다 몇 만배나 흉칙스럽고 더러운 병, 죄의 병, 마음의 병을 영혼을 썩히는 심각한 병을 고쳐 주소서. 주여! 주님의 보혈 이외의 것으로는 도저히 씻어지지를 않는 이 병의 뿌리를, 낫게 하소서. 빼내 주소서. 곧 녹여 주소서. 주여, 다 죽어가는 이 몸 부활시키소서. 또다시 갱생시켜 주옵소서

　부활하신 예수여! 부활의 참 권능이신 주여!

주여, 새 것으로 만드소서

　아버지 진정 자복하옵니다. 참인 줄 잘못 알아서 거짓을 범하였나이다. 아버지의 뜻을 모르고 제 뜻대로 한 무엄한 자식입니다. 미처 욕심 아닌 줄로만 짐작하고 물질을 탐했나이다. 참으로 사랑이 없었사오며 가식이었나이다. 아버지께서 저를 쓰시지 못하셨나이다. 마귀가 저를 썼나이다. 원통한 일이로소이다. 아버지, 양심대로 하지 못했습니다. 음흉하게 지냈나이다.

아버지의 참 기관과 속된 사람들의 기관을 분류해 주옵소서. 수양하는 이들과, 단지 생활이 어려워서 지내시는 분들과를 구분케 하옵소서. 물욕을 온전히 떠나게 하소서. 아버지만을 의지하고 세상과 사람과 물질을 의뢰하지 않게 해 주옵소서. 물질과 수양을 뒤섞이지 말게 하옵소서.

진실로 죄인인 저를 사유하옵시고, 두 기관을 아버지 뜻대로 처분 하옵소서. 가이사의 것은 가이사에게, 아버지의 것은 아버지께로 돌리도록 역사하심 빕니다.

주님! 물질보다 먼저 사랑을 주소서. 이웃에게 사랑을 주게 하소서. 물질도 주님께서 은혜로이 주심으로 씁니다만, 그보다 사랑과 믿음은 놀라운 크고 아름다운 은사이오며 긴급히 요구하는 초자연의 은사로소이다. 사랑 없는 물질은 생명이 없습니다. 생명과 은혜없는 물질, 죽은 썩은 물질을 무엇하겠습니까?

주여! 굽어보소서. 제게는 사랑이 없습니다. 아버지께서 은혜와 생명으로 주신 물질을 사랑이 없으므로 생명으로 은혜롭게 못 씁니다. 오! 주님이시여. 불쌍히 여기소서. 이 마음이 너무나 좁습니다. 벙어리가 말하고, 눈먼 이가 보고, 절룩발이가 걷는 일이 다 이적 기사가 됩니다. 바람을 불지 않게 하고, 물결을 잔잔케 하는 일들이 기사가 됩니다. 그러나 참 이적과 기사는 성령의 역사로 복음이 믿어지고 행실이 새로와지는 일입니다. 마음에 복음이 믿어지는 것은 이적이 아닐 수 없습니다. 행실이 새로와지는 것은 기사가 아니라 할 수 없습니다. 하나님의 하시는 일입니다. 우리 마음에 소망이 생기고 기쁨이 얻어지는 것이 다 이적입니다. 성령이 하시는 일이기 때문입니다. 우리 마음에 소망이 넘쳐 흐르게 하시는 이는 성령의 능력, 곧 하나님께서 성령을 통해서 하시는 일입니다. 우리 마음에 사랑이 발견되어지는 것도 성령의 역사이십니다.

거짓없는 사랑, 진정한 사랑은 이적입니다. 이는 사람이 하는 일이 아닙니다. 하나님의 성령을 통해서 하시는 일입니다. 순종하는 일은 기사입니다. 복음을 믿고 그 뜻에 순종하는 일은 사람으로서 못할 일이기 때문에 기사가 아니라 할 수 없습니다.

인내하는 일, 그도 복음의 능력으로 되어지는 일입니다. 하나님께서 복음을 통해서 우리에게 은혜로이 주시는 일이므로 위로도 기사입니다. 기쁨도 그렇습니다. 환란 속에서 기뻐하는 것은 기사가 아닐 수 없습니다. 그 일은 하나님께서 복음을 통해서 우리에게 이루시는 일입니다.

하나님은 날마다 우리 짐을 대신 져 주십니다. 저는 그것을 꼭 잘 알고 살고 있습니다. 또 믿고 삽니다. 내 짐을 담당해 주신 것을 보고 있습니다. 아무 걱정 않습니다. 잘못한 것까지 다 고쳐주실 것을 믿고 있으므로, 날마다 그리스도를 본받아서 저의 유약함을 담당해 주시므로 제가 살고 있음을 잘 알고 감사합니다.

약한 자의 유약함을 담당하는 것이 마땅한 일이며, 하나님을 본받는 일이며, 평안과 기쁨이 충만한 일이며, 성령의 능력을 얻어서 소망이 넘쳐 흐르게 되는 일입니다. 우리가 다른 이를 기쁘게 하려면, 그 때부터 자기는 불행해지는 것이 하나님 아버지의 변치 않는 진리이십니다. 가령, 자기를 행복스럽게 할 목적으로 돈을 벌려면 그 시간부터 내게는 고생뿐이고, 마침내 행복은 없고 불행에 빠지고 말 것입니다. 남을 기쁘게 할 뜻으로 일을 하면 참고 꾸준히 기도하면서 해야 되므로 안위를 얻고 소망이 생기고 기쁨이 넘칩니다. 이것은 틀림없는 사실입니다.

인생은 바다

이 세상은 바다입니다. 얕은 데도 있고 깊은 데도 있고, 넓은 곳도 있고 험한 곳도 있습니다. 풍랑을 만나면 거스리고 순풍을 만나면 유쾌하게 갑니다. 잘 가나, 못 가나 결국은 마찬가지입니다. 잘 간다고 지혜 있는 이 아니고, 못 간다고 어리석은 이도 아니고 못난 이도 아닙니다. 우연히 잘 가거나 혹은 못 가는 것 뿐입니다. 잘 가나 못 가나 마찬가지이니 잘 간다고 자세(藉勢) 말고, 못 간다고 가라앉을 것도 아니니 침몰되지 않는 것만으로 기적이라고 생각하고 감사히 나아갈 것입니다.

그 바다에 하나의 길만 있는 것은 아닙니다. 한번 가보고 난 후, 다른 길로 옮겨 가는 이도 있습니다. 좁고 험하고 사납고 남이 몰라주는 길이라

하여, 아득하고 믿어지지 않아서, 모두가 다 버린 묵은 길도 하나 있습니다. 그 바닷길을 내던지고, 뱃노래와 물결 소리를 등지고, 손발 씻고 그 언덕길을 찾아가는 손님들도 허다합니다. 바닷길을 가는 이들은 서로 경주하느라고 그들이 가는 목적지를 아는 이들이 드뭅니다.

언덕길 찾아 나서 그 험한 길에 나서면 바다 형편 궁금하고, 그 바다에 같이 떠난 이들의 소식이 궁금할 것입니다. 사나운 냄새, 흉용한 소리가 들려와서 무섭고 떨립니다. 바다에서 듣지 못하던 무서운 소리요, 맡아 보지도 못한 냄새일 것입니다. 그러나 그 음성, 그 냄새는 좁은 길에서 난 것은 아닙니다. 그 소리, 그 흉칙스런 것이 바다에서 오는 것인 줄 알지 못하면, 바다로 돌아가고 싶을 것입니다. 바다에서 그 음성, 그 냄새가 실상 없었던 것도 아니나, 경주에 바빠서 못 보고, 못 듣고, 몰랐습니다. 전에 경험해 보지 못하던 어려움도 있으나, 그것도 역시 그 바다 더 깊은 곳에서 오는 불기세입니다. 그 바다 중간 넘어서면 불바다, 사망 바다가 가까와지기 때문입니다. 바닷길을 더 계속했다면 필경 그 불기세를 눈 앞에 보았을 것입니다. 그 험한 길을 찾는 손님들은 지혜가 있으므로 무서운 소리, 독한 냄새, 뜨거운 불기세를 피할 곳을 알고들 계십니다. 그 바다가 흉용하고 넘쳐서 산들을 흔들어도 마음에 힘을 얻어 조금도 공포와 어려움을 느끼지 않습니다.

잎사귀만 있는 나무

꽃이나 열매를 사랑하지만 꽃나무를 온전히 귀히 여깁시다. 지금은 꽃 한 송이, 열매 하나 없어도 그 나무만 사랑하면 이 다음에 아름다운 향기로운 꽃이 많이 필 것이고, 보기 좋은 열매도 맺을 것이기 때문에 잎사귀만 있는 나무를 사랑합시다. 아무 육적 물적 욕심없이 믿는 분들을 그저 귀히 여기시는 주님이십니다.

저를 아껴 주시는 사랑

고마와요, 주님. 더구나 사람이 저를 아껴준다는 것은 거짓말같은 기적이 아닐 수 없었나이다. 믿을 수 없을 만큼 저를 이해한다는 것은 무슨 기적이 아니신가요? 주님의 사랑이 서로 깊은 이해에 들어가는 사실이 진정으로 주님의 전능의 섭리가 아닐 수가 없습니다. 사랑이 사람을 동정하고, 사랑만이 사람을 살리고, 사랑만이 사람을 구원하고, 사랑만이 사람을 유익케 하고, 사랑만이 사람을 풍성케 하옵나이다.

오! 주님, 저도 주님을 사랑하게 하옵소서. 참으로 주님을 사랑케 해 주옵소서. 주님의 사랑을 알지도 못한 것이 어찌 주님을 사랑할 수 있으오리까? 주님을 사랑할 수 있도록 저를 사랑하여 주셔야 저를 사랑하신 보람이 있사옵나이다. 아! 겸손해지게 하시는 무거운 사랑, 감당 못해 쓰러져 자빠질 수 밖에 없는 사랑이로소이다.

사랑 때문에 감격되어 눈물의 바다를 이루어 주옵소서. 감격되어 울어지이다. 감격되어 쓰러지이다. 감격되어 망해지이다. 감격케 하옵소서. 주의 사랑에 감읍(感泣)케 합소서. 주의 사랑에 감읍하여 다른 생각이 없게 하옵소서.

저를 구원하러온 이 제중 병원, 저를 이 병원으로 몰아 넣은 폐결핵, 저를 이 구원의 성총의 자리로 올려 앉히신 폐병이여! 길이길이 사람들에게 축복을 받고 영원히 떠나지이다. 저주받은 이름으로 다시 오지 말아지이다.

주의 지팡이와 막대기가 안위하시나이다

주여, 주님의 꾸지람이 제게 싫지 않습니다.

오! 행복이여! 주님께 꾸지람을 청구(請求)하는 심령이여! 진실로 행복이로다. 주님 섭리는 가난과 빈고(貧苦)와 고독과 질병으로써 저를 지옥으로 달음질치는 길을 막아 주시옵나이다.

오! 감사하옵니다. 이 사랑이여! 저를 병으로 치심은 진실로 기이하신 대주재, 내 아버지의 사랑이시옵나이다.

주님, 제가 최상의 선과 최상의 방법을 알았다는 생각에 놓여지게 해 주옵소서. 저를 더 자라게 하시고, 더 키우시려는 섭리인 줄 알아서 감사하게 해 주옵소서.

아! 어리고 철모른 것 황송합니다. 진실로 황송합니다. 주님 풍부하신 사랑을 제 마음같이 좀 잡았습니다. 저를 알아주신 그 사랑에 감격하게 해 주옵소서. 더구나 사람들이 저를 알아 주신다는 것은 기적 중에 기적이 아닐 수 없사옵나이다.

지혜와 지식이 풍부하신 이여, 주님의 도모(圖謀)는 가히 측량치 못하겠사옵나이다. 믿게 해 주옵소서. 아버지를 믿게 해 주옵소서. 사람들을 선히 쓰실 것을 확실케 해 주옵소서. 아버지를 믿게 해 주옵소서. 사람들을 못 믿는 게 아니라 아버지의 능치 못하신 바 없으신 지혜와 지식과 풍부를 믿는다 했지만, 저의 작은 측량기로 재보려 했던 것을 회개케 하시옵나이다. 믿는 대로 될 것이로소이다. 믿는 대로 풍부할 것이로소이다. 극빈자들에게 미치는 혜택이 아버지의 풍부하신 대로 시행되옵소서. 아멘

주님의 성총이시여!

감사하옵나이다, 주님의 성총이시여! 저를 위해 피흘려 주신 주님. 이 땅 위에서 주님 따라 피흘리게 해주옵소서. 사망의 음침한 골짜기로 다닐지라도 해 받음을 두려워 말게 해 주옵소서. 꺼리지 말게 해 주옵소서. 싫어 말게 해 주옵소서. 저를 징계하시고 저를 인도하시기 위하시사 곁길로 갈 때마다 보살펴 주신 주님께 감사 올리옵나이다.

매로 쳐서라도 길 잃지 않게 해 주신 주님, 그 막대기가 저를 길 잃지 말라고 때리신 막대기옵고, 절대로 저 아프라고 무단히 치신 적은 없사옵나이다. 찬송하세, 주님 성총! 만입이 제게 있으면, 그 입 다 가지고 주님을 찬미하기 소원하옵나이다. 감사하게 해 주옵소서. 주님 손에 든 막대기는 제 원수 마귀를 치신 막대기옵고 저를 때리실 소용의 막대기가 아니었사옵나이다. 제가 고집하고 곁길로만 달아나니까 곁길로 못 달리게 하시자고 혹간 아껴 치신 적이 있으시지 않사옵나이까? 무서운 산길에 주님 희미해질 때 주님 서계심을 알리시자는 막대기의 역할이 아니었사옵나이까?

아! 찬미할 손, 주님 손에 들려진 막대기와 지팡이여! 저를 안위하시옵나이다. 해 받음을 두려워 아니할 것은 주님 손에 막대기와 지팡이가 들려

있사옵기 때문이로소이다.

언제까지 이 싸움이 지속될 것입니까?

영원한 사랑에 대한 항거의 미움, 이 씨름이 언제 결말이 날 것인가요? 언제 그리스도의 사랑에 무조건 항복이 될 것인지요? 언제까지 율법적 소견과 견해로써 싸워야 합니까? 절대적인 사랑에 굴복할 것입니까?

제 환도뼈를 치소서. 야곱의 완강함은 한번 치심으로 부러졌으나, 사도 바울의 고집은 다메섹 도상에 쓰러졌으나, 저의 완강함과 완고는 몇 번을 치셨는지 모르지만 아직도 싱싱하오며 뿐만 아니라 더 살아나는 현상이 아닙니까? 몇 번 쓰러뜨리셨는지 모르건만 아직 꿋꿋이 서서 항전을 계속하고 있지 않습니까?

부러지고 다시 항거할 수 없도록 치소서. 의혹이 죽어져 버리도록 강하게 쳐 주소서. 이제 와서 자유를 주시고 자유를 구속하신다는 부질없는 생각을 할 수는 없습니다. 참 자유를 향유케 하시려는 허위의 자유를 벗기시는 것에 지나지 않는 뜨거운 사랑의 불살라 주심을 의심할 수 없습니다.

이제 뜨거워지게 하소서. 불 삼으소서. 녹아져 없어지도록 불태워 주소서. 주님께서 주시는 참 자유와 사랑이시여! 30년간을 달아도 사라지지 않고 불도 안 당기고 뜨거워지지도 않고 느끼지도 못하는 마음아! 너도 감각 있는 마음이라 일컬을 수 있으랴.

"소는 그 임자를 알고 나귀는 주인의 구유를 알건만 이스라엘은 알지 못하고 나의 백성은 깨닫지 못하는도다"(사 1:3) 하셨습니다. 이 놈이 깨달아야겠사옵나이다. 아멘

나무는 잎사귀와 뿌리로 연결되어 있습니다.

뿌리를 셀 수 있으면 잎사귀도 셀 수 있습니다. 낙엽의 귀근(歸根)입니다. 하나님께 돌아가는 것이 부활입니다. 법은 의를 죽입니다. 의는 솟구쳐 오르는 성질이 있으므로 의는 안 없어지고 되살아 오릅니다.

"옳다"라는 말씀과 "오른다"라는 말씀은 동일어입니다. 양심이 하나님을

찾아 올라가는 것, 그것이 의입니다. 귀일(歸一)하는 것이 의(義)입니다. 법이 예수를 죽였습니다. 그러나 예수는 부활하셨습니다. 믿으면 그것이 의입니다. 의를 법이 죽입니다. 그러면 그 의가 하나님께로 올라가는 것입니다. 법은 선인데 선이 의를 죽였습니다. 죽일 뿐만 아니라 다시 살리셨습니다. 한번 죽고 다시 사는 것이 의(義)요, 부활입니다. 악인이 의인을 죽이지 의인이 죄인을 죽이는 법은 없습니다. 죄인이 사망의 법을 써 공의는 쌍방을 다 만족케 해 주시는 일을 합니다. 사망은 죽기를 원하니 영(永) 죽고, 생은 살기를 원하니 영생(永生)을 주십니다.

너무 선해도 죽고, 너무 악해도 속히 죽는 것이 하나님의 공의십니다. 지상에서 오래 살려는 것도 죄요, 너무 선(善)만 하려는 것도 욕심입니다. 범사를 공의에 맡기고, 믿고, 참고, 기다리는 것이 믿음입니다.

그리스도의 사랑을

그리스도의 사랑을 알아지는 것만으로 대 사업인 줄 확신케 하사, 저로 날마다 그 사랑만을 알기에 다하게 해 주십소서. 다른 것을 알려고도 말고, 다른 일을 하지도 말게 해 주십소서. 사랑을 믿게 해 주소서. 다만 그리스도 안에서 믿어지이다.

그리스도를 믿는 이를 믿게 해 주십소서. 아버지, 풍성하옵신 아버지! 제가 너무 졸렬했습니다. 주님께옵서 잘 지도해 주셨습니다. 풍성하옵신 주님을 잘 알고 따르게 해 주소서.

세상을 떠나려는 이들은 천국에서는 독성자(獨聖子)의 출생을 희망하시듯, 기다리시는 심정으로 바라시는 줄 졸찰(拙察)되옵니다. 주님께서 저를 뜨겁게 불을 댕겨 주옵소서. 제 심정도 뜨겁게 불 댕겨 주십소서. 주님 심정처럼 뜨거워지이다.

주님 마음과 제 마음 사이에는 너무 거리가 큽니다. 주님, 슬픕니다. 주님과 제 사이에 큰 구렁이 있어서요, 처량하고 비참합니다. 주님 마음은 간절하신데 저는 너무 느려요. 주님은 시간을 기다리시는 동안에 저는 설레고 바쁩니다. 아무리 급해도 주님 뒤를 따르도록 마음 준비 주소서. 남용은 죄로소이다.

공공기관에서 일을 할수록 더욱 삼가야 할 죄입니다. 저부터 극히 삼가게 하여 주옵소서. 허술히 생각지 말게 해 주소서. 남용을 말게 해 주소서. 더구나 공용물을 남용, 오용하는 죄에서 저를 건져 주소서. 공용물을 사용하는 범죄를 짓는 자들을 불쌍히 여기게 해 주소서. 부러워하는 어리석음을 범치 말게 해 주소서. 사용하고 남용하는 이들을 경계할 줄 알게 해 주소서. 잘 알았나이다. 알려주심으로 안 것입니다. 아버지 것을 도적하는 자가 되었었나이다. 진실로 한심스러운 일이 었었나이다. 가련한 큰 죄를 지었습니다. 아버지 물건을 도적하여 쓰는 자가 되지 말고 주님 주시는 대로 감사히 받아 쓰는 자가 되게 해 주소서. 아멘

주님에게 미쳐 돌아가는 이들 부러워요

주님! 미신에 빠지지 말게 해 주소서. 주님에게 미쳐 돌아가는 이들 부러워요. 제 앞만 가려내야겠습니다. 남의 죄보다 제 죄 살피기를 힘써야겠습니다. 자기 형편은 자기가 곤란케 만든다는 것을 알아야겠습니다. 자기가 불행하게 만든 것은 자기임을 꼭 알아야겠습니다. 근본 문제는 털이 순결함을 입는 일이올시다.

주님! 겸손을 주옵소서. 주께서는 저에게 무슨 큰 일을 하라심이 아니요, 겸손을 기뻐하심을 아옵나이다. 제가 진실해져야만 하겠습니다. 제 속에 진실이 자리잡기 전에는 무슨 일을 할 수 있사오리까? 제 마음에 주님 오시옵소서. 주님! 제게 교만하여 높은 데 기어오를까 두렵습니다. 행여 높은 데 오르지 못하도록 지켜 주옵소서.

저의 잘못이 모두 번져갑니다. 제 잘못으로 인해 모든 사람이 피해를 입었습니다. 이것을 없애주시기 원입니다. 제 마음과 뜻이 오로지 주님 앞에 바쳐지이다. 주님 뜻 아닌 생각 갖지 말게 해 주소서. 제 정신 맑지 못합니다. 누구를 특별하게 사랑해준다는 것은 도리어 그를 망치는 일이란 것을 알겠습니다.

주님! 저의 피난처가 되어 주소서. 누구와 말하다가 제가 막히는 때, 주

님 우러러 뵈옵게 해 주소서.
　주님이 저를 품에 안아주고 계시지만 늘 의식치 못합니다. 주님께서는 애타시게도 저를 주님 보호 아래 두시고 계심을 알리시고자 진심갈력(盡心竭力) 하시옵니다. 주님 모시게 해 주소서. 깨닫게 해 주소서. 과거의 과실(過失)을 다 기억나게 하시고 회개하여 주님께 영광 돌리게 해 주소서.
　제 생질이 저를 모함한다 하오니 더욱 기쁘나이다. 그 마음에는 평화를 주시고, 제게도 숨은 죄를 처벌해 주시기 원하옵나이다. 아멘.

주님 이름을 알게 해 주옵소서

　주님, 저에게 아버지를 보여 주소서. 주님 이름을 알게 해 주소서. 천사도 모르고 사단도 모르고 삽니다. 원수를 사랑케 해 주소서. 청빈, 모욕(侮辱), 고통을 주님 이름 위해 달게 받고자 원하게 해 주소서.
　주님! 저는 아무 것도 못하였습니다.
　누구에게나 함부로 독신을 권해서는 안되겠습니다. 제 잘못만 깊이깊이 뉘우치고 자복하는 놈 되어지이다. 다른 이들께는 사랑만 베풀게 해 주소서. 호흡을 제게 주신 것은 주님, 생각 더하고 사람 노릇하라신 뜻이심을 잘 알겠나이다. 회개해서 바른 말 바른 행동을 해야만 하겠사옵나이다.
　저를 미워하는 이를 사랑케 하게 해 주소서. 저에게 모욕하며 능멸하며 악하다고 평판을 하는 이들을 환영케 해 주소서. 누구나를 그리스도의 사랑으로 사랑케 해 주소서.
　주님! 제 성질 고쳐 주소서. 유순하게 해 주시고, 사랑으로 하게 해 주소서. 제 죄를 짊어지고 수고해 주시는 분들께 감사할 줄을 몰랐었습니다. 주님 오셔야 하겠습니다. 저 살리시려면 주님이 제 중심에 하나님으로 군림하소서. 주님 안 계시면 저로서는 못 살겠고 아무 것도 할 수 없사옵니다. 주님만 기다리겠습니다. 언제까지라도 주님 기다려 보겠나이다.
　병 낫기 위해 힘쓰는 것보다 주님 뜻대로 살기 위해 힘쓰게 해 주소서. 병 때문에 행복한 저는 무엇을 탓할 수 있으리까? 누구나 무엇이나 감사하게 해 주소서.

주님! 제 본심을 찾아 주시기를 바랍니다. 본심 찾는 것만이 제일임을 알겠나이다. 본심 찾기 전에는 누구라도 사귈 수 없겠습니다. 죽일 놈은 저뿐인가 합니다. 영혼의 때가 벗겨져야겠습니다. 어젯밤부터 가뭄에 보슬비가 내리기 시작합니다. 주님 자비하심으로 여러 해를 풍성히 살아 나왔습니다. 이제 이 백성에게 징계를 내리심으로 주님을 경외케 하소서.

그리스도에게 감격하지 못함은 사람이라 일컫지 못하겠나이다. 감격되어지이다. 깊이깊이 그리스도의 맘에 감격되어지기 소원이옵니다. 깊이 넓게 주님 사랑 증거하고 전파케 해 주옵소서.

제 사명을 다 완수해야겠습니다. 백설보다 더 흰 마음을 얻어야겠습니다. 제 죄를 없애 주소서. 그리스도의 마음을 제게 주소서. 아낌없이 주님 마음 제게 주소서.

사람들은 가뭄을 안타까이 여기는 것 같습니다. 제게는 마음의 회개가 안타까이 기다려집니다. 인간의 마음은 완악한데, 주님의 자비는 비를 내려 주십니다. 비를 주시던지 가물던지, 주님의 마음만 주시기 바라옵니다. 주님 마음 그립습니다.

신앙 없음을 한탄하옵나이다

비는 그쳤습니다. 나라는 잘 되어 간다고들 합니다. 신앙 복원은 언제 일으켜 주시렵니까? 제게 신앙 없음을 한탄하옵나이다. 제가 신앙에 서야겠습니다.

성령의 지시를 받는 종되게 역사하심 빕니다. 성령의 지도 따라 움직여지이다. 성령의 감화를 깨닫게 해 주옵소서. 제 안팎을 깨끗이 씻어 주옵소서. 매일, 매시, 매사에 진보가 있어야겠습니다.

기구(祈求)만 올릴 수 있습니다. 영혼의 발전과 진보를 위해서 저 할 일은 오직 기구 뿐이겠습니다. 성령의 감동을 주옵소서. 성총을 깊이 높이 넓게 길게 느끼게 해 주시기 바라옵나이다.

제 마음 맑아져야만 하겠습니다. 인간의 마음이란 다 뱀과 독사의 마음임을 알게 해 주옵소서. 겉으로는 다 선한 듯 하지만 속에는 평토장(平土

蔣)한 무덤이로소이다.

주님! 제 영혼을 맑게 씻어 주옵소서. 제 잘못만 알고 다른 이들은 판단하거나 헤아리는 일이 없어야겠습니다. 주님 뜻만 알려 주옵소서. 저의 속속들이 병폐, 악폐를 다 알려 주옵소서. 제 영혼 맑게 깨끗하게 씻어 주옵소서.

남의 일을 간섭치 말게 해 주옵소서. 아버지의 성총만 성취시켜 주옵소서. 사람을 더럽히는 것은 악한 생각과 살인과 간음과 음란함과 도적질과 거짓증거와 훼방하는 것이니 이런 것들이 사람을 더럽게 하는 것이요, 씻지 않은 손으로 먹는 것은 사람을 더럽게 못하느니라(마 15:19-20)고 하셨습니다. 마음으로 아버지를 가까이 하게 해 주옵소서. 입술로만 존경하는 체 말게 해 주옵소서. 이제도 아침마다 아버지를 마음으로 존경하는가 살피게 해 주옵소서. 제게도 주님 소명을 내리옵소서. 남의 일을 간섭치 말아지이다.

오소서, 아름다우신 예수여!

오! 그리스도여!
오소서, 아름다우신 예수여!
한껏 사랑만 하시면서도 배척을 당하시고 사랑만 받아 간직한다면 만족하시는 주님. 그 사랑을 원하는 이들에게는 누구에게나 주시옵나이다. 그런 사랑을 갖고 싶어하는 이들에게 아낌없이 나누어 주시옵나이다.
축복이 있어지이다. 그리스도의 사랑으로 행하시는 분들에게 영원무궁토록 주님과 함께 누려지이다. 아멘.

회개의 심령을 기다려야 하겠습니다

사람들의 회개의 심령을 기다려야 하겠습니다. 살려주시는 이는 하나님이시니 육은 무익합니다. 생명이 음식보다 귀하고, 몸이 의복보다 귀합니다. 날마다 저희 무리들 때문에 짐을 지시고 가십니다. 참으로 감사합니다.

이 종을 불쌍히 여겨 주옵소서. 모든 사람 다 있어야 하고 필요해서 내신 세상입니다. 깊은 산골에도 살아야 할 곳에는 사람들 살려 두시나이다. 모든 성격이 다 필요하셔서 갖가지 사람을 내셨사옵나이다.

주님! 진실되게 해 주옵소서. 아멘.

중생과 성령

십자가는 우리에게 위치를 정해 주시고 성령은 우리에게 경험을 주십니다. 십자가 없는 성령님의 활동은 기지를 잃어버림 같고, 성령이 없는 십자가는 죽은 것입니다(요 3:8). 성령은 신의 생명의 집행자입니다. 성령님이 우리의 영을 소생시킴이 없이 우리 머리를 통해 들어오면 아무 유익이 없습니다. 인간적인 노력으로 뻣대보았자 며칠 못갑니다.

성령님이 우리 안에 내재하심을 깨닫지 못함은 슬픈 일입니다. '나'라는 것이 살아있고 젠척하는 이에게는 성령이 역사를 못하십니다. 거듭나는 그 순간에 이미 성령이 와 계신 것입니다. 성령은 가끔 찾아오시는 것이 아닙니다.

성령의 역사는 내재하시면서 힘이 되시고 능력이 되십니다. 새로운 성품으로 변화시키십니다. 죄를 뉘우치고 예수님을 받음으로 성령은 거할 자리를 마련하십니다. 거짓 속에는 평화는 없습니다.

사랑은 주려는 것

'사랑'은 주려는 것입니다. 받으려는 것은 '미움'입니다. 각자가 사랑이 없다는 탓을 하지만 그것은 자기가 주려는 사랑이 없어서 걱정하는 것이 아니라 받을 사랑이 없다는 말 뿐입니다. 사랑을 줄 때는 만족하고, 받을 때는 씁니다.

쓴 것을 달게

언제나 언짢은 일을 좋아하게 하소서, 궂은 것을 즐겨하게 하소서. 쓴 것을 달게 여기게 하소서. 남에게 대접 받는 일을 중심으로 싫어하고, 핍박과 수치와 천대를 꿀처럼 달게 여기고, 악평과 훼방을 금싸라기 같이 여기는 마음을 주옵소서. 주여! 비나이다. 아멘.

사랑은 분노를 누르며

사랑은 분노를 누르며, 침묵하고, 격함이 없이 말하며, 고즈러기 울며, 탄식없이 괴로워하며, 눈물의 그늘 밑에 피는 미소이며, 사랑은 요구(要求)함이 없이 주기만 하며, 항거함이 없이 고난(苦難)을 받으며, 망서리지 않고 사죄하면, 오직 스스로의 나약을 슬퍼합니다.

제 3 부
(마지막 병상에서의 필담)
인생길이 이처럼 험난하니

죽음을 앞에 두고

오늘은 땅콩으로 잔치합시다. 또 무엇이고 잡수십시오. 기쁘고 기쁜 날입니다. 처음으로 잡수시라고 했습니다. 저도 퍽 가볍습니다. 웃고 말씀들 하시지요. 엿 드시오. 잡수시면 기쁩니다. 고통이 없어졌습니다. 귤도 잡수시고 통조림 다 잡수시지요. 배가 가득찼습니다.

어제와 오늘은 꼭 딴날 같지 않으십니까? 그런 것 있으니까 안 낫는가 합니다. 거뜬하게 영자가 삶아서 대접하십시오. 길은 조금만 했습니다. 대접은 많이 받았습니다.

영희, 저 회복하면 서울 가신다고 했는데(영희 없을 때 쓰라고 했는데), 꼭 저 죽으면 영희도 죽으려는 생각인 듯이 마음이 듭니다. 회복은 쉽게 될 터이니 걱정들 마시오. 장사지낼 것 말했는데 너무 사랑 아니었습니다. 건강할 때 할 말을 병들어 걱정들 하실 때 말해서 대단히 죄송합니다. 하나님 딸들이 저를 올려 주었다는 말씀 찾으려고 이사야 읽었습니다. 아직 못 찾았습니다.

안정을

영희, 이곳에 계시면 제게 위로가 되니까…. 먹으란 말만 마시고, 포도당 주사 맞으란 말만 안하신다면…. 그런데 가신다고. 속이 상했지요? 이 처지에서 누가 가자고 끌어도 안 가실 정도시면서.

나는 한끼 두끼 굶어서는 손해 없습니다. 그렇지만 각혈하면 큰 손해 아닌가요? 그러니 자는 것을 늘 불러서 깨우지 마시고 그대로 두십시오. 곤하신데 다른 분하고 교체하십시오. 이미 결정된 목숨이니 과히 염려하실 건 없구요. 밤이면 한 분에게 맡기시지 말아 주시고, 잠들면 깨우지 말으시고요. 수면제는 권하지 마시고, 먹는 것은 낮에 주시고, 잠들기 전과 잠 깨려 할 때는 쑥물 같은 것도 좋습니다. 각혈 중에는 염수(鹽水)를 주시면 효과적이니 깨끗한 소금이나 염수를 예비해 두셨다가 주시면 합니다. 다른 분은 깨우지 마시고 조용히 그 분만. 기쁘고 기쁜 날 참 주의 도 받은 날. 이 영과 이 몸이 비천하나마 이만큼 된 것도 주님 은사와 이공(李世鍾)의

덕이지요. 참으로 절절히 감사합니다.
　영희, 대단히 잘못되었습니다. 오전에 주일 보시고 내려가시기로 안하겠는가요? 마음 상하기는 피차 같다고 생각하시지요. 제 말에 의해서 영희 마음 몹시도 괴로우신 줄로 잘 압니다. 그러나 저로서는 영희 행동에 의해서 치명상을 입은 적이 한두 차례가 아니란 것도 상기해 주셨으면 합니다. 무엇이나 영희를 위해서 진정으로 하고 싶은 데 못되었습니다. 영희 역시 저를 위해서 무엇이라도 하고 싶으신 줄 알고 있으면서도 마음이 상하면 뜻하지 않은 말이 나가서 영희를 퍽 괴롭혔지요. 오늘 말은 취소해 주시고 새롭게 의논하십니다.
　영희, 이번 처사에 대해서는 매우 상심되고 절망적이었습니다. 그러나 주님의 간절된 은사로 인해서 여기까지 오셨으니 다시 타협하시고 밤중에라도 내려가시지요. 그런 생각은 털끝만큼도 안 하는데도요. 그전부터 정신면이 약하니까 퍽 염려되는 것이지 별다른 생각 있어서 말을 강하게 한 것 아니고, 또 다시 말하면 그저 결심을 굳게굳게 해주기를 바라는 마음에서지 다른 생각이야 호리라도 있겠습니까?

하나님의 딸들이여

　영자, 대단히 감사합니다. 상순 '눈', 잘 데리고 계시므로 세상에서는 고독해도 하늘나라에 친구 많습니다. 하늘 나라에서 영원한 기쁨 누리시도록 더욱 많이 참으십시오.
　하나님이 저를 의롭다 하시면 더 만족 없습니다. 희옥, 은연, 은자, 거룩하옵신 하나님의 딸들이여, 저 위해 수고하심 감사합니다. 이제 후로는 그 충성, 그 사랑, 그 봉사를 주님께만 바쳐 주십시오. 하나님 정해주신 기약 안에는 안 죽습니다. 기약이 되면 별 수가 없구요. 예수님 나라만 제 앞에 열려 있으니 살아도 그 나라 사람이고 죽어도 유익함이 있습니다. 그 크신 사랑 믿으시고 위로 받으십시다.
　사나 죽으나 일반이구요. 살아서 땅에 있는 성도들 격려하는 것이 재미나나 이미 떠나신 분들은 고대하고 계시고 이번에는 못갈 것이니 다른 일

있으시면 보십시오. 주님 권능으로 친히 붙들고 계시면 범사가 유익해집니다.

담대한 최후. 주님께 바친 이몸 처분대로 바라나이다. 기뻐들 하십시다. 밤에 잠자리 매우 불편해서 그립니다. 전능하옵신 아버지 계시오니 걱정들 마십시다.

희옥 '눈', 죄송합니다. 한나 어른이며 여러 어른들 다 잘 계시는지요? 어린 소녀반들도 잘 계시지요? 어제 말씀하려다 밤새에 더 나아지면 말씀 드릴 양으로 참았습니다. 저 위해, 쓸데 없는 저를 위해 생명도 돌아보시지들 않으시고 희생하신 것을 잘 알고 있는 바입니다.

계명산 못간 것을 후회했습니다. 피도 안 쏟았을 것입니다. 그러나 이제 후회 않습니다. 도리어 감사하는 것은 몇분들이 참으로 거듭나는 삶에 들어가는 것이 확실하기 때문입니다. 영희, 정은, 박순남 등이 매우 깨어나 줌으로 저는 영원히 삽니다. 또 따라서 많은 이들이 소생 되실 것을 확실히 믿습니다.

자연 속에 누워서

불충성했던 이것, 참으로 무안하나 염치좋게 아버지께로 나아가는 수밖에 없습니다. 저로서는 억억만년을 두고 닦아도 못 다 닦을 죄를 주님은 십자가에서 단번에 닦아 주셨습니다. "오늘 네가 나와 함께 낙원에 있을 것이다"고 말씀하신 것은 저의 죄 다 사유하여 주신 증거시지요. 오! 주님 저를 사유하소서. 이 무리를 불쌍히 여기옵소서. "다 이루었다"고 하신 주님은 제 일도 다 이루어 주신 것이지요.

여기서 숨 지면 참 좋겠어요. 꾸중들을 말씀이지만요. 방으로 끌고 들어가시지 않고 이 근처에 묻어 주시면 참 좋겠습니다. 자연 속에 누워서 자연수를 마시고 빗소리는 음악의 전주곡처럼….

참으로 온유하지 못했습니다. 저 위해 늘 빌어주소서.

정절은 노아의 방주

제 피가 나쁜 병독과 싸워서 패하고 쏟아져 나온다는 생각이 듭니다. 병독과 함께 나와 버린 것 같습니다. 예수님 피가 이겨 주실 것입니다. 목포 오봉렬 장로님 도우려고 했는데 못했습니다. 소식 전해 주십시오.

음식맛은 다 싫어졌고 예수님 이름만 부르면 시원해졌습니다.

은자 '눈', 두려워하지 마십시오. 주님의 거룩한 성녀시니 아무 것도 염려 없으시지요. 성녀(聖女)란 말은 명예스러우니까 거룩한 딸… 정절(貞節)지킬 줄 알았으면 노아 방주에 든 것처럼 이 세상에서 든든합니다. 아무도 해칠 이가 없습니다.

'뱀과 전갈을 밟아도 해를 입지 않는다'는 것은 음란하고 사악한 세상에서도 본성에 조금도 해를 입지 않는다는 말씀입니다. 이 세상 또 오면 그 이치 모르고 살까 보아서 겁이 납니다. 불충성한 이 종, 제가 죽어도 「동광원」은 하나님 보호받으니 아무 것도 걱정 안 됩니다.

인생길이 이렇게 험난하니

오늘은 준호 뵈오면 좋을까? 준호가 보게 기다리는 걸까? 참으로 어쩔까요. 쉬 가지도 않고….

희옥 '눈'도 가셔야 되고, 은연 '눈'도 가셔야 될 터인데. 병원은 자리도 없거니와 원치도 않구요. 안 쓰는 헛간이나 하나 준다면 몰라도 별관에 좁은 헛간 하나 있는데, 그것이면 좋지요. 인생길이 이처럼 험난하다고 일찍이 뉘라서 제게 일러 주었던가…. 일러 주어도 귀넘어 들었던가…. 인생으로 나서 너무나 인생을 몰랐구먼요.

예수님께서는 창조주시므로 당신이 내시기도 하시고 멸하시기도 하실 수 있으시므로 잡수셨습니다. 또 내실 수 있으니까요. 그러니까 애당초에 허락은 하셨지요.

중생한 인간이면 안 먹을 수도 있고 인자한 이들이면 못 잡수시지만 저는 아직 중생을 못해서 고기나 채소나 멀지 않게 봅니다. 고기 먹으면서 생애인히 보느니 도리어 더 낫지요.

꾸지람

　옷 갈아 입으실까요? 하나님께서 괴로워하실까 하는 생각에서 입히다 오해 말으시지요. 갈아 입으시던가 말으시던가…. '파마'는 왜 하셨을까요? 예전에 피를 팔아서 머리 단장하신 것 후회 안 하셨던가요? 이번에도 빚을 내서 액싹한 그 허둥지둥하며 몸부림치는 사무엘. 자 돈으로 머리 꾸미시면 남들이 옅게 취급합니다. 방문실에서 준다지만 액싹한 가난한 이들 줄 것 참 피로 주고 영희 드리실 것 아니까 오해 마셔요. 천하보다 귀하신 살으심 때문에 한 말입니다. 이왕지사 말 않고 그저 살아갑시다. (지나간 일) 방문실에 와서 애고 사정을 하는 분들에게는 없다고 쏘아붙이고 말입니다. 용서하셔요. 모든 것은 제 잘못으로 귀착됩니다. 여러분들이 나가서 방황하는 것도, 그 전에 고기와 약을 쓰기 때문들이지요. 그 전에 저를 업어온 분들에게 배나 도마도나 사례로 드리시라지오. 있으면. 영배, 또 한분 계시므로 심부름 시켜서 죄송합니다.

헌 누더기된 이몸

　그리스도의 조화가 묘하고 큽니다. 그리스도에게 맡겨버리면 처분대로 잘 하시니 아무 염려가 없습니다. 사람은 별 도리가 없어도 주님께서 저를 받으시면 영광입니다. 헌 누더기된 이 몸 바치기가 죄송하지만 국가에 바치기로 너무나 부끄럽던 이 몸….

　하나님의 딸들이 나를 높이었다는 말씀. 몇잠. 고통이 좀 됩니다. 내일 아침 쯤 좋아질런가 합니다. 오후에는 이 자리가 심히 괴로워요. 앞문 쪽으로 옮겨 보면 합니다. 일어날 수 있으니 일어나서 옮겨 보지요.

　태례, 대단히 감사합니다. 결핵환자이면서 산남리(山南里)에 갔던 일이 죄송스러워요. 일은 개미만큼도 못하고 상은 많이 받습니다.

사나 죽으나 주님의 것

　저를 사랑하신 줄이야 모르는 바는 아니었지요마는 그저 잘 되시기를 바라는 나머지 욕과 탓들을 퍼부었던 것이지 조금도 생각에 두시지를 마시고 용서하시고, 용서들 하라고 부탁해 주셔요. 저를 대신해서 겸손되이 변명들 하시려 마시고 빌어 주십시오. 용서하시기에 이르도록.

주님은 영혼의 구주실 뿐만 아니라 육신 몸의 구주심이 확실합니다. 육신 몸도 제 힘과 지혜로는 일분일초를 보존 못하는 것을 똑똑히 배워집니다. 제가 미련해서 병도 나고 안 고쳐지는 것입니다. 사나 죽으나 주님의 것이오니 아무쪼록 이 몸에서 주님 존귀히 되시기 바랍고 원합니다. 죄송하오나 헌 누더기 같은 것, 주님 전에 완전히 바쳐 있으면 얼마나 영광일까요?

약초

내일 아침에 쑥물을 계속할까요? 저녁에 짜서 밤이슬… 제가 땅위에 있으면 무엇한다고 이처럼 정성껏들 살리려고 하십니까?

하나님 아버지! 이 무리를 인도하실 선한 목자가 친히 되어 주소서.

어머니 안 계셔서 너무나 말들이 아니시겠군요? 어떻게 하실까요? 홍석, 많이 자라시므로 안심은 좀 되었어요. '괴춤'이란 풀이 있지요. 그것 좀 끓여서 물만 마셔 볼까요? 재에 가시면 많이 있어요. 숯 구덩이 위에 그 잎사귀를 베어 말려서 쓸 겁니다. 지금은 그냥 하구요. 무엇 마실 것 있으면 좀 있다가 먹읍시다.

홀로 대접받으니

저는 이 세상에서 대접을 너무 받아서 오는 세상에서는 받을 것이 너무나 없겠습니다. 없어도 좋습니다. 어제 좀 줄 곳이 생각났지만 염치없이 말할 수가 없었어요. 행여라도 없는 것 구하려 할까봐서요.

이 세상에 있어서 저만 홀로 대접받습니다. 다시 살면 천대와 멸시와 고생과 후욕을 새로 받아야만 하겠습니다. 괄시를 받아야겠어요. 주님 못 받으신 대접을 제가 다 받았습니다. 참으로 죄송 망극합니다.

매장지

　헌 가마니로 싸서 돌무더기 속에 소리없이 감춰 주시면 합니다. 어제는 최목사님 오셔서 매장지 허락하셨지요. 그리 좋지는 않은것 같습니다. 앞으로 많은 사람 묻히기도 할 것이고 그 때마다 많은 사람이 제말 할 터이므로, 이 근방 어디 한적한 데 돌부더기 속에 소리없이 감춰주시면 합니다. 살아서 이름도 듣기 싫거니와 죽은 뒤 이름 불리우는 것은 더욱 싫어서입니다. 평토장하면 아무 시비 없을 것이어요. 매장지 주신다는 것은 감사하기 짝이 없지만 죽어서까지 어덤백이(乞人)질하기가 싫어요. 아무 쓸데 없는 '더덜경밭'에 헌 가마니로 싸서 들어다 묻어 버려 주셔요. 이것은 오늘 말이 아니고요.

각혈하고 나서

　어제는 너무나 크신 사랑과 크신 권능의 손에 붙들려서 오고 말았습니다. 오전에 각혈 좀 해서 힘은 아주 떨어지고 폐는 불안하고 해서 수종(隨從)드는 이들 너무 미안해서 결심하고 나섰지요. 수종드는 분들 건강이 위험되게 여겨졌지만 고생도 견딜 수가 없게 되어서요. 변소에다 갔다와도 지쳐버려서 못 견뎠는데, 장거리를 견딜까 싶지 않았지만, 주님 처분에 맡기고, 그저 병원으로 오는 것 아니면 거기서 떠나는 것이 주님 뜻이라면 결과는 내 문제가 아니기 때문에 주님 뜻만 알려 했었습니다.

　나서서 오는데 수많은 분들, 최목사님이나 천주교인 중에서도 진심으로 저를 위해 애타시는 것 보고 죽지 않고 살아서 하나님 사랑…크신 권능과 사랑을 선포하고 싶어졌습니다. 오는 길에 기침 한번 없이 보호받고 왔습니다. 이렇게 간절한 많은 희생과 정성으로 얻어진 목숨. 반분반초라도 소홀히 남용되지 않기를 기도해 주시기 바랍니다.

　장전도사 먼저 만나 보실까요? 그 편지 못 보셨지요? 장전도사 먼저 보시지요. 원장 안 만나신 것 다행했습니다. 전도사 보신 후 생각해서 갖고 보시면 잘 되리라고 믿습니다. 가슴을 누워서도 눌러 주어야 기침이 안 나오고, 기침나면 각혈 우려가 있으니까요.

소(牛)를 소중히 여겨야겠지요. 유대인이 양(羊)을 소중히 여긴 것처럼. 좀 좋아졌습니다. 어제는 위험했습니다. 이대로 나아져갈 것 같아요. 미안합니다. 큰 죄인입니다. 용서하시기 바랍니다. 나중에 아픈 팔로 너무 오래도록 누르고 계시기에….

높이 들려서

> 보라 내 종이 형통하리니 받들어 높이 들려서 지극히 존귀하게 되리라(사 52:13)
> 이는 너를 지으신 자를 네 남편이시라 그 이름은 만군의 여호와시며 네 구속자는 이스라엘의 거룩한 자시라 온 세상의 하나님이라 칭함을 받으실 것이며(사 54:5)

예수님이 과부나 처녀들의 정배(淨配)되심. 거룩한 남편이 되심. '네 남편'(결핵균도 하나님께옵서 내신 바입니다.) 인자(人子)는 우리에게서 떠나시지 않으시고 화평의 언약도 안 물러가게 하십니다.

사람마다 다 겪을 길인데 참으로 힘이 약합니다. 늘 힘 주시기 때문에 쉽사리 감당은 됩니다. 주님의 고난과는 너무나 아무 것도 아닌 줄 알고… 소리없이 감당하고 싶습니다만은 너무나 약해서요. 참 부끄러워요. 여기 아무도 안 계시고…불 꺼 내리시지요. 문 좀 열고, 봉창에 수건…가서…서울 가시고. 불 끕시다. 아무도 오시지 말라시지요. 한 시간 더 사나 일찍 가나 마찬가지요. 영희, 부디 살아서 주님 원하시는 대로만 하십시오.

목적으로 태어난 생명

사문오셔서 죄송합니다. 금남, 태례, 순녀, 근님, 참으로 죄송합니다. 예주에게도 죄송합니다. 물 한 모금 더 마시나 덜 마시고 가나 일반인데 물을 늘 찾습니다. 어젯밤 뜻밖에 은혜롭게 지냈습니다. 매우 편하게요.

주님 뜻에 맡깁니다. 평안합니다. 잘 가시기를. 사는 것 제 힘으로만 산다지만 죽는 것은 참으로 어렵습니다. 이번에 변 보는 것도 감사해야 될 것이 알려졌습니다. 생명은 모두가 무한한 큰 목적으로 나왔다고 생각됩니다. 너무 걱정 마시지요. 하루 더 사나 하루 덜 사나 마찬가지요. 피가 다 나오면 더 나올 것 없고 좋지요.

야바우

태례와 하던 말은 서독 가는 것과 저의 회복 어느 편을 더 원하고 계시느냐고 물었어요. 둘 중에 하나 밖에 얻을 수 없는 일이라면요. 그래서 '야바우'라고 말했지요. 어느 것을 집느냐에 따라서 자기의 성공이 성취될 것이었기 때문이지요.

영희에게도 관계된다는 것은 사실대로 영희의 욕망을 이루는 일에 정신이 더 쓰였는가, 저의 회복에 마음이 간절히 쏠려 있었는가여요. 또 한 가지 중요한 일은 영희 마음에 하나님을 믿고 두려워하는가입니다. 하나님을 두려워하시지 않는다면 무슨 일이고 졸연간(卒然間)은 풀릴 수는 없는 것이고요.

영희, 내일 지내고 가시지요. 정은 '눈', 오늘 가셔야 되는지요? 그 집 비었는가? 아무도 없으면 안되니까. 어제 저녁이라도 그 집 때문에도 비어두면 형편 아는지요? 무슨 말이 있으면 원장님과 말씀하시고, 비어주게 되면 그때가서 비던가, 달리하게요. 잘 의논해서 하면 되겠지요. 정은, 빨래삯 100원 드리고, 영희, 에비오제 값 드리고, 구례 여비 300원 드릴까⋯영희 '눈'은 다른 데서 드리기로 하고, 정은 '눈'에게 200원 드렸습니다. 방림서 다른 분들 일 시킨 삯으로 쓰시지요.

밥 먹으면 변소 갈 걱정입니다. 어제는 안 가고 참았지만, 이제도 안 먹었으면⋯ 오늘도 안 갈지 몰랐는데. 저녁에 제가 먹겠습니다. 가실 분이나 잡수시지요. 영희 여비로 300원 드리시지요. 가실 때 주일 지내시고 오시지요. 영희, 언제쯤 가시게 되실까? 원장님 앞에 가시면 좋을까 하나 쉬오실 터이니 오시기 전에 가서 자리 잡으셔야지요.

모든 기록은 불 사르시오

> 이는 내게 사는 것이 그리스도요 죽는 것도 유익하니라(빌 1:21-24)
> 내가 선한 싸움을 싸우고 나의 달려갈 길을 마치고 믿음을 지켰으니
> 이제 후로는 나를 위하여 의의 면류관이 예비되었으므로 주 곧 의로

우신 재판장이 그 날에 내게 주실 것이니 내게만 아니라 주의 나타나
심을 사모하는 모든 자에게니라(딤후 4:7-8)

　人格創造. 다시 한번 읽으시지요. 한국말로 번역해서도 읽으시지요. 부끄럽습니다. 익은 열매 보시고 반가우시니까. 그 분들은 논(田)이겠구요. 여기 신청(申請)은 산(山)일 것입니다. 개간이니까요. 중앙 교회측 이미 개간된 논이니까 해당이 안 되겠습니다. 그 책 조금은 읽어 들었으면…. 모세가 성총(聖寵)을 많이 받았기 때문에 적은 실수했지만 큰 징벌 받으셨다구요. 극히 감사합니다.
　은혜! 안녕히 계시지요. 죽으면 모든 저의 적은 것(記錄)은 다 불살라 버려 주십시오. 불신앙(不信仰) 때문이었다는 것을 기록했습니다. 그 불신이라는 것도 그리 중대하지도 않게 보임에도 불구하고 이렇게 크신 성총에 욕한 인간으로서는 엄위하신 처벌을 받지 않으면 안 되어진 것입니다.

미신과 우상

　午方은 南이지요. 해가 午方에 있을 때를 午時라 합니다. 그 달에 목성이 어디 있는가에 따라서 그달 '띠'가 정해지지요. 그 날 어딘가에 따라서 그 달 일진(日辰)이 정해지고요. 그 시(時)에 어디 있는가에 따라서 그 시간이 정해지는 것 아닌가요? 목성이 모든 별들이 따라서 도니까 별들이 사람의 운명을 지배하는 것으로 믿었던 사람들에게서 나온 소리겠지요., 일 없는 사람들이 별의 운행을 보고는 하도 신기하니까 사람의 운명을 맞춰 보았던 것이지요. 지금도 우매한 인간들은 곧이 듣습니다. 허망한 소리를 왜 그 소릴 두고 쓰십니까? 사람이 자기 욕망대로 안되면 무슨 신기한 능력이 다른 사람을 잘되게 하는 줄 알아서 그런 생각을 해보는 것이겠지요. 그래서 온 세상이 우상숭배로 떨어져갔습니다.
　사치는 일종의 우상숭배입니다. 잘 입어야 성공하는 줄 아는 미신에 빠졌지요. 자녀 열만 낳으면 복동이를 낳아서 그 덕에 큰 부자가 된다고 해서 가난할수록 열을 채우려고 기를 쓰고 공을 드려가면서 낳으려는 것이겠지요. 식구 열둘이면 '열둘띠' 다 띠였으니 하나는 부자 띠겠지요. 쉽게 안

되어도 더 잘 되려고 시일이 걸리는 줄 아시고 참으시지요.
　어떻게 결정지으실 수 없으실까요. 좋기는 하나 염치가 없으니까. 서울 가면 사귈 사람 많지 않아요. 함부로 사귀시지만 않으시면 꼭 성공 안 되실까요? 밖에만 나가시지 않으시면 말씀이지요. 3년동안 저주를 빈다면 꼭 조심하시기 위해서 말씀드립니다. 지지리 못되셔서 혼인을 하셔도 서울 가서 하셔야 좀 나은 데로 되시지요. 좋은 분 많고, 나쁜 사람 많고, 영희 '눈'에게 혼인 권한 이가 나쁜 분이지요. 밖에만 만나시면 나쁜 사람 못 만나니 꼭 잘 되실 것 아닙니까? 틀림도 없는 사실인데요. 세브란스와 서울 유지들이 울타리가 되어 주시고 천사들도 돌보아 주시는데 천지가 모두 다 잘 되시라고 축원하시고 응원하시는 줄 아시지요. 성삼위께서도, 성인들의 영도, 지상에 사람도, 곤충들까지가 모두 바라는 길입니다. 이만한 축복과 축원을 거절하고 무시한다면 어떻겠는가요.?그 재앙이란 이만 저만이 아니란 것도 각오하셔야지요. 내주(來週) 안으로 가십시오.

풀밭에 평토장해 주시오
(심한 각혈 후의 유언)

　어리석고 짜잔스러워서 사람으로서 할 짓을 못한다는 생각으로 심히 무겁고 침침합니다. 이제는 죽어야 할 때라면 심히 기쁩니다. 그러나 이번도 안 죽을 듯합니다. 기쁘지도 않고 괴롭지도 않는 시간이 참 많은 것을 보아서 안 죽을까 생각됩니다. 죽는 것이야 경각이지요. 각혈하다가 핏덩어리를 못 뱉아내면 자다가도 죽겠지요. 이제라도 모릅니다. 밖에 나갔다가 못 들어올른지요. 밖에서 숨지거든 꼭 풀밭으로 소리없이 옮겨두시고 구덩이 파고 묻어주셔요. 떼는 상하지 않도록 떠서 한편에 잘 두었다가 평토장한 뒤에 그 떼로 잘 덮어 버리시고요.
　왜 재촉을 하셔요. 주님 보호가 크십니다. 아까 각혈이 참 심할 뻔했지요. 그칠 것 같지 않았는데도 멎은 것 같습니다. 멎으시요? 아마 오늘은 멎었구요. 밤에 공기 조절만 잘하면 오늘 날은 새겠지요. 병원에 다니시는 분들은 마음만 잘 다스리신다면 수임은 2천원씩 드리도록 해보겠구요. 촌으로 가서도 3년간은 가루(밀가루) 한 포나 그 값만씩은 드리도록 해서 사업장소를 잡아 드리려고 생각했지만요. 그것은 이제껏 안 되었는데, 정원장님이 하시기를 부탁해 보겠습니다. 「동호」집은 저 위급하다거나 또는 죽었단 말 없이 해결하는 것이 그래도 그 분들 양심이 선히 움직이실지도 모르겠습니다. 죽었다고 해도 더 선히 할지도 모르지만요. 또 고집으로 나오면 그들의 손해만 크실 것 뿐이겠지요.

사업장이란 말씀은 보람있는 고상한 가치 있는 생활, 높은 취미와 즐거움의 생활의 터전을 말한 것입니다.

열이 높으니까 찬 것도 따스한 것도 못 먹을 듯해요. 따뜻한 물이면 할 듯도 하나 아무 것도 안 먹고 주님 앞에 모여 있는 것이 가장 좋습니다.

계획해서 말씀드리자면 동광원분들이 너무나 물질에 구애를 받으시고 마음 단속들은 등한시하는 것은 서글픈 노릇이었습니다.

각혈

가서 자고, 사연 오라고 해요. 혈기 낸 죄로 죽어도 할 수는 없으나 다른 분 마음 아프시게 한 것은 참으로 괴로와요. 그러니 참말로 어떻게 해요. 커텐을 걷으면 밝을 터인데…. 은연'눈'께서 그 깡통 놓아 두시고, 물 심부름해 주시란 것 아니어요. 냉수지요? 끓여 주세요. 병원물 나쁘니까 냉수 못 쓰게 했지요. 식후(食後)시지요. 아까 끓인 물 가득 타면 됩니다. 큰 주전자는 안 끓인 물이니까 사용하지 마시고요. 속히 안 주시면, 이 사람 저 사람 수종드니까 얼마나 느려집니까? 사람 많이 있으면 의사나 간호원들이 싫어합니다. 자기들 활동에 부자유스러움을 느껴서요. 실지로 제게도 도움이 못 되지 않아요? 빨리 주시지요. 진작 타놓고 기다리시지 않으셨는가요? 의사 오면 각혈의 분량을 물을 터인데요. 누가 대답 하시겠습니까? 그리고 각혈 전에 10분이나 20분 전에 알리면 다른 방도가 없겠느냐고 물어보아 주시지요. 끓여서 드시라니까요. 기침 전에 코데인은 효과 없었습니다. 의사에게 알리시지요. 각혈 전에 코데인 썼지만요. 어젯밤, 금님, 설명하시지요.

죄로 아파 갖고 남을 괴롭히는 이 중죄인입니다. 주님, 사유해 주옵소서. 제가 미련한 탓이로소이다.

설탕물 한 그릇 드시지요. 그릇씻는 물도 끓였던 것….

하늘과 땅의 보호

(1963년 6월 17일 새벽 3時)

내 주 은혜 억억(億億)간에, 나 하나도 감당 못한 것 죄송한 것 뿐입니다. 이제 크신 사랑과 권능 믿어졌습니다. 새벽에 꼭 갈 줄 알았습니다. 이제껏 산 것도 삼위와 여러 천군천사들이며, 성인들의 영과 특히 제가 아시는 분들, 앞서 가신 분들의 기도와 성모님의 애호와 살아계신 여러분들의 간절한 호의 때문에 살아 있음이 확실해졌습니다.

깊으신 사랑으로 섭리하시는 일들을 생각할 때 감격합니다. 이 세상은 나쁘면서도 좋은 듯이 꾸며져서 돌리기(속아 넘어가기)가 쉽습니다. 남 부러워 말고 되는 양(되는 대로) 먹고, 생긴 대로 입고, 죄 안짓고 사는 것 이상 복될 일은 있을 수 없습니다. 좋은 세상 절대로 아닌 것을, 좋은 줄만 알고 속아서 따라 살려다가 큰 죄만 짓고 허망한 세상에서 헛고생살이하고 맙니다.

잠 들면 반드시 못 눕게만 보아 주시오. 뒤에서 팔쳐서 폐가 울림. 다른 사람은 저같이 안 되게 몸조심해야 합니다.

주님의 요구

자기의 욕구(欲求)가 더 큰가, 주님 욕구가 더 큰가이지요. 둘 중에 하나를 선택하는 일입니다. 누구보고 하는 말입니까? 여기 계신 모든 분들 다요. 저도 그렇습니다. 주님 요구대로 이루어지이다. 이 몸에서 피(血)한 방울 안 남기고 다 쏟고 가면 좋으나 여러 가지 이유로 못되는 것입니다. 첫째로는 주님의 자비가 허락지 않고요. 둘째로는 제가 너무 준비가 모자랐고, 셋째로는 제게 힘이 부쳐서(약해서) 못합니다.

주님 뜻에만 의지합니다. 용서하셔야 힘을 많이 주셔서. 이제는 걱정 안 됩니다. 생명의 바다에는 그 끝없는 공간은 날아(飛)서만 갈 터인데 제게는 아직 날개가 없어요. 주님 자비만이 저를 들어 올려주시기를 빌 뿐이지요.
 균(結核菌)이 많이 나오니까 멀찍이 앉으십시오. 햇볕이 들어오니 모두 치우십시오. 변질되니까.
 용서하시지요. 용서 못하시겠는가요? 무조건 용서해 주시지요. 다 잘못했으니….

내 수족을 들어 묻어 주시오
(눈물겨운 유언)

 주님을 찬송하라고 늦춰주시는 동안이므로 감사하는 생각으로 지내십시다. 저는 이제 아무도 나무랄 사람이 없어졌어요.
 제가 죽는다면 금남 '눈'은 제 머리를 붙드시고, 은연 '눈'은 제 바른 팔 붙드시고, 은자 '눈'은 제 왼팔 붙드시고, 영희 '눈'은 제 바른 다리 붙드시고, 태례는 왼편 다리 붙들어서 갖다 묻어주시면 합니다. 원장 지휘하시고 …. 이 말은 오늘 안 죽는다면 쓸데 없는 부탁이고요. 누우면 곧 위험하니까 조금만 더 참아보겠습니다.
 영희, 참으로 감사합니다. 이제껏 제 잘못을 다 무조건 용서를 비는 바입니다. 이제는 책망할 것도 부탁드릴 것도 없는 듯해요. 제게 청하실 것 있으시거든 말씀들 하시지요. 제게 있는 것이면 무엇이나 드리고 싶습니다.
 영희, 원대로 하시지요. 하기야 죽지 않는다면 회복은 쉽습니다. 그 대신 죽으면 제가 살았을 때보다 더 가까이 있는 줄 아시고 성의껏 살으시기로 하시렵니까? 영희에게 욕도 많이 했습니다. (그대신 내가) 죽으면 축복만 하고 싶어요.
 어떻게 하시렵니까? 서울로 가실 준비하시고. 영희 '눈'께서는? 정은 '눈'은 병림 어머니 잘 모셔서 금옥에게 욕 않으시도록 되면 세 분 다 크게 되실 터입니다. 욕 않게 되시려면 금옥은 데려오던가, 어디로 달리하던가 하더라도 우선 천자 '눈' 댁에 그대로 두면 어떨까요? 그 어머니는 정은

'눈'과 같이 지내셔야 할 형편이고, 금옥은 그 어머니는 우선 당분간 함께 못 지내실 형편이니 말씀입니다. 어떻습니까? 전에는 이렇게 생각해 보았습니다. 아이들 셋 데리고 금옥, 영희, 정은, 세 분이 지내시고 병림'눈'께서는 사무엘 편에 계셔 주셨으면 했지만. 명주, 은행, 남원서 온 아이 셋이요. 그러나 그 세 사람과 금옥」형편이 어쩔까 염려가 되었지요. 영희, 정은, 두 분이 잘 단속은 하실 것으로 믿고 그럴까 했지만요.

 은행은 건강히 공부는 하든 않든 원망은 있습니다. 잘 지도해서 명오(明悟)가 열려 사람된 것이 감사해져야지요. 공부는 어려서부터 조직적으로 시켜야되고요. 독일 학생들은 수재가 아니면 대학을 가려들지 않는다고 합니다. 손해되고 시간 낭비이니까요. 축산에 취미있으면 축산시키고, 기계에 취미있으면 공장으로 지도할 수는 있습니다. 목포 오장로 동생 말이지요. 그 분 참 사람 좋아요. 누구나를 자기처럼 사랑하고 돌보시는 분인데요. 기관차 부렸기 때문에 요사이 자동차 수선공장 차렸을 것입니다. 목포 택시회사 말고 무시로 돌아다니는 차회사 있지요. 그 차주 차장을 하게 되니까 일감은 얼마던지 있겠지요. 장차는 광주에도 다닐 것이라고 했습니다. 그 공장에 보낼 수는 있겠지만, 기계는 위험이 동반하기 때문에.

 영희, 나빠요. 그런 소리 왜 가르쳐 주었습니까? 사무엘하고 이야기하는 가운데 자기 신세탓 하느라고 하니까 듣고 그러지요. 무슨 '띠'가 어디 있어요? 법대로 않으니까 안된 것이고, 찬찬히 하면 잘 될 것입니다.

 기계는 위험해서 들여보내고 싶지 않아요. '띠' 이야기 마시지요. 절대로 못씁니다. 미신(迷信)이고 우상 아닌가요. '띠'란 목성이 그 해에 어느 방향에 있었다는 말인데요. 지구가 둥그니까 열둘로 나누고 열 둘을 또 다시 예순으로 나눕니다. 그것이 육갑(六甲)이어요. 소(牛)띠라면 목성이 그 해에 축방에 있다는 말이구요.

이 죄인 긍휼히 여기소서 (7월 5일)

 교만하고 무지한 이 죄인 용서해 주시기를 간절히 비나이다. 황토 흙 묻혀드리지 않도록 하시오. 소제하는 이가 늘 주의 시킵니다.

큰 죄인 위해 빌어 주시라고 오시라고 했습니다. 미혹거리가 되었습니다. 어제는 속으로는 오셔서 기도해 주시기를 바랐지만 쉬시는 날이 되어서 못했습니다. 죄로 꽉찬 인간이 오니 부디 죄인을 긍휼히 여기시도록 빌어 주십시오.

나는 주의 것

저는 완전히 거짓 인간이었습니다. 주님! 이 거짓을 벗고 살게 도와 주옵소서. 살아도 주님 것이요 죽어도 주님 것이오니. 먹어도 주님을 먹고 사는 것이고, 공기를 마셔도 주님을 마시고 사는 것이며, 물을 마셔도 주님이십니다. 안 먹어도 주님으로 사는 것이오니, 과거, 현재, 미래를 다 주님으로만 살 것입니다. 이 진리를 깨닫게 하시기 위하시사 가지가지의 섭리를 해 주셨습니다. 예수님께 접붙여져서 살고 있나이다. 아멘

살고 싶어졌지만(1963)

더 살다 죽고 싶습니다. 죄가 많아서 그렇게 될 것 같지 않아서 부득이 장사(葬死) 부탁합니다. 제가 숨지면 병원에서 내가시고 밤나무밭(芳林)으로 가지 마십시오. 묻어 놓고 누구에게 알리시지요. 술메 어머니 묻힌 곳이라도 좋으니….

참으로 살고 싶어졌습니다. 요사이처럼 삶이 요구되어 보기는 희귀한 것입니다. 삼위(三位)의 능력으로지요. 중생은 귀중합니다. 영금 '눈'에게 성령 순종하고 살라고 부탁했다고 말씀하십시오. 살리실 줄은 믿습니다. 죄가 많아서 그러지요. 살아서 찾아보고 싶은 곳이 참 많아졌습니다. 혹시 술메 어머니처럼 되거든 숨지기 전에 산으로 내어가 주시고 아무의 손에도 맡기지 마시고 두 세분이 고이 조용히 묻어주셔요. (시신의)목욕 화장 다 싫습니다. 부디부디 부탁입니다. 살려주시고 계시니 의심없으면서….

주님 뜻대로 살지 못한 것이 원통합니다

죽기로 결정된 몸, 죽는다고 서러울 건 무엇이며, 고통이 싫을 까닭은 있

지 않습니다. 핑계인지는 모르나 주님 뜻대로 못 산 것이 항상 원통한 것 뿐이고 한번 주님 뜻대로 살아보기를 소원한 것 뿐이지만 그것도 주님 전에 맡기고 있습니다. 다만 주님 뜻을 일분 동안이라도 더 거스리고 사는 것이 겁이나서이지요.

초자연적 은혜로 구원받아온 이것이 제 자랑될까 보아서 주님 능력과 사랑을 뚜렷이 전하지 못한 것도 자복이 됩니다. 저와같이 미천한 것이 증거하므로 도리어 영광을 가리울까 두려워했지요. 저의 고통은 주님 십자가 앞에 눈녹 듯해요. 그리고 조금이라도 고통이 느껴지면 주님의 겪으신 고통이 저를 위해 받으신 고통이라는 사실이 극히 적게나마 알게 되는 것이 한없이 기뻤지요. 주님 사랑이시기 때문에요.

엘리 엘리 라마 사박타니

천지를 붙드신 주님께서 제 목숨을 붙들고 계시는데, 병이 제 목숨을 못 끊을 것을 믿습니다. 괴로운 것은 육체보다 주님 뜻 몰라진 고통이 큰 뿐입니다. 「엘리 엘리 라마 사박타니」의 고통을 몇 억분지 일이라도 맛보여 주시는 주님 사랑이시라면 그도 감사합니다. 수종(병간호)받는 일이 괴롭다는 까닭은 수종드는 이들중에 감염될 염려가 크기 때문입니다. 회개해야 된다고 주님 답을 기다립니다. 저는 만번 죽어도 합당할 줄 알기 때문에 저 죽는 것은 문제가 아닙니다. 살아야 할 분들이 젊은이들이 저 때문에 병이 들지나 않겠나 우려하는 바입니다.

붓으로도 입으로도 다 형용 못할 큰 은혜를 감당 못한 것이 병입니다. 주님의 뜻과 사귀의 꾀임을 분간 못하는 일이 괴롭습니다. 내세(來世)에는 주님 사랑만 의지할 것 뿐이고요. 이 시간 주님 뜻대로 하고 싶은데.

단 1분간도 다른 데 정신팔지 않으려고

저는 현재 천주와 저, 저와 죄, 죄와 벌, 그리고 이 고통이 저에게 영원히 무슨 좋은 역할을 해 준다는 것과 이제부터 바로 믿어보려는 생각으로 꽉차 있습니다. 그리고 죽으면서 떨게 될 것이며 산다면 어떻게 할까에 대해 골똘하느라고, 단 일분간이라도 다른 데 정신을 안 쓰려고 힘쓰고 있습니다. 이처럼 오신 일에 대해서는 다 천주님의 지키심으로 아오며, 그러나 형제에게 마음 상케 해주는 일은 극히 삼가고 있습니다. 누가 댁에가서 말 전하면 집안에서 괴로워하실까 염려입니다.

지리한 병 치료에 신경이 상하며

정신상태가 위험할 뻔하지 않았어요? 안 먹도록 해 주심에 대해서 크게 감사할 일이 아닙니까? 그것도 김월순 간호원과 상의하지 않았던가 보아요. 어제 김 간호원 태도에서 간취(看取)한 것이지요. 그 때는 비타민K 한 개로도 효과 있고요. 두개나 세개면 넉넉해요. 지금은 네 시간마다 놓고 있거든요.

원망이 아니라 참으로 우리가 반성해보면 감사할 일이 너무나 크고 많치 않겠습니까? 각혈은 몸만 죽지만 혈기는 몸과 제 영혼까지 지옥에 멸망하는 죄여서 삼가고 삼가도 중생받지 못한 몸이라 또 혈기를 내고 합니다. 제가 혈기를 내면 크게 못쓸 줄 압니다. 혈기 낼까 염려되어서 누구나 제 가까이 안 계셨으면 합니다.

(주사 맞으면서) 오전에 놓은 자리여서요. 문지르실 때 몹시 아파서 그 자리만 피해 주셨다면 했습니다. 이제도 저를 위하여 오셨는데 감사하는 마음 뿐입니다. 주님 앞에 참으로 감사하지 않으면 안될 일이 있습니다. 그것은 처음 수면제를 안 쓰도록 해주신 일이지요.

순남 편에 각혈 염려 있으니 병원에 말하면 비타민 K 한둘 보내주실 줄 알았지요. 그랬더니 기침약과 수면제를 보내오지 않았겠어요? 그 때 그 이 말대로 그것을 날마다 두어알씩 썼더라면 어찌 되었겠는가요?

남을 희생시키는 괴로움

낙심하지 마시기를 원합니다. 이렇게 주위에 계신 분들의 생명을 깎아서 제가 하루하루를 연명할 필요가 무엇일까요? 의문됩니다. 전부가 예수라고 생각할 때는 안심도 되고 주의 시키신 사자들 곧 천사들도 보면 그만일 수도 있습니다. 그러나 저는 예수를 위해 희생해야할 처지가 아닌가요? 얼마나 주님을 슬프시게 했으면 이런 자리에 놓였을까요? 기가 막힐 만큼 주님을 노엽게 해드렸습니다. 차라리 생선떼를 희생시키고 사람들 희생은 덜 시키는 것이 났다고 생각되었습니다. '중이 고기 맛을 알면 절간의 빈대가 남지 않는다'는 말과 같은 결과를 내겠지요. 잔인무도(殘忍無道)한 인간이 너무나 주의 형제자매를 희생시키고 있어요.

고독

주사 떼면서 각혈을 했습니다. 아침에도요. 이것 가져다 여의사에게 주십시오. 오늘 저녁에 누가 계시겠습니까? 효험 있을 때 한번 실수가 여러 날 갑니다. 병간호는 합력해서 병과 싸워 이기는 일이 되겠지요. 그 날은 순녀 '눈'도 한번도 안 나오셨지요? 순남, 금님, 사연, 순녀라고 하신 날이지요. 은자 '눈' 오셨으나 조르시기에 가시도록 했습니다. 저 혼자 모기와 싸우다가 자연 너무 잘잔 셈입니다. 오셔서 그 이튿날 오전 8시 경 되도록 혼자 계셨을 것입니다. 그 안에 애주 '눈' 오셨다가 가셨지만 원망이 아니기를 원합니다. 할 수 있겠습니다. 잠들려고 할 때면 저도 모르게 깜짝깜짝 놀래집니다.

제 4 부
(이현필 선생의 일기)
의인은 믿음으로 살리라

연대 불확실

7월 13일 금요일
일생 중 허송한 기간과 그릇된 관념을 개탄하옵나이다. 경작법(耕作法)의 개량과 농구(農具) 개량을 느낍니다. 편견과 당파심의 제거, 성령을 힘입고, 양심(良心)생활 등.

7월 14일 토요일(바람, 구름)
> 주께서 땅위에서 그 말씀을 이루사 필하시고 끝내시리라 하셨느니라
> (롬 9:28)

인내는 덕의 기초. 지금까지의 생활은 거짓과 사랑이 없는 생활이었나이다. 사랑 없으니 한탄이옵니다. 부절(不絶)히 탄식케 하옵소서. 천사들 보호를 기억케 해주옵소서.

7월 15일 주일(바람)
지도자의 책임이 중합니다. 교회는 그리스도의 지체(肢體).

7월 16일 월요일
> 더러운 이를 도모함으로 하지 말고…(벧전 5:2)
> 더러운 이를 취하려함으로 마땅히 가르치지 아니할 것을 가르쳐 집들을 온통 엎드러지게 하도다(딛 1:10-11)

저는 지조(志操)가 약한 자식이로소이다. 방황치 말게 합소서.

7월 17일 화요일(맑음)
로마서 11:12 말씀에 인색함이 없이 은혜를 베푸시도록 쓰여지이다.

7월 18일 수요일(구름, 바람)
> 내가 복음을 부끄러워하지 아니하노니(롬 1:16)

복음은 모든 믿는 자를 구원하시는 하나님의 능력이시라 하나님의 무한하옵신 능력.

7월 19일 목요일
하나님의 의는 복음에 나타나서 믿음에서 믿음으로 이르게 하시나니 의

인은 믿음으로 살리라.

7월 20일 금요일(비, 맑음)
> 저희 밥상이 변하여 그물과 덫과 걸리는 것과 보응함이 되고 그 눈은 흐려서 보지 못하고 등은 항상 굽을지어다(롬 11:9-10)

주님! 에덴동산 찾아지이다. 본심(本心) 찾아 주소서. 꼭 제 잘못으로 잃었습니다. 생명을 사랑하고 좋은 날 보기를 원하는 자는 마땅히 혀를 금하여 악한 말을 버리며, 그 입으로 궤휼을 말하지 말고.

7월 22일 주일
> 영생은 곧 이것이니 홀로 하나이신 참 하나님을 아옵고 또 보내신 자 예수 그리스도를 암이니이다(요 17:3)

신령과 진리로 예배를 드릴 것, 십자가의 도가 멸망하는 자에게는 미련한 것이나 구원을 얻은 우리에게는 하나님의 권능이 된다. 요행을 바라는 이와 인지(人智)를 신뢰하는 이에게는 미련하지만, 부르심을 받은 사람에게는 그리스도는 하나님의 권능이요 지혜이심.

7월 23일 월요일
오늘은 몇해 전 광주에 공침일(共侵日)이었지요. 주님! 기억케 하옵소서. 하나님을 알 것이 저희 속에 보이는데 이미 하나님께서 저희에게 보이셨느니라.
> 대개 하나님은 어지러운 일의 하나님이 아니시오 화평한 일의 하나님이시니 모든 성도의 교회에서 그러하니라(고전 14:33)

생명의 향기(고후 2:15-17), 하나님과의 화목(고후 5:18-21)

7월 24일 화요일
> 살아난 소년을 인하여 위로를 적지 않게 받더라(행 20:12)

안 죽었을 때보다도 더 위로를 받았습니다. 이제 받는 고난과 나타날 장래 영광을 비교할 수 없음. 우리가 소망으로 구원을 얻었으매 보이는 소망이 아니니 보는 것을 누가 바라리오. 보지 못하는 것을 바라며 참아서 기다릴지니라(롬 8:18-25)

7월 25일 수요일

그리스도의 고난 받으신 마음으로 갑옷을 삼게 하소서(벧전 4:1) 제 사명을 못합니다. 사명은 생명이옵나이다. 잘 사는 것이 사명 잘 하는 일이 되겠습니다. '살으라'는 명령이 곧 생명이올시다. '살으라'는 명령을 받았습니다. 저의 책임과 의무를 알려 주십소서. 감당케 하소서. 직책 즉, 임무를 완수해야 되겠습니다. 완수하지 못하면 인격에 결함이 생기겠습니다. 인격완성을 주소서! 사람 노릇하는 것이 인생의 목적이 되겠나이다.

복음은 모든 믿는 자를 구원하시는 하나님의 능력입니다. 믿는다는 사실은 자기를 포기하는 일, 완전히 타력을 의지하는 일이다. 믿고 행하는 일, 생활, 물질 문제에서 건짐. 참으로 하나님만 신뢰함.

7월 27일 금요일

궤휼이 없는 도(道)의 것으로 차차 자라서 구원에 이름. 내 자랑하는 것을 차라리 죽을지언정 사람이 헛된 데로 돌려 보내지 않게 하려 한다.

7월 30일 월요일

내가 주님의 영을 피하여 어디로 가오리까? 보소서. 내게 큰 고통을 더하신 것은 내게 평안을 주려 하심이로소이다. 주께서 나의 영혼을 사랑하사 멸망의 구덩이에서 건지셨고, 나의 모든 죄는 주의 등뒤에 던지셨나이다. 산자는 주의 진실을 아비가 자식에게 알릴 것입니다.

아버지의 지혜와 세상 지혜, 거짓말 없으신 주님, 주님의 세계와 현실, 누가 능히 하나님의 택하신 백성을 송사하리요? 하나님이 의롭다 하시니 누가 능히 죄로 정하리요? 누가 능히 우리를 그리스도의 사랑에서 끊으리오?

8월 7일 화요일

일 안 해도 양식은 주어야 하며, 품값은 없으나 그날 일은 해야 합니다. 그렇지 않으면 사람은 없고 아버지도 안 계십니다. 일은 자기 걸음걸이입니다.

안 걸어갈 수 없습니다. 아버지 주신 힘으로 걸어가는 것입니다. 이 일하면 밥벌이가 되나 안 되나 금새 치는 것은 천국 일은 아니요, 세상 일도 안 됩니다.

1952年度

4월 14일

　어제부터 柳岩洞에 와 있기로 했습니다 어머니께서 몹시 고적감을 느끼신 까닭입니다. 몸은 늙으시고 병들어 쇠하셔서 견디시기 어려운 고통에도 어머님의 사랑은 추호도 변하심이 없이 도리어 더 융성해져 가십니다. 사람 못된 저의 속 못 차리는 것이 하염없이 슬퍼질 따름입니다. 어머니를 영화롭게 못해 드리는 저 불효자식입니다. O양 저녁에 오셔서 우물집 사람들 교육에 대한 의논했습니다. 이 종, 어서 정욕 벗어나는 자식이 되어야겠습니다. 아버지께 영광돌려야겠습니다.

4월 15일

　C사매님과 양재에 대한 의논을 했습니다. 줄곧 할 수 있는 방도를 강구하시기로 말씀 여쭈었습니다. 도암(道岩) 비료 사드리고 보리 갖다 도암서 나온 이들 먹도록 했으면 합니다. 재뫼 5명 학용기구를 마련해 주어야겠습니다. 방림 열명에게 우물집 십여명에게도 마련해 주어야겠습니다. 진작 준비없는 것을 한(恨)했습니다.

　한 사람만 참 사람이 나온다면 다행천만이겠습니다. 욕심과 편벽 없는 위대한 이가 한 분이라도, 반에 반이라도 나왔으면 합니다.

　E자매님께 대한 기대(期待)가 날로 촉망됩니다. 성녀가 분명해집니다. 날로 뚜렷해집니다. 감사 만만합니다.

4월 16일

　C자매께서 거룩해져가심이 눈에 뜨입니다. 날로 더 겸손하시고 근신하시면 진보가 빠를 것입니다. 저의 부정함이 드러나서 좌절(挫折)시킬까 염려가 됩니다. 지금까지는 아버지께서 감추어 주심으로 덮어지고 발각 안되었습니다. 언제가 되면 외식과 가식 않고, 진상이 드러나도 남을 넘어뜨리지 않는 참 인격이 설까요?

4월 17일

　E자매님의 예모에 감격했습니다. 타고난 이가 아니면 능히 못할 것인

줄 압니다. 양재보다 예모와 신앙을 위해 다니신다고 말씀하셨지만, 과연 신앙 때문이기에 그같이 정성으로 세밀한 주의를 경주하여 책임을 이행하시려 하시는 것이겠지요. 저의 불의스럽고 방자하고 불손한 거동이 황송스러울 뿐입니다.

4월 18일

E. B 두 자매 오셨으므로 흡족히 마음에 있는 말씀을 드렸습니다. 아버지의 지공무사(至公無私)하사 편애가 없으심과, 지인지애(至仁至愛)하시사 무한하신 지혜로우신 섭리를 깨달아 두려워하고 바라는 사람들이 꼭 될 것을 말씀드렸습니다.

R양 개선의 소식을 들었습니다. 순결무후함으로 세상에 두시면 보호를 위탁하실 만한 곳이 없으시므로 부르셨던 것 같습니다. 사람은 죽으러 왔고 고생당하러 왔습니다. 선한 고생 보고 선하게 죽기 위해서입니다. 선한 죽음, 동정(童貞)을 간직하고 죽는 것은 가장 선한 죽음인 줄 믿습니다.

4월 19일

P장로님 세금 관계로 생각이 떠나지 않습니다. 주님의 교훈을 생각합니다. "사람이 사는 것이 가산의 넉넉함에 있지 않다"고. 참으로 하늘 임만 두려워하고 섬긴다면 세금으로 전 재산을 빼앗겨도 잘 살 줄 압니다. 또 관공리들이 하나님을 두려워한다면 불공평한 부과를 하지 않을 것입니다. 공평해야 이 나라가 잘 될 것입니다. 세금 부과의 불공정으로 생활이 안되는 이들이 많으며, 폐업하는 이와 타지방으로 전출하는 이들과 거짓말 신고자들이 속출한다 합니다. 이 나라를 위하여 한번 신고함직한 일인가 생각합니다.

경향신문에 金炳魯(以前 대법원장)의 隨想斷岩을 읽고 감격됩니다. 왜정의 학대받는 억울한 동포들과 암흑면을 들추어 변호하고 반박하고 투쟁하고 위험 탐사하여, 활로를 개척한 일은 인도의 간디에 지지 않을 정도입니다. 아! 하나님께서 이 땅에도 자비를 드리시사, 그런 위대한 인물과 그의 동지 신간회(新幹會)의 간부들과 애국청년 동지를 주신 것입니다. 감사합니다. 정의의 투사들을 끊임없이 이 땅에 일으켜 주옵소서. 지금도 무수한 애국지사들이 있을 줄로 압니다.

4월 20일

간질병 있는 딸의 어머니께서 그 딸을 의탁할까 하고 왔습니다. 밀가루 2되 드려서 가시게 했습니다. 주시고자 하시는 이에게 넘치도록 부어주시는 아버님, 빼앗고자 하시는 자에게서는 있는 것까지 주셨던 것 빼앗아 내시나이다. 미로에서 방황하는 이들에게 길을 지도해 주시옵고, 건물과 양식과 의복과 기구와 물질 금전보다 사랑을 주옵소서. 참 참회를 주옵소서. 저들에게 안식처를 마련해 주옵소서.

병약자들이여! 마음 약한 이들이여! 피란처시요, 요새시요, 굳센 산성(山城)이신 주님! 자비가 풍부하신 주님께로 돌이키소서.

4월 21일

능주서 K장로님 오셨습니다. 죄송했습니다. 과세에 대한 불균형이 장차 사회를 파멸하고 말 것을 말씀드렸습니다. 기독교인들이 진정한 신앙에 입각하여 생활하고 교제하지 않으면 안될 의논 사뢰었습니다. 사회정의를 세우기 위해서 수양할 의논했습니다. 능주서 노인께서 제중원 입원환자 수종들러 오셨다고 말씀하겠습니다.

4월 22일

남원소식 들었습니다. 제 신앙을 재촉하시는 기별(奇別)이신가 합니다. 제가 지금껏 믿지 않은 것을 절감합니다. 주린 종이 주모(主母)의 손을 기다림처럼 제가 주님의 풍부하신 자비의 손을 우러러 바라나이다.

4월 23일

물질 도난보다 마음 도적이 더 큰 손실임을 알아야겠습니다. 집안의 것을 훔친 것이 큰 실수될 것없 지만, 사회를 속이려는 것은 자기 파멸인 동시에 사회에 해독이 여간 큰 것이 아니기 때문입니다.

약대는 통으로 삼키고 갈다귀는 걸러내지 말기를 권면하기 원합니다. 정직해도 행복되고, 정직하고 참되면 행복되고, 정직하고 참되어야만 행복함을 알게 해 주소서. 부정직하면 잘 살고, 정직하고 참되면 못사는 줄 아는 이 세대에서 택함받아서 참만 힘쓰게 되기 소원합니다.

4월 24일

재봉부원들에게 인사를 먼저 배우고 기술 배우고 이기주의를 마음에서 제거할 것을 권유했습니다. S. C양에게는 끊임없이 탄력을 발휘할 것을 말씀드렸습니다. 정직한 사람만이 행복할 것입니다.

참의 위력이여! 모든 일에 성공할 것입니다. 이소성대(以小成大)의 즐거운 이치, 인과의 법칙은 요동할 수 없거니와, 초자연의 성총도 있어 삶을 행복스럽게 누리고 지내옵니다.

4월 25일

우물도 파고 건물들도 수리하고 축사와 헛간도 단청하고, 짐승들도 골고루 기르고, 과목 보통 작물 등도 규모있게 가꾸어 나아가지기를 바랍니다. 특수작물도 보기좋게 가꾸고, 사람들 교육도 바로 잡아가야겠습니다. 생활도 바로 세우고요.

4월 26일

주님을 바로 신앙하고 바로 믿는 이에게 성령내려 주심을 알아야 겠습니다. 성령받지 못하면 허사이겠습니다. 바로 신봉하지 않으면 성령을 알지도 못하겠습니다. 허망하겠습니다. 친구들에게 참 신(神)을 알려야겠습니다.

어떤 것이 사랑인가를 알려주옵소서. 무거운 짐을 가볍게 해주는 일인가 합니다. 짐을 무겁게 만들어 주지 않고, 짐을 무겁게 만들지 않도록 가르치고, 무거운 짐진 자들의 짐을 덜어주는 일이 사랑인가 합니다. 짐을 만드는 것은 정욕의 소치입니다. 정욕 때문에 무거운 짐들을 만듭니다. 내 정욕 때문에 다른 이들에게 무거운 짐거리를 만들어 지우지 말기를 원합니다.

4월 27일

내 짐을 남의 등에 지우고 의례것 할 짓으로 아는 마음 제거케 해 주소서. 이 사회에 내 짐을 남에게 미루는 이 허다한 사건을 교정해야겠습니다.

4월 28일

고양(高陽) 벽제서 지난 화요일에 현(玄)총무님 오신 일 알리는 편지를 오늘 받았습니다. 반가운 소식입니다. 인사들 배우라고 답을 써야겠습니다. 안(安)주교님도 오셨다 합니다. 천주님을 더 잘 섬길 수 있도록 죄인들 위해 기도해 주시기를 권해야겠습니다.

제 부탁은 국어 공부를 힘써하라고 해야겠습니다. 역지사지(易地思之)의 문구를 새로 발견했습니다. 바꿔 생각을 깊이 고루 생각을 넓히 하라신 R선배님의 경귀, 황금같습니다. 동정심이 공평해야겠고 깊어야겠습니다. B자매 蒙召天奇別 들었습니다. 가야 할 준비들이 바쁩니다. 바쳐지는 문제이옵고 받을 것이 문제되지를 않습니다. 어떻게하면 이 몸과 마음 전체를 바쳐 올릴 수 있습니까? 주님께서 사서 바쳐주소서.

4월 29일

원(園)이 주님께 바쳐져야 문제가 해결될 줄 압니다. 이 나라도 아버지께로만 향해진다면 문제가 없습니다. 고르게 나누고, 서로 처지를 바꾸어 생각하여 동정한다면 아무 어려운 문제가 없을 것입니다. 사람들 마음이 주님께 향해지지 않고는 절대 안 풀립니다. 결국은 이 몸과 마음이 온전히 주님께 매수를 당하는 일입니다. 어서 속히 팔려 버려야 겠습니다. 아버지께서 주님께 이 몸을 팔아 주셔야겠습니다. 주님께서는 피로 저를 사주셔야겠습니다. 저는 달게 기쁨으로 팔려 가야겠습니다. 성령의 소개로 매매가 성립되게 하옵소서. 제 마음도 잘 팔려가지게 역사해 주시고, 정결케 하시는 일에 순종케 하옵소서. 그리고 다시 아버지께 기쁘게 돌려지이다. 이제는 변치 말고 영원히 돌려지이다. 아버지 것으로 영원히 순종하고 봉사하고 제사장으로 잘 살게 해 주옵소서. 아멘

5월 1일

S어른께서 요리강령(要理綱領)책을 수녀원에서 쓰시는데도 빌려다 주셨습니다. 새로 사다가 주시려고 했지만 없어서 우선 빌려오셨다는 것입니다. 수녀원서는 사용하시는 책자를 함부로 안 빌려주시는 규칙이지만, 저 때문

에 규칙을 어기고 빌려주셨다고 합니다. 저를 위해 기도해 주시는 분들이 참 많은 것 같습니다. 아시는 이나, 모르시는 분들 중에도 많습니다.

5월 2일
은혜로 사는 저입니다. 선공(善功)이 있기 때문에 사는 것이 아니오라, 거저 주시는 은혜 때문에 잘 살고 있습니다. 제가 잘해서가 아니라 주님께서 지선(至善)하시기 때문입니다.

5월 3일
제게 필요불가결의 것은 아버지께서 더 잘 아시옵고, 빌 필요조차 없이 공급하시옵나이다. 다만 제 마음이 아버지 앞에 바로 서는 일뿐입니다. 아버지와 정상 관련을 맺는 문제 뿐이로소이다. 아버지시여! 저를 어디 두시렵니까. 그 자리로 옮겨 주옵소서. 아버지께서 다 알아서 주실 터이니 저는 구할 필요가 없어졌습니다. 주님께서 빌어 주시므로 저는 삽니다. 마치 태아가 어머니 숨과 영양으로 살듯이요.

5월 4일
죄인을 긍휼히 여겨야겠습니다. 회개에 들어가시기 바랍니다. 시험거리를 물리쳐야겠습니다. 세속이나 쾌락이나 허탄한 말이나 장난보다 만유위에 주님을 사랑하게 해 주옵소서.
갈릴리로 가시던 주님은 제자들을 거기서 만나자고 이르시고 같이 데리시지 않으시고 부활하신 주님은 먼저 가셨습니다. 어디서 저희를 기다리시나이까? 축복의 주님, 먼저 가셔서 기다리시는 주님 뵈옵게 해 주소서. 하루 속히 빨리 가지게 하여 주옵소서.

10월 22일
마음 밝혀 주옵소서. 향로(向路)를 정해 주소서. 캄캄한 저를 이끌어 주옵소서. 제가 갈 길을 진실로 모르나이다. 사랑이 무엇임을 모르겠나이다. 꾸미고 달라지지 않은 사랑을 주옵소서. 무엇을 줄까요. 가르쳐주소서.

10월 23일
간절한 사랑을 요구하옵나이다. 남을 애태우기를 좋아하는 저는 보응을 응당 받아야만 되겠나이다. 아버님 진실로 종이 성령께서 인도하시옵고 가르치시는 대로 나아감으로 연옥(煉獄)을 잘 치루어지이다. 주님과 동거하는 생활을 해서 아버님 나라에 들어가지이다. 아멘

10월 24일
아버님 저의 전체 생각이 주님을 영화롭게 하려는 의도 뿐이어지기를 빕니다.

10월 25일
착실한 마음을 주옵소서. 건성으로 무엇을 하지 말아지이다. 주님, 사람들 주시옴을 감사 올리옵나이다. 주님, 저는 죄인이로소이다.

10월 26일
저의 마음 사로잡아 주소서. 그릇된 행동도요.

10월 27일
교만하지 못하게 해 주십소서. 제 자유를 빼앗으소서.

10월 28일
그리스도의 사랑을 이해 못하는 자식입니다. 필요한 줄조차 모르옵나이다. 그리스도의 사랑이 없는 한, 아무 짓도 못되기 바라옵나이다. 된다면 우상이요 마귀일 뿐이오며, 그리스도를 배반하는 행위요 그릇된 짓이로소이다. 거짓 짓이 되고 말 것이니이다. 남을 속이는 짓이 되겠나이다.

종됨을 깨닫게 하옵신 주님, 모든 사람, 특히 동광원에 계신 분들.. 특히 병약자, 불구하신 분들 무식한 이들, 지혜없으신 분들이 다 저의 상전됨을 깨닫게 하옵소서. 오매불망케 하옵소서.

10월 30일
이미 맺어진 이들을 사랑케 해주십소서. 저만 마음을 고칠 것이면 주님께서 사람 사이를 발려 주시겠사옵나이다. 아멘

11월 1일
주님께서 제게 주신 기쁨은 저들 추수꾼들 기쁨보다 더 하도소이다.

11월 2일

그리스도의 참 사랑을 흠모하옵나이다.

12월 31일

지난 해 깨달은 것: 여행말 것, 짚신 신을 것, 무명베옷 입을 것, 농사일 할 것.

오늘 한 일은 나무 심음. 오늘 못한 일은 농사 일 잘못했습니다.

틈을 내 할 일 열심히. 사랑이 말랐습니다. 사랑을 배울 일, 사랑을 알 일(고전 8:3). 하나님을 사랑하면 하나님의 아신 바 되고 하나님이 가르쳐 주심으로 분열할 수 있습니다.

맞바람이 앞으로 와서 나무순을 호호 불어준다.
어머니 쓰라린 애태움에 곱게곱게 키운 우리거니,
맞바람이 앞으로 와서 저 큰 나무에도 불어준다.
어머니 갸륵하신데 우리가 쓴 놈이 없거니,
준골에는 찬샘이 있어서 시원한데,
일곱 아들이서 어머니를 편케 못할까.
어여쁜 꾀꼬리는 그 소리도 고운데,
일곱 아들이서 어미 마음 먹음을 못 새겨 드릴까.

「유영모(柳永模)선생님 강의 중에서」

1953年度

1월 4일
지금까지 농사 안 지은 죄를 사하소서.

1월 5일
보리밭 밟고 새끼 꼬았습니다. 제가 안 믿는 것 안 믿는 것뿐이옵니다. 지금이라도 믿을 수 밖에 없는 처지에 놓아 주소서.

1월 6일
진실로 믿지 않은 죄인이로소이다. 사업이나 제 자비나 힘과 수단과 지혜와 열심을 믿지 못하도록 천사들로 역사를 비옵나이다. 홀로 영광과 찬미를 받으시기에 합당하시옵나이다.

1월 7일
어렸을 때 소행을 추모하고 부끄러움을 금치 못하겠나이다. 탐심과 안일병을 고쳐주소서. 보리밭 밟았습니다. 주님을 애태운 저이기에 애타오르기는 상사(常事)이지요.

1월 8일
주님의 뜻을 소중히 여기지 않는 저임을 깨닫습니다. 오늘도 어겼습니다. 짚차 초만원됨에도 탔으니까요. 주님 뜻이란 점에서 적고 큰 죄가 없는 줄 아옵나이다. 닭에게 채움을 받았습니다. 그를 멸시했던 저를 찾았습니다. 말로는 개미도 함부로 여길 수 없다고 하면서도, 사람들을 멸시하고 무시하고 천시한 저였습니다.

1월 9일
제가 주님을 찬송케 하옵소서. 다른 분도 제가 주님의 성총으로 사는 자로 보여지이다. 저를 통해서 가까운 이로부터 멀리 있는 이들, 만물, 천사들까지도 찬송을 올릴 수 있는 생활이 되어지이다.

1월 11일
이제야 헛된 꿈 늦게 깨니 게으른 병을 어떻게 하면 고칠까요? 참 고칠

길 없어요.

1월 12일
신앙의 박약을 느낍니다. 형제 사랑이 결여되었습니다. 자립정신이 너무 희박합니다.

1월 13일
어제, 오늘은 누웠습니다. 마음씨 아름다운 형제자매들이여! 주님 마음 상우시지 마옵소서. 다 타버릴까 염려이오니 이 가슴 대신 다 태워버려 주옵소서.

1월 14일
이 영혼 어두워서 몸이 어둡고 주위환경이 어둡삽나이다. 지금 구원 못 얻으면 영원한 천국이 없습니다. 이 세상에서 살았을 때 크신 구원을 믿어야 영생의 부활을 받습니다. 그렇지 않으면 심판의 부활을 받습니다. 저주를 향해가는 생활되지 말지이다. 아버님 축복을 향해 나아가지이다. 아버지를 멸시하지 말아지이다. 불신죄를 또다시 깊이 느끼나이다. 영원히 믿어지이다.

1월 15일
영혼에 대한 자비없는 저였습니다. 베드로 사도님의 무식을 멸시한 자였습니다. 짐승에까지 사람과 만물에게 악독한 저였습니다.

1월 16일
선을 뒤로 미루기만 한 죄, 오늘 못하면 영원히 못할 것임에도 불구하고요.

1월 17일
착한 형제 자매들을 몰라본 종이로소이다. 하나님 아버님과 협동하는 생활. 믿도록만 섭리하시는 주님

1월 18일
주 예수여! 믿을 수밖에 없도록 이 백성 섭리해 주옵소서. 회개할 수밖

에 다른 도리없게 해 주소서. 믿고 의롭게 사는 길밖에 없게 해주소서. 말씀 의지하고 밖에는 살 수 없게 되기 바라나이다. 영생의 길, 영원히 잘 되는 길밖에는 없어지기 비옵나이다.

1월 19일
　교회와 교회의 사명. 하나님의 집이요, 진리의 柱와 基가 됨. 주의 충만으로 세상에서 아버지의 參種智慧를 알림. 날마다 믿음으로 주 예수의 구원을 체험하는 종되어지이다. 아멘

1월 20일
　주님, 과연 제가 교만했고 안 믿었사옵나이다. 주님이시여! 진실로 어떻게 하랍니까? 대답하시되, "내 말대로 하라." 무슨 힘으로요? "나를 의지하라." 깨달음을 주신 이에 대한 의무요, 깨달음 받지 못한 이들께 대한 책임으로 충성껏 말씀해지이다.
　차 안 타는 자가 되어지이다. 아버님 진실로 신앙 문제이옵고, 사업이나 방도 문제가 아니옵나이다. 거룩하신 주님, 믿음을 주장하시사, 온전케 하신 주를 알아 저도 온전케 되고, 제게 듣는 자도 구원케 하여 주옵소서.
　참 양심과 참 신앙의 선후(先後). 어떤게 먼저일까요? 착한 양심이라야 참 믿어지나, 참 믿어야 양심이 구원받는 것이지요. 아버지 권능으로 믿어지이다.

1월 21일
　많은 힘 주시지 않지만 주님 의지할 힘만 주신 것을 감사올리옵나이다. 많은 지혜와 총명은 안 주시오나, 아버지와 주님 그리고 그 은혜를 알만큼만 주시옴을 더 감사하옵나이다.

1월 22일
　제가 무정한 자올시다. 김형 뵈었습니다. 이미 주님과 일체되게 해 주심 믿어지이다. 화목을 주신 주님, 장벽을 헐어 주신 주님, 감사올리옵나이다.

1월 23일
　아버님. 진실로 아버님의 많으신 긍휼을 모르고 사나이다. 믿음이 귀한

것만은 알려주심 감사하옵나이다.

1월 24일

새끼 꼬았습니다. Y양이 자기집에 갈 뜻을 말하였습니다.

1월 25일

Y양이 가고 매우 섭섭하였습니다. 저의 안 믿는 벌이 늘 나타나 보응을 받습니다. 사랑 없는 것은 지옥과 같습니다.

1월 26일

불러내신 증거가 있오? 버림받지 않았다는 증거는? 예수 그리스도께서 말씀하시는 증거는? 말씀에서 세우시고 보호하사 썩지 않는 기업을 있게 하옵소서. 심령이 심히 괴롭습니다. 주님, 주님 가슴은 얼마나 찢어지시옵니까?

1월 27일

아버님 사랑 배우려는 성의와 열을 주소서. 제게 대한 아버님의 사랑 알려주소서. 죄로 죽은 저의 정체를 알려 주소서. 그러시고 저를 얼마나 크신 사랑으로 살려주셨음을 깨닫도록 도우소서. 주님의 희생을 알려주소서. 참으로 주님 사랑 알려주소서. 아멘

1월 28일

남의 마음 태웠으니 이 마음 또한 살라지이다. 영혼을 귀중히 여길 줄을 몰랐습니다. 돌을 들어 자기를 치면 주님께서 제 죄를 담당하여 주시겠습니다. 죄악 세상임이 틀림없습니다. 서로 자기가 옳고 자기파가 옳은 줄만 아니, 참 알 수 없는 노릇일까요. 비둘기같은 자매들이여! 아버님의 내신 바된 이들이여, 영원토록 낮아져서 찬미를 드리소서.

1월 29일

주님! 저에게서 과장을 치워주소서. 아버님과 원수되는 모든 조건을 치워 주소서. 주님! 자랑을 말게 하소서. 자랑거리를 다 치워 주소서. 두신 것은 부끄러움이 되게 하소서. 아버지를 대적하여 높아진 것을 소멸해 주소

서. 자랑치 못하게 하시는 주님을 대항치 말게 하소서.
　은혜를 소멸치 말게 하소서. 제게 우월감이 없게 하소서. 제가 가진 것 중에 주님께 받지 않은 것이 무엇이 있기로 자랑할 것인가요? 동광원과 교회 안에 우월감이 없어지고 시기와 아첨이 없어지이다. 한국 안에 교만이 없어지이다. 세계 중에 우월감과 멸시 적대시하는 것이 없어지이다. 아멘

1월 30일
　음력으로 마지막 가는 그믐날, 일년동안의 저의 편벽을 뉘우치는 기회가 되기 바랍니다. 사람과 사람을 분간도 했거니와 저와 다른 이를 구분했습니다.

1월 31일
　자비로 부자 하나님, 은혜로 풍부하신 이(엡 2:4)

2월 1일
　생명에는 빛이 있고 그 빛은 각각 다름을 깨닫습니다. 아버님! 욕심 때문에 죽고, 춥고, 어둡습니다. 슬픕니다. 욕심이 아니라면 감각적 즐거움은 없으나 평안이 있을 것이로소이다.

2월 2일
　소리 들어 뜻을 볼 일. 가는 소리 붙잡고 소리없는 말뜻 알아 들리도록 살피고 보살피고 파고 또 깊이 파오. 불한당과 되지 말고. 예수는 노동당수 불한당에게 치명상 입은 자들을 구원하시는 주님이십니다. 노동자 못된 것이 한이로소이다. 회개하면 곧 젖과 꿀이 흐르는 가나안 땅으로 들어가련만…

2월 3일
　종일 눕게 해 주셨습니다. 감사하옵나이다. 주님의 뜻을 업신여긴 죄과를 용서해 주소서. 거듭난 자 되어지이다.

2월 4일
　주님의 뜻대로만 움직여 주소서. 죄송하고 두렵사옵나이다. 주님의 간절

하신 뜻을 모르고 함부로 나댄 죄를 사과 올리옵나이다. 하나하나 자립정신을 주시고 참 자립을 주소서. 주님의 은혜만 의지하고 서게 해 주소서. 이 밤이 새기 전에 어서 구원성이 이루어지이다. 심한 풍조에 밀린 사람 다 수용할 수 있는 건전한 피난성이요. 사람의 계획대로 안 됩니다. 혈기인으로서는 만사가 불가능이라고. 책임있게 살아야 할 터인데. 예수의 책임감. 40일 금식과 십자가.

2월 5일

썩은 심령들이 회복되기 전에는 아무 일도 안될 줄 알았습니다. 주님 마음 알려 주소서. 부패한 심령위에 성령을 부으소서.

2월 6일

하나님을 두려워하는 가운데서 자신을 온갖 더러움에서 깨끗하게 하여 주소서. 복종의 서약, 자립생활, 근면, 절제, 예절, 영과 육의 교양에 힘씀. 신용 엄수.

2월 7일

무지, 무정과 몰렴치한 이 세정(世情)을 깊이 보여 주시옵니다. 저의 무지 몰인정을 보여 주소서. 무지 무각하와 형제자매님들을 심히 괴롭혔나이다. 형제자매님들 수고를 아는 동시에 한없는 괴로움과 슬픔 당하신 주님을 기억케 하소서. 부패한 심령들을 어떻게 할 길이 사람에게는 없사옵나이다. 성령과 천사들의 지혜와 능력을 믿게 하소서. 제가 거짓말장이요 무실(無實)한 자임을 깨닫게 하시니 망극 감사하옵니다. 구원받지 않으면 자기가 거짓말장이인 것을 모르겠습니다. 내가 했다는 생각 사라지게 해 주소서. 하늘에서 뜻이 이룸같이 땅에서도 이루어지이다. 이루어졌음을 믿고 살게 하소서.

2월 8일

우주를 경영하시는 바, 아버님께서 하시면 안될 일이 없겠나이다. 믿음으로 되어지이다. 信從케 하옵소서. 원수가 없습니다. 주님이시여! 오늘도 아버님 뜻이 성취되어지이다. 성격이 원만해져 가는 것이 큰 구원인 줄 알려주신 주님, 감사하옵니다. 조급한 성격, 분별없는 성격, 차별없는 성격, 용납 못하는 성격을 고쳐주소서. 명예를 구치 말게 해 주소서. 제 편익을 구하는 자식 안 되게 해 주소서. 병과 가난은 우리를 구원하시려는 섭리의 방법이심을 믿고 잘 참아 견디며 감사로 지내는 것을 생활 신조로 삼습니다. 정절에서 구주가 나타나셨음을 신봉하나이다.

2월 9일
生命이신 주님, 저의 숨은 주님께서 숨어듭니다.

2월 10일
지혜보다 가까이 계신 주님

2월 11일
비천한 자를 위로하시는 주님

2월 12일
주님 섬겨지이다. 신·불신간 신용치 말일. 반드시 확약을 하고 엄수케 할 일.

2월 13일
자초로 미래까지 다 아시는 아버지 손에 위탁하옵나이다.

2월 14일
이 몹쓸 마음 바로 잡아 주소서. 신용 지킬 수 있는 종 삼아 주소서.

2월 15일
아름다운 시간은 나를 해치는 자를 구원하는 시간. 아름다운 시간을 주소서. 불바다에 빠지려는 이를 건지는 심정을 허락하소서. 새민족 만드소서.

2월 16일
채찍으로 뒷발질하시기를 그치지 마소서. 버리신 자식이 아니오면 징계를 거두지 마소서(눅 18:28-30). 생업이 없어 못 살아짐은 아니리다.

2월 17일

무엇이 자기 영혼 구원보다 소중할 것인가?(눅 11:9-13)

회칠한 무덤같은 저울시다. 독창적 소질, 영웅적 인내, 사회적 협동성, 성자적 무명성은 사랑에서 우러나와 발휘하리다.

2월 18일

주님의 영화로운 이름을 빛내기 위해 그저 주신 이 生命을 받아 주소서. 이 생명이 훨훨 불타지이다. 죽은 형편과 산 형편의 차이는 무엇으로 증명할까? 죄와 의로. 세상과 타협하고 안하는 것으로. 마음과 육체의 원대로 하는 것과 하지 않는 것으로 증거됩니다.

2월 19일

이 마음 새롭게 해 주옵소서. 새로 지음받은 자 5명만 알아지이다.

2월 20일

주님의 종 삼으소서. 영과 육을 다 사로잡으소서. 죽도록 평생 사로잡아주소서. 하루라도 1시간 1분 1초라도 버려두지 마소서(요 12:24-25).

2월 21일

교만하지 말아지이다. 다른 이의 의사와 행위를 존경해지이다. 그날일 그날에 이루어지이다. 남녀 함께 다니지 말아지이다.

2월 22일

제 잘못을 항상 남에게 책임 지우는 버릇을 고쳐 주소서. 남은 생을 아버지를 경외하고 참을 사랑케 해주소서. 아버님만 두려워 섬겨지고, 참 사랑을 일삼게 하옵소서.

2월 23일

하나님을 경외하고 신종하며, 구주 예수를 믿으며 좇아 섬기며, 그 계명을 사랑하는 자 되기 소원입니다.

2월 24일

많은 사람을 패하게도 하시며 흥하게도 하시는 주님, 이 땅에서 주님 말씀 이루어지이다. 이 몸에서도 오늘날 이 몸과 마음에 아버지 뜻 거룩히 이루어지이다. 남의 실수를 함부로 책하지 말게 되고 저의 실수 잘 알게 하옵소서. 저의 교만과 거짓을 늘 기억케 하옵소서. 주님께 수종받는 저라는 깨달음 주소서. 떨어진 옷 입혀 주소서. 주여! 헌 누더기 입으나 교만치 않게 하소서. 헌 누더기 사이로 교만과 거짓이 노출되지 않게 하옵소서.

내 주여! 깨어 있는 종은 복이 있으리라. 저는 단지 믿고 따를 것뿐입니다. 전도는 주님이 하시오니 주님이 안하시면 무슨 일이 되오리까? 주님 경외하는 일만 일삼게 되기를 빌어 마지 않게 하옵소서. 맡길 만한 자들에게 맡기셨습니다(눅 19:16-17, 16:11-13).

2월 25일

오늘밤 네 영혼 도로 찾으리니 네 예비한 것이 뉘 것이 되겠느냐(눅 12:20.)? 제 마음 더럽고 간사하고 누추하고 어둡고 캄캄합니다.

2월 26일

에누리 없이 신앙케 해주소서. 죽을 병이 아니라 아버지 영광을 위하는 병, 주님으로 영광을 얻으시게 하는 병든 자매들(요 11:4).

2월 27일

불사불멸의 예수 그리스도의 이름 밑에 사나 죽으나 같이하여지이다. 주님, 급한 일부터 주님 뜻에 합의하신 대로 이루어 주소서. 천상천하에 오직 하나만 되신 이여! 날마다 주님 뜻대로만.

2월 28일

저는 저의 행한 일에 상당한 보응을 받사오니 당연하거니와 주님은 애매하게 고난을 받으셨으니 고난받은 자를 능히 도우시겠습니다. 주여, 나라에 임하실 때 저를 생각하소서. 있는 것의 절반을 가난한 자에게 주고 남의 것 토색한 것은 4배나 갚게 해 주옵소서. 남의 도움과 토색으로만 산 죄인이로소이다. 갚을 여지도 없는 죄인이로소이다. 날마다 구원 얻을 자를 더하옵소서. 저 하나 바로 되는 데에 천하사(天下事)가 달렸음을 명심케 하소서. 저를 잊으면 천하를 얻어도 소용 없사옵고, 저를 구원코자 하면 잃을 것이오며, 주님께 자기를 맡기면 얻겠나이다.

3월 1일

주여! 제 영혼 밝혀 주소서. 작은 일에 충성한 자 되고 싶게 하옵소서. 이 마음 맑아서 주님 마음 비춰지이다.

3월 2일

간교하고 제 편만 생각하는 마음을 쳐서 물리쳐 주옵소서. 사람의 간교한 생각과 계교와 획책은 여지없게 하시옵고, 주님의 거룩하신 뜻만 이루소서. 아버지를 사랑하고 그 뜻대로 행하는 자에게는 모든 것이 합력해서 지선(至善)을 이루나이다. 정의의 뜻과 그 뜻에 순종하는 자기 희생으로만 잘 되어질 것입니다. 그렇지 않으면 길이 막히거나 무너지거나 형벌이 있습니다. 국가나 사회나 가정이나 개인을 막론하고 교회라도 원망 들으신 주님 본받게 하소서(눅 15). 주님 피 받아 삽니다. 아버지 피 받아 생겼습니다. 주님 뜻대로만 이끄소서.

3월 3일

제 마음 지켜 주소서. 주님 앞에 깨어 있지 못했나이다. 주님께 대한 예배와 가난한 자의 구제 영혼 구원이 시급합니다.

3월 4일

너희가 만일 불의한 재물에 충성치 아니하면 누가 참된 것으로 너희에게 맡기겠느냐? 주님, 참 충성을 주소서. 저는 불의의 종이로소이다. 거짓종입니다. 사탄의 종입니다. 참으로 선하신 주님의 종, 의의 종 삼아주소서. 범죄자들을 구원하게 하소서. 국법을 범한 이를 구원케 하소서. 단체 법을 범한 이, 사회법을 도덕을 범한 이들을 구원해 주소서. 주님만이 구주로소이다.

3월 5일

오직 너희는 원수를 사랑하고 선대하며 아무 것도 바라지 말고 빌리라(눅 6:35)

의인들의 기도로 이 죄인 깨닫습니다.

그는 은혜를 모르는 자와 악한 자에게도 인자로우시니라 너희 아버지
의 자비하심같이 너희도 자비하라(눅 6:35)

3월 6일
비판치 말라 비판을 받지 않을 것이요 정죄하지 말라 너희가 정죄를
받지 않을 것이요 용서하라 너희가 용서를 받을 것이라

미움과 싸움과 도적질이 지양할 수 있는 그리스도의 이름, 사랑과 희생의 활동이 개시되는 주님.

3월 7일
죄를 피해 주소서. 안된 자식이옵나이다. 주님, 지시해 주소서. 선대하는 자를 선대하며 받기를 바라고 빌리면.

3월 8일
제 자신을 선처하는 자 되어지이다.
형제의 눈속에 티는 보고 네 눈속에 있는 들보는 깨닫지 못하느냐
(눅 6:42)

3월 9일
주초 없는 건물은 무너지겠습니다(눅 6:46-49).

3월 10일
주여! 주여! 하면서 나 말하는 것은 행치 아니하느냐(눅 6:46)

과연 주님 어떻게 말씀을 하시고 어떻게 사셨습니까? 어떻게 생각하셨습니까? 이 종도 주님 닮아지이다. 언행심사에 있어서요. 저에게 깨끗과 사랑이 없습니다. 공의와 뜨거운 사랑, 안팎성을 쌓겠습니다.

주님 은혜 힘입어서 성령의 동정을 수호하는 성과 바깥 생활보장의 성 육신 생활의 공포를 방어하는 튼튼한 성곽을 세우게 하옵소서. 지금까지 구원해 주신 크신 능력과 사랑과 지혜를 믿습니다. 더 담대케 하소서. 굳게 세워주소서. 신앙으로 활발히 서게 도우소서. 주님을 크게 자랑케 하소서. 길이 찬송케 하옵소서.

3월 11일

주님, 청년 남녀 및 노년들까지 음란을 멀리하게 하시고 피하게 하시고, 주님 성총안에 보호받게 하옵소서. 음(淫)에서 구원받아지기 소원하나이다. 밝게 살면 잘 피할 줄 믿나이다. 철저한 기도로 적당한 운동과 금식으로도 주님 사랑케 하시고 동정을 진실로 사랑케 해주소서.

3월 12일

주님을 무시하는 종입니다. 또다시 그같이 안 되기만 빕니다.

3월 13일

날마다 구원의 길로 행보케 하소서. 크신 구원 생명의 길로. 믿음이 크옵고, 사업이 큰 것이 아니옵나이다. 믿음으로 되어진 사업이면 완전하겠나이다. 제가 먼저 죄에 대하여 승리를 원하옵니다. 죄에서 해방을 원하옵니다. 구원을 바라옵니다.

3월 14일

무자비한 자식입니다. 저는 더럽습니다. 간사스럽습니다. 아버지 체험케 하옵소서. 알아지이다. 시간마다 만나지이다. 주님 이름만이 죄악에서 인생을 구원하옵나이다. 거룩히 여겨지이다. 주님 이름만이 병에서 인생을 구하옵나이다. 높임받으시이다. 주님 이름만이 인간을 불행에서 구원하옵나이다. 영화로와지이다. 모든 비애, 모든 고민, 불안, 불평에서 건지시는 주님. 영화로우신 이름 깨끗함을 받아지이다. 주님 이름 바로 부를 때 구원이 있나이다. 어디서나 무슨 일이고 어디서나 무슨 생각이고 무슨 어려운 일이라도요.

3월 15일

죄에서 해방시키신 주님, 저는 믿기 때문에 구원받은 것이 아니오라 구원받은 바도 다 믿어지지 않고 있사옵나이다. 진실로 황송한 죄인이로소이다. 구원을 알려 하게 천사들로 역사해 주시옵고 은혜만 깨달으려 힘써지게 하옵소서. 은혜를 간직할 생각이나 보답할 생각, 보답하려는 행위까지 주옵소서. 죽여 주소서. 주여!

3월 16일

크고 영화로우신 이름 때문에 이 종을 죄에서 건져 주옵소서. 인간들의 악에서 구속하시옵나이다(눅 6:22).

3월 17일

영생을 주시기로 작정된 자는 다 믿더라. 환난의 날에 나를 부르라. 내가 구원하리니 구원의 노래를 높이 부르는 자 되게 하옵소서.

3월 18일

욥의 인내를 기억케 해 주소서. 교회의 덕을 세우게 하소서. 첫째 아버님을 두려워하게 하시고, 둘째는 공평케 하시고, 셋째는 주님과 하나되게 해 주소서.

3월 21일

죄인의 구주시요 생명의 주인되신 이여! 이 종이 스스로 죄인됨만 깨달음 주옵소서. 시시각각 제가 죄인임을 잊지 못하게 하소서. 주님은 죄에서 저를 건져 생명의 바다로 옮기시는 분이심을 깨달음 주옵소서. 죄인들에게 이 두 가지 곧 제가 죄인됨과, 주님은 구주심을 알려주옵소서. 저와 주님은 이 두 가지를 세상에서 알리는 일만 해지기 소원올리나이다. 죄인이었지만 구원하신 주님, 불쌍히 여기신 주님, 사랑하신 주님을 알려지이다.

어느 집에 들어가던지 먼저 말하되 이 집이 평안할지어라 하라

(눅 10:5)

3월 22일

주님 저주에 스스로 매인 종들을 풀어 주소서. 악하고 게으르고 무익한 종이 되지 말아지이다. 핑계와 변명과 탓과 원망이 없어지이다.

3월 23일

주님 제가 믿음없이 나댔음으로 다른 형제 자매들도 믿음없이 요동받습니다. 제가 욕심장이로서 탐심을 가리우고 살기 때문에 형제 자매들도 사랑없이 삽니다. 이 동포애가 진정으로 없는 자식, 거짓 사랑으로 살지 않아야만 이 강산이 좀 밝아지겠나이다. 아버지, 동포애가 아주 끊어졌습니다.

이 종과 같이 하는 형제 자매들의 죄와, 국민의 죄와, 이 국가 관공리의 죄를 사하소서. 죄에서 먼저 구원받는 백성이 되고 싶어하게 해 주옵소서. 그리스도의 이름으로. 아멘

3월 24일

궁핍함에서 불의와 타협하지 않고 살 수 있도록 도우시며, 풍부에서 아버지를 떠나 살지 않게 해 주옵소서. 풍부한 가운데서도 궁핍을 즐기게 해 주옵소서. 궁핍한 생활을 더 잘하도록 도우소서. 궁핍 중에서 도적질 않고 불의를 꾀하지 않고 풍성을 결코 사모하지 않게 하옵소서. 도적 안되게 하소서(딛 2:11-14).

저 하나 죄인이기 때문에 이 백성이 어둡습니다. 저만 밝아진다면야 다른 분들이야 얼마나 밝아질 것인지요? 아버지, 항상 저 밝혀주심 받아지이다. 제가 경성하지 못했사오며 제가 도적이요 강도며, 제가 거짓 착한 자이오며, 애족심이 없는 자이옵고, 이기심이 가득한 자이심을 깨닫사옵나이다. 제가 신종하며 형제 자매들의 신종을 바라는 것이 아버님 뜻 순종임을 알려주시옵나이다. 제 뜻에 순종키를 바라지 말고 아버지 뜻에 순종을 발하게 해 주옵소서. 먹이시던지, 입히시던지, 굶기시던지, 헐벗기시던지, 걱정 없게 하여 주옵소서.

3월 25일

> 내가 진실로 진실로 너희에게 이르노니 한 알의 밀이 땅에 떨어져 죽지 아니하면 한알 그대로 있고 죽으면 많은 열매를 맺느니라
> (요 12:24)

이 땅위에 아버님 뜻이 오늘도 이루어지나이다. 제 뜻대로 마시고 아버지 뜻대로 이루어지이다.

3월 27일

경외하심으로 저와 및 저와 같이하는 형제 자매들이 지배받게 하옵소서.

3월 28일

주님, 사람들이 저를 의지하지 않고 아버님과 주님과 성령을 의지하게 해 주옵소서. 저는 늘 실수만 하는 죄인입니다. 이것을 바르게 해 주옵소서.

3월 29일

주님 경외하는 일만 일삼기 소원하옵니다. 끊임없이 주님 공경하게 하여 주옵소서.

3월 30일

금년도 삼월은 명일로써 그칩니다. 사분의 일이 갑니다. 주여, 보람있는 생활을 주소서. 십자가를 지워 주소서.

4월 2일

보람있는 생은 어떻습니까? 성령께서 저의 연약함을 도우시나이다. 육신이 연약하여 할 수 없는 것을 성령께서는 하시옵니다.

4월 3일

악에게 둘러싸인 저를 붙드옵소서. 저는 할 수 없습니다.

4월 4일

주여! 할 수 없는 죄의 종입니다. 불쌍히 여기사 건져주소서.

4월 5일

> 죄가 너희를 주관치 못하리니 이는 너희가 법 아래 있지 아니하고 은혜 아래 있음이라(롬 6:14)

주여, 살아 계신 주여.

4월 6일

저주의 자식입니다. 두렵고 떨릴 것 뿐이로소이다.

4월 7일

정욕적임을 깨닫습니다. 완전히 주님 전에 바치옵니다. 아버지 영광을 위해서 주님만 오로지 사랑하여지이다.

4월 8일

주님, 이 백성의 살 길을 열어주소서.

> 생베 조각을 낡은 옷에 붙이는 자가 없나니(막 3:21)

4월 9일
　이 죄인을 사르소서. 멸망받을 자식입니다. 하나님 은혜에 부탁하옵나이다. 제 죄인의 얼이 형제 자매들께 비치지 않게 하옵소서.

4월 10일
　완전히 깨지 못한 연고로 사고가 연발했습니다.

4월 12일
　주님, 제 마음의 도적을 멸하소서. 산중 도적보다 강한 도적입니다.

4월 13일
　주님, 진실로 감사를 올리옵나이다. 사죄하시는 주님, 축산이란 신자라면 손해 뿐입니다. 애당초 유익보려는 것이 손해당할 원인임을 알았습니다.

4월 14일
　주님, 간사한 종입니다. 평토장한 무덤이로소이다. 세리와 죄인, 중풍환자, 제자들 금식 않음으로 한편 손 마른 사람 때문입니다(막 2:3).

4월 15일
　아버지, 품삯을 아버님 앞에 생각하지 말고 일하게 해 주옵소서.

4월 17일
　성령을 순종할 수 있는 종 삼아 주소서.

4월 18일
　정의는 하나님 아버님의 힘.

4월 19일
　거룩을 개에게 판 부끄러움.

4월 21일
　무조건인 사랑을 알 일.

4월 22일
　저의 약함을 자복합니다.

4월 23일
도는 오직 세밀하고 인심은 오직 위태하니, 마땅히 그 가운데를 잡을지니라. 주님 뜻 알아지이다.

4월 24일
내 속 곧 내 육신에 선한 것이 거하지 아니하는 줄을 아노니.

4월 25일
주님! 사욕에 늘 들리는 분한 죄를 사하소서.

4월 26일
주님의 기뻐하시는 뜻을 살펴지이다.

4월 27일
주님 슬프시게 않는 자가 되어지이다.

4월 29일
죄를 정하러 오시지 않고 구원하러 오신 주님이십니다.

4월 30일
금년도 삼분지 일이 지나갔습니다. 저는 죄 안 지을래야 안 지을 수 없고, 약하고 천한 것만 기억해지이다. 범죄자를 무시할 수 없습니다. 주님 믿음으로 죄에서 벗어나지이다.

5월 5일
주님이 한없이 그리워지이다. 땅위의 것은 그 무엇이나 싫어지고요. 주님 나라에 임하실 때 잊지 마소서.

5월 7일
죽을 때와 심판 때가 시시각각 닥쳐옵나이다.

5월 6일
주님 찌르던 가시.

5월 8일

하나님께서는 백성의 두목된 자를 마음 쓰십니다(요 11:50). 아버님, 무서운 것은 결핵이 아니옵고 영혼입니다. 수술을 요하는 것은 영혼이옵고 폐장이 아닙니다. 무서운 것은 결핵균이 아니옵고 죄의 씨올시다. 방지해야 할 것은 죄의 전파입니다. 진정한 행복과 자유와 평화는 맑은 영혼에서입니다. 주여! 더럽고 간사하고 음란한 저를 고쳐 주소서. 편벽된 저를 나누어 주소서. 주의 이름으로 비옵니다. 빌만한 공로가 추호도 없습니다. 정의(正義)의 길로 인도해 주소서.

5월 11일

주님, 이 종을 거룩한 지경으로 끌어가 주소서. 아버님의 선물은 예수님 인격과 신격이시옵나이다(요 4:10).

5월 12일

주여! 이 죄인을 씻기소서. 할 수 없는 죄인입니다.

5월 13일

필요를 채워 주시는 주님이시옵니다.

5월 14일

음식으로써 형체를 엎드러치지 말게 해 주옵소서(눅 10:30). 선한 사마리아인이 되어지이다. 자비를 베푼 자니이다. 정조를 지켜주소서. 죄에서 저를 지키시고 건져 주옵소서.

5월 18일

영(零)에 시작하여지이다. 깨끗한 이성적 감정에서 출발되어지이다.

5월 19일

주님을 거룩히 따라지이다.

5월 20일

범죄치 않으려함으로 더 시험은 강해질른지는 모르지만 그리스도의 사랑에 매일 것입니다.

5월 21일

주님을 드러내고 저를 행여라도 나타내지 마소서. 주님의 은총을 드러내고 저를 드러내지 마소서. 주님을 구주라 증거하고 저를 전하지 마소서. 주님은 와 보라십니다. 제게는 오지 말고 주님께 가게 하소서. 듣는 데 칭찬은 책망이요. 듣는 데 책망은 사랑으로 알게 하소서. 주님은 의보다 사랑을 더 하시옵니다. 제게는 의를 중히 가하소서. 다른 이들에게는 사랑을 더 가하소서. 주님의 뜻대로 하소서.

5월 22일

탐심을 물리쳐 주소서(눅 12:13-21)

5월 25일

기초를 잘 세웁시다.

5월 26일

오른 뺨을 치는 자에게 왼편까지 돌려대는 자가 되어지이다. 가져간 자에게 다시 달라지 말게 하여 주소서. 빌려간 자 대해서도 다시 생각말게 하여 주옵소서.

믿은 이에게 복이 있도다(눅 1:39-45). 비천한 자를 높이셨고(눅 1:46-56), 혀가 풀리고 말을 하며 하나님을 찬송하니(눅 1:57).

5월 27일

승리하신 주님을 믿어지이다.

5월 28일

주님의 뜻, 예언하는 생활(눅 1:67-80). 예언자가 자국(自國)에서 환영받지 못함(눅 4:24).

5월 29일

용납을 안해 줌(눅 2:1-7).

5월 31일

자기를 천히 보는 지혜.

6월 3일

예수를 경험하는 생활(눅 2:40-52), 개인 중심에서 예수를 찾아가는 생활(눅 2:41-51).

6월 4일

주님이 성장하는 생활. 개인 중심에서 가정에서 사회에서 하나님의 말씀(눅 3:1-6), 회개에 합당한 열매(눅 3:7-17), 좋은 소식과 책망(눅 18-19), 하나님께서 사랑하시는 아들(눅 21-38).

6월 5일

제게는 그리스도의 형상이 없습니다.

6월 6일

무엇으로 감사의 표시를 하오리까?

6월 7일

주님, 이곳 떠나면 좋겠습니까? 승리하신 주님을 믿게 하소서. 주님의 승리가 곧 저의 승리로소이다. 다 주님을 떠나나 저만은 못 떠나지기 소원하옵나이다.

6월 8일

돈을 탐하거나 여자를, 젊은 여인을 즐기지 말아지이다. 음식을 탐하고 술을 즐기는 자 되지 말아지이다. 주님 받으신 비방만은 저도 듣게하여 주옵소서. 사람 안에 하나님 계시면 얼마나 두려울까요? 예수 안에는 하나님이 계셨지요. 믿는 자 안에도 계신다 하셨지요. 그러면 제 안에도 계시지요. 주여, 두렵습니다. 하나님 모신 이몸 제가 쓰지 않게 하옵소서. 아버지 모셨으면 어디나 천국이지요. 저는 천국 살러 갑니다. 천국을 지금 삽니다. 지금 여기서부터 천국을 살아갑니다. 영원한 천국을 살고 갑니다. 어디서나 영원한 천국 생활이옵니다. 저를 평안히 죄에서 소망으로 놓아 주심이로소이다(눅 3:29-32). 주재여, 저를 평안히 놓아 주시옵나이다. 사업에서, 친구에게서, 건강, 사회에서 버림받고 쫓겨날지언정 주님 떠날 수 없습니다.

6월 9일

믿노라 말만 했고 믿지 않은 30년 흐른 세월 아까워 설워합니다. 이제라도 한 줄기 빛으로 비추사 이 종으로도 믿음있게 하여 주소서.

6월 10일

육체를 생각지 말고 영혼 깰 것과 영혼의 지혜와 능력 얻고 저항과 오로지 아버님의 영광만을 위해지이다.

6월 11일

내가 다른 동네에서도 하나님의 나라 복음을 전하여야 하리니 나는 이 일로 보내심을 입었노라(눅 4:44).

6월 12일

내 영혼이 주를 찬양하며 내 마음이 하나님 내 구주를 기뻐하였음은 저같이 천한 자를 돌아보셨음이니다.

6월 15일

범사를 주님 전에 맡거지게 제 마음을 주장하옵소서. 주님 기도도 아버님께 맡기심이오며(눅 5:16), 레위의 모든 것을 버리고 주님을 좇음도 아버지께 모든 것 다 맡김입니다(눅 5:28).

6월 21일

크신 구원은 아버님의 지혜와 사랑으로만 되어집니다. 전혀 저의 소원에서 나오는 것도 아니오며, 소원까지도 주시고 소원한 바를 이루어 주심도 주님의 권능과 선하신 의지에 기인(基因)하옵신 바로소이다.

6월 22일

순종하고 싶은 마음 주소서. 우주에는 많은 소리가 있습니다. 나는 소리, 긴 소리, 가는 소리, 그치는 소리가 있습니다.

순종케 하소서. 주님께서 강력히 저를 붙드시나이다. 별도리가 없기까지 하시나이다. 감사 망극하나이다. 저에게 진정한 자유와 해방을 주시나이다. 정에서 멀리 떠나게 하옵소서. 주님만 온전히 진작 사랑케 하옵소서. 주님 멀리 멀리 정화에서 옮겨 가옵소서. 사(邪)에서 참으로 떠나지기 소원케 하옵소서.

6월 23일
욕심없는 곳이 천국입니다. 성령으로 의로운 곳이올시다.

6월 28일
되어야 되는 것을 알려주시옵니다. 감사하옵나이다. 뭘하며 쉬지요. 밤 생활하게 하소서. 남 살고 저 살아지이다. 저 먼저 살라면 남 못 살립니다. 영의 세계는 남 살리는 것이 제가 사는 것이옵나이다. 영의 세계는 제가 먼저 살아야 남을 살립니다. 육으로는 남 먼저 살리는 것이 제가 사는 것인가 합니다. 제 육을 죽이면 영이 살고, 남을 살라면 제 영도 삽니다. 영이 살고 다른 이의 육이 살고.

6월 29일
내일이면 금년도 반 지납니다. 어리석은 저는 취생몽사하는 자일 뿐입니다. 정망없이 길을 떠나봤지만, 하나님의 나라를 무엇으로 비유할꼬(눅 13:18-21).

6월 30일
고생끝에 성공, 고생끝에 즐거움, 고생 끝에 삶, 고생이 영광입니다. 화초를 재배하는 고생과 즐거움, 사랑있는 곳에 줄 물건이 있습니다. . 고생없는 수확은 즐거움이 없습니다. 좁은 문을 통과해야 구원의 즐거움이 있습니다. 십자가를 지는 즐거움이 있습니다.

7월 1일
신령한 진리로 호위하신 주님, 웅덩이로 빠져 들어가는 저를 건져 주옵소서. 인생의 황혼 길에 선 저를 비추어 주소서. 하늘 아버지의 사랑이심을 믿게 하소서.

7월 5일
하나님이여! 불쌍히 여기옵소서. 저는 죄인이로소이다. 스스로 의롭다고 믿지 말지어다. 스스로 낮추는 자가 되어지이다. 어린이에게 주시는 천국. 바라지 않고 빌리는 자, 바라지 않고 바치는 자, 무사기한 자로소이다. 농사 짓는 이들을 위해 일할 마음 주신 주님, 감사하옵나이다.

7월 8일

여자들을 멀리할 것. 여자 지도를 말것. 식사대접 받지 말것. 접근케 말 것. 책임 미완수는 죽은 셈 치고.

7월 16일

부녀자들과 멀리할 것을 재확인하고 방법을 궁구함.

7월 17일

역사는 쉬지 않고 진행합니다. 내 영혼은 더 빨리 달리기를 소원하옵나 이다. 부활하신 영광의 주님처럼. 어린아이들 만져주심 바랍니다.

1960年度

11월 6일

　사람은 배불리 먹을수록 감사가 없고, 잘 입을수록 허영심만 생기고, 자랄수록 시기, 욕심, 사치, 능청스러움, 간사함, 음란만 자라는 것입니다. 날마다 나아가기를 힘쓰지 않으면 떨어지기 쉽고 사람축에 들 수가 없을 것이므로 날마다 십자가를 지고 따르라 하셨겠지…. 그렇지 않으면 주님과는 상관 없으시다고. 「飢寒에 發進心」(굶주림 속에서 도심이 난다)이라고. 어찌 그리 마음 움직임의 철칙인고…. 조금만 편하면 욕망으로 흩어지는 마음!

11월 7일

　정원장님이 오셨습니다. 무등산 나무꾼들의 굶주림을 보충코자 빵을 만들게 해주시라고 부탁했습니다. 최목사님, 홍종우장로님, 김석환씨를 김준호씨가 찾아보고 오셨습니다. 전도관서 오신 송집사댁과 방림 밭집 노인댁, 진노인댁, 문재척댁, 이영운씨댁에 밀가루 분배해 드리게 했습니다. 성홍기씨와 박갑주장로댁에도 밀가루 드리게 했습니다. 도암에 갔던 금란양이 돌아왔습니다. 민장숙양이 왔습니다. 제가 서울을 가야될지 모르겠습니다. 농지 분배 사업과 겨울 봄 동안 극빈자를 위한 급식소와, 우상 박멸운동 등 할 일이 있고, 교육문제, 사회개선문제도 있으나, 제 문제가 제일 중대한 급선무입니다.

　주님, 이 나라를 바로 잡아 주소서. 이 마음 바로 잡아주소서. 이 마음 바로 잡아주시고 주님은 생명의 떡이 되심을 믿습니다만 인간의 구주이시요, 돌보아주시는 충실하신 종이시요 바쁘신 주님, 자진하여 주님 받들어 드리기를 소원하는 자만 받아 쓰옵소서. 주님의 종되기 열원(熱願)하는 자들만 받아주소서.

　병든 뒤에 도와주는 이보다 병 나기 전에 도와주는 것이 얼마나 쉽고 효과적일까요? 적극적으로 도와주어 갱생하게 함이 마땅한 노릇입니다. 함께 상담할 일을 상담없이 폐기하는 이와는 아무 일도 상담 못할 것입니다.

더구나 자기가 간청해서 주선하는 일에 대해서 자기 편에서 유익없다고 해서 말없이 작파하는 이하고는!

보성 나목사님이 보내온 청년에게 말했습니다. 신앙과 진리생활에 대해서만 이야기할 이시고 무슨 이상을 실현하는 작정을 세울 수는 없는 분으로 압니다. 종교가들은 대개 그렇지 않은가 싶습니다.

주님! 제 생각이 틀렸으면 교정해 주옵소서. 제 생각이 주님 기쁘시게 하는 일이 된다면 주님께서 제 영혼을 구원해 주신 산 사실입니다. 제 생각이 주님 싫으신 일이 된다면 저는 아직 구원받지 못했나이다. 산상보훈이 실행된다면 저는 구원 받았나이다.

만혼과 출산 감하의 필요성, 신앙으로 독거생활을 장려, 교육가, 사회학자, 과학자 양성, 예술 체육가도. 산지 개발과 산림육성 등을 할 일입니다.

옷뜰의 동록씨를 아시는 분이 감을 다섯개 사 보내 주시고 만나지는 않고 가셨다 합니다. 천자 자매 오셔서 북동 신부님을 만날 수 있는 날과 시간을 알아서 제중원으로 연락하도록 전했습니다. 제가 하는 일이나 하려고 하는 일에 강복(축복)을 구하겠습니다. 주님 기뻐하시는 일만 할 수 있고 주님을 기쁘시게 할 일만 하게 해 주시도록입니다.

11월 9일 (흐림)

어제 빵 배급하는데 은혜스럽던 이야기를 들었습니다. 참 감사하신 주님의 사랑과 계시였음을 느꼈습니다. 예명이 다가오는 느낌입니다. 제중원과 기타 몇 분을 방문하는 것이 어떨까했으나, 어제 저녁 주님 보호와 저의 정성 부족을 생각하니 용기를 얻었습니다. 이발기구를 사다가 이발하려다가 빌려왔기 때문에 그것으로 이발은 했지만 기분은 안 좋습니다. '칠석' 교인이었던 자매가 찾아오셔서 서부 교회로 오신 일과 함께 오신 곽순덕 집사님을 소개하셨습니다. 자기는 이삭순이라 부르고 서동 12반 99번지에 계신다 하셨고, 조동록씨 사정을 자상하게 말씀해 주셨습니다.

제중원에는 못가고 말았습니다. 저의 영혼 문제가 더 큰일이라 생각됩니다. 나병에 걸렸던 자매의 일과 무등산 나무꾼들 구호문제도 심중하지만 먼저 제 영혼이 밝아져야겠다는 생각을 주셨습니다. 서울 가는 문제보다 더 급합니다. 제 영혼이 밝아져야 밝은 처사를 할 것이기 때문입니다. 북동 신부님께서 내일 오전 10시경에 오시겠다 하셨으나 제가 갈 터이니 오시지 않도록 연락케 했습니다.

오늘도 빵 공급이 은혜스러웠다는 말씀 들었습니다. 65세나 되신 노파께서 매일 나무를 해다 팔아 생계를 유지하시는 형편 이야기도 들었습니다. 어떤 청년이 여자를 산으로 끌고 가려 하는 광경도 보았다는 이야기도 듣고 풍기문제가 큰 것을 깨달았습니다. 아울러 해결해야 할 문제들인 줄 압니다.

11월 10일 (맑음)

저 영혼이 먼저 구원받아야 되겠습니다. 어젯밤 늦도록 톨스토이 작품인 '부활' 두 편을 다 읽었습니다. 오늘 우리 국내 사정과 그 시대 러시아 사정이 똑같다고 생각됩니다. 관공리나 종교가들이나 일반 인민들의 하는 처사가 방불하다고 생각됩니다. 혁명 직전의 형편입니다.

지금 종교가들은 눈이 멀었습니다. 의식에만 치중하고 민중을 구할 줄 모르고 있습니다. 관공리는 뇌물만 탐하고, 권력과 돈을 가진 이들은 더 사치 향락하고 거만하고, 일반 민중은 생활고에 허덕이며 서로 쟁탈, 압박, 증오 뿐입니다.

어제 저녁에 장평교회 전도사께서 반신 불수가 된 형제를 데리고 왔다고 합니다. 백십자원 총무와 목사님이 소개해서라고 합니다. 그 분들은 여유를 충분히 지니면서도 사회를 이렇게 방관만하는 모양입니다. 자기들의 영혼이 못 깨인 소치인 줄 압니다. 저의 영혼도 어서 깨어야 할 필요를 더 심각히 느꼈습니다.

나병자였던 자매에게서 편지가 왔다고 해서 그렇지 않아도 최선을 다하고 있는데 무슨 편지일까 했지만, 듣고 보니 항상 주의 대전에 꿇어앉고 싶다는 내용입니다. 편지 않으신 것보다 저에게 훨씬 정신을 차리게 해 주었습니다.

북동 신부님이 정 오신다면 미사와 강복을 받기 위해서 열시 이내에 은연씨를 북동으로 보내 보았습니다. 제가 먼저 주님께 온전히 사로잡혀 붙들리지 않으면 안 되겠기 때문입니다.

제 자유가 바늘만큼이라도 없어져야겠습니다. 제 인격이 닦아져서 빛을 발하려면 아버지의 완전하신 것처럼 저도 완전해져야겠습니다. 주님께 붙잡혀야만 인격에 변화가 오겠습니다.

11월 11일

광주에서 나환자였던 자매님을 위해서, 제중원에 부탁해서 주민들을 이해시키도록 했습니다. 나병균이 사멸되었다고 전문 의사가 증명한 분을 꺼리는 일이 없기를 원합니다. 결핵환자들도 격리 치료케 못하는 형편에 보기 흉하다 해서 사람을 못 살게 하는 것은 부당해서입니다. 북동 천주교 신부님을 찾아 뵈었습니다. 주님을 기쁘시게 하는 일만 되기 원합니다.

11월 12일

서울 도착해서 아현동에 들러서 영희양과 그 밖의 여러분들에게 연락하도록 부탁하고 능곡으로 들어갔습니다. 능곡의 여러 사람은 다 성총 속에 지내고 있었습니다. 저녁에 '먼지 나 자신이 되기 전에는 아무 것도 안 된다'는 것을 깨달았습니다.

11월 13일

새벽 일찍 나와서 서울역에서 정귀식과 금임양을 만났습니다. 영희양과 계명산으로 들어갔습니다. 계명산 식구도 다 잘 지내고 있습니다.

11월 14일

새벽에 서울로 나와서 이리로 향했습니다. 영희양께 들러서 영희양이 모든 일을 청산하기로 하면 다시 서울로 가기로 했습니다.

11월 15일

새벽 1시 49분 일차로 영등포에서 내려 신앙촌의 순갑, 순녀 자매집에 들렀습니다.

11월 16일

새벽에 기도회에 나가서 예배 구경하니 예배가 아니었습니다. 인간들의 기분을 돋구어 주는 것이요, 진리를 솟구쳐 내거나 지성(至誠)을 다한 예배가 아니었습니다. 인간을 흥분케 하는 것이지 신앙을 돋구어 주거나 참회를 시키는 일이 아니었습니다.

순녀양 어머니께선 완전히 믿어진 듯하나 미신임이 틀림없습니다. 신앙촌에 운영난이 허다한 듯합니다. 인간 지능과 지혜로 감당 못할 듯합니다. 진장로께서 이곳 사업부장이시라니 건설적 의견이라도 조력하고 싶습니다. 원형에게 그 뜻을 기별했습니다. 이 세한에 극빈자 구원도 주선해야겠습니다.

신앙촌이 생활난으로 허덕이는 모양이 역연합니다. 실패로 돌아가는 것 같습니다. 진장로는 나를 만나고 싶지 않으신 모양입니다. 황공과 복음에 대한 이야기를 했습니다. 그들 중에는 기생과 사치꾼들의 의류를 제작하여 생활하는 이들도 있는 모양입니다. 그들이 못 사는 때는 날품팔이하는 분들도 못 살게 될 모양입니다. 신앙생활을 지도할 필요를 느낍니다.

1961年度

2월 22일 수요일

무등산에 올라왔음

2월 25일 토요일

두 눈(혜신, 금님)이 내려갔으므로 슬픔이 마음에 감돕니다. 한 때 좋으면 한 때 쓰라린 때가 온다는 것을 제 마음에 잘 새기게 하시는 뜻 두시고 하심인 줄 알았습니다. 괴로움은 즐거움에서, 쓰라림은 좋음에서 나오는 것이라고 가르쳐 주심입니다. 반가운 날을 위해 섭섭함이 있습니다. 가멸(풍부)하게 살았기에 가난하게 되었습니다. 웃으면 울 때가 올 것이요, 울어야 웃을 때가 올 것입니다. 죽으면 다시 삽니다. 살면 죽습니다. 아! 이제 웃는 이들이여! 당신들은 이전에 울었었구나. 또다시 그 서러움을 안 겪으려거든 지금의 웃음을 서러움으로 바꾸어야 할 것이니, 웃음이 지나가기가 바쁘게 울음이 닥쳐올 것이기 때문입니다. 괴로움과 쓰라림만이 좋은 씨를 뿌리는 시간이지요. 괴로워하라, 반드시 좋으리라. 쓰라림을 받으라, 반드시 즐거우리라. 섭섭함을 겪으라, 반가워할 때가 가까우니라. 밑지라, 그러면 얻으리라. 괴롭게 기다린 끝에 와야 참 반가운 것입니다. 기다리지 않다가 오면 덜 반가운 것입니다. 참 반가움은 괴롭도록 기다리던 뒤에 오시는 이를 맞을 때입니다. 참 반가움의 만나는 날을 위해 가시는 이가 생긴 것입니다.

> 나 여호와가 말하노라 그날 그때에는 이스라엘의 죄악을 찾을지라도 없겠고 유다의 죄를 찾을지라도 발견치 못하리니 이는 내가 나의 남긴 자를 사할 것임이니라 (렘 50:20)

영혼을 구원하지 않으면 밥 먹는 것도 허사입니다. 알잠 한 방울은 피 한 종지가 된다니, 결핵환자들이 어린애를 배는 일은 큰 잘못이라 하겠습니다. 아무리 약을 써도 효험이 없을 것입니다.

'얼'이 '거룩하신 얼'에게 보호받고 힘 얻어서 '살'을 뿌리치고 아버지에게로 이끌려 가야만 할 노릇입니다. 문제는 '거룩하신 얼'에게 달게 굽히는 일입니다. 이 내 '얼'이 먼저 달게 굽혀야겠나이다. '살'에 붙지 말고 '얼'로 서서 '거룩하신 얼'의 말씀을 들어야 살겠고 '얼'의 말씀 안 들으면 못 살겠습니다. 주님, 꼭 저를 붙들어 주소서. 오늘도 저를 손수 사랑하시고 또 다시 오게도 해 주시옵나이다.

'언'들이 말을 듣고 간 것입니다. 주님께서 저를 사랑하신 연고입니다. 이 마음 좀 꼭 틔어야 열려서 치솟아 오르겠나이다. 늘 오르게 붙들어 주소서. 이 종의 어머니 일도 깨끗하게 씻어 받아주소서. 아멘

예수를 멀찍이 좇은 사도는 실패했습니다(막 14:45). 우선 편하려고 거짓말하고 더 큰 고생을 헛되이 받았습니다. 영광스러운 죽음을 할 뻔 했습니다만 고생 않으려다가 더 당하고 말았습니다. 주와 함께 고생 겪으면 주와 함께 다시 살 것이니 영광스럽습니다. 참으로! 예수는 무죄하시면서도 정죄를 당하시되 정당한 변명도 회피하시고, 고결하시면서도 죄인들에게 조롱과 편태를 받으시고, 아무 말씀도 않으셨습니다. 빌라도 앞에서도 변명을 않으셨습니다. 생명의 주는 피조물들에게 죽음을 당하시기로 이미 정하셨습니다. 무한한 능력을 지니시면서도 죽을 자리를 피하시지 않으셨습니다. 장하신 일이십니다. 부활의 주가 되시려고.

2월 26일 임의 날(주일)

대저 이스라엘과 유다가 이스라엘의 거룩하신 자를 거역하므로 죄과가 땅에 가득하나 그 하나님 만군의 여호와에게 버림을 입지 아니하였나니(렘 51:5)

바벨론은 여호와의 수중의 온세계로 취케 하는 금잔이라 열방이 그 포도주를 마시고 인하여 미쳤도다(렘 51:7)

사람마다 우둔하고 무식하도다 자기의 만든 신상으로 인하여 수치를 당하나니(렘 51:17)

하나님은 만물의 조성자요 그를 신뢰하는 이는 그 산업의 지파라
(렘 51:19)

나 여호와가 바벨론을 쳐서 그 땅으로 황무하여 거민이 없게 할 경영이 섰음이라(렘 51:29)

내가 벨을 바벨론에서 벌하고 그 삼킨 것을 그 입에서 끌어내리니 열방이 다시는 그에게로 흘러가지 아니하겠고 바벨론 성벽은 무너지리로다(렘 51:44)

나의 백성들아 너희는 그 중에서 나와 각기 나 여호와의 진노에서 스
스로 구원하라…풍설은 이 해에도 있겠고 저 해에도 있으리라
(렘 51:45, 46)
바벨론의 넓은 성벽은 온전히 무너지겠고 그 높은 문들은 불에 탈 것
이며 백성들의 수고는 헛될 것이요, 민족들의 수고는 불탈 것인즉 그
들이 쇠패하리라(렘 51:58)
너는 이 책 읽기를 다 한 후에 책을 돌을 매어 유브라데 하수속에 던
지며 말하기를 바벨론이 나의 재앙 내림을 인하여 이같이 침윤하고
다시 일어나지 못하리니 그들이 쇠패하리라 하라(렘 51:63-64)

제가 교만했습니다. 가증했습니다. 사하소서 주님! 겸손되기 원합니다.
이제라도 지극히 겸비케 합소서. 저는 효성이 없습니다. 저는 힘이 부칩니
다. 가난하고 어리석은 것 도우소서. 효도로써 아버지를 항상 모시게 해 주
소서. 마음에는 원이로되 '살'이 말 안 듣사오나, 주의 영이 붙드시면 끌려
가리라 믿습니다. 이대로 버리지는 말아주소서. 오만불손한 자식입니다. 머
지않아 이 산속에도 땔나무가 없어서 땔나무 소동이 날 듯합니다. 주님의
지혜로만 이 백성 건져 살게 하시겠나이다. 사람으로는 전혀 할 수 없겠나
이다.

밤에는 낮이 오고 있음을 알아야겠고, 낮에는 밤이 오고 있음을 알듯이,
좋고 궂은 일도 또한 그러함을 알아야겠습니다. 밝히 알아야겠습니다. 주역
(周易)의 이치를 항상 상고할 일입니다. 늘 돌아가고 바뀝니다. 쉬지않고
달라집니다. 우주 만상이 다 그러함을 잊어서는 안되겠습니다. 무엇이나 극
(極)하면 변합니다. 한낮이 되면 기울어지기 시작합니다. 밤이 다 되면서
새벽이 되기 시작합니다. 변하면 통합니다. 달라져야 삽니다. 깨닫습니다.
알아집니다. 참으로 진리가 있음을 알아집니다. 통하면 오래갑니다. 영원합
니다. 이치에 통하면 영원 불멸입니다. 늘 삶에 들어갑니다. 이치에 통해야
겠습니다.

외부가 내부가 되고 내부가 외부가 되어가는 이치, 먹는 것이 속이되고
속에 것은 밖으로 나옵니다. 바뀌져야 삽니다. 바꾸어 안 지면 못삽니다. 잘
바꾸어저야만 잘 삽니다. 상하가 바꿔집니다. 윗물이 아랫물이 되고 아랫물
이 윗물이 됩니다. 그래서 순환합니다. 웃사람이 아랫 사람이 되고 아랫 사

람이 웃사람이 되는 이치로 세상일이 진행되어갑니다. 여자가 남자로, 남자가 여자로 변해갑니다. 안팎이 일체가 되고, 상하가 하나되고 남녀가 평등되는 세계가 옵니다. 하나님의 지극히 거룩하신 아드님으로써도 사람의 살(육신)을 입고 나심으로 이 이치에 순응하사 지극히 낮아지심으로 높이 올리심을 얻으셨고, 지극한 고생을 받으심으로 순종을 익히시사 완전케 되셨습니다. 저도 주님 배워지이다. 밝은 이치를 명심해야겠습니다. 주님! 회개를 주옵소서.

알아도 회개의 능력이 없습니다. 격물치치(格物致治)를 다해도 능력은 주셔야겠습니다 깨닫는 힘도 주께서 주시옵니다. 인심을 뚫어볼 줄 알아야 세상일을 알 듯합니다. 세상 일은 인심에 의해서 좌우되는 것이기 때문입니다. 주님은 인심에 대해 공평하고 정직한 심판을 하십니다. 주여, 인심을 선심으로 바꿔 주소서.

한사코 정신 모자란 이들과 불구자들을 돌보아 주게 하소서. 사람들은 수신(修身)해야 제가(齊家)할 수 있다는 정직한 교훈을 무시합니다. 치국(治國)해 놓고 제가(齊家)하려고 모순들을 범합니다. 수신(修身)하려면 정심성의(正心誠意)해야 됨을 도외시하며 '격물치기'를 일삼을 것이며, 수신제가(修身齊家)를 해야만 치국평천하(治國平天下)가 될 것입니다. 자기 나라를 잘못 다스리고야 어찌 세계에 뛰어날 수가 있겠습니까? 덕망은 보지 않고 권모술수만 일삼는 세상은 망합니다. 우매한 자, 가난한 자, 극빈자 불행자를 돌보지 않는 정치가는 실패합니다.

서부덕 모녀에게 흡족토록 해야겠습니다. 참기름, 김, 설탕, 고추, 된장, 채소, 실과, 양식, 나무, 의복, 거처 등.

고독 끝에 번창합니다. 번창 속에 고독이 숨어 있습니다. 외로워야 자기를 찾습니다. 자기를 찾으면 군성(많은 성인) 가운데 있는 자기를 발견할 것입니다. 대중 속에서는 자기를 안다거나 자기와 같이 할 일을 하나도 발견 못하는 수가 허다할 것입니다. 혼자 있을 때 대중 속에 있는 것이요, 대중 속에 고독을 느낍니다. 아무 것도 없을 때 풍부를 느낍니다. 풍성히 갖고 있음을 알고 많이 가졌을 때는 빈핍(가난)을 느낍니다. 있을 때가 없는 때요, 없이 지낼 때가 많이 지니고 가는 때입니다.

끝없이 살 것을 바라보고 눈앞에 죽음을 서슴치 말아야겠습니다. 죽으려고 나온 바에야 용감히 죽어가는 때가 참 살아지는 동안입니다. 날마다 죽어야겠습니다. 날마다 잘 살아가는 이치는 날마다 잘 죽는 일입니다. 죽을 생각만하고 살 생각은 버려야겠습니다. 사는 것은 주님께서 쓰시려 하시기 때문입니다. 주님의 일이십니다. 영생을 주시는 일을 맡으신 주님이시니 사는 것은 저의 일이 아닙니다. 저는 죽음을 맡고 나왔으니 잘 죽는 것이 저의 일입니다. 음란한 생각을 않는 것이 죽는 일이 되겠습니다. 아무 욕심 없어야겠습니다. 욕망도 버려야 잘 죽겠습니다. 잘 죽을 욕망으로 가득차기를 요구할 것입니다.

지금 한낮입니다. 석양이 다가올 것입니다. 깊은 밤도 오고 있듯이 지금은 제가 살고 있으나 죽음이 닥쳐오고 있습니다. 늘 삶도 동시에 오고 있습니다. 반가운 맞음을 보람직하게 하기 위해서 나는 많이 괴로워야겠습니다. 늘 괴롭고 또 슬퍼야겠나이다. 참으로 외롭고 쓰라려야 합니다.

> 여호와께서 예루살렘과 유다를 진노하심이 그들을 그 앞에서 쫓아내시기까지 이르렀더라 (렘 52:3)

인간은 할 수 없습니다. 주님께서 이루소서. 선왕들처럼 앉았어야 할 시드기야였지만 위기에 앉은 그 자리에서 왜 그리도 둔탁하고 어리석었던고? 제 날도 못한 인간이었기에 하지 못했겠지만 좀 간구라도 했더라면 좋았을 것을.

> 나는 비천하오니 여호와여 나를 권고하옵소서 (애 1:11).

천하고 가깝다고 주고 받다가 그를 안 돌리고 가니 말썽이 됩니다. 전에 사시던 분이 마을 부인들의 입술에 오릅니다. 주고 가지 않아 그전에 친하던 것은 어디론지 가버렸고 시비만 분분합니다. 친할수록 가름갈이만은 정확히 할 일입니다.

2월 27 월요일

네 선지자들이 미혹거리와 거짓 계시만 보았습니다(애 2:14). 내 날로는 무엇이나 안 되는 줄 알 것입니다. 부정한 소원과 욕망대로는 안될 것입니다. 기다리고 바라는 이에게 좋음이 있습니다. 주님께 향하여서만 기다려야 합니다. 제 힘으로는 아무 것도 안됩니다. 천한 것이 나를 살려줍니다. 낮은 것이 나를 붙들어 줍니다. 약한 것이 나를 먹여줍니다. 나보다 천하고 약하고 낮게 보이는 것의 힘과 도움과 희생으로 삽니다. 갈 사람이 가야 올 이가 옵니다. 가는 이 붙잡지 마시고, 오는 이 너무 푸대접하시지 마시지요. 싫은 이가 갔다고 너무 기뻐하지 마시오. 좋은 이 오신다고 너무 기뻐 마시오. 싫은 이도 아쉬울 때가 곧 있습니다. 좋은 이도 싫어지는 때가 꼭 있습니다. 싫은 이가 떠나가도 축복으로 보내고, 좋은 이가 와도 삼가서 맞읍시다. 싫은 이 알뜰히 대접하시오. 좋은 이만큼만 해 주시오. 싫다고 너무 싫어 마시고, 좋다해서 지나치게 좋아하지 말 것이, 편심에 모든 것이 쓰러져 넘어지며 공평으로 만사가 서 나갑니다. 공평한 데서 만물이 살아나고 편벽하는 데서 모든 이가 죽습니다. 그래서 군자(君子)는 일시동인(一視同仁)합니다. 좋은 이, 싫은 이, 한결같이 우대하는 심정이 되어지이다.

> 무릇 기다리는 자에게나 구하는 영혼에게 여호와께서 선을 베푸는도다 사람이 여호와의 구원을 바라고 잠잠히 기다림이 좋도다 사람이 젊었을 때에 멍에를 메는 것이 좋으니(애 3:25-27)
> 저가 비록 근심케 하시나 그 풍부한 자비대로 긍휼히 여기실 것임이라(애 3: 32)
> 주의 명령이 아니면 누가 능히 말하여 이루게 하랴 화, 복이 지극히 높으신 자의 입으로 나오지 아니하느냐 살아있는 사람은 자기 죄로 벌을 받나니 어찌 원망하랴 우리가 스스로 행위를 조사하고 여호와께로 돌아가자. 몸과 손을 아울러 하늘에 계신 하나님께 들자(애 3:37-40)
> 내가 돌이킴을 받은 후에 뉘우쳤고(렘 31:19)
> 여호와가 새 일을 세상에 창조하였나니 곧 여자가 남자를 안으리라 (렘 31:22)
> 내가 그들의 남편이 되었어도 그들이 내 언약을 파하였음이라 (렘 31:32)
> 그날 후에 내가 이스라엘 집에 세울 언약은 이러하니 곧 나의 법을

그들의 속에 두며 그 마음에 기록하여 나는 그들의 하나님이 되고 그
들은 내 백성이 될 것이라. 그들이 다시는 각기 이웃과 형제를 가르쳐
고하기를 너는 여호와를 알라 하지 아니하리니 이는 적은 자로부터
큰 자까지 다 앎이라 내가 그들의 죄를 사하고 다신든 그 죄를 기억
치 아니하리다 여호와의 말이니라(렘 31:33-34)

수요일 못 내려갈 듯합니다. 春日과 貴植은 오셨습니다. 어제 在甲은 시내에 가서 천자(千子)씨 댁에 가서 김치를 가져오심. 오늘 學朱 인편에 변기 가져오게 해 주셨습니다. 주님께서 알려주셔야 배우겠사오며, 돌이키게 해 주셔야 깨우치며(렘 31:9), 깨닫도록 해 주셔야만 믿겠나이다.

2월 28일 화요일

우리의 집들은 외인에게로 돌아갔으며 아비없는 자식같이 되었습니다. 오늘 한국 형편과 방불하옵니다. 문제는 아버지를 경외(敬畏)함으로 그 뜻을 받음으로만 열리겠나이다. 제가 먼저 주님을 경건히 모셔야 되겠사오며, 주님 뜻에 따라야 하겠나이다. 주님 뜻만 이루어지이다. 만물을 완성시키실 주님 뜻 이루소서. 만물의 목적을 달성케 하실 거룩하신 주님이시여, 만물 위에 초월(超越)한 교회를 세우소서. 교회의 목적을 완성시키실 주님의 뜻 이루소서. 아버지 안에 들어가지이다. 꼭 들어가게 역사하소서. 간절히 바랍니다.

주님 뜻 이루소서. 절대로 승리를 거두소서. 실패 없으실 주님이시여. 저의 교만과 불신앙을 몰랐습니다. 바리새인같은 저입니다(눅 18:11-12). 기도에 태만한 자식이올시다. 시험에 들지 않기 위해서 기도하여야겠습니다(눅 22:4-40). 이 땅에 강포한 자는 진멸되겠습니다. 저는 아버지 뜻에 어린아이올시다. 뜻을 삼아야겠습니다. 알고지도 않고 두려워하지도 않습니다. 기스리면 안될 줄 모릅니다.

3월 1일 수요일

이 저녁도 저를 낳으시려고 산고(産苦)를 겪으셨건만 저는 생각지도 못하고 잠만 잤습니다. 내일 아침에 또 기억이나 할지 모릅니다. 깨닫는 시간이 사는 시간입니다. 늘 사는 말씀이 여기 있사오니 우리가 어디로 가오리

이까? 이 우주여, 나를 위해 희생하신 분들을 기억케 해 주소서. 구주를 알려 주소서. 이것이 영생이옵나이다.

여호와의 권능이 힘있게 나를 감동하시니라(겔 3:14)

생명을 보존할 자 피값이 물에 붓지 않아야 합니다. 벙어리되게도 하시고 말도 되게 하십니다. 부싯돌같은 강철같이 우리 이마를 굳게 해서 말씀 전하게 하셨습니다.

무서워할 노예의 '얼'이 아니요, 양자의 얼을 주시사 "아바 아버지"라 부르게 하셨습니다. 자녀인고로 양자의 영을 주셨습니다(갈 4:6; 롬 6:15; 요 4:23). "아버지"라 부르게 하신 아버지, 내 죄를 씻어주시사 깨끗이 섬기게 하여 주소서. 제 행위로 제가 심판받는 줄 알게 하소서. 제 잘못이 제 앞길을 그르쳐 놓은 사실을 알게 하소서. 호색(好色)함이 병이옵니다. 치병(治病)을 깨닫게 해 주소서. 음란(淫亂)이 병의 근원(病根源)임을 깨달아지이다. 주님 치료(治療)해 주시지 않으시면 병 나을 수가 없습니다. 육신의 병 낫는 대로 간음한다면, 병이 안 나은 것만 못하겠나이다. 차라리 병 있고 간음 않은 것이 더 유복(有福)하나이다.

주님 닮은 북동(北洞) 安信부님! 주님 똑같았던 이세종(李世鍾)님! 주님 뜻 무서워할 줄 모르는 인간들은 비참하옵니다. 부끄러운 이 낯짝을 어디다 무엇하는 데 내돌릴까요? 이 낯을 무엇에나 써주소서. 다 불에 불려서 베려서 쓰소서. 저는 쓸 수도 없거나 염치도 없어 뻔뻔스레 어찌 쳐들어나 뵈오리까?

가리워야 할 이 낯짝 어디나 내놓으리까? 숨겨야 할 이 낯짝 아무리 급하기로서니 다시 내들 수야 있사오리까? 무딜 대로 무딘 이 낯을 함부로 휘두르고 다니지 말게 해 주소서. 차마 처들지 못할 이 낯짝! 어릿광대 되지 말게 합소서. 못난 낯 쳐들지 말게 하소서…. 잘난 줄 아는 낯 들다가 수치 속에 잠들리라. 많은 수가 몰사(沒死))당할 때 어찌 차마 보오리까? 남 죽이지 못할 낯, 남 죽는 꼴도 못보게 하소서. 기식(寄食, 호흡)있는 자들 생기가 펄펄타고 활기있는 날들.

너무 혈기를 부리다가 다 쓰러질까 두렵습니다. 혈기 안 부려야만 살겠습니다. 혈기를 없애주소서. 정의(正義)만으로 살게 해 주소서.

아버지 크신 능력 받지 않고서는 어찌할 수가 없습니다. 극히 선하고 지극하신 뜻을 분별(分別)해야겠습니다. 인간들이 날로 악해져갑니다. 날로(時) 능력을 얻어야만 굳세게 악을 물리치며 싸워 이기겠나이다. 도무지 제 날로는 될 수 없는 일이옵니다. 어디 토굴(土窟)에나 숨어 잠잠할 밖에 없습니다. 숨도 크게 못 쉬겠나이다.

인종(人種)이 다 극악(極惡)합니다. 선한 친구도 없어집니다. 도리어 악해져갑니다. 선한 이도 악에로 기울어져 갑니다. 한탄스럽고 막막한 노릇입니다. 죄인을 미워하거나 저는 더 나은 줄로 짐작하고 망령되지 않게 하소서. 나같은 죄인은 없는 줄로 알게 해 주소서. 죄 없으면 비겁하지도 두려움도 없겠나이다.

제 마음 준비가 되는 대로 주님께서 찾아주실 것입니다. 제 마음 준비에 따라 주님께서는 멀어지시거나 가까와지실 것입니다. 아버지께서 선한 천사나 사나운 사자를 제 마음 상태따라 보내 주시겠나이다. 제게만은 자비의 천사로 보호케 하신 주님. 황송합니다. 저같이 악독한 자식에게는 포악한 사자라도 죄송할 따름입니다. 주여! 원수가 벌 받을 때에 속으로 기뻐하지 말게 하소서. 두렵건대 주의 진노를 지에게로 돌리시리이다. 의로운 이들을 존경하게 해 주시고 극진히 돌봐 드리는 데 이 몸이 쓰여지기 바랍니다. 이 몸이 쓰임받기 원하옵나이다.

일전에 포악하던 집의 청년이 병들어 지게에 지워져 가는 것을 봅니다. 포악하면 악한 징벌을 받지 않을까 하고 의심했던 것입니다. 주님께서 사람들 마음을 돌이켜 주시기 전에는 할 수 없습니다.

우주의 운행은 쉽게 돌아가나 지상에 있는 작은 인간의 심리는 강력히 역사해 주심 바랍니다. 선한 천사의 지시에 순응(順應)치 않으면 포악한 사자로 징치(懲治)하시어 주시겠습니다. 이 마음 고쳐 주소서. 우주보다 가장 크게 더럽습니다. 천지 우주 만물 중에 가장 더럽고 간교한 마음이로소이다.

3월 2일 목요일

　10세미만 적부터의 죄를 생각하면, 이제와서 이처럼 사하심은 놀랄 수밖에 없으며 죄를 지겨워하지 않아서는 큰일이 됩니다. (어린 시절) 하복만(河福滿)이란 이웃에 사는 나이 위인 동무를 '또닥이 자식'이라고 멸시를 한 일은 참 잘못되었습니다. 어린 시절 무단히 고집을 부리고 떼를 써서 악을 부리고 울어서 어머니의 가슴을 괴롭혀 드리고 이웃 일가집들의 소란을 일으켜 주고 바깥 어르신의 노를 격발시킨 죄가 지중(至重)합니다. 가난하고 연약하고 위로 없으신 어머니 마음을 상해드리고 대(竹)로 활(弓)을 만들어 달라고 해서는 순사(巡査)를 보고는 무서워서 그 활을 누구에게 줘버린 기억도 납니다. 철 모를 때 동무들의 유인으로 성적(性的) 장난이라든가, 언니들이 저녁에 남의 감자밭 더듬은 것을 상쾌하게 여긴 일이라든가, 학교에서 상타고 교만한 마음을 일으킨 일이며, 남을 깔보고 한…무지한 저였습니다. 한 마디로 가정교육이 불충분했습니다. 좀 철이 들면서 소녀를 함부로 다루는 일도 범했습니다. 간음까지는 안 범했으나, 너무 많이 농락(弄絡)을 저질렀습니다. 남녀관계는 내내 마음에서 안 떨어지는 지겨운 문제입니다. 일생을 통해서 가장 지긋지긋한 문제인 것 같습니다.

　안 먹어도 살 수 있을 줄 알아서 되도록 안 먹어 보려 했지만 안 되었습니다. 옷은 헌 것으로 얇게 입고 살아보려 했어도 안 됩니다. 이제와서는 주님 뜻만 알아야겠습니다. 이제도 시간을 그저 보내고 잘못 쓰는 죄, 석유나 성냥을 쓰는 일이며, 나무로 불때며 밥과 반찬을 먹고 그저 지내는 일, 옷을 빨고 꾸며주는 일에 대한 빚진 일, 수종을 들어주는 이들에게 대한 빚, 또는 여러분들이 무엇을 가지가지로 보내주는 일….

　가르침을 받은 빚이 태산같이 내게 짊어지워져 있습니다. 이 빚을 갚으려면 주님 가르침을 받고 도우심을 힘을 입어야만 되겠습니다. 주님의 뜻을 분별해내는 자식이 되어지이다. 제가 오직 주님 뜻대로 살기에만 달렸습니다. 유순(柔順)한 마음가짐과 몸가짐으로 사람을 맞게 하소서. 자기 잘못으로 불행당함을 깨닫습니다.

　吉 '언'이 이웃의 부녀자들을 불러다가 가루를 주는 것을 보고 느꼈습니

다. 아무도 없을 때 두 여자를 각각 따로따로 데려다 줘 주었습니다. 그래서 그는 여기서 못 지내고 유리방황했습니다. 구제하는 일도 함부로 맡기지 말 일입니다. 죄짓게 하는 일임을 알았습니다.

저의 친형, 친누이, 자형(姊兄)의 마음이 올바르게 되어야겠습니다. 먼저는 저의 마음이 발라져야 금식도 할 수 있겠고 마음을 이기겠습니다. 금식한다고, 허줄하게 입고 다닌다고 마음이 바르게 되는 것이 아니옵니다. 마음이 먼저 힘을 얻어서 바르게 되어야겠나이다. 저의 마음이 누구보다 거짓되고 음란하고 여자들에게 잘가고…만물보다 간교하고 무지하고 잔인하고 포악하고 비겁하고 악합니다. 게으르고 은혜를 모릅니다. 이 마음 치료받는 때가 있기가 어렵겠습니다. 너무나 험한 증세(症勢)입니다. 이런 병도 완치된다면 천하의 모든 병이 문제없겠나이다. 조금도 어려운 문제가 아니겠나이다. 첫째로 호색(好色)한 마음이 고쳐져야만 하겠습니다.

> 내가 그들에게 일치한 마음을 주고 그 속에 새 신을 주며 그 몸에서
> 굳은(돌) 마음을 제하고 부드러운(살) 마음을 주어서 내 율례를 좇으
> 며 내 규례를 지켜 행하게 하리니 그들은 내 백성이 되고 나는 그들
> 의 하나님이 되리라 (겔 11:19-20)

제게 좋은 점이 있사오면 그건 임께서 저도 모르게 살짝 입혀주신 것입니다. 제게 당치 않을 것을 마치 제게 맞게 맞추어 입히시듯이 했기 때문에 저도 모른 것이오며, 다른 이들도 전혀 그것이 주님의 솜씨요, 주님의 그저 주심임을 모릅니다.

어서 마음 고침을 받고 가야겠습니다. 주님께서 오라신 곳으로요. 도저히 타인에게 기대를 걸 수는 없는 일입니다. 제 마음 고쳐져야 할 일입니다. 형제 마음도 입니다. 주여, 저와 제 형제를 버리지 마소서. 어찌하든지 마음 고침 받기만 소원입니다. 주님께서 안 고쳐 주시면 저는 소망이 없사옵니다. 제 마음 하나 못되게 써가지고 나빠진 마음, 누구를 탓하오리까. 제 몸을 제가 잘못 간직하다가 병난 것 누구를 원망 못합니다.

그대를 아끼느라고 생각해서 하는 권고(勸告)가 싫으면 듣지 마시오. 결과를 보아 깨달을 날이 있으리이다.

은연(銀然) '눈', 마음의 상태, 제게 의심을 가졌을 듯합니다. 춘일(春日) '눈', 순갑(順甲) '눈', 귀식(貴植) '눈', 은자(銀子) '눈', 만나는 대로 알아 보아야겠습니다. 제 마음도 열어 보여야겠습니다. 지나친 존경과 실망이 가름되었을 것이며, 존경하려고 힘쓰나 그렇지 못할 점이 보여서 고심통탄(苦心痛歎)들 하시고, 그렇다고 포기해 버리자니 그도 마음과 같이 안되는 듯합니다. 준호(俊浩) '언'에게, 진호(鎭浩) '언'에게도, 이대영(李大榮)에게도 알아 보아야겠습니다.

고침을 받은 사람이 그가 누구신지 알지 못하니…(요 5:13)

병 고쳐 주신 이가 누구신지 몰랐습니다.

더 심한 것이 생기지 않게 다시는 죄를 범치 말라(요 5:14)

죄를 알았다면 다행할 것을 병은 나았건만 은혜도 모르고 죄도 몰랐습니다. 예수께서 그를 불쌍히 여기시사 두번째 보이셨습니다. 첫번째는 그의 육신을 고쳐주시고, 두번째는 영(榮)을 생각하셨습니다. 육신병은 고쳐도 마음의 병 안 고쳐주시면 도리어 더 불행합니다.

제 마음의 어머니! 마음 고쳐지기 원합니다. 이 고약한 마음을 고쳐 주옵소서.

나도 너를 정죄하지 아니하노니 가서 다시는 죄를 범치 말라(요 8:11)

믿어야 범죄하지 않겠습니다. 주여, 내가 믿나이다.

아버지께서 죽은 자들을 일으켜 살리심같이 아들도 자기의 원하는 자들을 살리느니라(요 5:21)

저도 꼭 죽을 놈을 다시 살려주신 몸입니다. 준호 '언' 죽는 이었고, 순갑 '눈'도 그러합니다. 죄로 허물로 죽은 저를 다시 살려 주옵소서.

3월 3일 금요일

주 여호와의 말씀에 본 것이 없어 자기 심령을 따라 예언하는 우매한

선지자에게 화가 있을진저…(겔 13:3)
그들이 내 백성을 유혹하여 평강이 없으나 평강이 있다 함이라…
(겔 13:10)

이 봄도 또 봅니다. 이 땅에서 이 귀로 종달새 소리를 듣습니다. 거짓선지자들의 말을 듣지 말게 하옵소서. 평강이 없으나, 이 땅에 있다고 전하는 거짓말입니다. 머지 않아 갈(去) 저입니다. 날(日)이 저문 저입니다. 쉬어 가겠습니다. 다들 잘 쉬어 오십시오. 저만 먼저 떠나렵니다. 떠날 저를 멈추게 마시지요. 갈 준비 빨리 해야겠으니 속히 마음 준비 도와 주소서. 부디 제 준비를 조력(助力)해 주소서. 모든 차림 다 꾸리도록 빠짐없이 일러주소서. 잊어버림 없도록 일러주는 이가 은인(恩人)입니다. 늘 실수했으나 6억조(億兆), 6억 번이라도 다시 고쳐하도록 힘을 주소서. 이 마음 돌이키게 해 주소서. 두렵건데 이 몸이 치신 바 될까 하나이다.

주의 인자가 생명보다 나으므로 내 입술이 주를 찬양할 것이라
(시 63:3)

마음병이 없고는 고마우신 은혜에 감격이 안될 리가 없고, 감격되고는 생활이 경쾌하고 명랑해지지 않을 수가 없겠나이다. 마음의 치료소가 되신 주님이십니다. 제 마음의 지악(至惡)한 종기(氣)가 나아가서 부스럼 딱지가 서야겠습니다. 내 유익도 도모않겠거니와 제 의견이나 의사(意思)나 뜻이거나 취미(趣味)로나 제 일로는 말고, 오로지 주님의 의사(意思)요, 주님의 의견(意見)이요, 주님의 뜻만 되고, 주님의 즐거워하시는 일이 되고, 주님 영광이요, 주님의 영예(榮譽)가 되는 일만 되어지고, 주님의 경륜(經綸)대로만, 주님의 계획 세우심과 주님의 성령대로만 되어지고, 주님 사업만 되어지고 이뤄지고 완수(完修) 완성되어지소서.

주님의 사업은 죽은 자를 다시 살리시려는 목적이십니다. 동광원(東光園)이 아버지께서 주시고 세우신 기관이 되고, 아버지께서 기뻐하시는 기관되기 원합니다. 저는 상관 말게 하시고 주님만이 상관하옵소서. 모든 나타나는 일은 주님께 부탁합니다. 저는 지만, 제 마음 치료받는 일만 힘써

바라게 해 주소서. 밤낮 쉬지 않고 구하고 바라는 자 되고자 소원하게 하소서. 누구를 위해 기도할 수 있는 자 되기 전에, 제 자신을 위해 비는 자 되기 바랍니다. 강곽한 마음 고쳐 주소서.

> 너희가 그 행동과 소위를 볼 때에 그들로 인하여 위로를 받고 내가 예루살렘에서 행한 모든 일이 무고히 한 것이 아닌 줄을 알리라
> (겔 14:23)

주님 하신 일은 하나님을 알게 하시려는 역사 뿐입니다(겔 15:7-8). 원수를 사랑하게 해 주소서. 축복하게 해 주소서. 재앙 안 받기를 빌고, 힘쓰고, 권하게 하시고 사귀는 마음 주옵소서. 제게 은혜를 중히 베푸심은 이를 위하심이니이다. 아멘

> 어찌하여 자느냐 시험에 들지 않게 기도하라(눅 22:46)

참으로 잠만 자지 말고 시험에 들지않 도록 기구(祈求)하게 하소서. 인지(人智)와 성지(聖旨)와는 다르다고 생각합니다. 어떤 분은 같이 생각하나 저는 확연(確然)히 다를 것으로 압니다. 아직 성의(聖意)는 모르면서 말입니다.

> 어떤 이들은 투기와 분쟁으로 남을 괴롭게 하기 위하여 순전치 못하게 다툼으로 그리스도를 전파하나…외모로 하나 참으로 하나 무슨 방도로 하던지 전파되는 바는 그리스도니 이로써 내가 기뻐하고 또 기뻐하라(빌 1:14)

장성(長城)에 대전 그리스도교 선교사가 경영하는 신학교에 가 있는 청년이 있는데, 그는 순전하지 않은 복음을 전함을 받았지만, 장차 원수도 사랑할 좋은 그리스도의 일꾼될 수 있을 것 믿고, 순전치 못하게 다툼으로 그리스도를 전파해도 저만 바로 그리스도를 전하면 걱정할 일이 아닐 뿐만 아니라, 도리어 기뻐할 일인 것으로 생각합니다.

해남 갈 좋은 길을 열어주소서. '침호리'도 '모전리'도 주님 뜻 안에서 가기 원합니다. 주님 뜻 성취할 일로만 보내 주옵소서. 주님께서는 능치 못하시는 바가 전혀 없으시옵나이다. 아멘.

주님 보좌에서는 늘 '삶의 물'이 흘러나옵니다. 그 물이 고일 웅덩이를 만들어 주소서. 복천(福泉)이 되어지이다. 복음밭에 물 대주는 물이 되고 다른 데로 흘러 보내지 말게 하소서. 주님께 영광돌리는 밭이 되어지이다.

> 네가 피투성이가 되어 발짓하는 것을…그러나 네가 네 화려함을 믿고
> 네 명성을 인하여 행음하되 무릇 지나가는 자면 더불어 음란을 많이
> 행하므로 네 몸의 그들의 것이 되도다(겔 16:6-15)

피투성이었던 어렸을 때를 생각하지 못하고 행음(行淫)합니다. 선교사들이 예물을 주며 행음합니다. 물질을 주어가면서 세속을 따르고 타락하게 합니다. 학교같은 것을 경영해서 아버지를 욕되게 하며, 그 영광을 욕되게 하고, 패역케 하고 있는 행동…. 복음의 진리만 말하고 하나님 권능으로만 전파할 일입니다.

> 이는 내가 네 모든 행한 일을 용서한 후에 너로 기억하고 놀라고 부
> 끄러워서 다시는 입을 열지 못하게 하려함이니라(겔 16:63)

3월 4일 토요일

주님만 말씀하시고 이루실 수가 있습니다. 제 계획, 제 날로는 아무 것도 못합니다. 외국 원조받으면 의리상 갚아야 한다고 호언장담(豪言壯談)했으면서 아직껏 못했습니다.

바위틈에 숨어 있으면서 믿어도 복음만 바로 믿으면 장차 드러날 수밖에 없습니다. 사람이 하려다 못한 것을 하나님께서 하실 것을 믿는 것이 복음(福音)을 믿는 일입니다. 신봉(信奉)하는 일입니다. 복음을 믿어지도록 역사하시는 주님이십니다. 성령으로 이루실 것을 인(印)치시고 보증으로 우리 마음에 고통을 깨닫는 이는 믿을 것입니다.

치료받기를 원하는 이는 말씀을 들을 것입니다. 순종할 것입니다. 누가 권하지 않아도 자진해서 믿으려 할 것입니다. 급하지 않은 이들이 믿으려니까 안 믿어지고 말썽입니다. 아버지 뜻대로 하려 하지 않을 것입니다. 뜻대로 하지 않는 일이 얼마나 불행한 일인 줄 알지 못하고는 뜻을 거스리지 않으려 애쓰지 않을 것입니다. 이것을 알리시는 주님의 성령이십니다. 성령

으로 않고는 주(主)라 할 이가 없습니다. 주를 부르면 누구든지 어떤 환경에서든지 구원받을 것입니다. 아버지를 아는 일만이 참으로 할 일입니다. 열심으로 아버지를 알려 하게 해 주소서. 알려 주시지 않으시면 알 도리는 없습니다.

> 변을 위하여 꾸이지 아니하며 이식(利息)을 받지 아니하며 스스로 손을 금하여 죄악을 짓지 아니하며…그는 의인이니 정녕 살리라 나 주 여호와의 말이니라(겔 18:8-9)

3월 5일 주일

은혜 베푸신 다음에 불선(不善)한 길은 원통히 여길 것입니다. 생명을 줌으로 기근의 욕을 보지 않게 하심으로(약 1:9), 사람의 노(怒)가 하나님의 뜻을 이루지 못합니다.

인생의 목적은 무엇인가? 우리 목적을 바로 알았는가? 참 목적은 무엇인가? 성경의 목적은 "하나님을 영화롭게 하고 자기를 깨끗이 하는 일"입니다.

유교(儒敎)에서 守己治潾이라고 했다. 우주도 목적이 있고, 인생도 목적이 있고, 단체로서의 목적이 있으며, 동광원도 목적이 있고, 나 개인에게도 목적이 있습니다. 구제하는 일과 사업에도 목적이 있습니다. 이 모두가 성결(聖潔)을 이루려는 목적입니다. 목적이 달성된 이는 심령이 평안한 법입니다. 이 때가 그 때이고, 그 때가 이 때입니다.

목적만 알았다면 다 이룬 것입니다. 사업은 실패해도 좋고…다만 마음에 안심(安心)만 얻었으면 다 성취된 것입니다. 주요한 것은 인간의 목적을 성취하는 일이요, 기타는 유익이 없습니다.

"아버지!"라 부를 수 있는 이는, 이미 그 마음에 오곡(五穀)이 무르익고 풍성하고 만족하고 먹어도 좋고, 안 먹고 죽어도 흡족합니다.

현동완(玄東完) '언'의 말씀이 아무리 목적이 있는 이라도 10년 쯤이나 사업하다가는 실패들을 한다. 동광원의 축복은 '가난'함과 '몸이 약한 것'(病)에 있습니다. 군수, 도지사가 돈을 벌어서는 망하고, 고아원을 경영하는 이가 돈 벌고서는 타락하고, 이렇게 10년 정도나 사업하는 동안 목적을 잃고 타락하는데, 타락하지 않으면 축복받은 것입니다. '가난'과 '병' 덕택으로 축복 받은 것입니다. 그러니 처음 동기가 끝까지 순결하고 타락되지 않는 것이 축복받은 것입니다.

성 프란치스코는 처음에 자기의 목적을 몰라서 어떤 분에게 기도를 부탁했습니다. 그랬더니 '자기를 지키고 남도 순결하도록 힘쓰라'는 말을 듣고, 이것이 자기의 사명임을 깨닫고 수도 단체를 만들었습니다. 자기 목적을 알고 출발할 것입니다. 자기를 지키고(守己) 남은 힘이 있으면 나아가시기 바랍니다.

> 이에 내가 말하기를 하나님이여 보옵소서…하나님의 뜻을 행하려 왔나이다(히 10:6-7)

죽은 후에 형벌보다 그 날부터 암흑과 혼란과 공포에 쌓일 것입니다. 6.25사변 때 오곡(五穀)이 풍성했으나, 다 양보하고 진리를 위해 이리저리 피해 다니고 죽고 고난받던 것을 기억하고, 일은 우리가 다하고 영광은 아버지께로 돌릴 것이요, 수고한 결과는 다른 사람이 취하나 기뻐할 것입니다. 이는 실패가 아니요 성공이기 때문입니다.

잠시 잠깐 후면 오실 이가 오실 것입니다. 곧 깨달으면 즐겁습니다. 믿음으로 그 잠깐을 참으면 되는데, 잠깐 뒤로 물러가다가 침윤(浸潤)에 빠집니다. 한 발자욱을 못 참고 믿음없이 물러섬으로 영영 실패하는 것입니다.

의인은 믿음으로 참아 나아가서 큰 상을 받습니다. 생명이 결과를 얻습니다. 목적을 깨닫고 가면 다 되는 것입니다. 지식도 구제도 사업도 다 되는 것입니다. 그건 영광의 성공입니다.

> 이 땅을 위하여 성을 쌓으면 성 무너진 데를 막아서서 나로 멸하지 못하게 할 사람을 내가 그 가운데서 찾다가 얻지 못한고로 내가 분으로 그 위에 쏟으며 내 진노의 불로 멸하여 그 행위대로 그 머리에 보응하였느니라(겔 22:30-31)

충고와 조언자가 필요합니다. 제가 사유함 받으면 좋으니 저도 기쁨으로

혐의를 풀어야겠습니다. 용서받고 용서할 수 있는 놈이 되고 싶습니다.

> 네가 나를 잊었고 또 나를 네 등 뒤에 버렸은즉 너는 네 음란과 네 음행의 죄를 담당할지니라(겔 23:35)

3월 6일 월요일

> 분노의 책벌로 내 원수를 크게 갚으리라 내가 그들에게 원수를 갚은 즉 그들이 나를 여호와인 줄 알리라(겔 25:17)

에스겔 24장 25장처럼 여호와인 줄 알리시는 일을 행하소서. 또 마음을 다하고 지혜를 다하고 힘을 다하여 하나님을 사랑하는 것이 전체로 드리는 모든 번제물과 기타 제물보다 나으니이다(막 12:18-34)

상대의 세계는 혼인(婚姻)하고 고하(高下)가 있으나, 절대의 세계는 남녀가 문벌이 없고 귀천이 없는 세계입니다. 우리 영혼은 절대의 세계에서 살았기 때문에 현세(現世)로서 만족이 없습니다. 이 세상을 부정할 때 절대 세계를 이해할 수 있습니다.

별(星)은 빛으로 영광을 돌리고 꽃은 향기를 풍겨 영광을 돌리나, 인간은 빛도 없고 향기도 없으나 육(肉)을 부정하는 눈물만이 영광을 돌리는 길입니다. 인간은 약하니까 피차 사이에 서로 권면하고 충고함으로 천국으로 향해 가야 합니다. 한 사람이 깨어도 다른 사람이 잠드니 두세 사람이 합심해서 서로 깨워 갈 것입니다. 자기가 홀로 가는 것도 좋을지는 몰라도, 그보다 합심하는 두세 사람이 필요합니다. 예수님도 제자들을 파송하실 때, 두세 사람씩 보내셨습니다. 그런 사실을 무시하면 잘못하는 것입니다. 상대적인 세계의 것은 얼른 볼 때 확실한 듯하나 사실은 거짓이요. 절대의 것은 얼른 볼 때 확실치 않은 것 같아도 체험으로 알아집니다. 이 세상의 것은 똥으로 알아져야 예수님 말씀이 비로소 알아들여지는 것입니다.

무등산 진달래가 한 때 한창 피었으나, 지금은 다 지고 한 송이도 안 보입니다. 현 시대의 영화(榮華)도, 현 시대의 사람도 백년뒤에 와 본다면, 한 사람도 남아있지 않을 것이 확실합니다. 이 세상 것이 다 쓸데 없는 것인 줄 깨달아야 하늘나라의 소식이 옵니다.

믿음은 바라는 것들의 실상이요(히 11:1)

믿음으로 말씀하십니다. 저 하나가 하나님 기뻐하시는 것이 되어지는 일입니다. 이제 큰 사람들 다 되었으니 특별히 조심해야만 되겠습니다. 누구도 깔보지 말기를 바랍니다. 남을 자기보다 나은 이로 보게 해 주소서. 각각 제 믿음으로 행동하도록 권해야겠습니다. 믿음을 주님이 주장해 주소서. 남의 믿음을 주관 말게 저를 단속케 해 주소서.

제가 사람 못된 탓으로 ○○이 아직 완전케 못 이루어진 것을 한탄할 수밖에 없습니다. 미안스럽고 부끄럽고 죄스럽습니다. 그 '눈'이 완전케 되었던들 ○○과 그 밖의 '눈'들도 거진 되었을 것은 의심없습니다. ○○이 사람 되었다면 많은 이들 또한 깨어났을 것입니다. 그러니 저 하나 못된 것이 천하(天下)가 못된 원인 같습니다.

아! 이 못난 자식아! 뿌리치고 일어서려무나. 누가 너를 막아 못 나가고 몸짓하느냐? 무슨 추태를 내느냐? 다 거둬 치우고 맹연(猛然)히 일어서려무나. 누가 너 되는 것을 싫어하기로 그리도 못 일어서느냐? 한탄 말고 용기를 내어 일어서라. 주님이 붙드시리라.

주여! 힘 주소서. 의(義)의 두루마기를 주소서. 주님의 힘 주소서. 지혜도 주소서. 믿음의 의능(義能)과 믿음의 지혜와 사랑을 풍부히 주소서. 아버지와 아드님과 거룩하신 '얼'에게만 영광과 찬송과 감사가 영세 무궁키를…. 아멘

주님 꼭 믿게 하옵소서. 재생(再生)의 길이 열린 것을 꼭 믿습니다. 병도 낫고 죄도 씻어주시고 힘 주실 것을 꼭 믿습니다.

제가 이공(李世鍾)어른 같이만 되었더라면 이 나라가 이 꼴이 안되었을 것이요. 이 나라가 나아졌다면 북한이나 중공, 소련, 일본이 저 꼴이 안 되었고, 미국도 더 나아졌을 것이며, 따라서 세계 각국이 훨씬 나아졌을 것이 분명합니다. 남미 제국이나 인도 인근과 서구 제국이 나아졌고 아주(阿洲) 각국이 훨씬 나아졌을 것은 불을 보는 것보다 더 분명한 일이온데…. 이것이 못 되어가지고 몸부림만 치고 있습니다.

우리 주님, 저 되게 해 줍소서. 이제 꼭 저 하나가 되는데 모든 기회가

달렸습니다. 무얼 가지고 오는 대신에 자기를 여름에 보리밥 못 먹게 된 때에 쌀 잡수시고 일 잘해서 자급생활(自給)을 흡족히 하면 좋겠습니다.

> 내가 너희에게 어두운 데서 이르는 것을 광명한 데서 말하며 너희가
> 귓속으로 듣는 것을 집 위에서 전파하라(마 10:27)

상을 잃지 않도록 할 것입니다. 내 인생은 거저 왔다 거저 가는 것이 아니기를 구합니다.

3월 7일 화요일

여호와이심을 알리고자 하시는 경륜과 섭리이십니다. 제가 지혜가 많았다면 교만하여 떨어졌을 것이므로 제게서 지혜를 거둬 주셨나이다. 영광을 제 것으로 알아서 스스로 높아져서 떨어집니다. 오늘 이 형편과 처지, 주님의 지혜로 은혜롭게 섭리해 주심을 알고 감사할 줄 알게 해 주소서. 죽여서는 안될 사람을 죽이려다가 자기가 손해를 받고 끝내 돌이키지 않으면 죽게 됩니다. 반면에 살리지 말아야 할 이를 살리려 해도 안 됩니다. 누구를 도와도 주님의 뜻에 합당하도록 알맞게 도와야 합니다.

이스라엘에 문둥이가 많았건만 이방 수리아인 나아만 한 사람이 나음을 받은 것이요, 유다 땅에 과부가 많았어도 사렙다 고을의 한 과부에게만 보내심을 받은 것입니다. 살리고자 원하신 사람들을 살리셨습니다. 마음이 가난한 이에게 좋은 일이 있습니다. 고통 중에 있는 이들에게 하나님께서 주시고자 하시는 평안을 끼쳐 주고 싶습니다. 주께서 저로 숨 쉬게 하시는 동안 그날그날을 감사히 지내면서…. 오늘 이 형편은 제게는 가장 적합한 은혜가 되는 줄 압니다.

> 애굽의 모든 거민이 나를 여호와인 줄 알리라(겔 29:6)

미국은 일본에 한국을 붙였고 또 허리를 흔들리게 해 놓았습니다.

3월 8일 수요일

정욕을 이긴 이들이 이 세상을 구원할 것입니다. 다른 이들은 이 세상을 불 사르는 짓밖에 못합니다. 모든 이를 사랑할 수 있기를 바랍니다. 전인류

를 사랑하게 마음을 주옵소서. 성결은 평화 건설이요, 부정은 파괴가 심합니다. 죄를 물리쳐야 구원이 됩니다. 병 치료도 됩니다. 죄가 있고는 병은 안 낫습니다. 병이 낫는대도 좋을 것도 없지만.

따뜻한 날씨를 기다릴 것 아니라 주님이 따습게 해주시기 바랄 것입니다. 동지섣달 추운밤에도 강한 열이 나게도 하시는 주님이십니다. 하지 후 염천혹열 속에서도 추위 부들부들 떨게 하실 수 있으신 주님 앞에 병 낫기를 구할 것입니다. 약과 의사만 기다릴 것이 아니오라 주님을 기다릴 것입니다.

어느 경점(頃點)에 오실지 모릅니다. 오시면 만사는 다 풀릴 것입니다. 다 알맞도록 잘될 줄로 확신합니다. 은혜에 감격해 살아야만 하겠습니다. 좋게만 해주시려는 아버지 앞에서 행여나 조금인들 불만을 느낄까 지어합니다. 불평스런 언사(言辭)를 토할까 두렵습니다.

주님이시여, 잘못한 짓만 저질러온 저를 사유해주소서. 오늘도 좋은 소식, 기쁜 소식을 주님 안에서 기다립니다. 주님, 복된 소식 바랍니다.

누구의 인격이나 신앙을 무시하거나 업신여기지 말 것입니다. 여(呂)의사 같은 분의 신앙은 헤아릴 수가 없습니다. 얼마나 깊은지도 모릅니다. 누구나 저보다 더 낫게 보기 바랍니다. 신앙과 거룩(聖)을 사랑하는 데 있어서나 정(情)을 이기는 실력에 있어서 저보다 더 나은 이들임을 알아야겠습니다. 진실에 있어서나 겸손에 있어서도 더 나은 줄 알아야겠으며, 소망에 있어서도 더 나은 줄로 알아야겠습니다. 참 지식과 지혜에도 저보다 낫고, 권능에 있어서는 더구나 그런 줄 알아야겠습니다. 저만큼 불신앙, 불경건, 방탕하고, 난잡하고 함부로 두려움도 없이 살면서도 비겁하고 비루한 인간은 없는 줄 알아야겠습니다. 게으르고 남을 함부로 판단하고 깔보고 저주하는 놈이요. 남이 큰 화 받기를 비는 놈인 줄로 알아야겠습니다. 부지런히 구해야겠습니다. 겸손하게 믿고 기구해야 하겠나이다.

주여, 용납해 주소서. 이 쓸데없는 것 주님만이 용납하실 수 있사옵니다. 주님 뜻 거스리면 안 되고, 순종하면 잘될 줄 압니다. 누구나 그럴 줄 압니다.

3월 9일 목요일

> 이스라엘 족속아 내가 이렇게 행함은 너희를 위함이 아니요 너희가 들어간 그 열국에서 더럽힌 나의 거룩한 이름을 위함이라 열국 가운데서 더럽힘을 받은 이름 곧 너희가 그들 중에서 더럽힌 나의 큰 이름을 내가 거룩하게 할찌라…(겔 36:22-27)
> 그래도 이스라엘 족속이 이와같이 자기들에게 이루어주기를 내게 구하여야 할찌라(겔 37)

여호와의 크신 이름 때문에 이스라엘 백성을 회복하셨습니다 그러나 백성이 하나님께 구할 줄 모릅니다. 제가 주님 능력을 너무 안 받았습니다. 너무 몰랐습니다. 다른 이들보고 능력과 지혜를 얻어야 한다고 권하기만 했습니다. 참으로 부끄럽고 잘못된 일입니다. 저는 지혜를 넉넉히 받은 줄로만 알았지요. 참 미련한 소견이었지요. 제 미련함 때문에 다른 이들도 구원함을 못 받고 있다는 사실이 알아집니다.

제중원(濟衆病院)의 시금 '눈' 께서 채무(債務) 백만원 때문에 수면제를 먹었다는 말을 듣고 깊이 느껴집니다. 4년전에 ㅇㅇ있을 때에 정신적인 지도를 잘했다면 그같이 안 되었을 것이 분명합니다. 동광원에 계신 분들 남녀간에 정신적 지도자 또한 시급해졌습니다. 제탓입니다.

주신 은혜를 잘 활용했다면 아마 어떤 해결책을 넉넉히 얻었을 것입니다. 이제 늦었어도 해 보아야겠습니다. 차차 빚 갚는 방도를 생각해 나가야겠습니다. 동광원이 사회와 외국의 원조를 받아온 것도 갚아야 되겠습니다. 다른 이보고만 갚을 도리를 하라고 권했었습니다. 제 자신부터 갚아야 할 일입니다.

한량 없으신 주님의 능력을 받아야겠습니다. 너무도 능력을 몰랐습니다. 주님께서 알맞게 주신 줄로만 알았습니다. 너무 부끄럽습니다. 능력을 못 받고 남을 가르쳐왔습니다. 참 잘못입니다. 넉넉히 받아 가지고 저도 구원하고 다른 이들도 구원했어야 할 일이었습니다. 참으로 회개했어야 할 노릇이었습니다. 능력과 지혜를 증거했어야 할 것입니다. 제 마음이 커야겠습니다. 너무 좁아졌습니다. 쪼그라진 소치입니다. 마음 넓혀서 주님과 사람과 사물과 저 자신을 보아야겠습니다. 참말 정신 차려야겠습니다. 제가 잘못되었기 때문에 많은 이가 헛된 희생을 겪고 있습니다. ○○이 어제 저녁 내 위경련으로 신음한 것도 제탓이겠지요.

> 내 백성들아 내가 너희 무덤을 열고 너희로 거기서 나오게 한즉 너희
> 가 나를 여호와인 줄 알리라 내가 또 내 신을 너희 속에 두어 너희로
> 살게 하고(겔 37:13:14)

주님 권능이 무한하십니다. 어머니께서 그 권능 받으셨으니 제가 받는 것보다 더 좋습니다.

주님! 저의 성모님! 저를 도우소서. 무한하신 지혜를 저도 얻어야만 실수를 않겠습니다. 모든 참 일은 정신력이 첫째입니다. 정신력을 먼저 얻고 나서 몸의 힘은 그 다음이요, 그리고 그 다음이 물질과 기계의 힘입니다. 아버지! 저희를 잘 얽어매 주셔서 저희로는 끊을 수없이 되어 있는 형편을 감사드립니다. 억지로는 안 끊어지니 순리로 잘 풀리도록 맺어주신 줄 믿습니다. 인내와 사랑 가지고 순리로 풀게 해 주옵소서. 저희 사람들 사이가 화평으로 화해되기 바랍니다. 미련한 때가 가장 지혜로운 때입니다. 주님만 의지하는 시간이 가장 지혜로운 시간입니다. 약할 때가 가장 강합니다. 주님 힘만 비는 시간이 가장 강한 시간이 됩니다.

3월 10일 금요일

모든 일은 "얼"로 이루어졌음을 알려 주시나이다. "얼김"을 받아 "얼기운"으로 주님 기쁘게 섬기겠습니다. "얼"에 힘을 주옵소서. "얼"의 힘을 빌어야겠습니다. 아버지 되심을 아는 일과 알리는 일만 충실하게 해 주소서.

유순'눈' 께서 전날에 나무하러 오신 할아버지가 점심을 안 가지고 오신 것을 보고 식사 대접하신 일은 잘하신 일이라고 했습니다. 밀가루를 보내드려서 식사를 후히 접대하도록 하겠습니다.

3월 11일 토요일

정신 통일이 첫째로 필요합니다. 죄는 생사를 못 가리는 것이므로 극진히 조심하고 피할 조건입니다.

방순갑 '눈'의 미래에 대해 진지한 의논을 했습니다. 풀려서 감사합니다. 제 수종 들어주신 분들에게 대해 죄송한 생각 그지 없습니다. 다만 주님의 안보하심만 바라고 있습니다. 제게는 아무런 수단도 방법도 없습니다.
 제 지체된 형제자매들이 제 몸보다 귀중하게 여겨집니다. 기도할 때 화장은 멀리하고 속사람을 덕으로 단장할 것입니다.

3월 12일 주일

 주님과만 긴밀히 맺어지기 바랍니다. 언약하신 주님이시여, 이 죄많은 것 사하소서. 인자(仁慈)로 보옵소서. 신앙의 전환기(轉換期) 일대변화기. 생수를 마셔야겠나이다. 하나님, 아드님이신 메시야만 믿게 하소서(요 4: 26)

> 나의 양식은 나를 보내신 이의 뜻을 행하며 그의 일을 온전히 이루는 이것이니라(요 4:34)

 그의 일은 믿어서 온전하게 되는 일, 그것이 바로 영생의 양식이 됩니다. 그 뜻을 옳게 분별해야겠습니다. 그의 일만 잘 알아서 해야할 터입니다. 영생의 말씀과 영생의 일만 할 것입니다. 구약의 선지 성현들은 심고 노력했고 저는 참여만 합니다. 믿기만 하나이다. 중생(重生)도, 씻음도, 거룩함도, 주님이 그저 주십니다.
 1885년 선교사 아펜셀라가 내한하여 배재학당을 창설하고 선교 육영(育英)사업을 시작한 지 지난해 8월 3일이 75주년입니다. 기념우표를 루스. N. 아펜셀라 여사께 보내드렸습니다.
 떨어지는 생활은 아래니 밑이요, 밑은 더러운 곳이요, 더러운 짓, 곧 음란을 좋아하는 것은 미친 짓입니다.
 이대영 '언'의 말에 영희 '눈'이 갔다는 말을 들을 때 저의 반성을 독촉하는 것 같습니다. 저의 주변에는 한 사람도 살 수 없다는 소식 같습니다.
 이 나라가 공산 치하에 들지 않도록 한 사람 한 사람 깨어야겠습니다. 저는 이제 회개하고, 가는 이 오는 이 좋아도 싫어도 하지 말아야겠습니다. 고아와 과부를 돌아보는 양심가요, 참아진 사람은 자기를 지킵니다. 자기를 지키는 목적이 희미하면 일하다 실패하기 쉽습니다.

　공자(孔子)의 말에, 많은 사람 중에 목적을 아는 이는 거의 없고, 혹 목적을 깨달은 이가 있더라도 서너달 동안 이익이 없는 사업이나 하다가 실패할 경우에 목적을 잃고 만답니다.

5월 6일

　인공위성이 새벽 한시경에 북극성 위를 달리고 있습니다. 제 머리는 너무 안 떨어지고 있습니다. 전차가 아침에 달리고 있습니다. 묵은 생각에서 깨라신 재촉이신 줄 압니다. 혈증(血症)이 납니다. 주님의 피를 기억해야겠습니다. 아침 기도 시간입니다. 주님의 피 굳게 믿어야 할 각성이 생깁니다. 찬송과 출애굽기에서 절실히 느껴집니다.

　어제 K언에게서 S교수의 연구 결과를 듣고 매우 기쁩니다. 주님 뜻을 이루고 그의 영광을 드러내고 싶은 어제였기 때문에 특히 감개가 심각합니다.

　거룩함을 이루어야만 할 나여! 너무도 오랫동안 게으르고 교만하고 쪼그라진 생각에 갇혀 살았습니다. 이제 마음을 터야겠습니다. 그리스도의 피로 살고 있는 저여! 의무를 느끼고 떨쳐 일어서야겠습니다. 과학이 철학의 기본이 되고 그 둘의 신학의 토대가 되게 해야겠습니다. 주 예수 그리스도는 모두 학문의 기본이시요. 생명이 되시나이다.

　그리스도의 보혈이 명화해질 것입니다. 그리스도의 보혈의 필요를 느끼지 않는 종교나 철학이나 과학은 사람을 잡는 학문이 될 줄 압니다. 그리스도의 보혈만이 만물의 생명이 되시기 때문입니다. 그리스도의 보혈 없이 살 수 없음을 깨달아야겠습니다. 보혈의 중요성을 배워야겠습니다. 보혈을 잘 몰라서 영혼이 깨어나지 못하고 어둡고 약합니다.

　주 은혜로 선히 쓰게 도와주소서. 주님 은혜 잘못 쓸까 두렵습니다. 이제껏 오용, 남용, 감사없이 썼습니다. 두려운 일이로소이다. 너무 남용했으니 용서를 빕니다. 참 잘못했습니다.

　S교수 연구가 참으로 주님께 바쳐지게 해 주소서. 이 좋은 그를 주님께 올리는 데 협조케 해 주소서. 제 명예나 제 자랑 되지 말아지이다. 범사에

주님의 뒤를 따르게 해주소서. 제가 앞서지 말게 해 주옵소서. 믿고 겸손되게 해 주소서. 참으로 참게 해주소서.

5월 7일

눈 뜬 이에게는 태양을 가르칠 필요가 없습니다. 주님, 제 눈이 어두우니 제게 진리를 가르쳐 주소서. 하나님의 사랑은 제 마음을 정직케 고쳐 주십니다. 제 마음의 변화를 받아야겠습니다. 변화된다면 아버지의 사랑을 받게 된 것입니다. 이제껏 아버지의 극진하신 사랑을 거역한 까닭에 변화되지 않고 그대로 있습니다. 정직만하면 인생이 지극히 행복할 것입니다. 죄가 없다면 만인 앞에서 피를 뿜고 죽는다 해도 통쾌할 것입니다. 아버지를 아시는 자가 되고서야 무엇이 불안한 것이 있사오리까? 아버지를 알리소서 그리하면 제가 정직케 되겠나이다.

S교수 알게 된 것을 참 감사합니다. 그런 겸손하고 선양하며 진실하고 열심 있고 재주 있는 이를 이 땅에 내신 우리의 주님이시여! 홀로 영광받으시기 원합니다. 이 종에게 여러 귀한 인물들을 알게 하신 주님이시여! 진실로 감사합니다. 한국 잘 되기를 바라시는 분들, 동광원 잘 되어서 주님께 영광돌리시기를 바라시는 주님! 사랑하는 분들에게 국내외를 막론하고 알려드리고 싶습니다. 인간의 명예가 되지 말고 오직 주님께서 세계의 구주되심만 알려지이다. 세계가 일제히 인정할 수밖에 없게만 되겠나이다. 정직만하면 잘 살도록 마련하시는 주님이시여! 주님께서 인간을 거룩히 구별해 주시지 않으시면 거룩할 자 누구오리까? 정직한 심령을 재창조해 주소서. 아멘

거듭나심을 필요하게 간절히 요구됩니다. 주님을 사랑하지 않으면서 주님의 극진하신 사랑만 받다가 죽는 것이 원통할 뿐입니다. 주님만 사랑하다 죽는다면 무엇이 미련이 있사오리까? 오! 주여, 용서하소서. 무안한 이 죄인 용서하소서. 세상 사람들아, 주를 사랑하세! 온 몸과 온 영혼, 온 힘, 온 정성 다 바쳐서 주를 사랑합시다.

여러 친구, 선배, 후배 여러분의 사랑만 받고 갑니다. 용서들 하세요. 무정하고 악독하던 이 몹쓸 것이 주님 사랑 입고 갑니다. 여러분의 덕분에

잘 지내갑니다. 먼저 가신 분, 몽매(夢寐)간에 저를 기다리시던 분들 뵈러 갑니다. 주님, 무죄 선언해 주소서! 저들 기구와 애원 들으사 저를 받아 주소서. 참 죄송합니다. 이 세상에 계실 때도 저를 위해 살으시고 희생 생활을 달게 해주시고, 가서서도 쉴 사이없이 저를 참아 주시도록 애타신 심정으로 간곡히 기구해 주시는 사랑하는 먼저 가신 얼굴들이여! 참으로 죄송하고 무안합니다. 제 죄를 잊을 은혜받지 않고야 어찌 여러분들의 거룩하신 성객(聖客)들을 차마 뵈오리까?

예수님은 저를 위하여 정처가 없으셨습니다(고전 4:11). 주님! 저는 주님 접대할 줄 모릅니다. 주님께서 가르쳐 주옵소서. 저를 잘 접대하신 주님, 저도 그같이 누구나를 접대하고 싶습니다. 이제껏 한 사람도, 한 차례도 접대해보지 못했습니다. 남에게 대접을 받고자 하는 대로 접대하라신 주님! 제가 받았으면 주님께서 저를 대접하시는 대로 저도 접대해 드렸을 터인데 미련하고 어두워서 다 잊어버렸나이다. 다시 새롭게 가르쳐 주심만 빕니다. 곁에 앉았던 형제를 주님처럼 알고 접대해야겠습니다. 이 형제에게 하는 것이 주님께 한 것이나 다름 없겠습니다. 그러나 저는 접대할 줄 모릅니다. 접대할 줄을 알려 주옵소서.

남의 피 먹었으니 저도 그 피를 토하는 것이 마땅하나이다. 주님! 저와 함께 계심만 실감되면 절대로 죄 안 지으리라 생각합니다. 그래도 죄 짓는다면 죄 벗을 길은 다시 없겠지요. 주님의 강하신 능력을 거스리고 죄를 짐짓 지어서야 어찌 되오리까? 멸망밖에 또 무엇이 있겠습니까? 주님 저를 인휼히 여기소서. 주님이 저와 같이 계시는 실감 주소서. 절대로 제게 자유를 용납 마소서. 죄 지을 수 없도록 단속을 빕니다. 성객(聖客) 앞에 엄숙히 모셔지이다. 오늘은 감사합니다.

5월 8일

물질은 스스로 움직이는 힘은 없습니다. 생명에만 움직임이 있습니다. 물질에는 생식력이 없습니다. 생명에만 생식력이 있습니다. 물질에는 성장력이 없습니다. 생명에는 성장력이 있습니다. 물질에는 의욕이 없습니다. 생명에만 의욕이 있습니다. 물질적 생명에는 목적이 없습니다. 목적은 생명의 근원이신 이에게만 있습니다.

영적인 생명에만 목적과 의지 즉, 달성하려는 의욕과 거기 도달하고 관철시키는 힘 즉, 의지력과 진, 선, 미, 성(聖)을 분간할 수 있는 이성과 알아내려는 생각과 힘인 지성을 갖추고 있습니다.

하루살이의 목적은 하나님께 있습니다. 생명의 목적은 생명의 근원이신 이에게 있기 때문에 생명은 활동하고 성장하고 번식하고 살기는 하나, 자체로는 목적은 알지 못합니다. 그 목적을 알 수 있는 것은 영의 힘, 영성(성령)으로만 알 수 있습니다. 우리의 영만으로 모르니 성령 곧, 하나님의 성령의 도움을 받지 않으면 삶의 목적을 모릅니다. 다른 생물보다도 오히려 약할 수도 있고 더 악할 수도 있는데 이는 영성이 어두워진 까닭입니다. 영성이 어두워져서 다른 생물만큼도 행복스럽지 못합니다.

짧은 행복이면서도 오히려 짐승이나 새나 물고기보다 자유롭지 못하고 식물보다 인내력이나 성장력이 약합니다. 생의 목적에서 이탈된 증거입니다. 생명력이 약하다는 것은 자기 궤도에서 벗어난 증거입니다.

식물 자신이 산 것이면 삶의 목적이 있을 터인데 목적은 모를 것이란 증거로는 더 영적인 인간들 중에도 생의 목적을 모르고 사는 것을 보아서 알 수 있습니다. 자기도 사는 것이면 삶의 목적을 모를 리가 없을 것인데, 우리는 삶의 근원되신 이가 살게 해 주셔서 즉, 성령을 부흥케 해 주셔서 사는 것 뿐입니다. 목적은 없어도 그저 움직이고 낳고 사는 것입니다. 우주의 목적은 우주를 창조하신 이에게 있습니다. 그것을 아는 것은 영적인 사람만이 깨달을 수 있습니다. 이성이 밝아야 합니다.

식물은 거의 자체의 의욕이 약하기 때문에 생명력이 강합니다. 동물은 자신의 의욕이 식물보다는 약하나 사람보다는 강한 편입니다. 일광에 견디어 내는 힘이 약합니다. 사람은 자기 의욕이 가장 강한 까닭입니다. 이성으로 생명의 길을 찾아 살면 가장 강한 인간이 너무 이성을 안 쓰는 까닭으로 지성력을 오용해서 생명의 길을 벗어났으므로 약해졌습니다. 이성이 선도되어 지성의 뒤를 밉니다.

S교수의 이성은 과학의 머리는 하나님이심을 알게 한 것입니다. 하나님

은 모든 것의 모든 것이 되시는 까닭에 지식은 하나님의 영광을 위해 쓰여질 때 가장 효과적이요, 그 지식이 자기와 남을 유익케 하고 자기를 행복하게 만듭니다. 지식의 완성은 하나님을 아는 데 있습니다. 과학의 토대는 하나님, 예수 그리스도이십니다. 예수 그리스도를 아는 지식이 가장 고상한 지식입니다.

주님 성의대로 이종에게 분부 내리소서. 너무나 크신 사랑의 분부 이신 고로 듣기에 너무 황공하옵나이다. 너희 하나님 여호와니라(민 10:9-10). 성호로 인을 찍으셨습니다. 황공하게도 아버지께선 저희와 약속하시고는 성인을 쳐서 기억하라셨습니다. 그러면 주님께서 저를 기억하시사 도우실 것이라고. 과연 그러십니다. 급할 때 주님 기억했더니 곧 도와 주셨나이다. 성령으로 보증하셨나이다. 위급한 때 주님 분부하심 기억하라고….

주님! 주님의 분부는 제 생명보다 귀하고 좋습니다. 제게 큰 행복입니다. 저의 무한한 영광이 되나이다. 각혈할 때 주님 기억케 하시고, 시험 때 주님 기억케 하시고 환난에서 기억하시사 구원을 베푸시는 주님이시여! 동광원 빚 갚도록 선히 기억하시사 도와 주소서. 동광원 회원들 마음 붙드시사 이기주의에 빠지지 않게 건져 주소서. 한국에서 주님 권능 나타내 주소서. 이익 단체되지 않게 해 주소서. 실업자, 극빈자, 환자, 불구자, 고아들 구제하고 한국이 세계에 모범국가 되기 위해 일하게 해 주소서. 이 세계를 주님 두려워하도록 만드는 데 한국에 쓰여지기 바랍니다. 주님 은혜만 믿습니다.

> 궤가 떠날 때에는 모세가 가로되 여호와여 일어나사 주의 대적들을 흩으시고 주를 미워하는 자로 주의 앞에서 도망하게 하소서 하셨고 궤가 쉴 때는 가라대 여호와여 이스라엘 천만인에게로 돌아오소서 하였더라

동광원 앞에서 영도하신 이가 되시고 그들을 주장해 주소서. 자기를 미워하는 이는 자기뿐입니다. 자기와 자기 친구가 해칩니다. 자기만 잘하면 해칠 이가 없겠습니다. 내 영혼이 평안함을 얻은 시간이 어느 때였던가? 내가 죽은 뒤에 내 나라가 있고 내 부모형제가 있다 생각할 때 평안했습니

다. 지식 많은 바울 사도도 그리스도의 부활을 믿고 평안함을 얻었습니다.

　　바리새인과 사두개인들의 누룩을 삼가라

옆에 있는 동무 말씀을 육적으로 들을까 두렵습니다. 말씀으로 우리 생각을 지켜 주십시오.

5월 9일

주님께서 저와 함께 하심을 늘 믿고 싶습니다. 과거에 많은 증거를 잊지 말게 해 주소서. 주님 함께 해 주심 믿으니 마음이 편안해지나이다.

　　이스라엘 중에 섞여 사는 무리가 탐욕을 품으매 이스라엘 자손도 다
　　시 울며 가로되 누가 우리에게 고기를 주어 먹게 할꼬(민 11:4)

불신자들을 본받아 탐욕을 품지 말 것입니다.

　　책임이 심히 중하여 나 혼자는 이 모든 백성을 질 수 없나이다
　　　　　　　　　　　　　　　　　　　　　　　　　(민 11:14)

자기 혼자 지라고 하시지 않으셨는데 믿지 못해 걱정입니다.

　　여호와께서 모세에게 이르시되 여호와의 손이 짧아졌느냐 네가 이제
　　내 말이 네게 응하는 여부를 보리라(민 11:23)

믿기만하면 풍성하고 남음이 있습니다.

　　네가 나를 위하여 시기하느냐 여호와께서 그 신을 그 모든 백성에게
　　주사 다 선지자되게 하시기를 원하노라(민 11:29)

모세의 관용과 성령이 백성에게 성령을 주심으로 회복시키소서. 탐욕을 이루는 것이 패망입니다.

5월 10일

아버지 권능을 믿지 않았습니다. 제가 실수하지 않도록 붙들어 주실 것을 믿지 않아서 아무 것도 못했습니다. 옳은 일이면 주님 믿고 착수해 나가도록 인도해 주소서. 기도 들어 주심 못 받는 일이 많이 있을 듯합니다.

육체 형편 풀리는 일이 늦을 듯합니다. 변소 단속 꼭 해야할 줄 압니다. 먼 곳 문제가 아닙니다. 이 집 문제입니다. 허리를 펴고 앉으라고 말했더니 순순히 못 받아들이는 이도 있습니다.

××두 '눈'이 젊은 남자들 앞에서 새소리 지르고 장난을 칩니다. 너무나 거리가 먼 느낌입니다. 제가 먼저 주님 가까이 따라가야 겠습니다.

동광원 변소 개량이 어서 되어야겠습니다. 사랑과 이해로 진보가 되어야만 하겠습니다. 농촌에 파리와 모기 없애주는 일, 농어촌 민심 계몽, 인재 양성 유용한 인물을 배양할 일입니다. 믿음의 사람, 신용할 수 있는 사람, 정직한 사람, 충직한 사람, 근면한 사람, 진리를 탐구하는 이들을 양성할 일입니다. 제가 먼저 될 일입니다. 아버지 함께 해주심을 믿습니다.

이 사람 모세는 온유함이 지면의 모든 사람보다 승하더라(민 12:3)

모세는 지상에서 온유로써 제일간 사람입니다. 그렇기에 대중의 지도자가 되었습니다. 믿음으로 하나님께서 자기들에게 주실 줄로 믿는 눈과 믿지 않는 눈이 서로 차이가 있습니다. 주님께서 함께 하심을 믿으면 가능합니다.

주님께옵선 저보다 먼저 나와서 기다리시나이다. 성총을 가지시고 축복하시려고 기다리고 계시옵니다. 첫째, 제가 사람이 되어야 무엇이 될 것입니다. 둘째는 가르칠 만한 사람이 있어야겠습니다. 셋째는 가르칠 그 사람을 가르칠 사람이 필요하고 긴요합니다. 그 다음이 각 분야에 연구하는 기술 전문가가 필요합니다. 우선은 사람되는 일입니다. 제가 노한다는 것은 시어머니 앞에서 며느리 화내는 격입니다. 아무 두려워할 것 없습니다.

××에게 심우(心友)가 없으면 적적할 것이요, 대지식가에게 심우가 없으면 허전할 터입니다. 주님, 저의 심우가 되려고 오셨습니다. 원수된 저를 사랑하사 오히려 죽어 주셨습니다. 그 사랑을 깨닫는 것이 최고의 지식입니다. 이 지식은 신학에서 못 얻습니다. 마음의 지식입니다. 지식으로 마음의 문제를 풀 수 있다면 하나님을 찾는 일은 없을 것입니다. 마음의 영성을 위해서 가장 위험한 노릇입니다. 하나님은 우리의 힘이 되십니다.

5월 11일

아버지 이르심대로만 산다면 금생과 내세까지 영원토록 무슨 염려가 있사오리까? 파리가 생긴 뒤에 죽이려 들지 말고, 생기지 않도록 방비할 일입니다. 믿음으로 영생의 기쁨을 받고 누리기로 새 언약이 성립되었습니다. 믿도록만 힘쓸 노릇입니다.

무등산 환자들이 날로 나아지고 있다 합니다. 위장이 아주 나빠서 밥을 전혀 못 먹던 이가 나아진답니다. 주님께서 위장을 지으셨으니 주님께서 고쳐 주신 것입니다. 약을 안 써도 나은 것입니다. 약 먹고 나아도 주님께서 고쳐 주신 것입니다. 도암에 사는 신경통 앓는 분들과 해수로 괴로움 당하시는 분들이 다들 나았다 하니 진실로 주님의 자비하심과 권능을 감사치 않을 수 없습니다. 자비하시고 권능이신 주님이 계시오니 참으로 큰 소리로 찬양할 수밖에 없습니다.

제 속 썩는 물을 제 살눈으로 보니 감사합니다. 이 땅에서 아는 분들에게 하나하나 편지를 내야겠습니다. 고별의 인사를 드려야겠습니다. 믿음으로 보는 세계는 가능한 세계요, 주님께서 불의를 용납치 않으시고 정의를 세우실 세계입니다(민 14:6). 하나님을 증거하는 이들을 보호하시는 주님(민 14:10), 하나님을 멸시하는 무리에 대하신 하나님의 노여우심(민기 14:12), 모세의 간구와 주님의 자비심(민 14:13-19), 갈렙만 들어가 그 땅을 보고 그 자손들이 그 본 땅을 얻을 것입니다(민 14:20-25).

> 너희 자녀들은 너희 패역한 죄를 지고 너희 시체가 소멸하기까지 광야에서 유리하는 자가 되리라(민 14:33)

탐지하고 와서 악평한 이들이 죽어 헛수고했습니다(민 14:36-36). 수고한 보람있는 이들(민 14:37), 여호수아 갈렙처럼 신앙있는 이들만 수고의 삯을 받았습니다. 하나님께서 허락치 않은 일은 실패합니다(민 14:34-45).

5월 12일

음(淫)에서 생겨서 음으로 마치는 벌레와 벌같은 곤충. 영원에서 와서 영원으로 돌아가려는 인생의 얼. 음에서 재미를 보고, 음에서 인생의 의의를 찾고, 음에서 목적을 찾고, 음으로 마치려는 인간들. 그런 인간들에게서 무엇이 나올 수는 없는 것입니다. 음을 벗어난 이들이 새 세상을 이루고 참된 인생의 의의를 발견하고 즐거워합니다.

5월 13일

아침 예배 시간, 이 자리에 나와 앉게 해주신 은혜 감사합니다. 이 땅이 숭앙(崇仰)해야 땅에 사는 백성에게 축복하시사 계속해서 성인을 보내실 줄 믿습니다. 성령의 가르치심인 줄 압니다. 이세종, 포싸잇, 두 분을 기념하고 늘 알려야겠습니다.

> 여호와의 말씀을 멸시하고 명령을 파괴하였은즉(민 15:31)
> 한 사람이 범죄하였거늘 온 회중에 멸하려 하시나이까(민 15:22)

모든 육체를 내시고 살리시는 하나님, 하나님께서 나를 보내서 하신 것이요, 내 임의로 한 것이 아닙니다.

> 여호와께서 모세에게 명하신 대로 하였더라(민 16:40)

5월 14일

어제도 겸손이 주님 앞에서 너무 부족했습니다. 모든 것이 부족한 중에 너무나 겸손이 부족했나이다. 남에게 잘 가르쳤으나 잘 믿도록 했어도 저 안 믿으면 저는 불행하겠습니다.

> 내가 택한 자의 지팡이에는 싹이 나리니(민 17:4)

아론의 지팡이는 간직하여 원망한 자에게 표증이 되게 합니다. 원망하다가 죽지 않게 하기 위해서입니다(민 17:10).

5월 15일

주님, 무지한 것! 주님 마음을 너무 못 알았습니다. 주님 마음 배우게 해 주소서. 사람 마음도 알기 어렵거든 어찌 주님 마음 알 수 있사오리까? 성령을 보내셔서 알게 해 주소서.

> 내가 그들에게 명한 길을 속히 떠나 자기를 위하여 송아지를 부어 만

들고(출 32:8)

자기를 위해 주님 길을 떠나고 송아지를 만들었습니다.

> 모세가 본즉 백성이 방자하니 이는 아론이 그들로 방자하게 하여 원수에게 조롱거리가 되게 하였음이라(출 32:25)
> 너희 형제 레위인을 취하여 내게 돌리고 너희에게 선물로 주어
> (민 18:6)

주님께서 가져다가 다시 저에게 선물로 주십니다.

> 나는 이스라엘 자손 중에 네 분깃이요, 네 기업이니라(민 18:10)

회막에서 하는 일을 갚으십니다(민 18:11). 그 아름다운 것, 곧 거룩케 부분을 여호와께 거제로 드립니다. 아름다운 것을 받들어 드린즉, 죄를 짓지 아니함입니다. 차원이 같으면 부딪칠 것이고, 차원이 높으면 낮은 차원을 용납할 것이고, 낮은 차원은 높은 차원에게 용납받아야 할 것입니다. 영의 자리는 무한히 큰 자리입니다.

5월 16일

제게 참 그리스도의 사랑이 없는 일이 모든 잘못이 되어서 여러 가지 어려운 일 자아내고 있습니다. 부정을 깨끗케 해야할 필요성이 있습니다.

> 너희가 나를 믿지 아니하고 이스라엘 자손의 목전에 나의 거룩함을 나타내지 아니한고로 너희는 이 총회를 그들에게 준 땅으로 이끌어 들이지 못하리라(민 20:12)

범사에 하나님을 시인하고 증거해야겠습니다. 그렇지 않으면 참 사람을 지도할 수 없습니다. 백성이 원망(민 21:5). 놋 뱀을 쳐다본즉 살더라(민 21:9). 무신론과 유물론과 미신들과 무지와 회의와 싸워 이기게 하소서(민 20:21).

5월 17일

주님, 저와 함께 하심을 감사올리옵니다. 성결은 주님의 은혜입니다. 원

수를 사랑함은 주님 함께 하시는 증거입니다.

> 그대가 복을 비는 자는 복을 받고 저주하는 자는 저주를 받을 줄을
> 내가 아노라(민 22:6)

하나님의 축복을 비는 이는 복받고 저주하는 이는 저주를 받는다고 하십니다(민 24:9).

> 네 길이 내 앞에 패역한고로 내가 너를 막으려고 나왔더니(민 22:32)

주님 기뻐하시지 않으신 길은 막아 주소서. 돌이키게 해 주소서. 하나님께서 내 입에 주시는 그 말씀만 할 뿐이니이다.

5월 18일

은혜를 깊이 깨닫고 싶습니다. 은혜를 배우는 총명을 주옵소서.

> 하나님이 행하시리니 그 때에 살 자가 누구이랴(민 24:33)

그가 하나님 위하여 질투하여 이스라엘 자손을 속죄하였습니다(민 25:10-13). 그들이 궤계로 저희를 박해하되 브올의 일과 미디안 족장의 딸 곳브올의 일로 염병이 일어난 날에 죽음을 당했습니다. 그들의 자매 고스비의 사건으로 너희를 유혹하였습니다(민 22:16-18).

주님, 제 혈기 없애 주소서. 혈기가 너무 팽창하나이다. 사나 죽으나 주님 뜻대로만 하옵소서. 무슨 문제보다 주님 마음 얻어야겠습니다. 주님의 마음으로 사람도 만나고 무슨 일도 생각해야겠습니다. 단체일도 주님 뜻대로 되어야겠으니 제 마음이 먼저 주님의 마음 얻어져야겠습니다. 낮아지는 마음 주옵소서.

5월 19일

힘써 은혜를 깨달아야겠습니다. 하늘에 계신다는 뜻은 신령한 자리에 마음으로 통할 있는 자리라는 뜻 같습니다

> 다단과 아비람은 회중 가운데서 부름을 받은 자더니 고라의 무리에
> 들어가서 모세와 아론을 거스려 여호와께 패역할 때에 땅이 그 입을

> 열어서 그 무리와 고라를 삼키매 그들이 죽었고 당시에 불이 이백 오
> 십명을 삼켜 징계가 되게 하였으나,그러나 고라의 아들들은 죽지 아니
> 하였더라(민 29: 9-11)

모세와 엘르아살이 계수한 자들은, 광야에서 죽으리라 말씀하신 대로 갈렙과 여호수아 외에는 남지 아니하였습니다.

> 우리 아버지가 광야에서 죽었으나 여호와를 거스려 무친 고라의 무리에
> 들지 아니하고 자기 죄에 죽었고 아들이 없나이다(민 27:3)
> 나의 거룩함을 그들의 목전에 나타내지 아니하였음이니라(민 27:14)

불상 앞에 앉았어도 자기 마음에 우상을 섬기는 것이 됩니다. 세상이 칭찬하는 일을 하고 수 천만인의 애도 속에 죽어도 주님함께 안 하시면 허망하고 죄인입니다. 저주하고 욕하는 속에서 쓰러져 죽는대도 주님 함께 하시면 진실로 영광이옵니다.

5월 20일

주님께서 성의대로 세상을 주장하여 주실 것을 믿습니다. 제 계획을 제가 비로소 세우지 못하게 해 주시고 만세전부터의 아버지의 계획대로 이루어 주옵소서「양성반」계획이 아버지의 계획으로 성취되기를 바라나이다. 동광원도 이루옵소서. '송등원'도 아버지 계획대로 이루옵소서. '답동'일도 아버지 계획대로만 이루어 가소서. S교수와의 일도 아버지 뜻대로 성취시켜 주소서. 과학연구소도 아버지 계획이시거든 실현시켜 주시고, 아버지 계획아닌 것 저희가 계획하는 일 없게 하소서. 이 국가를 아버지 계획 하신 대로 성취시키실 것을 바라나이다. 세계를 아버지께서 뜻대로 관리 관장해 주소서. 아멘

아버지 계획을 알려주시사 그 뜻하신 바 대로만 충성을 다해 받드는 종 되기를 바라옵고 비나이다.

무신론 주장과 무신적 국가 사회 개인, 단체, 교육, 기타 모든 사업에 주님 섭리를 불어 넣어야겠습니다. 기러기가 높이 떠서 북으로 떼지어 날아가는 것을 보았습니다. 저의 어리석음을 어서 버리고 총명있게 주님 계획

하심에 따르고 싶습니다.

5월 22일

은혜를 더 분명히 느끼며 살고 싶습니다. 안전한 보호를 알고 감사하면서 살고자 하나이다. 안전한 주님 섭리를 깨달으며 살고 싶습니다.

> 너희 형제들은 싸우러 가거늘 너희는 여기 앉았고자 하느냐(민 32:8)

> 여호와를 온전히 순종치 아니함과 온전히 순종함(민 32:12).

> 너희 죄가 정녕 너희를 찾아 낼 줄 알라(민 32:23)

주님의 사랑이어야 할 것이 역력히 알아졌습니다. 절대적인 원수라도 사랑할 수 있는 사랑인 줄만 알고 자신만만하게 살았던 것이 참 잘못입니다. 주님이 사랑해 주소서.

5월 24일

주님 닮게 해 주소서. 주님, 주님 닮게 해 주소서. 부족한 자식을 써서 주님같이 거룩히 만들어 주소서.

> 너희 거하는 땅을 더럽히지 말라 피는 땅을 더럽히나니 피흘림을 받은 땅은 이를 흘리게 하는 자의 피가 아니면 속할 수 없느니라 너희는 너희 거하는 땅 곧 나의 거하는 땅을 더럽히지 말라 나 여호와가 이스라엘 중에 거함이니라(민 35:33-34)

5월 26일

그리스도의 풍성을 알려 주소서. 뵈옵는 눈을 주소서. 여태껏 뵈올 눈이 없어서 못 뵈었사옵나이다. 깨달음 주옵소서. 한 사람 한 사람에게 그리스도의 자비가 풍성히 베푸심을 우러러 뵙게 해 주옵소서.

> 오늘부터 내가 천하만민으로 너를 무서워하며 너를 두려워하게 하리니 그들이 내 명성을 듣고 떨며 너로 인하여 근심하리라(신 2:25)

> 이는 너의 하나님 여호와께서 그를 너를 내 손에 붙이시려고 그 성품을 완강케 하셨고 그 마음을 강퍅케 하셨음이니라 오늘날과 같으리라
> (신 2:30)

> 우리가 모든 높은 성읍을 취하지 못한 것이 하나도 없으나 무릇 우리
> 하나님 여호와께서 우리의 가기를 금하신 곳이 네가 가까이 하지 못
> 하였나니라(신 2:36, 37)

무슨 일이 잘 안될 때가 더 잘된 때입니다. 허락하신 것만이 넉넉하고 좋습니다. 허락지 않으신 것을 탐하지 말 것입니다.

5월 28일

저를 위해 섭리하시고 일하시는 주님이십니다. 저희 위하여 일하시는 아버지이심을 잊지 말게 해 주소서. 주님이 저 위해 일해 주심 분명하십니다. 알려주신 은혜가 더욱 감사하옵나이다. 성령으로 예배드리게 해 주소서.

> 그러나 거기서 네 하나님 여호와를 구하게 되리니 만일 마음을 다하
> 고 성품을 다하여 그를 구하면 만나리라(신 4:29)
>
> 어떤 신이 와서 시험과 이적과 기사와 전쟁과 강한 손과 편 팔과 크
> 게 두려운 일로 한 민족을 다른 민족에게서 인도하여 낸 일이 있느냐
> (신 4:34)

5월 30일

주님 기뻐하시는 일만하게 해 주시고 기뻐하시지 않는 일은 삼가 피함을 주소서.

5월 31일

믿음이 아니고서는 주님을 기쁘시게 할 수 없습니다. 복음에 대한 제 마음 태도가 발라야겠습니다.

6월 1일

저에게 가장 긴급히 소용되신 분은 주님이십니다. 저에게 꼭 계셔 주셔야겠나이다. 돈이나 물질이나 건강이나 지혜보다도 주님께서 제게 주장자가 되어 주셔야 하겠나이다.

> 내가 너희를 알던 날부터 옴으로 너희가 항상 여호와를 거역하였느니
> 라(신 9:24)

주님, 제게 있는 것 모두와 주님과 바꾸어 주소서. 다 가져 가시고, 다 없애 주시고, 주님께서만 제게 계셔 주시사 제가 알던 모르던 저만 주관하사 영광받으소서. 주님 자비하심을 뚜렷이 드러내 주소서. 주님 인자는 제 생명보다 오히려 귀중하고 값이 있사옵나이다ㅏ.

6월 2일

어젯밤은 어쩐지 군대들 활동이 비상했습니다. 저처럼 평안한 사정 속에 사는 것은 전혀 주님의 도우심임을 더 확실히 알겠습니다. 五月에 이 나라를 잘 섭리해 주셨습니다. 세계도 아울러 잘 경륜해 주옵소서. 제가 제일 필요한 것은 진실입니다. 제게 있는 모든 것과 참 바꿔 주옵소서.

> 여호와가 그의 기업이시니라(신 10:9)
> 여호와께서 네게 요구하시는 것이 무엇이냐(신 10:12-22)

부르심을 알아야겠습니다. 부르심의 상이 얼마나 귀하심을 알아야 겠습니다. 그 상을 받도록 부르심에 순응해야만 되겠습니다. 그 상이 크심에 놀라야만 하겠나이다. 주님만 제 마음에 계신다면 아무것도 필요로 않겠나이다. 영원히 예수님만 필요로 요구하는 자식이 되어지기 십히 원하옵나이다.

6월 3일

주님 고귀하신 뜻 찾는 저 되기 바랍니다. 주님께서 저를 지켜주시는 이 심을 만민이 알게 되기를 바랍니다. 주님께 제 뜻을 강요해 왔습니다. 이제부터는 주님 뜻을 기다리고 참는 종 만들어 주옵소서. 주님 뜻대로 되옵기를 원하와 기다리고 참게 하사 주님만이 밝히 나타나사이다. 제 뜻대로는 아무것도 허락 마옵시고 꼭 주님 뜻만 기다리게 해 주소서.

> 너희가 건너가서 얻을 땅은 산과 골짜기가 있어서 하늘에서 내리는 비를 흡수하는 땅이요 네 하나님 여호와께서 권고하시는 땅이라 세초부터 세말까지 네 하나님 여호와의 눈이 항상 그 위에 있느니라
> (신 11:11-12)

항상 은혜를 내리심을 우러러 보는 생활을 할 수 있는 땅, 은혜 아니면 못살 땅이며 은혜만 기다릴 수밖에 없는 땅, 은혜를 기다리는 생활만을 할

수있는 땅입니다. 은혜로만 살 것입니다. 은혜가 그치면 망할 것입니다.

6월 5일

주님, 저 위해 예비하신 길로 이끌림 받기 원하옵나이다.

> 네가 만일 네 하나님 여호와의 말씀을 듣고 오늘날 내가 네게 명하는
> 그 모든 명령을 지켜 네 하나님 여호와의 목전에 정직을 행하면 이같
> 이 되리라(신 13:18)

인류보다 천류에 매여 살게 해 주소서. 인정보다 천정을 품게 해 주소서. 인품보다 천품을 더 중히 여기게 해 주소서.

6월 6일

겸손해야만 구원을 받을 줄 압니다. 겸손해야 믿습니다. 뜻이 하늘에서 이루어지신 것처럼 땅에서도 이루어지이다. 아버지의 뜻이 주 예수님에게서 이루어지신 것처럼 제 몸에서도 이루어지이다. 오늘은 말씀을 주셔서 하게 되었습니다. 베데스다 못가에 있던 숱한 병자 중 한 병자만 나음 받은 것은 할 수 없는 처지에서 은혜만 바랐기 때문입니다. 주님께서 찾아오셔서 고치셨습니다. 다른 환자들을 그 자리에 두신 것도 주님 사랑이십니다. 오늘 형편도 모든 사람이 참 긍휼밑에 있사옵나이다.

> 네 하나님 여호와께서 너희 범사에 네게 복을 주시리라(신 15:18)

6월 7일

제 기도나 제 변설이 무슨 소용이 있겠습니까. 주님께서 제게 성총을 부어 넘치게 하셔도 저는 그 넘치는 성총으로 다른 분을 채울 수가 없습니다. 저는 주님의 풍성하심과 무한하심을 증거할 것뿐입니다. 다른 분의 결핍을 채우실 이는 또한 같으신 주님만이 채우실 것입니다.

물질적 도움은 도움이 되지 못합니다. 성총의 도움만이 참 도움이 됩니다. 물질적 도움은 돕는 이나 도움받는 이나 은혜스럽지 못합니다. 도리어 서로 원망이 되고 맙니다.

하나님의 사랑을 믿어 봅시다. 좋은 것과 후한 것으로 제게 있는 잘못된 것과 바꿔가시는 주님의 사랑, 그 사랑 증거할 풍부한 사랑 주옵소서.

너희 중 모든 남자는 일년 삼차 곧 무교절과 칠칠절과 초막절에 하나님 여호와의 택하신 곳에서 여호와께 보이대 공수로 여호와께 보이지 말고 각 사람이 네 하나님 여호와의 주신 복을 따라 그 힘대로 물건을 드릴지니라(신 16:16-17)

뇌물은 지혜자의 눈을 어둡게 하고 의인의 말을 굽게 하느니라 너는 마땅히 공의만 좇으라(신 16:19, 20)

자기를 위하여 주상을 세우지 말라 네 하나님 여호와께서 미워하시느니라(신 16:22)

미리 예비해 두시고 떠나라십니다(창세기 35:1, 12:1).

6월 9일

성령의 일러주심 받지 못하면 그리스도의 사람이 못 되겠습니다. 그리스도의 사람이 되기를 바라나이다. 절제를 권해서 저축케 해야 겠습니다. 성령의 지시대로 쓰이기 위해서입니다.

네 눈이 긍휼히 보지 말라(신 19:21)

주님께서 긍휼히 여기시는 일에만 저도 긍휼한 마음이 일게 해 주소서.
생명은 생명으로: 남을 해치고자 하는 대로 제게 돌아오게 하소서.
눈은 눈으로: 남에게 손해 끼친만큼 제가 받아지이다.
이는 이로: 남을 아프게 해준 만큼 제 마음도 아파지이다.
손은 손으로: 남을 때린 만큼 저도 맞아야 되겠습니다.
발은 발로: 제게 선행을 베푸신 이들에게는 아버지께서 갚아주소서.
풍부한 축복으로 내리소서. 제게 축복한 만큼입니다.

6월 10일

주님께서는 모든 일에 능하시옵니다. 저는 아무 것도 가능한 것이 없습니다. 다 불가능한 것뿐입니다. 주제없이 제가 무엇을 해서 이룰 것처럼 생각하지 말게 하소서. 누구나 말이나 마음을 잘못 쓰면 자기가 자기를 판단하는 줄 알아졌습니다. 사람마다 자기가 자기를 저주하는 줄 알아졌습니다. 성격 교양이 필요함을 절감하게 되었습니다. 성격 바르고 밝고 맑은 성격, 강하고 유한 성격입니다. 성격 교정에 힘써야겠습니다.

애굽 땅에서 너를 인도하여 내신 네 하나님 여호와께서 너와 함께 하시느니라(신 20:1)

6월 11일
주님 제 마음병 고쳐 주소서. 심히 죄가 되나이다.
피살자에 대한 연대적 책임(신 21:1-9), 사랑하고 미워하는 두 아내의 소생에 대한 대우를 공정히 함(신 21:15-16),

나무에 달린 자는 하나님께 저주를 받았음이니라(신 21:23).

6월 12일
무신론보다 정반대의 생활이 되어야겠습니다.

네 형제의 우양이 길 잃은 것을 보거든 못 본 체 하지 말고(신 22:1)

책임을 무시하지 말고 의무를 알고 살 일입니다. 편하기 위해서 의무를 느끼지 않으면 행복이 없습니다. 배설물을 덮을 일입니다(신 23:12).

창기의 번 돈과 개 같은 자의 소득은 아무 서원하는 일로든지 네 하나님 여호와의 전에 가져오지 말라(신 23:18)

아버지의 가르치심과 힘으로 도와주셔서 제 마음 고쳐져야 살겠습니다. 이 나라가 법을 무서워하고 하나님을 경외하는 백성이 되면 얼마나 좋을까 싶습니다. 어린이로부터 체모도, 법도 못 가리는 이 나라여!

6월 13일
날마다 새 힘을 주심으로 삽니다. 누구를 방문할 때는 내 속에 사랑있어 찾아 가야겠습니다. 사랑 없이 찾아가면 불 꺼진 재가 날아 다니는 것처럼 남의 눈에 먼지가 들게 할 뿐입니다.
제 안에 주님께서 계셔 주옵소서. 무슨 물건이 필요한 것보다 주님께서 제 안에 계셔 주시는 일이옵나이다. 주님 제게로 오소서. 가르쳐 주소서. 축복해 주소서. 주님 뜻 알려주소서. 주님 뜻대로만 준행케 해 주소서.

너희 중에 악을 제거할지니라(신 24:7)
네 하나님 앞에 네 의로움이 되리라(신 24:13)

제 안에서 악을 뽑아내 주시고 주님 의는 제 안에 간직해 주옵소서.

십분 공정한 저울추를 두며 십분 공정한 되를 둘 것이라(신 25:15)
오늘날 너를 자기의 보배로운 백성으로 인정하시고(신 26:18)
이 율법의 모든 말씀을 실행하지 아니하는 자는 저주를 받을 것이라
(신 26:26)

6월 14일
주님만을 골똘히 의지하게 해 주옵소서

네가 모든 것이 풍족하여도 기쁨과 즐거운 마음으로 네 하나님 여호와를 섬기지 아니함을 인하여(신 28:47)

이런 죄인을 긍휼히 여기시는 주님의 간절하옵신 마음 알아지이다.

6월 15일

저를 몇 날 더 놓아 두실른지는 알 수 없습니다. 그러나 그동안 주님 의지하겠나이다. 겸손히 주를 섬기고, 주님께 제 생명 받들어 올려야겠고, 누구나 사랑해야겠나이다. 성결과 겸손을 주소서. 누구를 충고하거나 가르칠 것이 아니라 저를 가르치고 저를 고쳐야겠습니다. 사람에게 사정 말고 주님께 의탁해야겠습니다.

깨닫는 마음과 보는 눈과 듣는 귀는 오늘날까지 여호와께서 너희에게 주지 아니하셨느니라…주는 너희 하나님 여호와이신 줄을 알게 하려 하심이니라(신 29:4, 6)

주님께서 구주되심을 알리시려고 여러 가지로 역사하십니다. 주님께서 저를 위하사 수고해 주심으로 저는 수고 않습니다. 제가 수고해서 주님 십자가를 지시고 아버지 뜻 이루소서.

사람이 하나님의 뜻을 행하려 하면 이 교훈이 하나님께로서 왔는지 내가 스스로 말함인지 알리라 스스로 말하는 자는 자기 영광만 구하되 보내신 이의 영광을 구하는 자는 참되니 그 속에 불의가 없느니라
(요 7:17-18)

6월 16일

누구에게나 좋게 하는 성격을 만들어 주소서. 새 것은 늘 묵은 것 속에서 나오나이다. 주님 뜻 안에서 새 생활이 나옵니다. 오늘 주님 뜻 안에서 살아야 내일의 새로움이 나옵니다. 아버지의 크신 뜻에 복종하여 제 성질만 바로 잡아진다면 모든 좋은 일은 다 이루어질 듯하나이다. 이 성품 바로 잡아주소서. 고요한 성격을 주소서. 고요한 가운데 계시는 주님이시여! 주님은 고요한 가운데 계시옵니다. 이 성격 고요하도록 다스려 주소서.

저는 무엇을 받으면 좋아 하는 성품 있사오니, 주면 좋아하는 성품으로 바꾸어 주소서. "고아와 과부를 위하여 신원하시며 나그네를 사랑하사 그에게 식물과 의복을 주시나니 너희는 나그네를 사랑하라"는 주님 본받는 성품 이루어지이다. 사람을 외모로 보지 아니하며 뇌물받지 않도록 되기 바라나이다.

6월 17일

제 성품과 마음을 바로 잡아 주소서. 제 성품 바로 잡아 주실 것을 믿고 바라나이다. 주님만이 저를 고칠 수 있고 바로 잡아 주실 수 있사옵나이다.

> 열방은 주의 백성과 즐거워하라 주께서 그 종들의 피를 갚으사 그 대적에게 보수하시고 자기 땅과 주의 백성을 위하여 속죄하시리로다
> (신 32:43)

6월 19일

일조 배로 부풀게 하신 하나님을 믿게 하소서. 죽은 이를 다시 살리시고, 없는 것을 있는 것같이 부르시는 하나님이시여, 내 아버지시여! 제게 믿음 주소서. 성품이 발라져서 밝아지기를 소원하옵나이다.

하나님께서 주신 풍부하옵신 성품은 밝고 깨끗했을 터인데, 제 잘못된 습관으로 더럽혀졌고 그르쳐 버렸고, 어둡게 만들어 버렸사오니, 주여 제 성품 다시 찾아 주옵소서. 성품이 밝아지기 전에 아무 것도 될 수가 없습니다. 성품이 밝아지려면 습관을 한 가지씩 고쳐야겠습니다. 저는 제 습관을 못 고치오니 주님 바로 잡아 주소서

6월 20일

자고 일어나니 여러 그릇을 도적맞았다 합니다. 잃을 것 잃어졌습니다. 양은 그릇은 암병의 원인이 된다는데, 그릇 안 쓰게끔 되고, 무해유익한 토기(土器) 쓰면 좋겠나이다. 가난한 형제자매가 그것이라도 가져다가 한 때라도 만족했으면 좋겠나이다. 가져와도 받지 않을 심경(心境)입니다. 적은 것을 잃으므로 큰 것을 안 잃을 뿐더러 도리어 본성을 찾아지기 원합니다. 박을 심어서 그릇으로 써야겠습니다. 제가 주님에게 귀를 기울여야겠습니다. 주님 말씀과 아닌 것을 분간해야겠습니다.

> 삼일 안에 너희가 이 요단을 건너 너희 하나님 여호와께서 너희에게 주사 얻게 하시는 땅을 얻기 위하여 들어갈 것임이니라(수 1:11)

모세의 실수가 모세로 요단강 건너기 삼일 전에 죽게 만들었습니다. 이 종은 얼마나 많은 죄가 있는지요. 빚 갚고 죽기를 원하오나 워낙 실수가 많아서 감히 바랄 수가 없습니다. 주님이시여, 긍휼히 보아 주소서. 제게는 주님 긍휼밖에 바랄 길이 없사옵나이다. 예수를 자랑하지 않고서는 안되겠습니다. 그 누구나 사랑하지 않아서는 안되겠나이다.

한 달 내 수입하는 벌이는 없이 이같이 편하게 잘 살게 하시는 주님이시여! 어떻게 보답하오리까? 어리석은 저는 제 믿음 자랑할 길만 찾았습니다. 주님만 사랑하게 되기를 소원하게 해주소서. 주님 은혜로만 사는 종이 되도록 주님 역사하기를 심히 소원하나이다.

6월 21일

아버지여! 제게 향하옵신 주님 뜻을 보여 주옵소서.

> 진실로 여호와께서 그 온땅을 우리 손에 붙이셨으므로 그 땅의 모든 거민이 우리 앞에서 간담이 녹더이다(수 2:24)

정탐은 사람들의 사정도 살피는 것이나 하나님 뜻을 살피는 일입니다.

> 너희 행할 길을 알리니 너희가 이전에 이 길을 지나보지 못하였음이니라(수 3:4)

오늘부터 사는 날은 일찍이 경험없는 일들입니다. 신앙으로 개척해 나갈 따름입니다. "사시는 하나님"(수 3:10)이 우리 가운데 계셔서 길을 보여 주소서. 여리고 앞으로 바로 건너게 해주신 주님(수 3:16), 돌아가게 하지 않으셨습니다. 권능으로 바로 건너게 하셨습니다. 이 세상 그만 떠날 터인데도 준비가 너무 안 됩니다. 정말 착실히 준비해 가지고 떠나야겠는데요. 주님, 준비하는 지혜를 저에게 꼭 주옵소서.

6월 22일

신앙이 없는 이는 여호와의 총회에 들지 못합니다. 믿을 수 있는 사람만이 들게 됩니다. 즉, 생사의 문제에 걸려도 배신하지 않는 사람, 크게 이해관계에 있을 때 배신하지 않는 사람, 감정 문제가 극도에 달할 때에도 의리를 중히 여기는 사람, 이러한 사람들에게라도 진정한 의리를 기대하기 어렵습니다. 오직 하나님께서만 하실 수 있습니다.

> 이 돌들은 무슨 뜻이뇨 하거든 그들에게 이르기를 요단물이 여호와의 언약궤 앞에서 끊어졌었나니…이 돌들이 영영한 기념이 되리라
> (수 4:6-7)

각 지파가 각각 잘되는 일로 온 이스라엘이 잘되게 되었고 협동함으로 왕성했습니다(수 3:24).

> 이는 땅의 모든 백성으로 여호와의 손이 능하심을 알게 하며 너희로 너희 하나님 여호와를 영원토록 경외하게 하려 하심이니라(수 3:24)

여호와만 경외한다면 모든 문제는 잘 됩니다.

6월 23일

절대자의 명령을 들을 귀를 갖지 못함이 한탄입니다. 회개는 하나님 원하는 것이며, 주시는 데 받아들일 것이며, 제가 절대적인 회개를 이루는 것이 아님을 압니다. 위에서 그저 주시는 은사로 회개가 이루어집니다. 자기의 슬기로 회개할 이가 없을 줄로 아옵니다. 진실로 모자라서 주님 명을 못 듣습니다.

> 여호와께서 여호수아와 함께 하시니 여호수아의 명성이 그 온 땅에
> 퍼지니라 (수 6:27)

여호와께서 함께 하시도록 진실한 일입니다. 주님께서 진실케 주장하여 주소서. 과연 주님의 성총을 몰랐습니다. 누구에게서도 찾을 수 없는 유례 없이 베푸신 성총을 모르고 지냈습니다. 이제 이 크나큰 방만(放漫)을 깨닫게 되었나이다. 이제부터 꼭 겸손케 돌보아 주소서. 겸손히 은혜를 기억케 해주소서. 진실을 원하옵나이다. 빚을 갚게 해 주소서. 주님께서 진실케만 해주시면 저는 허망한 몸 안 되겠습니다. 실(實)을 주옵소서. 미리 작정할 때, 제 생각으로 말고, 주님 뜻 아닌 것은 원치도 말게 해 주소서.

> 이스라엘이 범죄하여 내가 그들에게 명한 나의 언약을 어기었나니 곧
> 그들이 바친 물건을 취하고 도적하고 사기하여 자기 기구 가운데 두
> 었느니라…그 바친 것을 너희 중에서 멸하지 아니하면 내가 다시는
> 너희와 함께 있지 아니하리라 (수 7:11-12)

6월 25일

주님, 범죄한 저를 기억해 주시사 성총 속에서 두시고자 하심 감사망극하옵나이다.

6월 26일

제가 제게 속아 살아왔나이다. 제가 저를 꾸짖고 제가 저를 원망할 것밖에 없습니다. 다른 이의 회개를 요청하는 것보다, 제 회개가 긴급한 일인 줄 알지나이다. 주님, 동정하는 이가 되고자 하나이다.

> 여호와께서 사람의 목소리를 들으신 이같은 날은 전에도 없었고 후에
> 도 없었느니라 (수 10:14)
> 혀를 놀려 이스라엘 자손을 대적하는 이가 없었더라 (수 10:21)

6월 27일

저같은 죄인은 다시 없음을 철저히 기억케 해주소서. 은혜를 입혀 주옵소서. 남보다 더 큰 죄인이옵나이다. 제중원에 은혜 보답을 물질로라도 다소 표시케 됨을 감사하옵나이다.

6월 28일

주님과 저 사이에 다른 이 필요 없도록 제 믿음 길러주소서. 여호수아에게 설흔 한 명의 왕을 정복케 하신 주님이옵니다.

> 여호와께서 혹시 나와 함께 하시면 내가 여호와의 말씀하신 대로 그들을 쫓아내리이다(수 14:12)
> 여호수아가 나이 많아 늙으매 여호와께서 그에게 이르시되 너는 나이 많아 늙었고 얻을 땅의 남은 것은 매우 많도다(수 13:1)

6월 29일

제 마음이 심히 위태롭습니다. 인정에 끌리기 쉽습니다. 주님 제 마음 감싸 보호하소서.

> 가나안 사람이 비록 철병거를 가졌고 강할찌라도 네가 능히 그를 쫓아내리라(수 17:18)
> 너희가 너희 열조의 하나님 여호와께서 너희게 주신 땅을 취하러 가기를 어느 때까지 지체하겠느냐(수 18:3)

6월 30일

제 현실이 심판을 나타내고 있으니 변명할 길 없습니다.

> 누구든지 부지중 살인자로 그리고 도망하여 피의 보수자의 손에 죽지 않게 하기 위함이며 그는 회중 앞에 설 때까지 거기 있을 것이니라
> (수 20:9)
> 여호와께서 이스라엘 족속에게 말씀하신 선한 일이 하나도 남음이 없이 다 응하였더라(수 21:45)
> 우리 사이에 이 단은 여호와께서 하나님이 되시는 증거라 함이었더라
> (수 22:34)

예수님이 우리 사이에 하나님이 되시는 증거가 무엇일까요? 제 마음이 성결해짐입니다.

7월 1일

사랑으로 해결해야 완전히 해결을 볼 것입니다. 사랑없는 의논은 미해결일 것입니다.

가장 고상한 예술은 간소한 데만 있습니다. 가장 간단한 막대기 한 개가

가장 완전한 최고의 기계입니다. 종교 신앙 또한 그럴 것입니다. 가장 간소한 신앙에서 완전히 나옵니다. 예수는 하나님이시라는 믿음입니다. 예수 한 분만 믿는 신앙 생활은 가장 간소할 것이며 가장 완전한 줄 알겠습니다. 예수는 내 하나님이시요 우주 만물의 하나님이심만 믿고 가르쳐야 겠습니다. 다른 건 다 배제해야겠나이다. 제 마음에 다만 이 한 분만을 모시고 그 지도만 따라 살아야겠습니다. 누구를 가르치는 일도 사업도 다 치워야겠습니다.

7월 2일

주님 앞에 깊이 자복할 사람이 필요하나이다. 내 마음에 하나님 모든 문제를 풀어 주시겠나이다. 빚을 질수록 무겁습니다. 빚을 벗을수록 가벼워집니다. 제일 좋은 방법은 빚을 적게 지는 방법입니다.

7월 3일

장마철입니다. 상추꽃이 아직 안 피었는데 나비들이 날고 있습니다. 마치 천사들이 사람이 나오기 전부터 기르기 위해 기다리고 있는 듯 싶습니다.

> 여호와께서 가라사대 유다가 올라갈지니라 보라 내가 이 땅을 그 손에 붙였노라 하시니라(삿 1:2)

하나님 앞에 물어서 응답을 받았습니다. 오늘 성령으로 응답하옵시기 바라나이다. 묻는 이에게 말씀하여 주시사, 주님 뜻 이루어 주옵소서.

> 아도니 베섹이 가로되 옛적에 칠십 왕이 그 수족의 엄지가락을 찍히고 내 상 아래서 먹을 것을 줍더니 하나님이 나의 행한 대로 내게 갚으심이로다 하니라(삿 1:7)

잔인한 이에게는 잔인한 갚음을 받도록 마련되었습니다. 한국은 아직 참다운 교육가도 자선가도 과학자도 종교가도 못 냈습니다. 동아일보 七월 一일字 「횡설수설」란에서 오석근이란 과학자가 유망하답니다. 각계에서 세계적 일류 대가가 한국에서 배출되었으면 합니다. 참 사랑의 운동이 크게 벌어졌으면 싶습니다.

저는 아무 일도 못하고 갑니다. 빚만 많이 지고. 빚을 질수록 무겁고 답답하고 괴로울 뿐입니다. 빚 좀 덜 져야겠습니다. 빚을 갚을 정도로 활용해야만 될 것을 깨닫습니다. 덮어 놓고 갚을 마음으로만 말고, 갚을 계획 밑에서 활용하지 않으면 안 되겠습니다.

7월 4일

빚 갚아야 주님 영광이 드러날 줄로 믿습니다. 은혜 보답할 마음에서 물질적인 빚을 갚게 해 주옵소서.

> 여호와의 사자가 이스라엘 모든 자손에게 이 말씀을 이르매 백성이 소리를 높여 운지라 그러므로 그곳을 이름하여 보김이라 하니 무리가 거기서 여호와께 제사를 드렸더라(삿 2:4-5)
> 여호와를 알지 못하며 여호와께서 이스라엘을 위하여 행하신 일도 알지 못하였더라(삿 2:10)

하나님께서 세우신 사람을 알아 뵙게 해 주소서

7월 5일

제 구실 할 수 있도록 생활을 짜 나가지 않으면 안 되겠습니다. 제 일생에 제 빚을 갚을 수 있도록 짜 나가야겠습니다. 제 살림을 바로 하지 않으면 안 되겠습니다.

> 여호와의 신이 그에게 임하셨으므로(삿 3:10)

정치가나 군인에게도 주님의 신이 임하셔서 나라와 백성을 구원케하십니다. 신앙은 개인적입니다. 개성을 존중히 여기고 개인 신앙을 존중하고 폄론하지 말 일입니다.

> 방탕함과 술 취함과 생활의 염려로 마음이 둔하여지고(눅 21:34)

절제없는 음란한 짓, 향락과 안일, 무엇을 먹을까 무엇을 입을까 어떻게 살까 등의 염려때문에 마음이 둔해진 것입니다.

7월 7일

 죄인된 이 자식 긍휼히 보아주소서. 억억만 번 범죄한 이 자식 구원해 주소서. 믿는 일 외에 무슨 일이 또 있사오리까? 믿음 뿐이요, 다른 일은 다 허사로소이다. 성결함을 입히울 뿐이옵고 교육, 전도, 구제가 다 소용이 없사옵나이다.

> 무리가 새 신들을 택하였으므로 그 때에 전쟁이 성문에 미쳤으나 (삿 5:8)
> 겐 사람 헤벨의 아내 야엘은 다른 여인보다 복을 받을 것이니 장막에 거한 여인보다 복을 받을 것이로다(삿 5:24)

 유대 여인들보다 그 세대에는 복 있는 이었습니다.

> 주를 사랑하는 이는 해가 힘있게 돋움같이 하소서(삿 5:31)

7월 8일

 행복스런 하루가 또 밝아옵니다. 저만은 무한히 행복스러운 보호를 받사옵니다. 제 주위에 부로 형제 자매님들께도 성총의 보호를 내려 주옵소서.

> 큰 용사여 여호와께서 너와 함께 계시도다(삿 6:11)

 아버지의 의노(義怒)를 풀어드리는 저와 제 가족이 되어지이다. 성령께서 저와 함께 계시면 저는 주님 같겠습니다. 주님, 저를 버리지 마소서. 다른 분들 하려는 일을 중지시킨 죄를 사해 주소서.

> 여호와께서 기도온에게 이르시되 너를 좇은 백성이 너무 많은즉 내가 그들의 손에 미디안 사람을 붙이지 아니하리니 이는 이스라엘이 나를 거스려 자긍하기를 내 손이 나를 구원하였다 할까 함이니라(삿 7:3)

7월 9일

 오늘도 또한 행복의 날이 계속 됩니다.

> 온 이스라엘이 그것을 음란하게 위함으로 그것이 기드온과 그 집에 올무가 되니라(삿 8:27)
> 사면 모두 대적의 손에서 자기들을 건져내신 여호와 자기들의 하나님을 기억지 아니하며 또 여룹바알이라 하는 하는 기드온의 이스라엘에

게 베푼 모든 은혜를 따라서 그의 집을 후대치도 아니하였더라
(삿 8:34-35)

에브라임의 끝물 포도가 아비에셀의 맏물 포도보다 낫지 아니하냐…
기드온이 이 말을 하매 그들의 노가 풀리니라(삿 8:2-4)

아비멜렉이 그 형제 칠십 인을 죽여 자기 아비에게 행한 악을 하나님이 이같이 갚으셨고 또 세겜 사람들의 모든 악을 하나님이 그들의 머리에 갚으셨으니 여룹바알의 아들 요담의 저주가 그들에게 응하니라
(삿 9:56)

7월 10일

주님의 섭리는 빈틈이 없으시나이다. 저를 안전하고도 완전한 상태로 끌어 가옵소서. 저는 저를 못 이깁니다. 주님은 제 대신 저를 극복해 주소서.

원컨대 심판하시는 여호와는 오늘날 이스라엘 자손과 암몬 자손의 사이에 판결하옵소서(삿 11:27)

아들을 믿는 이는 영생이 있고 아들을 순종치 아니하는 이는 영생을 보지 못하고 도리어 하나님의 진노가 그 위에 머물러 있느니라
(요 3:36)

주님, 믿습니다. 아버지, 의노(義怒) 푸옵소서. 늘 아버지 노여우심에서 믿음으로 옮겨가게 해 주소서.

7월 12일

협동 정신을 주옵소서. 주님의 사랑의 대원칙 하에서 피차 개성들을 살려두는 자유를 주고 행복을 향유하는 협력을 주옵소서.

그 부모는 이 일이 여호와께로서 나온 것인 줄은 아지 못하였더라
(삿 14:4)

자녀와 청소년 지도에 하나님의 뜻을 살펴 지도해야 할 일입니다.

너희가 나의 암송아지로 밭 갈지 아니하였으면 나의 수수께끼를 능히 풀지 못하였으리라(삿 14:18)

삼손이 심히 목 마르므로 여호와께 부르짖어 가로되 주께서 종에게 큰 구원을 베푸셨사오나 내가 이제 목 말라 죽어서 할례 받지 못한 이의 손에 빠지겠나이다(삿 15:18)

삼손이 기생에게 들어간 것이 실패의 원인이며(삿 16:1), 삼손이 그 자리를 못 떠난 것이 비참케 되는 원인입니다(삿 16:18). 번뇌하여 죽을 지경이면서도 못 떠났습니다. 속히 떠났으면 좋을 터인데. 죄의 자리와 유혹의 자리는 떠나야 됩니다. 신앙의 비밀을 토설한 것이 실패의 장본인이며(삿 16:17), 여인은 은을 탐하여 생명을 빼앗으려 합니다(삿 16:18). 눈을 뽑히고 고역, 천역을 하게 되며(삿 16:21), 어두운 생활을 하게 됩니다. 배신의 결과 불레셋인과 운명을 함께 됩니다(삿 16:29). 훌륭하게 죽을 것인데 그 같은 죽음을 맛보았습니다.

7월 18일

저를 알게 해 주옵소서.

> 그의 아는 죄악을 인함이니…영원히 속함을 얻지 못하리라
> (삼상 3:12-14)
> 여호와께서 그와 함께 계셔서 그 말로 하나도 땅에 떨어지지 않게 하시니(삼상 3:19)

저의 힘쓸 바를 알려 주소서. 은혜를 사모케 하소서.

> 건축자들의 버린 돌이 모퉁이의 머릿돌이 되었나니 이것은 주로 말미암아 된 것이요 우리 눈에 기이하도다 함을 읽어보지 못하였느냐 하시니라(막 10:10)

무슨 일이고 사람의 생각으로 될 것 같으나 안 되고 안될 것같으나, 되는 것은 무엇이나 주님 뜻대로 되어지는 것임을 알 수 있습니다. 사람의 날로는 되지 않습니다. 안될 것 같은 일도 주님께서 그 뜻대로 잘되게 하시고, 될 듯한 일도 주님 뜻에 부당하면 안 되게 하시나이다.

결과를 구할 것. 선한 결실, 성령의 결실, 사랑의 결실, 예수님의 열매를 맺어 아버지를 영화롭게 하기를 간구할 것입니다.

> 너희가 과실을 많이 맺으면 내 아버지께서 영광을 받으실 것이요.

우리의 결과가 있어야 아버지를 드러내 영광스럽게 하겠습니다.

너희가 내 제자가 되리라

결과가 있어야 제자가 됩니다. 참 배웠으면 결과가 반드시 좋고 많은 것입니다. 결과가 나쁘면 예수님께 잘 배우지 못한 증거가 됩니다. 거짓 제자가 된 것입니다.

> 내가 아버지의 계명을 지켜 그의 사랑 안에 사는 것같이 너희도 내 계명을 지키면 내 사랑 안에 살리라.

7월 19일

정신 차려야겠나이다. 주님, 저로 주님만 의뢰케 해 주소서. 하나님의 궤(교회)는 하나님께서 지키심입니다(삼상 4:5).
사치하는 자 뒤만은 댈 수가 없습니다.

7월 20일

블레셋에서 벳세메스로 언약궤를 실어 보내게 되었나이다. 인간들의 힘을 필요로 하지 않습니다. 섬길 사람만 있으면 주님의 교훈을 받겠습니다(삼상 6). 섬길 이들이 있는 곳으로 가게 마련하시나이다. 하나님을 섬기는 백성을 위하사 적합한 지경을 확정해 주셨습니다.
명예도 말고, 돈도 말고, 사업도 말고, 주님 한 분만 섬겨지이다. 제가 꼭 사람 되어져야만 하겠나이다.

7월 21일

제 자신의 평화를 원합니다. 구제도 긴급합니다. 구제할 줄 모르고 산 일생은 최후 심판주의 선언이 두렵습니다.

> 저주를 받은 자들아 나를 떠나 마귀와 그 사자들을 위하여 예비된 영영한 불에 들어가라(마 25:41)

현대적 구호 방법은 과학적이요, 조직적이요, 근본적이어야 하며 구호는 수입을 도모해 주는 일이 되어야겠습니다.

7월 22일

남의 일보다 제 행위 살피는 일을 게을리 말아야겠습니다. 제 구원없이 남을 구원할 수는 없습니다. "저 없이 저를 내셨지만, 저 없이 저를 구원하시지 않는다"는 말씀 기억케 하옵소서. 제 힘으로 구원은 못 얻사오나 제 힘 안 들면 구원은 못 받는가 합니다. 저의 힘 쓰고 안 쓰는 것까지도 결정해 주실 줄 믿습니다. 불쌍히 여기시면 구원에 필요한 힘을 주실 것이요, 힘 안 주시어 힘쓸 수 없게 되면, 내게는 멸망밖에 없겠습니다. 긍휼히 여겨 주시고 가련히 보아 주소서.

7월 23일

13년전 오늘도 주일날이었습니다. 광주서 도암으로 후퇴하던 6. 25날입니다. 생각하면 애타기 시작하던 날입니다. 매년 조금씩만 깨달은 바가 있어도 지금쯤은 상당히 나아졌을 것임에도 도리어 마음에 후퇴가 있을 뿐입니다.

소년 시절에 무엇이나 연구를 힘썼다면 이처럼 몽매하지는 않았을 것을 …. 우연한 기회만 기다리고 살아왔기 때문에 이제와서는 아무 궁리도 나지 않게 됐습니다. 믿음에 충실한 몸이 되고 싶습니다.

> 사람은 외모를 보거니와 여호와는 중심을 보시느니라(삼상 16:7)

사욕 편정에서 확실히 벗어나지 않으면 안 되겠습니다. 사업이 중요치 않습니다. 사욕 편정 못 없애면 사업 하나마나입니다.

> 이 할례 없는 블레셋 사람이 누구관대 사시는 하나님의 군대를 모욕하겠느냐(삼상 17:26)
> 여호와께서 나를 사자의 발톱과 곰의 발톱에서 건져 내셨은즉 나를 이 블레셋 사람의 손에서도 건져 내시리이다(삼상 37절)
> 너는 칼과 창과 단창으로 내게 오거니와 나는 만국의 여호와의 이름 곧 네가 모욕하는 이스라엘 군대의 하나님의 이름으로 네게 가노라
> (삼상 17:45)

그리스도의 명예와 신과 덕으로 나아감.

7월 24일

모든 죄를 극복 못한다면 정통 신앙이라 할 수 없겠습니다. 높고 또한

깊으게 추구해야만 되겠나이다. 다윗이 사무엘과 함께 있어서 구원받았습니다.

저는 더럽습니다. 제 죄 씻어 주실 이는 주님이십니다. 더 죄 짓지 말게 해 주실 이도 주님뿐입니다. 주님만이 저를 보호하시지 아무도 저를 보호하고 죄에서 간직해 주실 분은 없습니다.

제 '얼'을 간수할 줄을 알아야겠습니다. '얼'을 사랑하지 못 하고야 누구를 사랑하겠나이까? 주님 제가 제 '얼'을 사랑하게 해주소서. 제 '얼' 때문에 십자가를 지신 주님이시여! 저로 하여금 제 '얼' 귀히 여기게 하시려고 죽도록 바라신 주님의 뜻 잊지 않도록 채찍질해 주소서.

성적인 사랑은 '얼'을 망치는 일이라 가르쳐 주신 주님, 거룩히 '얼'을 보전케 하여 주소서. 육의 건전을 위해서 약간의 육정을 채우는 일이 있을지언정, 그 건전함이 '얼'에 해독이 될 경우에는 필요한 육의 요구까지도 거절케 해 주소서.

만만 감사합니다. 저는 제 육도 돌보지 못하오나 주님께선 피를 흘려서까지 제 '얼'과 '살'까지 보전해 주시고, 제 '얼'을 사랑할 것을 가르쳐 주셨나이다. 저는 제 '얼'도 못 사랑하오나 주님께선 쉬지도 않으시고 제 '얼' 위해 수고 하시나이다. 그 은혜로 여태껏 이 몹쓸 것의 생명을 보전해 왔나이다. 진실로 주님의 인자하심은 생명보다 귀하고 중하도소이다.

7월 25일

거룩된 날이 한없이 계속됩니다. 두 눈들이 자기를 없애고 다른 이를 세우는 마음으로 저의 하루가 어렵지 않게 지나가도록 해 주십니다. 주님 뜻 찾아 살라는 것이 임의 뜻이오매 오늘도 주님 거룩하신 뜻만 배우고 알아서 그 뜻대로만 살아지이다.

7월 26일

주님, 남원 소식 듣고 감사 올리나이다. 회개를 재촉하신 깊으신 심정 깨닫습니다. 저와 제 형제간이 주님 앞에서 솔직히 회개하기를 바라옵나이다.

7월 27일

효자가 부모님 뜻 받들 듯이 주님의 거룩하신 지극한 뜻을 지극한 정성으로 받들어지이다. 주린 이들에게 아버지의 양식 나눠 주게 하심 감사 망극하옵고 심히 기쁘고 좋습니다. 이 마음에 매우 기쁩니다.

7월 28일

아무리 해도 제 힘으로 사람되지 못 하겠습니다. 주님께서 주장하여 주옵소서. 오늘 도암에 갔다 오고자 하오나, 주님 뜻이어든 뜻대로 처분하시옵기 바라옵나이다.

털과 같이 많은 허물을 언제나 뽑으리까? 하나 하나 해 가야만 되겠나이다. 참으로 제 허물을 뽑아 없애야 하겠나이다. 복음을 믿었다면 생활의 염려는 안 해야겠습니다. 내 믿음, 남의 믿음 할 것 없이 모두 염려하지 말아야겠습니다.

7월 30일

신앙생활에 너무나 게으름을 부리는 종입니다. 어떻게 하셔야 하오리까? 사람되지 못한 이것을 측은히 보옵소서. 징계하실수록 더 못 되고, 사랑과 온유로 보셔도 더욱 더 못 되어가는 이것, 주님 긍휼만 우러러 기다리며 한숨지을 뿐입니다. 누가 저를 구원하오리까? 천상천하에 주님밖에 없으시옵나이다. 이제도 제가 못 믿는 것이 한 될뿐입니다.

7월 31일

주님, 거룩하신 뜻을 보여 주소서. 제가 주님의 뜻과, 참 자유로운 평강 속에 있기를 원하신 주님, 주님의 뜻만 이루어 주시기 엎드려 비나이다.

> 이렇게 결박된 것 외에는 다 나와 같이 되기를 하나님 앞에 원하나이다(행 26:29)

저도 병든 것 외에는 사람마다 저와 같이 되기를, 하나님 아버지 앞에 간구할 수 있는 은혜와 평강 속에 있기를 원하나이다. 죄 없는 생활하기 바라옵나이다.

8월 3일

아버지는 저를 일 초 동안도 안 잊으시건만, 저는 주님 늘 잊어버리나이다. 주님, 더 기억하는 은혜 내리소서. 성령이시여, 아버님과 성령의 보호밑에 늘 있음을 깨닫고 회개하고 자복하고 안심하고 즐겁게 주님 뜻 기다리게 해 주소서. 윤락한 남녀들을 구속하신 성총 안으로 이끌 수 있게 하소서. 구하옵나니 종의 죄를 사하여 주소서. 내가 심히 미련하게 행하였나이다(삼하 24:10). 저와 저의 아비집을 치소서(삼하 24:17).

8월 4일

주님, 선히 치밀한 지도를 주옵소서. 솔로몬은 주의 마음에 맞은 바를 구했습니다(왕상 3:15). 주님이 백성 가운데 계시고 버리시지 아니하시도록 주님 뜻대로 살 일입니다. 자기 인력 건설을 먼저 준비하고 터전을 잘 닦고 세울 일입니다. 중병이란 주님 뜻과 제 뜻이 크게 다름이옵니다. 다른 정도에 따라 정비례로 병세가 위독하거나 쉬울 것입니다. 설사가 죄가 됩니다. 다른 이 먹을 것을 제가 너무 먹어서 설사하기 때문입니다. 병의 근원은 고집에 있습니다.

8월 5일

저를 심중한 죄악 속에서 건져주신 주님, 감사합니다. 윤락된 자매들을 또한 건져 주실 줄 믿고 구하옵니다. 어제는 크고 많으신 자비를 베푸시고 저를 붙들어 주시어서 그 자매들과 연락을 맺어주신 주님, 감사 하옵나이다. 주님 사랑과 거룩하심으로 저들을 끝까지 붙들어 주옵소서. 저에게 이 기회를 허락하시고 마음을 주심에 대하여 감사하고 사례를 올리나이다. 끝까지 감사로 구원하심에 참여케 해 주소서.

8월 7일

아버지의 지공(至公)하옵신 뜻과 이 세상 법과 반대되는 것이 있으면 밝히 알려주시고, 주님 뜻만 따라 준행하도록 역사해 주소서.

> 이는 여로보암의 집 가운데서 저가 이스라엘 하나님 여호와를 향하여 선한 뜻을 품었음이니라(왕상 14:13)

8월 8일

제가 제일 말출임을 알겠나이다. 존경할 이를 바로 존경도 못 하고, 바로 일도 못 하고, 바로 사랑도 못 하고, 바로 생각도 못 했습니다.

> 여호와여 제게 응답하소서 이 백성으로 주 여호와는 하나님이신 것과 주는 저희의 마음으로 돌이키게 하시는 것을 알게 하소서(왕상 18:31)

8월 10일

엘리사가 끝까지 엘리야 선지를 모시고 따라다님으로 영감을 받았으나 이 종은 못 나게도 이공(李世鍾)을 모시지 못 했으므로 영감을 못 받았나이다. 풍족하신 아버지십니다

8월 13일

날마다 해방을 기념하고 감사했어야 할 것을 잊어버리고 감사도 못하고 사는 이 종을 사유하소서. 이 몸을 주님 뜻대로 쓰시도록 바쳐드리지 못한 이 종 무슨 염치가 있사오리까? 선하되 완전히 선하지 못함이 원통합니다. 하나님 아버지의 사랑을 알게된 것은 가장 크신 행복이나이다. 에수는 저를 섬기십니다. 저도 주님 섬기는 몸 되게 해 주옵소서.

8월 15일

해방 기념일. 청명한 날씨입니다. 주님 은혜 기억하고 감사하게 많은 사람과 기뻐하기 원하오나 마음이 너무 좁고 어두워서 시원스럽지 못함을 어찌 할 길 없습니다.

사람 앞에 세우지 말게 해 주소서. 오늘 무의촌 나가는 의사와 간호원들을 제가 지휘하는 일 맡지 말게 해 주소서. 주님께서 선도하셔서 영광 받으소서. 주님 같이 가시기 원하옵나이다. 주님 같이 가시고, 주님 원하시는 대로만 명해 주소서. 타 병원도 심방해 주소서. 주님께서 찾아보기를 명하시는 이들은 다 만나게 하옵소서.

8월 16일

주님, 어제는 너무나 감사하였습니다. 이 버린 것 무엇이기에 이처럼 긍휼을 베푸시옵나이까? 어제 저녁 강변에서 보호해 주셨나이다. 항상 주님

께서 저를 붙드옵소서.

8월 17일
형제간에 대한 책임은 처자에 대한 책임보다 선행되어야겠습니다. 부모 다음으로는 순서가 먼저이기 때문입니다.

> 여호와께서 저와 함께 하시매 저가 어디로 가든지 형통하였더라
> (왕하 18:7)

다른 분들이 저의 죄의 수효를 아는 것보다, 제가 제 죄 가짓수를 더 많이 알기를 원하옵나이다. 남이 제 죄를 중하게 보는 것보다 훨씬 더 중하게 제 죄를 시인케 하옵소서.

8월 18일
한 사람 한 사람 깨는 일이 생겨지기 바라나이다. 거룩함 마음을 주소서. 불쌍히 여기소서. 눈물과 자복함을 보시고 들어주시는 아버지, 선하신 주님이십니다.

8월 21일
참 마음을 주옵소서. 한 사람 자손이건만 분리하고 상쟁하거늘 오늘날에야 어찌 인심이 합해지랴. 우리 예수로 말미암아 화목을 이루리로다. 희생하고 봉사함으로 화평을 누리리로다. 천하에 별 일을 다 성취했다 할지라도, 영혼 구원 못 받으면 허망할 것뿐입니다. 저는 성부를 기쁘시도록 못했습니다. 주님의 성총만큼 주님을 기쁘시게 못 하오니, 이 가련한 종을 측은히 보옵소서. 주님 기쁘시게 못한 일만이 저 가슴 아픈 원인이 되어지이다.

8월 22일
근년 들어 더위도 감퇴됩니다. 한분한분 지성으로 상의할 것이요, 함부로 대다수를 접할 것이 아니라 생각합니다.

> 이는 저희가 싸울 때에 하나님께 의뢰하고 부르짖음을 하나님이 들으셨음이라 (대상 5:20)

한번 지은 죄는 수수만대 뻗어 나갑니다. 하나님 앞에 의뢰하고 구하므로 이루어 주신다고 해도 아버님 뜻을 이루는 일을 구하기 원하옵나이다. 제 뜻대로 구해서 이루어지지 않기를 기원하겠나이다. 제 유익을 도모치 말게 해 주소서.

동광원을 편심으로 사랑 말게 해 주소서. 분명히 주님만 높이게 해 주옵소서. 아버님의 영광이 꼭 될 터이면 이루어 주옵소서. 대인 관계에 있어서나 사업에 있어서도 주님 영광될 일만 이루어지이다. 사람은 아쉬워할 때 지도와 원조할 일입니다. 마음 고치도록 선량한 사람 되도록 지도해야겠습니다.

8월 23일

저를 구원하실 이는 주님이십니다. 교회도 아니요, 친구도 아니라 주님이십니다. 다른 분을 구원하실 이도 역시 주님 뿐이십니다. '동광원'이 아닙니다. '동광원'은 주님을 소개해 주는 기관에 불과합니다. '귀일원' 역시 사람의 영혼을 구속 시킬 수는 없습니다. 주님 믿어서 구속 받음을 증거하는 단체에 불과합니다.

8월 24일

제 문제입니다. 제가 성결함을 받지 않으면 안 되겠습니다. 하나님의 교회와 법도는 인간이 붙들 것이 아니요, 성의와 그의 권능에만 의탁할 것입니다.

8월 26일

하나님 두려워해야 병이 나을 것을 가르쳐야겠습니다. 축복받은 솔로몬이었건만 평강을 자기 일신 위해 썼던 까닭에 말로가 좋지 못했습니다. 무엇보다도 제 마음 바로 잡히는 일이 가장 보배로운 일입니다. 무슨 조직보다도 그 조직을 잘 운영할 참 사람이 있어야겠습니다. 사람을 유익게 운영할 수 있는 사람이 필요합니다. 인재 양성이 급선무입니다. 인재 양성을 할만한 인재가 필요합니다. 하나님께서 내신 사람이 꼭 필요합니다. 하나님의 성의대로만 할 사람입니다.

8월 27일

가까운 분들과 더 긴밀해지지 않으면 안 되겠습니다. 진실이 가까운 분들께 반영되어야 하겠나이다. 제 힘으로는 구원받지 못합니다.

8월 28일

장소가 구원과 큰 관계가 되는 줄 이제야 알아집니다. 구원 받은 이는 간 데마다 낙원이요, 구원받지 못하면 간 데마다 살 수 없는 곳이 될 것이기 때문입니다.

> 이는 이 열조의 하나님 여호와를 버렸음이라」(대하 28:6)

생명을 버린 것, 차라리 하나님 잊어버린 것은 진실로 더 큰 손실이로소이다.

> 그곳에 여호와의 선지자가 있으니 이름은 오뎃이라(대하 28:9)

바른 말한 선지자 복될지어다.

> 아하스가 여호와의 전과 왕궁과 방백들의 집에서 재물을 취하여 간수로 왕에게 주었으나 유익이 없었더라(대하 28:21)

인간은 인간에게서 유익을 보고자 하지만 도리어 손해가 있을 뿐입니다. 주께 회개하는 길만이 있을 뿐입니다.

> 자기 유익을 불원하고 사신을 섬겨 흥하고자 했으나 그 신이 아하스와 온 이스라엘을 망케 하더라(대하 28:23)

직분이 낮고 젊은이 중에 더 성심 있는 이가 많습니다. 하나님께옵서 질서를 세워 주셔야 질서가 섭니다. 질서가 서는 것은 구원의 순서이기 때문에 구원은 주께서 베푸셔야 됩니다. 성령께서 저를 보호하시나이다. 의심없이 믿게 해 주소서.

8월 29일

제 허물 깨닫고, 남의 허물 상관 말고, 스스로 겸비하고, 사람들 수를 관대히 보게 해 주소서. 아버지 앞에 자복케 해 주소서. 주님을 보내신 아버지께서 저를 인휼로 인도하심으로 주님께 왔습니다. 마지막 날에 저를 다시 살리실 줄을 믿겠나이다.

> 하나님의 떡은 하늘에서 내려 세상에서 생명을 주는 것이니라
> (요 6:33)
>
> 오직 하나님에게서 온 자만 아버지를 보았느니라(요 6:46)

아버지는 풍성한 생명을 그저 주신 이십니다.

8월 30일

아버지께서 저를 끌어 주심으로 여태껏 나왔습니다. 주님, 저를 깨우치사 아버지의 크신 자비와 권능과 사랑을 느끼고 감사하며 찬송하고 노래하며 기뻐하고 송축케 하옵소서.

9월 1일

주님, 저를 구원해 주소서. 건져가소서. 저로서는 어쩔 길도 용기도 없사옵나이다. 광주 가는 것도 힘으로는 못 갑니다. 특별한 배려가 없이는 못 가겠나이다. 주님 뜻 순종하는 데 기민한 종이 되어지이다.

> 그 하나님 여호와의 도우심을 입음으로 왕에게 구하는 것은 다 받는 자더니(에스라 7:6)

가고 오는 것까지 선한 손의 도우심을 힘입은 사람. 선하신 도움이 아니면 갈 수가 없습니다. 내가 힘을 얻어 사람들을 감동시키는 일은 하나님의 손이 제 위에 있으면 됩니다. 신한 일이 뜻보다 더 잘되는 것은 하나님의 선한 손이 도우심입니다. 우리 하나님의 손은 자기를 찾는 모든 자에게 선을 베푸시고, 그 힘을 의뢰하는 사람이 되고자 했습니다. 우리의 참된 싸움은 내 뜻을 행하느냐, 아버지의 뜻대로 순종하느냐 하는 데 있습니다.

9월 2일

주님 앞에 충실치 못한 저임을 발견하옵나이다. 언약을 지키시는 하나님의 선하신 손이 도우심으로 애통할 것입니다. 주의 담부(擔負)한 이들이

복됩니다.
　주의 노를 격동하였습니다. 우리 하나님이 싸우시리라 하심을 따라 되는 "하나님의 뜻이 행위로 말미암지 않고 오직 부르신 이로 말미암아 서게 하려 하사"(롬 9:11) 소명(召命)으로 세우시옵나이다. 만 인간이 저마다 받는 것은 긍휼히 여기시는 하나님으로 말미암습니다. 부르심 받은 이는 온유합니다. 강퍅하지 않습니다.

9월 3일
　아버님을 경외치 않은 것이 화근이요 병근임을 알았습니다. 죄인을 사랑으로 구원하시나이다.

　　　어찌하여 역사를 떠나 정지하게 하고 너희에게로 내려가겠느냐
　　　　　　　　　　　　　　　　　　　　　　　　　　(느 6:3)

　하나님의 역사는 중대하니 절대로 중지할 수가 없습니다.

　　　이제 내 손을 힘있게 하옵소서(느 6:9)
　　　나같은 자가 어찌 도망하며 나같은 몸이면 누가 외소에 들어가서 생
　　　명을 보존하겠느냐(느 6:11)

　자기를 천히 보고 돌보지 아니함으로 도리여 생명을 보존했습니다. 의를 중히 여기고 생명은 천시했습니다. 그러므로 죄를 짓지 않았습니다.

　　　성 역사가 오십 이일만에 엘룰월 이십 오일에 끝나매 우리 모든 대적
　　　과 사면 이방 사람들이 이를 듣고 다 두려워하여 스스로 낙담하였으
　　　니 이는 이 역사를 우리 하나님이 이루신 것을 앎이니라(느 6:16)

　주님 역사만 되면 주님께서 이루시나이다.

　　　하나냐는 위인이 충성되어 하나님을 경외함이 무리에서 뛰어난지라
　　　　　　　　　　　　　　　　　　　　　　　　　　(느 7:2)
　　　내 하나님이 내 마음을 감동하사(느 6:5)

　여호와를 기뻐하는 것이 너희 힘이니라, 전도를 위한 생활이 되어야 겠습니다.

9월 4일

영혼의 방향을 정해야겠습니다. 이 세상에서도 방향도 못 정한다면 더구나 내세의 방향을 알 수가 없을 것입니다.

> 그러나 우리의 당한 모든 일에 주는 공의로우시니 우리는 악을 행하였사오나 주는 진실히 행하셨음이니이다(느 9:33)
> 우리가 우리 하나님의 전을 버리지 아니하리라(느 10:39)

내 몸은 하나님의 전입니다. 스스로 버리지 말것입니다. 질서대로 살아갑니다. 주님 율례 모시고 살아갑니다.

9월 5일

건강을 원하는 이는 많으나 진정 건강을 힘쓰는 이는 퍽 적습니다. 모든 것에 실패하고 겸손하고 온유하다면 대성공입니다.

죄인이기 때문에 참 믿음이 필요합니다. 약체이기 때문에 영양을 잘 섭취하는 이유와 같습니다. 경건치 않은 자라도 의롭게 보시는 이, 믿는 이가 의인입니다. 저같은 죄인도 의인될 수 있습니다. 믿으면 그 믿음을 의로 보아주시기 때문입니다. 행위로는 의로울 수는 도저히 없습니다. 하나님이 크게 즐거워하게 하셨음이라.

9월 6일

하나님의 일은 이루어 놓으신 일입니다. 다 성취된 일입니다. 완전한 일입니다. 완전히 성립된 일입니다. 영생하는 일입니다. 이 일에 참예하는 일은 구원이 됩니다. 나의 행한 일을 보고 믿으라 하십니다. 완전히 구원 이루어 놓으신 일입니다. 이루어진 일을 믿습니다. 믿는 것이 하나님의 일입니다. 주님 하시는 일은 전부가 구원하시는 일이요, 살리시는 일이요, 부활케 하는 일이요, 영생케 하는 일입니다.

> 이 일을 인하여 무슨 존귀와 관작을 모르드개에게 베풀었느냐 시신이 대답하되 아무 것도 베풀지 아니하였나이다(에스더 6:3)

선행하여 대하여 보상 안 받을수록 더 좋습니다. 사람에게 안 받으면 하나님께서 장차 크게 주십니다. 행위는 상대적이어서 표준이 안 섭니다. 표준은 예수님이신데 예수 같은 이는 좀처럼 없을 것이요, 따라서 구원받을 이는 극히 희소할 것입니다. 하나님께서는 신자의 행위를 보지 않으시고 그 믿음을 보시나이다(롬 4:3-5).

9월 7일

저는 주님 뜻 추호도 못 맞춰 사는 것이 다른 분들에게만 제 마음 맞춰 워 달라고 고집을 합니다.

> 너희는 너희의 지극히 거룩한 믿음 위에 자기를 건축하며(유 20)

자기가 서두른 것으로 열매를 맺는 것 아니요, 순종함으로 열매 맺습니다. 먼저 꼬리친 개가 나중에 밥 얻어 먹습니다. 가난한 이를 구제하라.

9월 9일

남을 행복스럽게 할 수 있는 제가 되기 원하옵나이다. 일지는 썼으나 읽어 본 일 없는 것이 저의 제일 사람 못된 원인으로 알아집니다. 일지는 저 보기 위한 글이란 것을 이제야 배워집니다. 참 늦게야 깨달아졌습니다.

> 하나님의 위로와 네게 온유하게 하시는 말씀을 네가 어찌 적다 하느냐(욥 15:11)
> 하나님은 그 거룩한 자들을 믿지 아니하시나니 하늘이라도 그의 보시기에 부정하거든 그는 스스로 속아 허망한 것을 믿지 말 것은 허망한 것이 그의 보응이 될 것임이라…샤곡한 무리는 결실이 없고
> (욥 15:15, 34)

9월 10일

주님 뜻대로만 되어지이다. 죄란 하나님 아버지에 대한 不認, 불신, 망각, 무시, 불효, 오인…그릇된 지식, 불성실 등입니다. 이것들을 일소해 주옵소서. 사람의 마음 고쳐지는 일은 참 난제, 우주 가운데 제일 가는 난제임을 깨닫게 됩니다. 마음 안 고쳐지면 무엇이 되며, 무엇에 쓰겠나이까? 제 마음 안 고쳐지면 천하를 얻어도 무소용이옵나이다. 하나님의 나라는 마음에 있습니다.

9월 14일

8.15 기념일에 이곳(도암)에 오고, 한 달동안 나아진 것은 제 마음 바로 되기 전에 아무 것도 꿈꾸지 말아야 되겠다는 깨달음입니다. 이제야 철이 좀 드는가 봅니다. 이 마음 자리에 무엇을 하려는 것은 외람된 생각인 줄 알아집니다.

9월 16일

4년 전 이날보다 제가 더 슬기로와진 것이 무엇 있습니까? 같은 날 같은 상태뿐이오니, 저 죽을 날도 이 상태 뿐일 것인지요. 주님만 아시고 주장할 수 있사옵나이다.

> 내가 여호와를 항상 내 앞에 모심이여! 그가 내 우편에 계신고로 내가 요동치 아니하리로다(시 6:8)

무엇이나 제 것은 없애고 그리스도를 얻어야겠습니다. 이제는 그리스도께서 저를 붙잡고 계시오나 저도 주님을 붙잡아야겠습니다. 주님께선 당신을 버리고 저를 붙잡으셨으니, 저도 저를 버리게 하소서. 제가 목숨까지 버리고 영혼까지 버리고라도 주님 찾아 만나게 하소서. 저를 위한 것 다 버리고 모든 것의 모든 것 되시는 주님 만나지이다.

9월 18일

여호와 저의 목자시오니 제가 부족함이 없사옵니다. 주님, 저를 뜻하신 방향으로 몰아 가옵소서. 끌어 주옵소서.

내 기력이 나의 죄악으로 약하며(시 31:10), 인생 앞에서 주께 피하는 자를 위하여 베푸신 은혜가 어찌 큰지요(시 31:19), 그 노여움은 잠깐이요, 그 은총은 평생입니다.

> 내 영혼이 여호와를 즐거워하며 그 구원을 기뻐하리로다(시 35:9)
> 나는 저희가 병들었을 때에 내 기도가 내 품으로 돌아왔도다
> (시 35:13)

주님 섬기나 자기 명예와 칭찬이나 모양을 꾸미면 우상됩니다. 성전도

우상이 됩니다. 아버님, 이 자식 쓸데 있는 자식되기 원하옵나이다. 그리스도의 강적 말고, 약한 적도 되지 말고, 없는 것 같은 종도 말고, 없는 것보다 좀 나은 종, 훨씬 나은 종이 되기 원하옵나이다. 주님께 꼭 필요한 종이 되어지이다. 없어서는 안 되는 종, 요긴한 데 쓰여지는 종이 되고 싶습니다. 아멘

9월 19일

주님께서 저를 사랑하심을 진정으로 깨닫게 하옵소서. 사랑하시는 줄도 모르면서 사랑하신다는 말버릇만 늘려서 남을 속이고 저를 속이고 하나님 아버지를 속이는 자식 되지 말아지이다.

9월 21일

제 뜻대로는 아무 일도 되어지지 말아지이다. 지극히 세밀한 일까지가 다 주님 성의와 계획하신 대로만 이루어 주옵소서. 아멘.

> 하나님이여 주의 인자를 좇아 저를 긍휼히 여기시며 주의 많은 자비
> 를 좇아 내 죄과를 도말하소서(시 51:1)

제 마음의 죄를 허물은 주님의 태산보다 크신 자비와 긍휼과 인자로써만 씻어 주시겠사옵나이다 주님 자비 아니시면 벼락이 제게 합당하겠나이다. 주님이시여, 저를 긍휼히 여겨 주옵소서. 아멘.

> 미쁘다 모든 이 받을만한 이 말이여 그리스도 예수께서 죄인을 구원
> 하시려고 세상에 임하셨다 하였도다 죄인중에 내가 괴수니라
> (딤전 1:15)

아카시아 나무들이 금년생이라도 안 꺾인 것은 하나님 아버지의 자비시옵니다. 4, 5학년생이 아무 것도 안 들고 두 사람에게 지게에다가 지우고 가는 것이 보여집니다. 짐을 자기가 질 줄 알아지는 시대가 올 것인가요? 주님 축복하시면 남에게만 짐을 묶어 지우지 않고 자기 짐은 자기가 감당하거나 남의 짐이라도 갈라 들 줄 아는 때가 오겠지요?

주님, 축복하옵소서. 제 할 일은 않고 남에게만 미루는 이것 불쌍히 여기소서. 더구나 남의 일만 간섭하는 것 되지 말게 도와 주소서. 각 사람이 저

마다 제 짐 지면 일이 세상에 없겠나이다. 제 짐 제가 안 지고 남에게 지우려니, 덜 지고 더 지우려고 싸움이 생깁니다. 남자는 남자 질 짐 지고 여자는 여자 질 것 저버리면, 남는 짐은 없으련만, 남자는 제 질 짐 안 지고 여자에게만 다 떠밀고 들고, 여자는 제가 저할 짐을 안 지고 남자에게만 지우려드니, 일거리가 벅차서 죽을 지경입니다. 여자가 바느질하면 남자들은 바느질 안해도 좋을 것이고, 남자는 남자 일만하면 여자들이 이발사 안 되어도 될 것입니다만, 여자들이 안 깎은 머리들을 깎으니 여자 이발사가 필요하게 되었고, 여자들이 바느질 않고 입으려니 필연적으로 남자들이 재단을 않을 수가 없게 되었습니다.

9월 22일 금요일

자기 일 제가 해치우게 되면 세상에 다른 일 없겠습니다. 주님을 저의 구주 모시면 다 됩니다. 구원받으면 다른 이들도 저를 보고 자기 구주인 줄 알고 받겠습니다. 주님 믿으면 제 일을 알고 감당하게 되겠습니다. 나를 능하게 하신 주님이십니다. 아무리 좋은 약이 있다 해도 인간에게서 불행은 제거 안 됩니다. 병의 치료보다 죄과가 개선되어야 불행이 제거되고 행복이 깃들겠습니다.

저희를 죽이지 마소서. 나의 백성이 잊을까 하나이다(시 39:11)
주의 인자가 생명보다 나으므로(시 63:9)
하나님은 우리를 긍휼히 여겨 복을 주시고 그 얼굴빛으로 우리에게 비추사(시 67:1)
바다의 물결의 요동과 만민의 훤화까지 진정하시나이다(시 65:7)

주님의 성호하심을 너무 감사할 줄을 모르고 지냈나이다. 주님이시여! 진정으로 주님의 보호를 겸손되이 믿게 해 주소서.

9월 23일

오늘 비를 전국에 부어주시사 헛된 낭비를 막아 주시나이다. 주님 성의대로 끌어들이게 돌려주소서. 주님 꼭 기뻐하시는 데 이 풍부하심이 쓰여지도록 역사하여 주옵소서. 하나님을 찬송할지로다. 그리스도 예수 안에 있

는 구속으로 말미암아 하나님의 은혜로 값없이 의롭다하심을 얻은 자 되었
나이다(롬 3:24). 말씀을 믿고 율법으로 힘써 구속하심을 받으려 말고 이미
구속해 주셨음을 믿어야겠나이다. 주님 꼭 믿게 붙들어 주옵소서. 아멘.

9월 24일 주일

사람이 한번 죽고 그 후에 심판받는 것이 정칙입니다. 주님이 심판자이
신 사실을 사람들에게 밝혀서 증거해야만 하겠습니다(히 9:27). 죽는 것을
두려워 말고 심판을 두려워할 것입니다(히 10:26-31).

9월 30일 토요일

9월말입니다. 13년 전 9월 1일에 '서리내'서 시작케 하옵신 주님, 이 날
도 여전히 역사하시와 처음 계획하신 바를 성취해 주시기 빕니다. 성취하
여 주시기만 빕니다. 아멘

주를 믿고 극진하신 자비와 한량 없으신 엄위를 느껴야 바로 믿고 따르
는 일입니다. 사랑 안에서 극진히 감사하고 죄를 인하여 두렵고 떨림이 참
계시로 주님의 복음을 안 것입니다. 이제는 복음이 많이 혼합물처럼 되서
아무 효과도 발생 않으나, 참 복음은 믿는 이를 구원하시는 하나님의 능력
이요, 지혜시요, 의이십니다. 높아지려는 성질은 어디서 오는 걸까요? 물의
본성을 어기니까 조만간에 물의 성질에 부합될 것입니다. 본성으로 돌아가
고만 말 것이라 생각됩니다. 예정된 천국화(天國化)가 될 것입니다. 아무리
나쁜 세상이지만 조만간 천국화가 될 것을 확신합니다. 물의 성질에 포섭
되어야 할 성질입니다. 예수 같으려 않고는 주님 정신을 못 받을 것입니다.
중심에 매여서 물의 성질을 본받아야 주님 닮아집니다.

10월 1일 일요일

참 복음을 알아야겠습니다. 참 복음이 아니면 사람을 구원시키지 못합니
다. 지혜있는 모양은 있으나 참 구원은 없습니다. 참 복음을 따르고 참 복
음만 전해야겠습니다.

10월 4일 수요일

예수님의 영화는 성령이시요, 성령의 영화는 복음이요, 복음의 영화는

신앙이요, 신앙의 영화는 예절이요, 예절의 영화는 도덕이요, 도덕의 영화는 법이요, 법의 영화는 주님이요, 주님은 하나님의 면류관이십니다.

10월 5일

　주님, 저는 약한 그릇입니다. 주님께서 한시 반시 놓지 말아 주시기 만 빕니다. 주님 주시고자 하신 구원의 잔을 거두지 마옵소서. 제게 모든 것 알려 주소서. 무엇을 주셔야 하실 것을 제가 꼭 필요로 느끼고 절감케 하소서. 잘못의 조건이 제게 있사오니, 오직 가르쳐 주시사 사정하게만 해 주소서. 천하에 원수가 없게 해 주소서.

10월 8일 주일

　그리스도의 형상이 제 안에 이뤄지는 것만이 제게 소원입니다. 주님께서는 모든 인류를 부모요, 형제요, 자매처럼 여기셨습니다. 저와 만나는 이는 누구나를 부모, 형제, 자매로 여겨져야 뵈올 자격이 있다는 것이 이제야 알아집니다. 주님, 참 그렇습니다. 꼭 형제로 안 보여지면 누구 집을 찾아갈 필요가 없습니다. 명심케 해 주소서. 사도들은 모든 일을 부모, 형제, 자녀같이 여기셨나이다. 그리스도의 형상이 제 안에 자리잡아지니이다. 아멘.

　제가 그리스도처럼 부모, 형제, 친척, 친구를 위해서 공로를 세우는 자 되기 원합니다. 제가 사람되어야만 하겠나이다. 아버지 소원은 제가 그리스도의 형상을 본받고 사모하는 일입니다. 아버님 뜻 알려 주셨으니 열렬히 사모하게 하여 주소서. 아버님, 원만히 이루어지이다.

　제 원은 아버지 원이 제 원 되어지이다. 제 소원은 아버지 원에 비하면 죄된 것이니 치워 주소서. 주님의 형상을 제 마음 안에 모시고 좋게 살아나가게 축복 주소서. 노인들을 어머니처럼 모시는 것이 어머니를 위한 공로를 쌓는 것이요, 친구의 자녀 돌보는 것이 친구를 대접하는 도리인가 봅니다. 사업이 아니요, 주님의 항상 닮는 일입니다.

10월 9일 월요일

　복음은 율법 이상이며 초월입니다. 은혜로만 성취되는 길이며, 영으로만 되는 길입니다. 주님의 형상을 성립시키는 것이 복음입니다. 주님의 형상은 사랑의 결실, 완결입니다. 주님의 형상 이루어 받는 것이 저의 소원이며 목적입니다. 배추 한 포기에도 은혜와 진리가 내포되어 있습니다.

사람 수고만큼 된 것은 율법입니다. 그 이상 된 것은 은혜입니다. 무엇이나 은혜나 율법은 떠날 수가 없습니다. 물질의 안팎이 있는 것과, 동일하다고 생각합니다. 율법은 밖이요, 은혜는 속입니다. 속에 생명이 있습니다. 세상 사람을 본받으려 하면 평안이 있을 수가 없습니다. 주님을 본받고자 하면 참 평안합니다. 참 평안은 진리 속에 있습니다. 은혜입니다. 수고 안에 평안이 들어 있습니다. 수고 자체가 평안은 아닙니다. 법대로 수고하는 데 평안이 있습니다. 불법의 수고 속에는 평안이 있을 수가 없습니다. 그러니 그 자체가 평강이 아니요, 율법의 속안에 은혜가 평안인 것이 올 수가 있습니다. 율법만 알았다고 해도 잘못인 것이요, 바로 다 안 것 아닙니다. 율법의 선생이 되려 하지만, 실상은 아무 것도 모른 것입니다. 율법만 알아놓으면 자기 스스로 잘 안 것 같이 생각됩니다. 또 은혜만 알아도 잘못 알았습니다. 그래서 율법과 부딪힙니다.

은혜와 율법은 하나요, 둘이 아닙니다. 율법은 밖이요, 은혜는 속일 뿐입니다. 율법 아래 있으면 종입니다. 은혜는 속과 같아서 안에 평안과 기업이 있습니다. 오른 손이 하는 것을 왼손이 모르게 해야 은혜입니다. 수고를 할 줄 몰라야 평강이 있습니다. 그리스도에게 받습니다.

마음의 경영은 사람에게 있어도 말의 응답은 주님께로써 나느니라
(잠 16:1)

사람은 새를 보고서야 노란새, 검정새, 하얀새를 분간하지만 하나님께선 알만 보시고 아시듯이, 사람은 행동한 뒤에야 알지만 주님께서 마음 속을 감찰하시고 못된 일과 잘된 사람을 판단하시나이다. 악한 사람도 하나님께 옵서 그 뜻에 맞게 쓰실 수가 있습니다. 그러나 지옥과 천국은 가서야 알 수가 있습니다. 하나님께서 행동하기 전에 잘못된다고도 하시고 잘 된다고도 하실 수 있습니다. 사람 잘못되어 버린 후에 비로소 잘못된다고도 하시고 잘된다고도 하실 수 있습니다. 사람 잘못되어 버린 후에 비로소 잘못된

줄 압니다. 잘된 일도 마찬가지 그 일하기 전에 이미 하나님께선 잘됐다고 하셨습니다. 사람은 된 뒤에야 겨우 됐다고 생각합니다.

우리 마음 보시고 미리 잘된다고 판정하시므로 무슨 일 하기 전에 자기 마음부터 잘 살펴야 합니다. 절대로 시작했다가 낭패하고 후회할 것이 아니라, 먼저 잘 생각해서 할 일입니다. 주님 뜻에 맞는 일만 하면 이미 된 것과 같습니다.

복음에 비춰서 생각할 것입니다. 복음에 의해서 심판하실 겁니다. 복음만 믿으면 이미 심판받는 것입니다. 나타나는 것은 나중입니다. 하나님 말씀은 심판이 됩니다. 심판이 일보다 먼저 된 셈입니다. 그러니까 사람이 좋은 생각이 나면 이제 됐다고 무릎을 치고 좋아라 하는 겁니다. 이미 다 잘된 것이나 다름없기 때문입니다. 하나님 아버지의 허락은 이미 그리스도로 말미암아 이루어진 것입니다.

사람의 행위가 여호와를 기쁘시게 하면 원수라도 고루 더불어 화목하게 하십니다. 못될 일은 없습니다. 마음의 병이 먼저 고쳐져야 하겠습니다.

10월 10일 화요일

마음은 은혜로 든든케함이 아름답고, 음식으로 할 것이 아닙니다. 수고하고 무거운 짐진 이들은 다 주께 오라고 불러 주셨나이다. 병고, 생활고, 인생의 직책과 의무감이 무거운 이는 누구나 다 오라고 하셨습니다. 참 감사합니다. 믿음으로 나가게 해 주소서. 아멘. 주님 사랑으로 나아가야겠습니다.

10월 11일 수요일

주님 사랑하게 해 주소서. 주님 기쁘시게 해 드리고 슬프시지 않게 되기를 비나이다. 이 땅에 참 사람을 보내주소서. 마음 너그럽고 깨끗한 사람을 보내주소서.

10월 12일 목요일

제 마음과 제 일 살피게 성령으로 역사해 주심만 비나이다. 저의 일 다 못했습니다. 이제부터라도 생각합니다. 한 가지 성령으로 제 일을 가려 나가도록만 이루어 주소서. 한분부터라도 '언'과 '눈'들에게 대해서 제 직책 다하게 해 줍소서.

10월 14일 일요일

사람이 미련함으로 자기 갈 길을 굽게 하고는 주님을 원망합니다.

> 발이 급한 사람은 그릇하느니라(잠 19:2)
> 내가 내 마음을 정하게 하였다 내 죄 깨끗케 하였다 할 자가 누구뇨
> (잠 20:9)
> 마음의 청결을 사모하는 이의 입술에는 덕이 있으므로 임금이 그의 친구가 되느니라 (잠 22:11)
> 내 아들아 만일 네 마음이 즐겁겠고 만일 네 입술이 정직을 말하면 내 속이 유쾌하리라(잠 3:15)

주님 즐겁게 해드리고, 유쾌하게 해 드리려면 지혜를 배우며 정직과 솔직해 행해야겠나이다. 감사합니다. 우리 주님 즐겁게 해 드릴 길을 가르쳐 주셨습니다.

> 심령이 가난한 이는 복이 있나니 천국이 저희 것임이요

천국은 마음 가난한 이의 것입니다. 절대로 부한 이의 것이 아닙니다. 제 마음 가난케 축원합니다. 가난을 복빌어 주소서. 제 마음 가난해진 뒤에 전도나 사업을 시작케 해 주옵소서.

10월 15일 일요일

주님, 빈 마음 주시고, 주님을 간절히 사랑케 해 주소서. 빈 마음 안에 주님 오옵소서. 사람들을 참으로 사랑하게 하소서.

10월 16일 월요일

제 죄 사하소서. 나의 어머니, 죄 사하소서. 나의 아버지 죄 사하소서. 나의 형과 누이, 죄 사해 주소서. 아버지, 무슨 일 하오리까? 농촌 도회지 할 것 없이 사람이 요구되나이다.

> 지혜있는 이는 강하고 지식있는 이는 힘을 더하나니 너는 모략으로 싸우라 승리는 모사가 많음에 있느니라(잠 24:5-6)
> 집은 지혜로 말미암아 건축되고 명철로 말미암아 견고히 되매 또 방

은 지식으로 말미암아 건축되고 명철로 말미암아 견고히 되매 또 방은 지식으로 말미암아 각종 귀하고 아름다운 보배로 채우나니라
(잠 24:3-4)

지혜는 너무 높아서 미련한 이는 미치지 못할 것인고로 그는 성문에서 입을 열지 못하느니라. 지혜를 얻어야 하겠나이다.

너는 사망으로 끌려가는 자를 건져주며 살륙을 당하게 된 자를 구원하지 아니치 말라 네가 말하기를 나는 그것을 알지 못하였노라 할찌라도 마음을 저울질하시는 이가 어찌 통찰하지 못하시겠으며 네 영혼을 지키는 이는 어찌 알지 못하시겠느냐 그가 각 사람의 행위대로 보응하시리라(잠 24:11-12)

네 원수가 넘어질 때에 즐거워하지 말며 그가 엎드러질 때에 마음에 기뻐하지 말라 여호와께서 이것을 보시고 기뻐 아니하시사 그 진노를 그에게서 옮기실까 두려우니라(잠 24:17-18)

너는 까닭 없이 네 이웃을 쳐서 증인이 되지 말며 네 입술로 속이지 말지니라 너는 그가 네게 행함 같이 나도 그에게 행하여 그 행한 대로 갚겠다 말하지 말찌니라(잠 24:28-29)

10월 17일 화요일

제 잘못을 알게 되기 원하옵나이다. 제 잘못만 탄식하게 해 줍소서. 오늘 무고한 소리와 억울한 말이 들려도 주님 십자가 아래서 고요히 받게 해 주옵소서.

일평생에 근심하며 수고하는 것이 슬픔 뿐이라(전 2:23)

사람되는 일 밖에 슬픔 아닌 일은 없겠습니다.

하나님이 그 기뻐하시는 이에게는 지혜와 지식과 희락을 주시나 죄인에게는 노고를 주시고 저로 모아 쌓게 하사 하나님을 기뻐하는 자에게 주게 하시나니 이것도 헛되어 바람을 잡으려는 것이로다(전 2:26)

사람이 좋도록 살지 말 것입니다.

10월 18일 수요일

육체에 거(居)하나 떠나나 주님이 마음에 계심 바라나이다.

오직 전과 같이 이제도 온전히 담대하여 살든지 죽든지 내 몸에서 그리스도가 존귀히 되게 하려 하나니 이는 내게 사는 것이 그리스도니

죽는 것도 유익함이니라(빌 1:20-21)
떠나서 그리스도와 함께 있을 욕망을 가진 이것이 더욱 좋으나 그러나 내가 육신에 거하는 것이 너희를 위하여 유익하리라(빌 1:23-24)
무릇 하나님의 행하시는 것은 영원히 있을 것이라 더할 수도 없고 덜할 수도 없나니 하나님이 이같이 행하심은 사람으로 그 앞에서 경외하게 하려 하심인 줄 내가 알았도다(전 3:14)

양심에 부끄러움 없이 되면 일만 일에 부끄럽지 않게 되겠나이다. 여태껏 주님 권능을 받지 못한 것은 믿지를 않는 탓이었습니다. 자비도 믿지만 권능 주실 것도 믿어야 할 것이었나이다. 믿어야 되겠습니다. 주님, 믿음 주옵소서. 아멘.

10월 19일 목요일

이는 진실로 하나님의 아들이었도다(마 27:54)

못하실 것 없이 다 하실 수 있으셨건만 십자가에 못 박히시는 일을 아버지 뜻이기 때문에 선택하신 것입니다. 하늘에서 된 것처럼 이 몸에서도 이루어지이다. 아멘.